Ullstein Sachbuch

W0199223

ÜBER DAS BUCH UND DEN AUTOR:

Louis Ferdinand, Prinz von Preußen, 1907 geboren, ist der Sohn des Kronprinzen Wilhelm (1882–1951) und Chef des Hauses Hohenzollern. Er vertritt eine Generation seiner Familie, deren Anschauungen nicht mehr von den eigenen Eindrücken aus der Kaiserzeit geprägt wurden. Schon früh bereiste er zahlreiche Länder und ging nach dem Studium der Jura und der Nationalökonomie und der Promotion zum Dr. phil. nach den USA. Dort arbeitete er als Mechaniker in den Fordwerken. Seine Auffassungen, die ihm den Namen »Rebellenprinz« einbrachten, waren und blieben immer kritisch. 1938 heiratete er die russische Großfürstin Kira Kirillowna.
Im »Dritten Reich« stand Prinz Louis Ferdinand in Verbindung mit verschiedenen Widerstandsgruppen. Diese Kreise hatten daran gedacht, ihm, für den Fall der Wiedereinführung der Monarchie, das höchste Staatsamt anzuvertrauen. Mit der Flucht über das Frische Haff 1945 vor den herannahenden sowjetischen Truppen teilte er das Schicksal aller Flüchtlinge und Heimatvertriebenen. Nach dem Krieg widmete sich der Prinz vor allem seinen ausgeprägten literarischen und musikalischen Neigungen. (Zum Beispiel hatte er mit der Aufführung seiner Liedkompositionen 1979 in Israel Erfolg.)
1951 wurde er Chef des Hauses Hohenzollern und verwaltet seither den Hohenzollernschen Familienbesitz. Für ihn ist der preußische Staatsgedanke durch nationale und konfessionelle Toleranz geprägt, wie er sich selbst durch starke Liberalität und durch eine europäische und weltoffene Einstellung auszeichnet. Seine Lebensgeschichte ist zugleich ein Stück preußischer Geschichte.

Louis Ferdinand
Prinz von Preußen

Im Strom der Geschichte

Mit 70 Abbildungen
und einer Stammtafel

Ullstein Sachbuch

Ullstein Sachbuch
Ullstein Buch Nr. 34866
im Verlag Ullstein GmbH,
Frankfurt/M – Berlin
Ursprünglicher Titel
der Originalausgabe:
Die Geschichte meines Lebens

Im Bildteil leicht gekürzte Ausgabe
(Auf der Grundlage der 4. erweiterten
Ausgabe November 1989)

Umschlagentwurf:
Hansbernd Lindemann
Unter Verwendung einer Abbildung
von HERO BILD (H. Rominger, Ebingen)
Alle Rechte vorbehalten
© 1983 by Langen Müller in der
F. A. Herbig Verlagsbuchhandlung GmbH, München
Printed in Germany 1991
Druck und Verarbeitung:
Ebner Ulm
ISBN 3 548 34866 1

August 1991

Die Deutsche Bibliothek –
CIP-Einheitsaufnahme:

Preußen, Louis Ferdinand Prinz von:
Im Strom der Geschichte / Louis Ferdinand Prinz von Preußen. –
Im Bildteil leicht gekürzte Ausg. auf der Grundlage der 4. erw. Ausg.
November 1989. – Frankfurt/M; Berlin: Ullstein, 1991
(Ullstein-Buch; Nr. 34866: Ullstein-Sachbuch)
ISBN 3-548-34866-1
NE: GT

Dem Andenken
meiner geliebten Lebensgefährtin
und für unsere Kinder

Der Autor übereignet seine Erträgnisse aus diesem Buch der
Prinzessin Kira von Preußen-Stiftung.

INHALT

VORWORT

Es ist üblich, Memoiren zu schreiben, wenn man sein Leben oder seine Rolle im Leben als abgeschlossen bezeichnen kann oder seine Handlungsweise rechtfertigen muß, weil sie weit über das Persönliche hinaus in das Geschick der Mitmenschen eingegriffen hat. Zu keinem von beiden habe ich einen Anlaß. Ich will mich weder in Erinnerungen ergehen noch ein Plädoyer halten.

Ich zögerte daher, als mich im Jahre 1945 ein amerikanischer Freund, Merle A. Potter, damals Gouverneur von Bad Kissingen, wohin das Vertriebenenschicksal meine Familie und mich nach der Flucht aus Westpreußen verschlagen hatte, zur Aufzeichnung meiner Erlebnisse und Erfahrungen anregen wollte. Die doppelte Zumutung einer Autobiographie — einmal an den Autor, ein ganzes Buch hindurch über sich selbst zu reden, zum anderen an den Leser, einen Selbstbericht über sich ergehen zu lassen — erschien mir wenig begründet und auch wenig verlockend.

Daß ich mich dennoch zu einer Niederschrift entschloß, war auf eine sich mir mehr und mehr aufdrängende Erkenntnis zurückzuführen. Wer, ohne selbst ein Stück Zeitgeschichte zu verkörpern, gleichwohl als ein besonders typisches Objekt der Zeitgeschichte gelten muß, hat möglicherweise eine Verpflichtung zur Aussage. Ich begann zu verstehen, daß mein Leben manche Elemente der historischen Beurteilung wie der historischen Entwicklung enthält, und daß ich infolgedessen mit der Schilderung seiner Einzelheiten zum Urteil über die jüngste Vergangenheit wie zur weiteren Entwicklung einiges beitragen könnte.

Nicht erst Bücher, wie ein geflügeltes Wort sagt, sondern schon Manuskripte haben ihre Schicksale. Im Herbst 1945, in der ersten Besetzungszeit, sprachen mancherlei Umstände dafür, daß ein solches Buch eher in den Vereinigten Staaten als in Deutschland erscheinen würde. Ich schrieb also in englischer Sprache. Als das Manuskript dann vorlag, wirkte mehreres zusammen, die Veröffentlichung zu verzögern. In der Zwischenzeit hatten mich meine Freunde in Deutschland ermutigt, auch eine deutsche Fassung herzustellen, die zwar auf dem englischen Original fußen könnte, aber weit mehr als eine bloße Übersetzung wäre. Dabei zeigte sich bald, daß die doch merklich gewandelte Zeit in vielem, was Einblicke in die Grundlagen, Auffassungen und Stimmungen der Nachkriegsjahre betrifft, einen neuen Ausdruck forderte. Ich darf gestehen, daß mir diese Arbeit eine gewisse Genugtuung gewährte, weil sie offenbar machte, daß nicht ich mich in meinen Ansichten zu verbessern brauchte, sondern daß die Zeit es mit den ihrigen getan hatte. Das war sicher kein Verdienst von mir; unzählige Deutsche werden dasselbe festgestellt haben.

Ein Zufall — ich darf wohl sagen: ein sinnvoller Zufall — hatte es gefügt, daß die deutsche und die amerikanische Ausgabe des Buches, wenngleich völlig unabhängig voneinander, damals zur gleichen Zeit herausgebracht wurden. Die deutsche Fassung, deren Entstehen von dem literarischen und verlegerischen Urteil meines Freundes Erik Reger begleitet wurde, trug den Titel »Als Kaiserenkel durch die Welt«. In Deutschland erschienen zwei Auflagen, die schnell vergriffen waren. Doch das liegt nun schon weit über ein Jahrzehnt zurück.

Im Vorjahre entschloß ich mich dann, den Anregungen, eine Neuausgabe meines Berichtes vorzunehmen, zu folgen. Die Grundüberlegung, die ich dabei anzustellen hatte, war: Als mein Buch zum ersten Male erschien, näherte sich der Verfasser seinem fünfundvierzigsten Geburtstag. Ich stand also in einem Alter, das man als die Mitte des Lebens betrachten darf. Die Mitte aber ist ein Punkt, von dem man nach beiden Seiten blickt, nach vorwärts wie nach rückwärts. Die Jugend hat sich noch nicht historisch verklärt, sie ist noch ein Stück Gegenwart, und das Alter hat noch nicht die Schrecken der Untätigkeit und der Unwiederbringlichkeit.

Leser hatten sich denn auch dahin geäußert, daß gerade die Subjektivität, die notwendigerweise ein Grundzug des Buches war, einen Wert darstellte, weil sie frisch aus der Mitte des tätigen Lebens kam. Ich selbst sagte mir, wenn man gelegentlich mein Buch dennoch als Memoiren im üblichen Sinne auffassen würde, so ließe sich zwar nicht über den technischen Begriff streiten, aber die zurückgelegte Wegstrecke sei für mich eben nicht etwas hinter mich Gebrachtes, sondern vielmehr als eine Grundlage für das noch vor mir Liegende aufzufassen. Das, meine ich, gilt auch heute noch. Andererseits ist mir aber auch bewußt, daß tiefes persönliches Leid und die langen Jahre der Sorge um unser zerrissenes Deutschland bei der Formung der Neuausgabe mitgewirkt haben. Wenn der Leser meine Auffassungen als schlicht und echt empfinden sollte, so haben gerade die Zeiten der Not und des Unglücks hieran ihren besonderen Anteil.

Mein Wunsch geht dahin, daß der Versuch, einem persönlichen Bekenntnis allgemeineren Sinn zu geben, Verständnis findet.

Berlin, im September 1968

Louis Ferdinand

VORWORT ZUR ERWEITERTEN UND NEU DURCHGESEHENEN AUSGABE

Im 90. Psalm heißt es im 10. Vers: »Unser Leben währet siebzig Jahre und wenn's hoch kommt, so sind's achtzig Jahre, und wenn's köstlich gewesen ist, so ist's Mühe und Arbeit gewesen; denn es fähret schnell dahin, als flögen wir davon.«

Diese unumstößliche Wahrheit habe ich auch in meinem bisherigen Leben erfahren, das immerhin schon ein biblisches Alter erreicht hat. Im 12. Vers dieses großartigen Psalms sagt das Gebet Moses': »Lehre uns bedenken, daß wir sterben müssen, auf daß wir klug werden«. Dieser Mahnruf wird mir mit jedem Tag, der vergeht, vernehmlicher. Aber eigenartigerweise beeinträchtigt er nicht die Daseinsfreude, die mir der Schöpfer noch schenkt. Sie hat mich in diesen letzten 15 Jahren nie im Stich gelassen, wenn auch das eigentliche Lebensglück mit dem Heimgang meiner geliebten Lebensgefährtin sein plötzliches Ende fand.

Das freudigste Ereignis war die Heirat meines Sohnes Louis Ferdinand mit Gräfin Donata zu Castell-Rüdenhausen und dann die Geburt ihres Sohnes Georg Friedrich, meines zukünftigen Nachfolgers. Dieser Enkelsohn ist der Sproß einer ausgesprochen glücklichen Ehe. Alle Vorbedingungen waren dafür gegeben, daß der kleine Preußenaar in einem warmen und wohlbehüteten Nest aufwachsen sollte, bis er flügge wäre. Aber ein unerbittliches Schicksal wollte es anders. Sein lebensfroher und strahlender junger Vater fand den Soldatentod bei einem Bundeswehrmanöver. Er hätte alle Bedingungen für einen allseits beliebten Chef unseres Hauses erfüllt. Er war ausgesprochen modern, kontaktfreudig und trotzdem traditionsbewußt. Sein so völlig unerwarteter Heimgang löschte eine große Hoffnung aus, nicht nur bei seinem Vater, sondern auch bei unzähligen anderen Menschen.

Diese Hoffnung übertrug sich auf seinen Sohn, der nun der Erbe unseres Hauses geworden ist. Er wird mit jedem Tage seinem Vater ähnlicher. Und so scheint der Schöpfer dafür sorgen zu wollen, daß diese Hoffnung nicht trügt. Sie ist für mich Trost und Kraftquelle zugleich. Sie ist auch das Motiv für die Neuauflage meines Lebensberichts.

Berlin-Grunewald
Haus »Monbijou«,
im August 1983

Louis Ferdinand
Prinz von Preußen

VORWORT ZUR ERWEITERTEN 4. AUFLAGE

Eigentlich sollte mein Lebensbericht, der 1983 in einer erweiterten und neu durchgesehenen Ausgabe erschien, mit der Einweihung des restaurierten Kaiserobelisken in Haifa seinen endgültigen Abschluß finden. Damals konnte ich noch nicht wissen, daß mein Schöpfer mir noch fünf weitere Lebensjahre schenken und mich am 9. November 1987 meinen 80. Geburtstag in der alten deutschen Reichshauptstadt Berlin feiern lassen würde.

In der Hoffnung, daß auch die 4. Auflage dieses Lebensberichtes geneigte Leser finden möge, habe ich dem Drängen meines Verlegers nachgegeben und mich daran gemacht, die wesentlichen Ereignisse dieser meiner vorläufig letzten fünf Jahre aufzuzeichnen. Es war dies die Heirat meines jüngsten Sohnes Christian Sigismund mit Gräfin Nina zu Reventlow, mein erster Besuch in meiner Geburtsstadt Potsdam seit 1945, mein 80. Geburtstag und eine Nordlandreise auf den Spuren meines geliebten Großvaters.

Berlin-Grunewald
Haus »Monbijou«
im Juli 1989

Louis Ferdinand
Prinz von Preußen

1. Kapitel

SYMBOL EINES NAMENS

Der Ärger fing an, als meine Eltern ihrem zweiten Sohn, der am 9. November 1907 im Marmorpalais zu Potsdam zur Welt kam und mit der gelblichen Haut wie ein Chinesenkind aussah, einen Namen geben wollten. Mein Bruder war als Erstgeborener nach der Familientradition auf die Namen Friedrich Wilhelm getauft worden. Für mich hatten meine Eltern den Namen Michael gewählt; hauptsächlich meine Mutter wünschte mich nach ihrem russischen Großvater, dem von ihr hochgeschätzten, ja verehrten Großfürsten Michael, zu nennen. Außerdem sah sie in St. Michael den Schutzpatron der Deutschen. Aber mein Großvater, der Kaiser, dachte anders darüber. Wahrscheinlich klang ihm der Name für einen preußischen Prinzen zu russisch, und als Chef des Hauses verweigerte er seine Zustimmung. Meine bekümmerten Eltern mußten sich einen anderen Namen für mich ausdenken. Mein Vater schlug Louis Ferdinand vor.

Diesmal konnte niemand sagen, der Name entspreche nicht den Traditionen unseres Hauses. Mein Großvater willigte denn auch ein, freilich nicht ohne einiges Widerstreben. Ich glaube, er hat den Namen nie recht gemocht. Als ich später meinen eigenen Erstgeborenen ebenfalls Louis Ferdinand nennen wollte, entwickelte er mir zwar die Gegengründe in aller Freundschaft, aber seine Ablehnung war nicht weniger entschieden. Wieder mußte es ein Friedrich Wilhelm sein.

Warum man um einen Namen ein solches Wesen machte, habe ich lange nicht begriffen. Meine Eltern bewiesen Mut und Originalität, als sie ihren Zweitgeborenen nach dem Helden von Saalfeld nannten; zum ersten Male wurde der Name Louis Ferdinand in der Familie wieder aufgegriffen. Der »Held von Saalfeld« freilich hieß eigentlich Ludwig Friedrich Christian. Er wurde am 18. November 1772 als der dritte Sohn von Friedrichs des Großen jüngstem Bruder Ferdinand geboren. Zur Unterscheidung von einem Vetter, der ebenfalls Ludwig hieß und der Sohn eines anderen Bruders des Königs, August Wilhelms, war, rief man ihn Louis — Französisch war damals die allgemeine höfische Sprache — und setzte nach russischer Art den Vatersnamen Ferdinand hinzu.

Dieser Louis Ferdinand ist eine romantische Figur in der Geschichte unseres Hauses. Viele glauben, daß er an Genialität nur von Friedrich dem Großen selbst übertroffen wurde. Die Natur hatte ihn mit den höchsten körperlichen und geistigen Gaben ausgestattet, und er war nicht allein ein guter Soldat, sondern auch ein hervorragender Komponist von Kammermusik. Es war die Tragödie seines Lebens, daß er seine Begabung nicht voll entwickeln durfte. Friedrich Wilhelm III., Friedrichs des Großen zweiter Nachfolger, hielt ihn in einer kleinen Garnison in sicherer Entfernung, weil er auf seine Popularität und auf seine freundschaftlichen Gefühle für die Königin Luise eifersüchtig war. Durch ein Leben, das alle Grenzen behüteter Tradition sprengte, suchte Louis Ferdinand seiner Enttäuschung Herr zu werden. Skandalgeschichten über ihn, in denen Frauen und Schulden eine Rolle spielten — obwohl die Schulden im allgemeinen die Folge seiner Gutherzigkeit waren —, gaben dem Hofklatsch in ganz Europa Stoff. Er gehörte zu denjenigen, die Napoleon am meisten fürchtete, aber es ist nahezu historisch, daß er als Befehlshaber einer Avantgarde in der Schlacht von Saalfeld am 10. Oktober 1806 den Tod tollkühn als Ausweg gesucht hat. Viel ist über ihn geschrieben worden, meistens von Frauen, Günstiges und Ungünstiges. Meine Eltern gehörten zu seinen Bewunderern, was man von meinem Großvater nicht unbedingt behaupten konnte; er sah in ihm doch mehr so etwas wie ein schwarzes Schaf.

So betrachtet, bedeutet der Name Louis Ferdinand einigermaßen ein Programm. Er symbolisierte den Genuß der schönen und edlen Güter des Lebens, Verschmähung der Konvention, tödliche Feindschaft gegen Tyrannei. Ich bin meinen Eltern dankbar, daß sie mir diesen Namen gaben, der mich mit Stolz erfüllt. Wenn ich auch nicht wagen darf, mich mit meinem Vorfahren zu vergleichen, so hat doch der Name Louis Ferdinand für mein Leben wirklich ein gewisses Gewicht gehabt. Zwar habe ich nichts von der geistigen Brillanz und dem Heroismus meines großen Vorgängers aufzuweisen; aber auch ich galt lange in der Familie als das schwarze Schaf, das sich in die Tradition und in das allgemeine Hohenzollernbild nicht einfügen wollte.

Eine andere Denkwürdigkeit ist mein Geburtsdatum. Der 9. November war der Dix-huit Brumaire, an dem die Herrschaft Napoleons begann. Er wurde aber auch der Tag der deutschen Revolution von 1918.

Meine Geburtsstätte, das Marmorpalais in Potsdam, ist heute ein sowjetzonales Armeemuseum, und der herrliche Park, in dem ich als kleiner Junge spielte, war von den Sowjets zeitweilig in einen Rummelplatz verwandelt. Das Marmorpalais ist ein ziemlich wunderlicher Bau. Unter

Friedrich Wilhelm II. begonnen, von Friedrich Wilhelm IV. Mitte des vorigen Jahrhunderts vollendet, bildet er am Heiligen See, in dem nach englischem Stil angelegten »Neuen Garten«, die Nordostflanke des Potsdamer Schlösserkomplexes. Das Hauptgebäude, zweistöckig, aus rotem Backstein mit einer Kuppel, die ihm Ähnlichkeit mit einer römischen Kapelle verleiht, wirft zwei niedrige, einstöckige Flügelbauten rechteckig in den Garten hinein, so daß ein nach dem Park hin offener Hof entsteht. Die Kolonnaden an der Innenseite sind aus weißem Marmor. Von ihm hat das Palais seinen Namen.

In einem der Zimmer des linken Flügels kam ich zur Welt. Schlaf- und Wohnzimmer meiner Mutter lagen zwar im oberen Stock des Hauptgebäudes, aber aus irgendeinem Grunde wurden ihre drei ersten Kinder hier unten geboren, wo später dann unser Spielzimmer war.

Mit diesem Hause und mit Potsdam überhaupt sind meine frühesten Kindheitserinnerungen verknüpft. Dort verlebte ich meine ersten vier Jahre. An unsere Berliner Winterresidenz, das Kronprinzenpalais »Unter den Linden«, das später Werke der Nationalgalerie beherbergte, dem Erdboden gleichgemacht, aber inzwischen als Palais »Unter den Linden« total restauriert wurde, erinnere ich mich aus jener Zeit weniger. Im Marmorpalais fühlten wir Kinder uns völlig zu Hause, obwohl es nach modernen Begriffen ohne jeden Komfort war. Aber wir durften im Park — das unmittelbar benachbarte Gelände war dem Publikum nicht zugänglich — nach Herzenslust und unbehelligt von der Wachsamkeit unserer Kindermädchen spielen. Vor dem Hause, wie an den Eingängen zum Park, standen zwei Schildwachen, die alle zwei Stunden abgelöst wurden. Da wir wußten, daß es ihnen auf Wache streng verboten war zu sprechen, gingen wir zu ihnen hin und richteten allerlei Fragen an sie. Zu unserer Enttäuschung gelang es uns meistens nur, bestenfalls so etwas wie ein Lächeln auf ihre Gesichter zu zaubern. Letzthin habe ich mehrere der Männer wiedergetroffen, die damals dort Wache gestanden haben. Einer erzählte mir, daß ich mir zuweilen einen boshaften Scherz daraus machte, vor dem Schilderhäuschen auf und ab zu gehen, damit die Wache jedesmal heraustrat und strammstand. Einmal erschien darüber mein Vater. Ich bekam einen tüchtigen Klaps und mußte mich bei meinem Opfer entschuldigen; der Soldat erhielt zwanzig Mark Schmerzensgeld und einen Tag Urlaub.

Von frühester Kindheit an wurde uns von unseren Eltern eingeschärft, daß wir auf Bedienstete nicht hochmütig herabblicken dürften, sondern sie als Freunde betrachten und ihnen entsprechend begegnen sollten. Auch im Militärischen lebte mein Vater diesem Grundsatz nach. Er haßte jede

Art von Drill und Schikane, was ihm die Herzen der Soldaten gewann. Es war bei ihm nicht ein billiges Mittel, sich populär zu machen, sondern es entsprang seiner Achtung vor dem Menschen überhaupt.

In den ersten Lebensjahren war ich, wie alle meine Brüder, in der Obhut von Frauen. Die erste war Frau Koozer, die Hebamme, eine energische Berlinerin mit viel Humor. Immer wenn ein neues kleines Familienmitglied auf der Bildfläche erschien, wurde sie gerufen. Eben dann tauchte auch regelmäßig eine andere Persönlichkeit auf, Professor Bumm, der Chef der Berliner Universitätsfrauenklinik. Er war damals einer der bekanntesten Gynäkologen, wegen seiner ärztlichen Kunst ebenso berühmt wie wegen seiner bissigen Bemerkungen gefürchtet. Fast jeder kennt von ihm die Anekdote, die nachher in mancherlei Varianten auch über andere Weltberühmtheiten in Umlauf war. Bei der Vorstellung auf einem Hofempfang rasselte ein Artilleriegeneral seinen langen Namen mit allen militärischen Titeln herunter. Der Professor antwortete schlicht: »Bumm«. Der General dachte, dieser Zivilist habe ihn nicht verstanden, und er wiederholte seinen Namen noch lauter und länger. »Bumm«, sagte der Professor. Der General, schon vorher unwillig, daß man sich einen Scherz mit ihm erlaube, jetzt entrüstet und beinahe wütend, wiederholte seinen Namen zum dritten Male. »Bumm, Bumm!« brüllte der Professor und ließ den General stehen.

Zunächst hatte ich eine Spreewälder Amme. Solche Spreewälderinnen konnte man damals an Sonntagen viele im Tiergarten sehen, in ihrer heimatlichen Tracht, mit großen Flügelschleifen an der Haube, roten oder blauen Röcken, weißen Strümpfen und schwarzen Schuhen. Sie waren wegen ihrer gesunden Konstitution als Ammen in vermögenden Familien begehrt. Mit der meinigen war nur eine Kleinigkeit nicht in Ordnung — sie war eine uneheliche Mutter. Als meine äußerst auf Moral achtende Großmutter, die Kaiserin, davon hörte, bestand sie darauf, daß die Amme sofort durch eine andere mit Heiratsurkunde ersetzt wurde.

Übrigens war es mit der Spreewälderin ohnehin vorbei, sobald ich zu einem substantielleren Grad der Ernährung vorgedrungen war. Eine Schweizer Nurse folgte, Fräulein von Ernst, eine hervorragende Gouvernante für Kinder, die aus dem Gröbsten heraus sind. Aber mit mir schmutzigem und unruhigem Baby, das sich die Lunge aus dem Halse schrie, wenn sie ein, wie sie glaubte, wohlverdientes Schläfchen halten wollte, verlor sie die Geduld. Sie entschwand wieder in die Schweiz, um ihre zerrütteten Nerven zu kurieren, und es erschien ein Kindermädchen aus Berlin, namens Selma Zoske. Wir nannten sie »Selmi Selmi« und schlossen sie in unser Herz. Auch bei meinen jüngeren Brüdern und bei meinen beiden Schwestern, die die letzten Kinder unserer Eltern waren, waltete sie später ihres Amtes. Deren Liebling indessen hieß Selma Böse, auch eine Berlinerin, mit dem Spitznamen »Äcki«. »Selmi Selmi« verließ uns gleich nach dem ersten Weltkriege, als sie heiratete; »Äcki« blieb bis zu ihrem Tode 1935 bei uns und verwöhnte besonders meinen Bruder Hubertus. Noch als er größer war, neckten wir ihn, weil er angeblich ohne »Äckis« Hilfe weder zu Bett gehen noch aufstehen konnte.

Außerdem gehörten zu unserer Kinderstube ein Kammermädchen aus Potsdam, Anna Pifrement, und zwei sogenannte Prinzen-Lakaien, Schmidt und Rüge. »Änne«, wie wir sie nannten, blieb im Haushalt meiner Eltern in Cecilienhof bis zu dem Tage, da Potsdam dann gegen Ende des schrecklichen Krieges von den Sowjets besetzt wurde. Schmidt und Rüge, zwei pommersche Riesen vom I. Garderegiment, prächtig aussehend, waren unübertrefflich in ihrer Treue und Hingabe. Sie hatten uns bei Tisch zu bedienen, und das war ein Stück Arbeit. Die Hauptküche lag nämlich mehrere hundert Meter entfernt, und das Essen mußte durch einen unterirdischen Gang herbeigeschafft werden, denn als das Marmorpalais erbaut wurde, pflegte man die Küchen in einem besonderen Bau unterzubringen, um alle Speisegerüche fernzuhalten. Im Neuen Palais, der Potsdamer Residenz meiner Großeltern, war die Küche noch weiter weg. Unsere »Mundküche« sah von außen wie die Ruine eines griechischen Tempels aus. Derartige Probleme einer standesgemäßen Haushaltung liegen heute weit hinter uns. In meinen beiden Häusern in Berlin und Borgfeld bei Bremen befindet sich alles unter einem Dach recht eng beieinander, und wir sind dabei sehr zufrieden.

Zu den Pflichten von Schmidt und Rüge zählte es, daß einer von beiden uns begleiten mußte, wenn wir mit unserem kleinen Wagen ausfuhren. Schmidt oder Rüge, den ich »Gugetz« rief, saß dann neben dem Kutscher Schultz, allgemein »Schulsick« genannt. Später wurden Schmidt und Rüge durch andere abgelöst, die etwa Schneider oder Dombrowski hießen. Daran erinnere ich mich nicht mehr genau. Immer waren es ehemalige Soldaten, die sich ausgezeichnet hatten und als Feldwebel aus dem Heere ausgeschieden waren. Gemeinhin bekamen sie später eine Stelle in der Zivilverwaltung. Nach 1918, als meine Eltern ihren Haushalt auflösen mußten, wurden sie zum großen Teil vom preußischen Staat übernommen. In ihrer Freizeit sprangen sie als Bediente auf einer Gesandtschaft ein oder bei Leuten, die ein reiches, geselliges Haus hielten, und servierten bei offiziellen Diners. Mit Vergnügen denke ich noch an die entsetzten Gesichter meiner Gastgeber oder Tischnachbarn, als ich bei einem solchen Diplomatenessen plötzlich den alten Gugetz entdeckte und ihn in ein längeres Gespräch verwickelte, während er mir eine Platte anreichte.

Als meine Eltern 1910 ihre mehrmonatige Indienreise machten, siedelten wir Jungen mit Kindermädchen und Dienern in das Neue Palais zu unseren Großeltern über. Das Neue Palais, viel größer als das Marmorpalais, hat Friedrich der Große nach dem Siebenjährigen Kriege gebaut. Er tat es, um der Welt zu beweisen, daß diese sieben Kriegsjahre ihn nicht erschüttert hatten; im übrigen hielt er sich mehr im Schloß Sanssouci auf. Das Neue Palais gleicht ein wenig dem Schloß von Versailles, aber es sagt mir eigentlich noch mehr zu. Auf der großen Mittelkuppel halten drei nackte Frauengestalten die preußische Krone. Mein für seinen bissigen Witz bekannter Ahnherr soll sich damit über seine drei weiblichen Widersacher lustig gemacht haben — Maria Theresia, Katharina von Rußland und die Marquise de Pompadour.

Wir wohnten im zweiten Stock, wo auch mein Vater und seine Brüder als Kinder gewohnt hatten. Tatsächlich war es das Dachgeschoß, doch die Räume waren groß und bequem eingerichtet; jeder hatte ein einziges, ganz rundes Fenster zum Garten. Im ersten Stock wohnten meine Großeltern, während sich in das Erdgeschoß mehrere große Säle teilten, von denen einer, mit Muscheln und Edelsteinen an den Wänden, der Muschelsaal hieß. Obwohl die meisten Deutschen die Schlösser von Potsdam und die Umgebung durch eigene Anschauung oder durch Bilder und Beschreibungen kennen, erwähne ich diese Einzelheiten, weil sie uns durch die Sowjetherrschaft vorübergehend entrückt worden sind. Das Neue Palais — zunächst zum Umbau in eine »Arbeiter- und Bauernfakultät« vorgesehen — hat inzwischen Mobiliar und Kunstschätze zurückerhalten und ist unter Führung wieder zugänglich; auch die großen Filzlatschen sind wieder in Gebrauch.

Das Weihnachtsfest mit den Großeltern im Neuen Palais, mitten im Park von Sanssouci, gehört zu meinen schönsten Kindheitseindrücken. Wir versammelten uns mit allen Onkeln und Tanten im Zimmer meiner Großmutter. Punkt sechs verkündete der Hofmarschall, daß alles bereit sei. In einer langen Prozession schritten wir die Haupttreppe hinab und weiter, bis wir den Muschelsaal erreichten. Nie werde ich den Anblick der Hunderte von Kerzen vergessen, die von den Wänden des Muschelsaales vielfältig zurückstrahlten. In der Mitte stand ein riesiger Weihnachtsbaum und längs der Wände bei jedem Tisch nochmals ein kleinerer Baum für jeden einzelnen von uns. Zuerst führte mein Großvater meine Großmutter zu ihrem Tisch, dann seine Söhne und Schwiegertöchter zu ihren Tischen. Unterdessen warteten wir voller Ungeduld, bis die Reihe an uns kam. Unter dem Spielzeug war das Hauptgeschenk eine Eisenbahn, die schon auf dem Fußboden aufgebaut war. Da wir erst drei und vier Jahre alt waren, kamen wir mit ihr nicht zurecht. Der Großpapa bemerkte das, kam herbei, und alsbald boten wir das wohl für jede Familie typische Bild in solchen Fällen: der Großvater hockte bei seinen Enkeln auf dem Fußboden und spielte mit ihnen Eisenbahn. Es war, soviel ich weiß, das einzige Weihnachtsfest, das wir mit den Großeltern in Deutschland feierten. Viele Jahre später verbrachten wir wiederum Weihnachten mit ihnen — in ihrem Exil zu Amerongen, 1920.

Wir besuchten unsere Großeltern regelmäßig im Neuen Palais. Wenn mein Großvater durch seine Staatsgeschäfte abgehalten war, durften wir zur Großmutter zum Tee. Diese Einladungen wurden von uns nicht nur wegen des guten Kuchens geschätzt, sondern vor allem auch darum, weil wir für Großmama eine tiefe Verehrung hegten. Großpapa sahen wir seltener, aber auch ihn liebten wir Enkel. Wir bewegten uns in seiner Gegenwart wesentlich ungehemmter als seine Söhne, die vor ihm immer leicht befangen waren.

Nach seiner Rückkehr aus Indien wurde meinem Vater das Kommando über das 1. Leibhusaren-Regiment, die »Totenkopf-Husaren« in Danzig, übertragen. Mit der Übersiedlung dorthin — im Jahre 1911 — werden meine Erinnerungen deutlicher. Mein Vater hatte auf ein anderes Kommando gehofft und war zunächst enttäuscht. Aber dann erwiesen sich diese drei Jahre in Danzig als die glücklichsten im Leben meiner Eltern. Auch auf mich waren sie von entscheidendem Einfluß. Man sagt ja, daß die Spanne vom dritten bis zum sechsten Lebensjahr für die seelische Entwicklung ausschlaggebend ist.

Ich habe Danzig, das 1945 von den Sowjets fast ganz zerstört wurde, besonders geliebt. Durch die unvergleichliche Lage an der Bucht mit den sanften Hügeln und herrlichen Wäldern rings um die See, diesem ineinanderfließenden Blau und Grün, wirkte die Stadt so harmonisch, als habe Gott selbst als höchster Architekt bei ihrer Anlage mitgeholfen. Überdies war Danzig zu jener Zeit ein bedeutender Seehafen und ebenso international wie der nahegelegene Badeort Zoppot. Die ausländischen Besucher und Badegäste kamen überwiegend aus Polen, das damals zu Rußland gehörte. Diese eigenartige Atmosphäre werde ich nie vergessen. Wie mein Großvater, so hatte auch meine Mutter eine starke Vorliebe für alles, was mit der See zusammenhing. Mein Drang in ferne Länder, der mich schließlich rund um die Erde führte, hat wohl dort seinen Ursprung. Vom starren Hofzeremoniell hielten meine Eltern nichts. Obwohl sie erheblich prächtiger hätten wohnen können, zogen sie in ein mittelgroßes zweistöckiges Haus an der Hauptstraße der Vorstadt Langfuhr, das mit seiner Fassade aus gelben Ziegeln keinen sonderlich schönen Anblick bot. Dort wurde ein Haushalt geführt, wie ihn wohlhabende Bürger führten. Vielleicht war der Lebensstil meiner Eltern freiheitlicher als in manchem deutschen Bürgerhaus: eine gemütliche Atmosphäre, fern von der kalten Pracht der Paläste, für die ich nie habe schwärmen können.

Unsere Kinderzimmer lagen ebenso wie die Räume der Eltern im ersten Stock. Wir waren zuerst drei und später, als mein Bruder Friedrich geboren war, vier. Wilhelms, des Ältesten, und mein Schlafzimmer hatte einen Balkon zur Straße. Es war mit dem Zimmer unserer Gouvernante verbunden. Daran schloß sich die Kinderstube, in der wir unsere Mahlzeiten nahmen und die uns auch als Spielzimmer diente. Ein Zimmer weiter wohnte mein jüngerer Bruder Hubertus mit seiner Nurse. In die Halle, die zugleich Wohnzimmer meiner Mutter war, führte eine breite Treppe hinunter. Es war unser Hauptsport, auf einem großen, als Schlitten benutzten Tablett die Stufen hinunterzurutschen. Oft führten wir es Gästen vor und luden auch sie zur Rutschpartie ein. Meine Eltern lächelten, besonders wenn es sich um einen würdigen General oder den Bürgermeister handelte, die mit ihren Frauen zu einem offiziellen Besuch erschienen waren. Um das Eis zu brechen, setzten auch sie sich auf den interessanten Schlitten, und die armen Gäste konnten nicht anders, als alle ihre Würde über Bord werfen und dem Beispiel der Gastgeber folgen.

Von der Halle gelangte man durch eine Schiebetür ins Speisezimmer mit dunkler Holztäfelung und großen Glastüren zur Gartenterrasse hin. Neben der Haupttür lagen unsere Schulstube und eine kleine Werkstatt, in der mein Vater in seinen Mußestunden drechselte. Einem Wunsche des Kaisers folgend, der darauf gedrängt hatte, daß jeder seiner Söhne ein Handwerk erlernte, war der Kronprinz während seiner Schulzeit in Plön bei einem Drechslermeister in die Lehre gegangen. Im übrigen widmete sich mein Vater fast ganz seinem Regiment. Es bestand vorwiegend aus Freiwilligen, meist Söhnen von Landwirten in Ost- und Westpreußen. Dreißig Jahre später, im zweiten Weltkriege, als ich unser Gut Cadinen bei Elbing verwaltete, traf ich unter den Gutsnachbarn viele von ihnen wieder. Die Nationalsozialisten veranstalteten damals Bauerntage; dann trat so mancher alte Bauer zu mir, um mir von den schönen Zeiten im Regiment meines Vaters zu erzählen. Mit Genugtuung beobachtete ich bei solchen Gelegenheiten die Gesichter der nationalsozialistischen Funktionäre. Einige taten, als hörten sie nicht hin. Andere gestanden ohne Umschweife, daß auch sie unter meinem Vater oder einem seiner Brüder gedient hatten.

Mein Vater liebte drastischen Schabernack, auf den wir Kinder begeistert eingingen. Als wir einmal ins Speisezimmer kamen, um unsere Eltern zu begrüßen, saßen sie gerade bei Tisch. Mein Vater gab mir einen Kuß, dann nahm er eine Handvoll Kartoffelbrei und fuhr mir damit in die Haare. Mir machte das nichts aus, aber unserer englischen Gouvernante desto mehr. Abends, wenn mein Bruder und ich nach der Prozedur des Auskleidens und Waschens von der Gouvernante säuberlich ins Bett gebracht worden waren, pflegte mein Vater hereinzuschauen. Er nahm die nächste Wasserkanne und goß den Inhalt über unsere Betten. Die unverhohlene Mißbilligung auf dem Gesicht unserer Gouvernante und das jedesmal der Sündflut folgende Dreimarkstück waren ein Vergnügen, das uns immer wieder in Jubel ausbrechen ließ. Die Gouvernante hieß Miß Brimble. Meine Eltern sprachen perfekt Englisch, und sie wünschten, daß auch wir Kinder in enger Fühlung mit dieser wichtigen Sprache aufwuchsen.

Ich erinnere mich noch genau des Tages, an dem wir Miß Brimble voller Mißtrauen zum ersten Male gegenüberstanden. Nach der Geburt unseres neuen Bruders Friedrich war »Selmi Selmi« dorthin versetzt worden, und bei uns hatte Fräulein Bergner ihren Platz eingenommen. Fräulein Bergner ging dann nach Amerika, wo sie in mehreren Familien Gouvernantenstellungen annahm. Als man uns davon unterrichtete, daß sie uns verlassen werde und eine ganz Fremde für sie komme, war ich traurig und trotzig. Miß Brimble hat meine Begrüßungsansprache in ihren Memoiren festgehalten, die sie »Im Hohenzollernhorst« betitelte und veröffentlichte, als sie uns kurz vor 1914 verlassen hatte: »Ich will nicht, daß Sie hier bei uns sind, und wenn Sie trotzdem bleiben, hole ich einen Förster, der schießt Sie auf der Stelle tot.« Trotzdem gelang es ihr bald, unseren Widerstand zu brechen und uns ganz für sich einzunehmen. Das war um so erstaunlicher, als sie recht merkwürdige Strafmethoden anwandte, wenn wir ungehorsam waren. Sie ließ uns beispielsweise Seife essen oder zwang uns, nachts aufrecht zu sitzen. Dennoch hatte ich sie gern, und ich wurde ihr Lieblingsschüler. Sie tat alles Erdenkliche, um uns in weltbürgerlichem Geiste zu erziehen. Wir lernten Englisch mit gleicher Selbstverständlichkeit wie unsere Muttersprache, und wir sprachen es auch oft mit unseren Eltern.

Die Spur von Miß Brimble war nach 1914 verlorengegangen. Erst im Sommer 1933 entdeckte ich sie bei einem Englandbesuch wieder. Ich machte die Bekanntschaft des Schriftstellers Bruce Lockhart, der zu der Zeit für den »Evening Standard« die Spalte »Londoner Tagebuch« schrieb. Ihm erzählte ich von meiner früheren Gouvernante, und er meinte: »Nichts leichter als sie zu finden, wenn sie noch lebt.« Im »Londoner Tagebuch« forderte er seine Leser auf, einem jungen Hohenzollern die britische Gouvernante wieder herbeizuschaffen. Nach drei Tagen hatten wir sie. Der »Evening Standard« lud sie nach London ein. Es gab ein herzliches Wiedersehen und einen ebenso herzlichen Austausch der Erinnerungen. Als sie mich mit einem fröhlichen Kuß verließ, meinte Miß Brimble, ihr Schüler sei noch genau so nichtsnutzig wie ehedem.

Freilich sind die Wurzeln meines Weltbürgertums nicht nur bei Miß Brimble sondern auch in einer Seite meines Wesens zu suchen, mit der ich seltsamerweise schon als Kind dem Russischen zugewandt war. Miß Brimble berichtet in ihrem Buche, daß ich meine Großmutter, die Kaiserin, auf ihre Frage, ob ich gern ein Deutscher sei, einmal mit der Antwort erschreckte, ich wäre lieber ein Russe. Auch meine Mutter hat oft gesagt, ich sei das russischste von ihren Kindern, und sie, die selbst zur Hälfte russischer Abstammung war, hat diese Neigung bei ihrem zweiten Sohn insgeheim verstärkt. Ich soll als Kind sogar manche deutsche Wörter mit einem russischen Akzent ausgesprochen haben, obwohl ich damals noch nie ein Wort Russisch gehört hatte. Meine russische Großmutter, die Großherzogin Anastasie von Mecklenburg, habe ich nur bis zum ersten Weltkrieg erlebt. Damals besuchten wir sie häufig in ihrem schönen Jagdhaus Gelbensande an der Ostsee, wo meine Eltern sich einst verlobt hatten. Ich betete »Granny« an und glaube, die Sympathie beruhte auf Gegenseitigkeit. Wahrscheinlich legte neben Miß Brimble auch diese russische Großmutter — mit oder ohne Absicht — den Grund zu meinem Kosmopolitismus.

Für die Grundlagen unserer geistigen Erziehung sorgte Herr Wilms, ein Volksschullehrer. Er war ein großer, gut aussehender Mann mit einem schwarzen Bart. In seiner warmherzigen Art unterzog er sich der Mühe, mich Lesen und Schreiben zu lehren; was das Schreiben betrifft, leider ohne viel Erfolg. Ich habe es nie zu einer einigermaßen ordentlichen und lesbaren Handschrift gebracht. In späteren Jahren nahm ich Zuflucht zur Schreibmaschine, und ohne dieses nützliche Instrument fühle ich mich ganz hilflos. Glücklicherweise haben meine eigenen Kinder nicht die schlechte Handschrift des Vaters, sondern eher die klare ihrer Mutter geerbt.

Sportbegeistert, wie sie waren, liebten meine Eltern das Leben im Freien. So kamen auch wir Kinder viel hinaus. Anfangs machten wir zweimal täglich Ausfahrten mit unserem Landauer in die Umgebung von Langfuhr. Miß Brimble saß im Fond mit Wilhelm zu ihrer Rechten, wie die Etikette es vorschrieb. Ich war mit meinem Bruder Hubertus auf den Rücksitz verbannt. Wenn ich nämlich neben Wilhelm saß, gab es leicht Streit zwischen uns. Nachdem das ein- oder zweimal geschehen war, während wir mitten in der Stadt fuhren, hatte Miß Brimble uns getrennt und diese Sitzordnung eingeführt, damit nicht die Leute auf der Straße Zeugen eines Familienzwistes in der jüngsten Hohenzollerngeneration wurden. Wenn ich irgend konnte, kletterte ich zum Kutscher Schultz auf den Bock und setzte mich ihm auf den Schoß; er ließ mich dann die Zügel halten. Je nach dem Wetter fuhren wir an den Strand oder in den Wald. Natürlich konnten wir noch nicht schwimmen, aber das Wasser am Strand war flach und für gewöhnlich ganz still.

Bis zu dem Fischerdorf Brösen waren es etwa drei Viertelstunden. Der Weg führte quer über den Exerzierplatz, ein ziemlich trostloses Feld mit einem einzelnen ärmlichen Bauernhaus in der Mitte. Wir hielten dort an und sprachen ein paar Worte mit den Bewohnern. Mein älterer Bruder wollte immer als erster aus dem Wagen springen und das Kleingeld an die Leute verteilen, das wir zu diesem Zweck mitgenommen hatten. In Brösen gab es außer uns keine Badegäste, nur ein paar Fischer, die mit Netzknüpfen oder sonstwie am Strand beschäftigt waren. Sie hatten sich an uns gewöhnt und machten kein Aufhebens von unserer Anwesenheit. Manchmal erlaubte uns Miß Brimble, einen frisch gefangenen Fisch zu kaufen, den wir stolz nach Hause trugen, um ihn den Eltern zu zeigen.

An regnerischen oder kühlen Tagen fuhren wir bei Langfuhr in den Wald oder zu den bewaldeten Höhen hinter Oliva mit seinem alten Kloster. Um der sportlichen Körperbewegung willen mußten wir aussteigen und eine Stunde zu Fuß gehen. Der Wagen folgte uns langsam oder wartete, bis wir zurückkamen. Ich habe Fußmärsche nie gemocht und liebe sie auch heute nicht. Immer suchte ich einen Vorwand, um mich zu »Schulsick«, wie wir Schultz nannten, auf den Wagen zu stehlen, der mich dann kutschieren ließ.

Lange ehe wir zu Pferde sitzen konnten, pflegte mein Vater uns vor sich in den Sattel zu nehmen. Wir trafen ihn oft am Eingang von Langfuhr, wenn er mit seinem Regiment mittags vom Exerzieren zurückkam. Erblickte er uns in unserem offenen Wagen, so mußte einer von uns zu ihm hinaufgereicht werden. Den anderen übernahm der Adjutant meines Vaters, Graf Dohna, der nachmals, ein Opfer des 20. Juli 1944, von den Nationalsozialisten hingerichtet wurde. Jedesmal war es ein großer Moment, wenn wir so mit unserem Vater unter den Klängen eines Reitermarsches in die Stadt ritten; meist spielte man »Preußens Gloria«, des Kronprinzen Lieblingsmarsch. Er hätte uns am liebsten von der Wiege an zu Pferde gesehen. Daß er ein Kavallerie-Regiment kommandierte, war nicht das Entscheidende, aber er war ein ebenso begeisterter wie ausgezeichneter Sportreiter.

Zu seinem Stallmeister Arndt tat er uns in die Reitlehre. Dieser, ein ehemaliger Wachtmeister der Gardes-du-Corps, blieb bis 1918 bei uns. Zuerst hatten wir zwei Shetland-Ponys, mein Bruder einen Hengst namens Puck und ich eine Stute, die ich Molly taufte. Ich behielt Molly während der Danziger Jahre, während mein Bruder Wilhelm, der bedeutend größer war als ich, bald zu dem Polo-Pony »Zobel« übergehen mußte. Sobald wir uns nur einigermaßen oben halten konnten, ritten wir aus, statt mit dem Wagen zu fahren. Anfangs saß ich mehr auf der Erde als auf dem Rücken von Molly. Um aufzusitzen, mußte ich sie immer neben einen kleinen Hügel oder einen umgestürzten Baum stellen, weil ich sonst nicht hinaufkam. Mein Vater wollte, daß wir wie richtige Reiter aussähen, und so ließ er für uns von seinem englischen Schneider und seinem englischen Schuhmacher, die beide regelmäßig aus London herüberkamen, Reithosen und Reitstiefel anfertigen. In diesen Sachen kamen wir uns stolz und wichtig vor, aber mein Vater, der in vielen Dingen den englischen Lebensstil angenommen hatte, sich nach englischer Mode kleidete und überhaupt England liebte, wurde deswegen oft von engstirnigen Leuten kritisiert. Er ritt auch nach dem englischen Stil, bei dem man die Zügel locker läßt und die Beine ausstreckt. In den Augen unseres Reitlehrers, der sich strikt an die kontinentalen Reitsitten hielt, war das eine Todsünde.

Natürlich wollten wir den Reitstil unseres Vaters nachahmen, weil er sich von allen anderen unterschied und außerdem bequemer war. Stallmeister Arndt protestierte heftig dagegen: »Um Himmels willen, Prinz Lulu« — das war der Kosename, den meine Mutter mir gegeben hatte —, »strecken Sie Ihre Beine nicht meilenlang aus und nehmen Sie die Zügel straff.« Ich antwortete: »So reitet aber Papa immer, und warum soll ich's nicht auch?« Leider konnte Arndt, der ein verständiger Mann war, kein Latein, sonst hätte er mir gewiß geantwortet: »Quod licet Jovi, non licet bovi« — »Eines schickt sich nicht für alle«. Er scheute sich wohl, eine entsprechende Bemerkung zu machen, und so blickte er nur mit puterrotem Gesicht weg. Sicherlich hätte kein anderer Kavallerie-Offizier außer meinem Vater so reiten dürfen, denn es widersprach der geltenden Reitvorschrift.

Meiner eigenen Reitkarriere setzte der Krieg 1914 für lange Zeit ein Ende. Erst in den letzten Jahren habe ich den Reitsport wieder aufnehmen können. Besonders glücklich bin ich über die reiterische Begeisterung meiner Töchter.

2. Kapitel

TRADITION UND OPPOSITION

Man sagt, es gebe so etwas wie einen Komplex des Zweitgeborenen. Dieses Phänomen hat sich weder bei meinem Großonkel Heinrich und meinem Großvater noch bei meinem Onkel Eitel Friedrich und meinem Vater gezeigt. In beiden Fällen wurde die Vorrangstellung des älteren Bruders akzeptiert, weil sie auch einer geistigen Überlegenheit entsprach. Im Falle Friedrichs des Großen und seines Bruders Heinrich konnte man das nicht unbedingt sagen. Zwischen ihnen bestand Rivalität und gegenseitige Abneigung. Manche Fachleute glauben, daß vom militärischen Standpunkt aus Heinrich seinem älteren Bruder, der dann solchen Ruhm an seine Fahnen heftete, sogar noch überlegen war. Ich weiß nicht, ob das zutrifft; es ist aber historisch bezeugt, daß Heinrich nur widerstrebend die Führung seines Bruders Friedrich anerkannte.

Gewiß war es logisch, daß meine Eltern ihren Erstgeborenen von Anfang an auf die bedeutende Aufgabe vorbereiten wollten, die er eines Tages zu erfüllen haben würde. Schon in frühester Jugend begann man mir einzuprägen, daß mein älterer Bruder Wilhelm die erste Geige zu spielen habe. Wie meine Mutter mir später sagte, war auch mein Vater von seinen Eltern so erzogen worden, daß er eine gewisse Autorität über seine jüngeren Brüder und seine Schwester ausübte, und diese Autorität wurde offensichtlich von den Jüngeren auch akzeptiert. In meinem Falle war das jedoch anders. Zwar war mein Bruder im ganzen eher ein sanftes Temperament; er zog nicht die geringsten Vorteile aus seiner Situation. Aber ich gestehe offen, daß ich auf seine Position eifersüchtig war und wenn ich später zeitweise eine Art Rebell in der Familie wurde, liegt hier der Grund dafür.

Die Spaltung zwischen uns Brüdern war da und wurde nur schlimmer, als wir heranwuchsen. Ich bedauere das tief, denn wir hätten im Grunde gut zusammengepaßt und einander sehr fördern können, jeder mit seinen besonderen Begabungen und Neigungen. Ich kann unsere späteren Erzieher nicht ganz davon freisprechen, daß sie es unterlassen haben, hier eine Brücke zu schlagen, und daß sie unseren Antagonismus sogar noch ermutigten. Raufereien mit meinem Bruder endeten unweigerlich mit Faustschlägen und blutenden Nasen. Den erwachsenen Zeugen mögen diese knabenhaften Ringkämpfe oft harmlos erschienen sein, aber hier schon lösten sich die Bande zwischen zwei jungen Seelen. Ich habe sogar einen gewissen Argwohn, daß die Spannung in späteren Jahren von Gruppen bei Hofe ausgenutzt wurde; solche Intrigen, kraft deren man den einen gegen den anderen auszuspielen gedenkt, hat es ja in der Geschichte nicht eben selten gegeben.

Von Charakter waren wir beiden Brüder durchaus verschieden. Wilhelm war als Kind folgsam und ordentlich, ich hingegen hatte eine tiefe Abneigung gegen jede Art von Autorität und Zwang. Wilhelm interessierte sich leidenschaftlich für alles Militärische; er war der geborene Soldat. Bei einer Familie wie den Hohenzollern, die viele Jahrhunderte hindurch Soldaten gestellt hat — obwohl, was oft übersehen wird, nicht bloß Soldaten —, kann das nicht überraschen. Zweifellos stand mein Bruder auf die selbstverständlichste Art in der militärischen Tradition unseres Hauses. Er hatte sie buchstäblich geerbt, ich dagegen nicht.

Soldat sein ist ein Beruf. Und so wie bei jedem anderen Beruf gibt es auch gute Soldaten und schlechte Soldaten. Mein Vater und mein Bruder waren sicherlich hervorragende Soldaten. Mein Großvater war nicht nur Soldat. Er hatte in seinem eigentlichen Wesen viel mehr von einem Intellektuellen und Wissenschaftler, zumindest in seinen letzten Lebensjahren.

Man hat den Hohenzollern, die außer den soldatischen schließlich auch noch andere Verdienste und Tugenden hatten, so häufig nicht nur das Militärische vorgeworfen, sondern sie auch des Militaristischen bezichtigt. Manche Kritiker haben dabei absichtlich den tatsächlichen Unterschied zwischen Soldatentum und Militarismus verwischt. Ich kann aus meiner Erfahrung bezeugen, daß weder meine Großeltern noch meine Eltern Militaristen waren, und unsere Erziehung hatte auch vor 1918 nicht das mindeste Militaristische. Andererseits wäre es unangenehm gewesen, wenn der künftige Thronerbe von Preußen und Deutschland gar keinen Sinn für das Soldatische gehabt hätte. So war es nur natürlich, wenn meine Eltern froh waren, daß Wilhelm in dieser Hinsicht die Tradition so fortsetzte, wie man es für seinen künftigen hohen Beruf von ihm erwartete.

Bei mir war das anders. Es erschien nicht allzu wichtig, ob ich genau in diesen Rahmen paßte oder nicht, obwohl das Schicksal es auch schon gefügt hatte, daß der Zweitgeborene zum Regieren berufen wurde. Doch schon aus Opposition gegen meinen Bruder bildete ich mich in allem als sein Gegenteil aus. Damit allein läßt sich freilich nicht alles erklären. Meine Mutter hat schon früh einen starken individualistischen Zug in meinem Charakter festgestellt. Ich war kritisch und mißtrauisch und nahm die Dinge nicht einfach hin, nur weil sie Tradition oder historisches Dogma waren. So kam es, daß der älteste Sohn des Kronprinzen den Anforderungen fast bis auf das i-Tüpfelchen entsprach, während »leider«, wie gern gesagt wurde, sein zweiter Sohn fast gefährliche Tendenzen zeigte. Wenn man ihn nicht scharf überwachte, konnte er wohl leicht ein Liberaler oder gar noch etwas Schlimmeres werden. Das besorgte Kopfschütteln der konservativen Ratgeber über diesen eigenwilligen Sproß am Baum der Familie dauerte auch noch an, nachdem unser Haus schon den Thron verloren hatte.

Das Kommando meines Vaters in Langfuhr ging 1913 zu Ende, und damit mußten wir auch das Haus aufgeben, in dem wir so glücklich gewesen waren. Mein Vater wurde nach Berlin berufen, um dort in verschiedenen Ministerien zu arbeiten und so mit den Staatsgeschäften in engere Fühlung zu kommen. Unsere Residenz wurde wieder, je nach der Jahreszeit, das Kronprinzenpalais in Berlin oder das Marmorpalais in Potsdam. Aber wir brauchten der geliebten Ostsee nicht ganz Lebewohl zu sagen. Die Stadt Zoppot hatte meinen Eltern eine kleine Villa zur Verfügung gestellt, die wir als Sommerhaus benutzen konnten. Viel kleiner als unser Haus in Langfuhr, bot sie doch Raum für uns alle, wenn wir uns auch etwas enger einrichten mußten. Es war ein ziemlich neues Haus, dessen große Fenster viel Sonne und Luft hereinließen. Meine Eltern nannten es das »Seehaus«. Es stand auf einem Hügel, der jäh zur See abfiel. Wir konnten die Danziger Bucht, die Halbinsel Hela und ein gutes Stück der Ostsee überblicken. Hinter dem Hause lagen Äcker, die sich nach und nach in prächtigen Wäldern verloren.

Meine Eltern hatten das Angebot der Stadt Zoppot ohne Zögern angenommen, weil sie so sehr eine Atmosphäre liebten, die für sie Unabhängigkeit und Freiheit vom Zeremoniell, für ihre Kinder ein köstliches Freiluftleben zu Pferde, am Strand oder im Wasser bedeutete; wir konnten dort einfach Menschen sein und uns unseres Lebens und unserer gesunden Glieder ungezwungen freuen.

Bis zum Abitur im Jahre 1925 wurden mein ältester Bruder und ich ganz gleich und, mit Ausnahme eines kurzen Jahres, gemeinsam erzogen. Es war Brauch in der Familie, daß die Söhne mit sieben Jahren aus der »Kinderstube« genommen und der Obhut eines Erziehers oder »Gouverneurs« anvertraut wurden. Er war für die allgemeine Erziehung seines Schülers verantwortlich und wurde im eigentlichen Unterricht durch

Fachlehrer ergänzt. Meines Bruders erster Gouverneur war Leutnant von Kühne, ein junger Offizier aus dem Regiment meines Vaters in Langfuhr. An ihn erinnere ich mich hauptsächlich, weil er mir die erste und einzige Tracht Prügel meines Lebens verabfolgte. Es war recht gewagt von ihm, denn meine Eltern hatten Prügelstrafen strikt verboten, weil sie von dieser Erziehungsmethode nichts hielten; für damalige Verhältnisse ein sehr moderner Standpunkt, den ich von ganzem Herzen teile. In diesem Falle freilich hatte Herr von Kühne einigen Grund, das Verbot zu mißachten. Mit seiner Hilfe hatte mein Bruder unsere kleine private Landungsbrücke am Strand von Zoppot mit Fähnchen, Blumen und Girlanden geschmückt, und ich hatte in einem unbewachten Augenblick den gesamten Schmuck heruntergerissen. Da fühlte ich mich plötzlich am Kragen gepackt und spürte gleich darauf einige handfeste Berührungen meines kleinen Hinterteils. Überraschung und Scham waren größer als mein Schmerz. Ich weinte, ich schrie. Schließlich aber gelang es Herrn von Kühne, den »kleinen Anarchisten« davon zu überzeugen, wie sinnlos sein Zerstörungswerk gewesen war. Indem er mich aufforderte, ihm und meinem Bruder beim weiteren Ausschmücken zu helfen, gewann er mein Herz. Er hatte richtig erkannt, daß ich aus verletztem Stolz und aus Eifersucht gehandelt hatte, weil man mich nicht hatte teilnehmen lassen.

Zu Beginn des Krieges ging dieser junge Offizier auf eigenen Wunsch zu seinem Regiment zurück. Er fiel in den ersten Tagen an der Front.

Verglichen mit unserem Dasein an der See, lebten wir in Berlin wie in einem goldenen Käfig. Wenn wir im Garten hinter dem Prinzessinnenpalais, das vom Kronprinzenpalais nur durch die Oberwallstraße getrennt war, spielen wollten, mußten wir den Bogengang benutzen, der die Straße überbrückte und die beiden Gebäude miteinander verband. Über die Straße durften wir nicht. Ich erinnere mich noch, daß ich einmal heimlich diesen Weg nahm, aber ich sprach zu niemandem darüber, um mir das Vergnügen am Abenteuer nicht zu verderben. Zum Bellevuepark fuhren wir bei gutem Wetter im offenen Wagen. Die Wache präsentierte das Gewehr, wenn wir das Palais verließen, und das Schauspiel wiederholte sich gegenüber bei der »Neuen Wache«, am Brandenburger Tor und am Schloß Bellevue. Viele Leute Unter den Linden oder im Tiergarten blieben stehen und nahmen den Hut ab, winkten oder riefen Hurra. Wir wurden angehalten, auch unsere Mützen abzunehmen und lächelnd zurückzuwinken. Ich kann nicht sagen, daß mich so viel öffentliche Aufmerksamkeit genierte, aber früher oder später mußten mein Bruder und ich einen unüberwindlichen Drang verspüren, uns unter die Menge zu mischen, die uns so freundlich grüßte, und auf der Straße zu gehen wie jedermann.

Das letzte große Vorkriegsereignis in der Familie war die Hochzeit meiner Tante Viktoria Luise, von uns Tante Sissy genannt, im Jahre 1913. Sie war meines Großvaters einzige Tochter. Ihre Heirat mit Prinz Ernst August von Hannover war eine Liebesheirat, zugleich aber von einiger politischer Bedeutung. Ernst August war der Enkel des Königs von Hannover, dessen Königreich nach dem Kriege von 1866 zu Preußen gekommen war. Die hannoversche Familie hatte seitdem in Österreich gelebt und hegte nicht gerade freundliche Gefühle gegen uns. Man hoffte allgemein, daß diese eheliche Verbindung die Spannungen zwischen den beiden Familien mildern würde. Prinz Ernst August wurde regierender Herzog des Herzogtums Braunschweig-Lüneburg, wodurch er als hannoverscher Thronerbe auch in territorialer Hinsicht entschädigt werden sollte. Braut und Bräutigam waren bezaubernd. Meine Tante erfreute sich wegen ihres lebhaften, urwüchsigen Temperamentes überall großer Beliebtheit, sie war auch der Liebling ihrer Eltern und Brüder. Neben ihrer Lebendigkeit erschien Ernst August, ein ausnehmend gut aussehender junger Mann, fast schweigsam. Seine stille Art bedeutete aber nicht Mangel an Intelligenz; im Gegenteil, sie war ein Ausdruck von Klugheit und Takt. Kurzum, dieses junge Paar war in jeder Hinsicht von einem romantischen Schimmer umwoben.

Aus all diesen Gründen wünschten meine Großeltern, die Hochzeit zu einem ungewöhnlich festlichen Ereignis zu machen; um so mehr, als in diesem Jahre 1913 außerdem das fünfundzwanzigjährige Regierungsjubiläum des Kaisers begangen wurde. Es sollte das letzte große Fest unter seiner Regierung sein. Der Zar von Rußland und der König von England, beide Vettern meines Großvaters, »Nicky« und »Georgy« genannt, waren die hervorragendsten Gäste unter vielen anderen Fürstlichkeiten. Die Herrscher der drei mächtigsten Länder jener Zeit, eng miteinander verwandt und auch äußerlich einander ähnlich, kamen zusammen und schienen vor der Welt zu demonstrieren, daß »Blut dicker ist als Wasser«. Obwohl ich erst fünf Jahre alt war, machte die Anwesenheit dieser beiden Großonkel, denen ich hier zum ersten und letzten Male begegnete, den stärksten Eindruck auf mich. Vielleicht fühlte ich instinktiv, daß unsere Herrscherhäuser eine internationale Familie bildeten und nur durch festes Zusammenhalten zum Wohle ihrer Völker die nationale Macht bewahren könnten, die sie verkörperten.

Am Nachmittag des 24. Mai 1913 bestiegen meine Eltern, mein Bruder Wilhelm und ich eine enge und unbequeme Galakutsche, um zum Schloß hinüberzufahren. Ich entsinne mich, daß mein Vater dieses altmodische Vehikel verwünschte. Er wäre wohl lieber in seinem neuen Auto gefahren, aber die Etikette durfte nicht durchbrochen werden. Auch meine Mutter fühlte sich nicht gerade wohl. Sie hatte viel Mühe mit ihrer langen Schleppe, die in dem Wagen kaum Platz fand. Glücklicherweise war der Weg nicht weit; keine achthundert Meter, wenn ich nicht irre.

Die Menschenmenge in den Sälen des Schlosses war überwältigend. In einem kleineren Raum hatte sich die Familie versammelt: meine Großeltern, das Brautpaar und auch der Kaiser von Rußland und der englische König, beide in deutschen Uniformen. Sie sahen einander zum Verwechseln ähnlich. Beide beugten sich zu mir herab und gaben mir einen herzhaften Kuß. Nie werde ich die Augen des Zaren vergessen, den melancholischen, fast gequälten Blick, die nervöse Unruhe, als erwarte er jeden Augenblick ein Unheil.

Alsbald erschien der Oberhofmarschall, um zu verkünden, daß in der Schloßkapelle alles bereit sei. Wir formierten uns zu einer langen Prozession. Mein Bruder und ich gingen hinter dem Kammerherrn von Behr. Hinter uns folgte meine Mutter am Arm des englischen Königs. Ich ärgerte mich über Herrn von Behr, weil er nach meiner Ansicht zu langsam ging, und ich versuchte ihn mehrmals anzustoßen, während Wilhelm, der schon die Würde des Augenblicks begriff, sich verzweifelt bemühte, mich zurückzuhalten. Bei der Trauung durch den alten Oberhofprediger von Dryander standen wir in der Nähe des Altars, und ich beobachtete das dicke schwarze Buch, in dem der Geistliche las.

Nachher wurden Wilhelm und ich durch eine Seitentür nach Hause geschickt; für das Bankett waren wir noch nicht alt genug. Zu Hause führten wir unseren jüngeren Geschwistern die ganze Zeremonie vor. Ich war noch lange wütend auf den »dummen Herrn von Behr«, der nicht schneller gegangen war.

Der Ausbruch des ersten Weltkrieges überraschte uns Kinder in Zoppot. Wir wurden ermahnt, nachts die Vorhänge gut zu schließen, damit kein feindliches Schiff Licht entdecken und etwa das »Seehaus« angreifen könnte. Damit trat zum ersten Male, ganz schwach, der Begriff der »Verdunkelung« auf. Natürlich dachte in jenen Tagen niemand an Luftangriffe.

Mit unseren Eltern, die in Gelbensande gewesen waren, trafen wir in Berlin wieder zusammen. Deutlich sehe ich noch die begeisterten Volksmassen vor dem Schloß. Zwar lag unser Kinderzimmer rückwärts, zur Oberwallstraße hin, aber auch dort konnten wir Tag und Nacht die Rufe der Menge hören, die durchaus meine Eltern und die kleinen Prinzen sehen wollte. Um sie zu befriedigen, holte mein Vater uns ein- oder zweimal in der Nacht aus dem Bett und trug uns in unseren Nachthemden auf den Balkon hinaus. Ich glaube, daß sich das deutsche Volk in jenen Tagen besonders eng mit seinem Herrscherhaus verbunden fühlte. Damals sprach mein Großvater vom Balkon des Schlosses die berühmten Worte: »Ich kenne keine Parteien mehr, ich kenne nur Deutsche.« Sie wurden von der Mehrheit der Bevölkerung als aufrichtiges Bekenntnis empfunden und prägten sich tief dem Geiste des Volkes ein. Aber auch abgesehen von diesem besonderen Anlaß war unsere Familie, soweit ich das noch beobachten konnte, ausgesprochen volkstümlich; vor allem waren es meine Großmutter und meine Eltern. Als die Kaiserin Auguste Viktoria 1921 starb, verehrte man sie fast wie eine Heilige. Sie galt als Inbild einer Frau und Mutter, die schwer unter der Tragödie ihres Landes litt und schließlich im Exil an gebrochenem Herzen starb. An ihrer Beisetzung in Potsdam nahmen zweihunderttausend Menschen aus ganz Deutschland teil, die durch ihre Trauer bezeugten, wie beliebt meine Großmutter gewesen war.

Es ist eine Tatsache, daß die Popularität meines Vaters diejenige meines Großvaters übertraf. Der Kaiser hatte nicht die leichte und joviale Art seines Sohnes; in Wahrheit war er ein äußerst sensibler und scheuer Charakter. Zudem war mein Vater größer und von besserer Figur. Wenn er durch die Straßen Berlins oder einer anderen Stadt ritt, eroberte er im Sturm die Herzen. Mein Großvater war schon durch seinen verkürzten linken Arm behindert, obwohl er mit großer Energie und Ausdauer gelernt hatte, ein Pferd mit der Rechten allein zu zügeln. Aus mancherlei äußeren und inneren Gründen hatte sich zwischen Sohn und Vater eine Spannung gebildet und das nicht zum ersten Male in der Geschichte meiner Familie. Aber die freundlichen und unfreundlichen Kommentare, die daran geknüpft wurden, dürfen als erledigt gelten, seitdem der Kronprinz in seinen Erinnerungen ausführlich über sein Verhältnis zum Kaiser gesprochen hat.

Nicht zuletzt trug zur Popularität meiner Eltern bei, daß sie vier gesunde Jungen hatten. Die Nachfolge im Kaiserhaus erschien gesichert. Überdies erweckt eine große Familie immer mehr Interesse und Sympathien als eine kleine, insbesondere bei den ärmeren Bevölkerungsschichten, die oft reichen Leuten mit nur zwei oder drei Kindern Selbstsucht vorwerfen. Meine Großeltern boten mit sechs Söhnen und einer Tochter ein leuchtendes Beispiel, dem meine Eltern mit uns vier Jungen und den zwei Mädchen, die während des ersten Weltkrieges geboren wurden, nicht nachstanden.

Sicher hätte, wie mir heute scheint, nach außen hin für die Popularität des Kaiserhauses mehr getan werden können. Wir hatten praktisch keinen unmittelbaren Kontakt mit dem Volke, das uns immer nur von fern zu Gesicht bekam. Ich bin geneigt, das für einen Fehler zu halten. Es mangelte das, was man in England und in den Vereinigten Staaten »publicity« nennt. Man kann das, was darunter zu verstehen ist, im Deutschen auch nur wieder mit »Publizität« übersetzen. Es gab eine Menge Ansichtspostkarten mit dem Bilde der kaiserlichen oder der kronprinzlichen Familie, es erschienen auch häufig Bilder und Artikel über uns in Zeitungen und Zeitschriften, im großen und ganzen jedoch wußten die breiten Schichten des Volkes so gut wie nichts von unserem wirklichen menschlichen Dasein. In England beispielsweise wird die Publizität viel wichtiger genommen. Von Lord Beaverbrook hörte ich einmal, der Herzog von Windsor habe sich, als er noch Prinz von Wales war, bei ihm über die Pressephotographen beklagt, die ihm keinen Augenblick Ruhe ließen. »Ich glaube, Königliche Hoheit«, hatte der Zeitungskönig Beaverbrook geantwortet, »das ist besser als umgekehrt. Auch dafür werden Sie ja schließlich bezahlt.«

Wenn ich das später mit den alten Ratgebern meiner Eltern erörterte, pflegten sie kühl zu erwidern, die kaiserliche Familie stehe hoch über der Notwendigkeit, sich um Publizität zu sorgen. Bei manchen von ihnen war es ehrliche Überzeugung, bei anderen war es lediglich Bequemlichkeit. Sie dachten, ein bis in die Wolken erhöhter Herrscher könne ihnen nicht so leicht die Verlegenheit bereiten, daß er sich selbst ein Bild von dem machte, was unten wirklich vorging. Sonderbar genug, die Regierenden der Weimarer Republik stimmten in ihrer Abneigung gegen Publizität mit ihren dynastischen Vorgängern überein. Hitlers Diktatur überschlug sich dann in publizistischen Schaustellungen. Heutzutage ist das Problem wohl durch die alle Bedenken überrennende Entwicklung von Photographie, Radio und Fernsehen gelöst.

Ein wenig öffneten sich für uns Kinder die Pforten des goldenen Käfigs während des ersten Weltkrieges. Wir durften mit unserem Erzieher jetzt lange Spaziergänge in den Straßen von Berlin und im Tiergarten machen, und damit erschloß sich uns eine neue Welt. Es war der große Moment unseres Lebens, als wir uns zum ersten Male in einer Menschenmenge auf der Straße bewegten. Wir benahmen uns möglichst unauffällig; unsere höchste Genugtuung war es, wenn niemand uns erkannte.

Sonst wurde unser kindliches Dasein vom Kriege wenig beeinträchtigt. Im Winter waren wir in Berlin, im Frühjahr und im Herbst in Potsdam, im Sommer in Zoppot. Nur eines fehlte wie in den meisten anderen Familien: das Oberhaupt. Ich glaube, ich habe meinen Vater während des ganzen Krieges nur drei- oder viermal gesehen. Alle Verantwortung für unsere Erziehung traf meine Mutter, und sie zeigte sich neben ihren zahllosen sonstigen Pflichten dieser keineswegs leichten Aufgabe vollauf gewachsen.

Ich hatte inzwischen die wichtige Grenze des siebenten Lebensjahres überschritten, also die Erziehungsstufe meines Bruders eingeholt. Schon nach den ersten Kriegswochen schickte mein Vater als Ersatz für Herrn von Kühne einen Leutnant Fischinger sozusagen frisch aus dem Schützengraben zu uns. Fischinger hatte hervorragenden Mut bewiesen. Verwundet in einem Feldlazarett liegend, war er aus dem Fenster geklettert und hatte seine Truppe zu einem erfolgreichen Angriff geführt; viele Geschichten und sogar Gedichte gingen über diese Heldentat um. Fischinger war weder adlig noch Preuße. Er stammte aus Süddeutschland, aus Württemberg, das wegen seiner tüchtigen Soldaten ebenso berühmt ist wie wegen des demokratischen Geistes seiner Bevölkerung. Beide Tugenden besaß Fischinger.

Unser neuer Gouverneur war wohl nie in Amerika gewesen, hatte aber eine große Vorliebe für dieses Land und besonders für seine Ureinwohner, die Rothäute. Gern las er uns den »Lederstrumpf« vor. Unsere Phantasie wurde davon gewaltig angeregt: wir unternahmen heimlich Expeditionen auf die Dächer unseres Hauses und der angrenzenden Gebäude und griffen, ausgerüstet mit Bogen und Pfeilen, die Fischinger beschafft hatte, die Mitglieder der Hofhaltung aus einem dunklen Winkel unter Kriegsgeschrei an. Unsere Begeisterung für ihn kannte keine Grenzen. Zu unserem Kummer mußte er uns schon nach einigen Monaten wieder verlassen. Seine Gesundheit war durch seine schweren Verwundungen allzu geschwächt.

Unser nächster Erzieher war Leutnant Moyzischewitz. Wiederum hatte ihn mein Vater ausgesucht. Er war Elsässer und hatte nicht nur einen jüdischen Namen, sondern auch jüdisches Blut. Diese Wahl beweist schlagender als alles andere, daß mein Vater sich bei der Frage, wem er die Erziehung seiner Söhne anvertrauen sollte, von keinerlei Vorurteilen beeinflussen ließ. Moyzischewitz oder »Moitzi«, wie wir ihn kurz nannten, sprach perfekt Französisch, und mein Vater fand, daß wir es lernen sollten. Die Gefühle der Deutschen waren damals weit bitterer gegen England als gegen Frankreich, und die französische Sprache war nicht »verboten« wie die englische. Wir liebten »Moitzi« bald fast so wie Fischinger, obwohl er für Knaben unseres Alters vielleicht etwas zu ungeduldig war. Alles andere als romantisch, huldigte er in Denken und Erziehungsmethode demokratischen Grundsätzen.

Viel später, als er uns längst verlassen und die Tochter eines Industriellen geheiratet hatte, wurde mir klar, daß er ein Liberaler gewesen war. Da ihn schon in frühester Jugend eine Leidenschaft für die Technik erfaßt hatte, war er in allem Technischen bewandert. So bauten wir unter seiner Anleitung am Zoppoter Strand einen Unterstand mit einem richtigen Feldtelephon. Es hatte eine Verbindung zum »Seehaus«, und mein Bruder Wilhelm entwarf sogleich einen Plan, nach dem wir alle umschichtig Dienst zu machen hatten. Hierbei entdeckte er rasch, daß mir jeder Sinn für das Militärische abging; darum wurde ich auch in der kleinen »Armee«, die Wilhelm in Berlin aus uns Brüdern nebst einigen Freunden und Freundinnen zusammenstellte, im Gegensatz zu allen anderen niemals befördert. Der Bellevuepark war unser Manöverfeld und Wilhelm natürlich der Kommandierende General. Eine Weile fand ich mich mit dem Schicksal eines »Gemeinen« ab, dann riß mir die Geduld. Ich »meuterte« und gründete mit etlichen anderen, die ich meinem Bruder abspenstig machte, eine eigene Truppe. Sie glich mehr einer Partisanenbande, doch machten wir den regulären Soldaten meines Bruders viel zu schaffen.

Nach einem Jahre meldete sich »Moitzi« an die Front zurück. Für einen jungen Offizier war es einigermaßen hart, mit zwei Knaben zu spielen, während der größte Krieg der Geschichte im Gange war. Mein Vater hatte Verständnis, wenn jemand die Gefahren der Front einer Karriere bei Hofe vorzog, und er bewilligte »Moitzi« den Rücktritt. Aber unsere Freundschaft mit ihm währte bis zu seinem plötzlichen Tode in den dreißiger Jahren; es hieß, er habe Selbstmord begangen, weil er von den Nationalsozialisten verfolgt wurde.

Hauptmann Wilhelm Dietrich von Ditfurth, der damals bei uns seinen Platz einnahm, entstammte einer Familie des Uradels und war mit unserem Hause eng verbunden: in Plön mit meinem Onkel Oskar, dem fünften Sohne des Kaisers, sogenannter »Prinzenkadett« und dann »Prinzenbegleiter«, wurde er später persönlicher Adjutant meines Onkels Joachim, des jüngsten Kaisersohnes. Somit hatte er schon in seiner Jugend die Hofkarriere eingeschlagen und sich überall so glänzend bewährt, daß er mit den besten Qualifikationen in den Generalstab gelangen konnte. Wenn er bei uns »Gouverneur« wurde, so bedeutete das zweifellos, was militärische Ehren betraf, einen Rückschritt, und ich glaube, daß es Ditfurth zuerst hart ankam. Andererseits war er klug genug, die Wichtigkeit der neuen Aufgabe und die daraus erwachsenden Chancen zu sehen. Er kannte die Geschichte und mußte aus ihr wissen, daß Männer in ähnlichen Stellungen ihre einstigen Schüler das ganze Leben hindurch begleitet und nach deren Thronbesteigung hervorragende Ämter innegehabt hatten. Jedenfalls warf sich Ditfurth, mit Spitznamen »Dico«, voll Eifer auf seinen neuen Beruf, und mein älterer Bruder liebte ihn. Hätte Wilhelm je die hohe Stellung eingenommen, auf die Ditfurth ihn vorbereiten sollte, so hätte dieser Gouverneur auf seine hohe Gunst rechnen können. Das Schicksal hat es anders gewollt. Indessen blieb Ditfurth auch in den späteren schweren Jahren bei unserer Familie und war noch der Erzieher meines jüngsten Bruders Friedrich, der 1930 sein Abitur machte. 1937 wurde er wieder aktiver Soldat. Er fiel 1939 in den ersten Tagen des Polen-Feldzuges, an der Spitze seines Regimentes, als der vorbildliche Offizier und Edelmann, der er immer gewesen war.

Es wäre unrecht, wollte ich nicht zugeben, daß ich diesem Manne, der uns Kindern und besonders meiner Mutter in Abwesenheit des Vaters treu und ergeben diente, viel verdanke. Aber wir paßten nicht zueinander. Ditfurth war ein ernster Mann mit streng puritanischen Ansichten, eine ganz und gar prosaische Natur, die für Kunst und Musik wenig übrig hatte. Aus der großen Vergangenheit unseres Hauses und der ruhmvollen preußischen Tradition hatte er für sich vor allem den Begriff der »verdammten Pflicht und Schuldigkeit« abgeleitet. Nach dieser asketischen, keineswegs auf Preußen beschränkten Lebensauffassung war es nicht nur ein großes Verdienst, widerwillig eine Pflicht zu erfüllen, sondern auch fast schon ein Fehler, Freude am Leben zu haben. Meines Großvaters Lehrer Hinzpeter hatte eine ähnliche Maxime befolgt, und schließlich ist die Jugend Friedrichs des Großen das bekannteste Beispiel für diese Art Erziehung. Indessen glaube ich, daß der Charakter Friedrich Wilhelms I. sich nicht in dem zuchtmeisterlichen Wesen erschöpfte, das in der Schulmeinung über den »Soldatenkönig« lange Zeit im Vordergrund stand, obgleich schon so geniale Gelehrte und Forscher wie Carlyle, Ranke, Droysen und Gustav Schmoller auf Grund intensiven Quellenstudiums und psychologischen Einfühlungsvermögens das gängige Urteil erschüttert hatten. Nicht zuletzt hat Jochen Klepper in seinem herrlichen Buche »Der Vater« meinen großen Vorfahren sehr viel menschlicher und wahrscheinlich richtiger gesehen.

Andererseits kann nicht übersehen werden, daß meine Familie seit den Tagen Friedrich Wilhelms I. zu einer allzu einseitigen Auslegung des ethischen Gesetzes neigte, demzufolge das Ich hinter dem Pflichtgefühl gegen Gemeinschaft und Staat zurücktreten muß. Ich meine, daß das Pflichtgefühl gemeinsam mit dem Ich entwickelt werden sollte, und nicht auf Kosten des Ich. Sonst besteht die Gefahr, daß das Selbstvertrauen zugunsten eines übertriebenen Vertrauens auf die hohen Qualitäten irgendeines anderen, mag er uns auch noch ganz unbekannt sein, verdrängt wird.

Mein Großvater zum Beispiel brauchte lange Zeit, bis er sich von den Wirkungen der Hinzpeterschen Erziehungsmethode befreien konnte, und er behielt sein Leben lang eine so hohe Meinung vom Menschen schlechthin, daß er sich immer geweigert hat, die Unaufrichtigkeit und sogar die selbstsüchtigen Motive mancher Menschen zuzugeben, selbst wenn er sie durchschaut hatte. Ditfurth brachte es fertig, mich mit einer starken Abneigung gegen alles zu erfüllen, was mit jenem Ethos zusammenhing. Es dauerte mehrere Jahre, bis ich einsah, daß meine damalige Anschauung eigentlich ebenso einseitig war wie die seine.

Um bei unserem privaten Schulunterricht zu gewährleisten, daß er mit dem jeweiligen Klassenpensum der öffentlichen Schule Schritt hielt, hatten meine Eltern jährliche Prüfungen durch Geheimrat Reinhardt vom preußischen Kultusministerium eingeführt. Als Wilhelm die der Sexta entsprechende Stufe erreicht hatte, beschloß man, seinen Unterricht etwas zu verlangsamen, hingegen meinen so zu beschleunigen, daß wir vom folgenden Jahre an immer auf gleicher Höhe waren. Der Unterricht folgte auf Wunsch unserer Eltern dem Lehrplan des Reformrealgymnasiums. Dieses Schulsystem, das mit den Traditionen des humanistischen Gymnasiums brach, in Sexta mit Französisch, in Untertertia mit Englisch und erst in Untersekunda mit Latein begann und Griechisch ganz wegfallen ließ, war damals das modernste; das Argument, daß es wesentlich sei, den Schüler zuallererst mit einer lebenden Fremdsprache vertraut zu machen, hatte wohl auch meine Eltern überzeugt.

Auf Empfehlung von Geheimrat Reinhardt hatten sie für uns den besten Schulmann weit und breit in Deutschland gefunden: Professor Dr. Carl Kappus. Bis zum Kriege hatte er am Goethe-Gymnasium in Frankfurt am Main gelehrt, dessen Schüler er auch gewesen war. Von Geburt ein halber Franzose, sprach er außer Französisch auch Englisch, Spanisch, Polnisch, Russisch; dazu kannte er ein halbes Dutzend orientalischer Sprachen, und fast alle diese Sprachkenntnisse hatte er, wie er mir später einmal erzählte, auf Auslandsreisen mit einem reichen polnischen Juden erworben, der ihn wie seinen eigenen Sohn geliebt hatte.

Als er ins Marmorpalais beschieden wurde, war er mit dem Dechiffrieren russischer Kriegsdepeschen auf dem Kleinen Kreuzer »Straßburg« beschäftigt. Infolgedessen bekam ich meinen neuen Lehrer zuerst in der Uniform eines Marinemaats zu Gesicht. Zwergenhaft klein, kahlköpfig und mit einer knolligen Nase, hatte er ein Paar Augen, die vor Klugheit und Humor funkelten. Selten haben sich in meinen Gefühlen für einen Menschen Liebe und Bewunderung so einzigartig vermischt wie hier. Kappus verstand es, alles interessant zu machen, sogar Mathematik, ein Fach, das ich immer verabscheut habe — er übrigens auch, wie er mir nachher gestand. Das Geheimnis seines pädagogischen Erfolges beruhte auf der Art, wie er den Ehrgeiz seiner Schüler zu wecken wußte. Er schalt nie, aber durch ein oder zwei ganz ruhige Bemerkungen konnte er uns beschämen. In der Freizeit erzählte er uns viel von seinen Auslandsreisen, von fremden Völkern und ihren Bräuchen. Er tat alles, um unsere Einbildungskraft anzuregen und unseren Gesichtskreis zu erweitern. Als ich eines Tages auf eigene Faust Spanisch zu lernen begann, unterstützte er diese Passion, obwohl sie mit unserem allgemeinen Lehrplan kollidierte.

Politisch war er liberal und Kosmopolit, im Herzen auch Pazifist, aber das konnte er nicht offen zeigen, sonst wäre er mit den soldatischen Grundsätzen unseres Erziehers Ditfurth in Konflikt geraten. Ditfurth, der so ehrlich war, die geistige Überlegenheit des kleinen Professors anzuerkennen, hatte dafür die Genugtuung, daß auch Kappus auf Disziplin hielt und hohe Anforderungen an uns stellte. Aber das Ansehen von Kappus bei seinen Schülern gründete sich nicht auf den Pflichtbegriff, sondern darauf, daß sie gern für ihn arbeiteten, weil sie ihren Lehrer nicht enttäuschen wollten.

Bis zu dem Zeitpunkt, da wir eine öffentliche Schule besuchten, hatten wir noch einige andere Privatlehrer. Sie alle ragten über den Durchschnitt hinaus, aber keiner von ihnen war mit Professor Kappus zu vergleichen, und durch keinen wurde ich so tief und nachhaltig beeinflußt wie durch diese Gestalt eines vollkommenen Lehrers. Oft habe ich mich gefragt, warum Kappus nicht an der Universität lehrte, statt sein Wissen an Schulknaben zu verschwenden. Als ich später mit ihm selber darüber sprach, hörte er meine Argumente wohlwollend an, schüttelte aber den Kopf. »Gerade in jenem seelisch zarten Alter ist für die Bildung eines jungen Menschen das Beste gut genug«, sagte er. »Wenn er gefestigt ist, kommt es nicht mehr so sehr darauf an.« Im Greisenalter wurde ihm dann doch noch eine Professur für klassische Philologie zuteil: an der Berliner Freien Universität.

Nach 1918 mußte er uns verlassen. Er wurde Lehrer am Grunewald-Gymnasium und danach Direktor des Joachimsthalschen Gymnasiums, jenes berühmten Schulinternats, das von meinem Vorfahren Kurfürst Joachim Friedrich zu Anfang des siebzehnten Jahrhunderts gegründet worden ist. Noch unter den Nationalsozialisten bewies er als Direktor des Arndt-Gymnasiums in Berlin-Dahlem, wie man eine Schule trotz befohlener politischer Einseitigkeit auf hohem Niveau halten kann. 1949 durfte er eine Neuauflage seiner berühmten lateinischen Satzlehre »Ludus Latinus« erleben; zwei Jahre später, im Mai, verschied er zweiundsiebzigjährig in Berlin-Zehlendorf.

3. KAPITEL

VOM JÜNGSTEN LEUTNANT ZUM REALGYMNASIASTEN

Während wir so heranwuchsen, schritt der Krieg immer spürbarer fort. Trotz der großen Güter, die die Familie besaß, lebten wir streng von den Kriegsrationen und bekamen schließlich kaum je ein Ei, sehr wenig Butter und noch weniger Fleisch. Meine Mutter leitete Wohlfahrtsorganisationen und besuchte Lazarette; hin und wieder nahm sie uns auf einen solchen Gang mit. Über die militärische Situation hielt Ditfurth uns in großen Zügen auf dem laufenden. Obwohl ich noch nicht viel davon verstand, begriff ich doch dies, daß nach den ersten großen Erfolgen alles ins Stocken geraten war. Indessen tat Ditfurth, was er konnte, um uns zu verbergen, daß der Krieg allmählich eine für Deutschland hoffnungslose Wendung nahm.

Im Sommer 1917 erfuhren wir durch ein eigenes Erlebnis, daß die Stimmung in der Heimat nicht mehr allzu gut war. Wir waren damals im »Seehaus« in Zoppot, und wenn wir mit dem Zug nach Danzig fuhren, hatten wir gewöhnlich ein reserviertes Abteil. Als wir eines Sonntags von Danzig zurückkehren wollten, wo wir ein Unterseeboot besichtigt hatten, fanden wir im Zuge nach Zoppot kein Abteil leer. Ditfurth ließ den Stationsvorsteher rufen, der sich verlegen entschuldigte, sich auch bereit erklärte, wenn Ditfurth darauf bestehe, unverzüglich ein Abteil räumen zu lassen, ihm aber nahelegte, nicht darauf zu bestehen, weil er sonst bei der allgemeinen Gereiztheit für nichts garantieren könne. Ditfurth ließ ab. Wir drängten uns in ein Abteil dritter Klasse und fanden es herrlich. Die Fahrgäste erkannten uns und waren aufmerksam und höflich zu uns. Von da an bestellte Ditfurth überhaupt kein Sonderabteil mehr. Das Eis war gebrochen.

Noch im Kriege wurden mein Bruder Wilhelm und ich zehn Jahre alt. Der zehnte Geburtstag war ein wichtiges Ereignis im Leben eines preußischen Prinzen. An diesem Tage wurde er in das Heer aufgenommen und bekam seine erste Uniform mit dem Range eines Leutnants. So wollte es die Familientradition: Der junge Leutnant sollte sich von nun an so viel militärische Übung erwerben, daß er mit achtzehn Jahren, volljährig geworden, eine Kompanie kommandieren konnte. Bis zum Kriege waren diese Anlässe immer in großem Stil gefeiert worden. Alle Söhne des

Kaisers mit Ausnahme meines Onkels Adalbert, der zur See ging, waren in diesem Alter in das 1. Garderegiment zu Fuß in Potsdam eingetreten. Die Zeremonie schrieb Meldung bei meinem Großvater vor, der den Schwarzen Adlerorden anheftete. Danach mußte der neugebackene Leutnant mit der Truppe im Parademarsch vor dem Kaiser vorbeimarschieren, wobei sich der kleine Kerl anzustrengen hatte, um mit Soldaten Schritt zu halten, die neben dem neuen »Vorgesetzten« wie Riesen aussahen.

Als am 4. Juli 1916 die Reihe an meinen Bruder kam, konnte weder mein Großvater noch mein Vater zu der Feier erscheinen. Der Plan, sie ins Hauptquartier zu verlegen, wurde fallen gelassen, weil es zu leicht den Eindruck einer Spielerei hätte erwecken können. So wurde der Tag still in Zoppot verbracht. Wilhelm hatte seine neue feldgraue Uniform angelegt; auf der linken Brustseite prangte der Stern zum Schwarzen Adlerorden, den meine Mutter ihm im Namen des Familienoberhauptes überreicht hatte. Bei einem Familienessen hielt meine Mutter eine kleine Ansprache, und wir alle tranken auf das Wohl des jüngsten Offiziers des deutschen Heeres. Danach wurde er auf der Terrasse photographiert. Es war ein wundervoller Sommertag mit strahlender Sonne und blauem Himmel, aber ich fühlte mich unglücklich und nahm an der allgemeinen Freude keinen Anteil. Im Geiste sah ich meinen Bruder schon die Stufen des Thrones erklimmen und mit Verachtung auf mich herabblicken; in einem plötzlichen Eifersuchtsanfall sprang ich auf ihn zu, um ihm den blitzenden Ordensstern abzureißen.

Meinem Bruder, der sich in all seinem Glück und Stolz bescheidentlich mit der großen Enttäuschung abgefunden hatte, die der Ausfall der traditionellen Zeremonie für ihn bedeutete, erschien dies begreiflicherweise nicht als die richtige Stunde für einen Zweikampf. Die Hand schützend über seinen kostbaren Orden haltend, wich er meinem Angriff aus, dann zog er sich zurück, indem er auf ein hohes Gitter kletterte, das unseren Garten vom Nachbargrundstück des Berliner Chirurgen Dr. Hesse trennte, mit dessen beiden Kindern, einem Jungen und einem Mädchen, wir am Strande zu spielen pflegten. Als ich Wilhelm so nichts mehr anhaben konnte, beruhigte ich mich endlich. Es war eine unerfreuliche Szene gewesen; ich hatte mich einfach dumm benommen.

Fünfzehn Monate später war derselbe Tag für mich gekommen. Die Zeremonie fand am 22. Oktober 1917, achtzehn Tage vor meinem eigentlichen Geburtstag, in Potsdam statt. Mein Großvater hatte diese Ausnahme von der Regel verfügt, weil er vor der Zeit ins Hauptquartier zurück mußte. Es war sein letzter Tag zu Hause und gleichzeitig der

Geburtstag meiner Großmutter. Dies war das einzige Mal in meinem Leben, daß ich meinem Großvater als meinem höchsten Vorgesetzten offiziell gegenübertreten mußte. Mit Ditfurth, der dabei die Rolle des Kaisers spielte, hatte ich das Hersagen der »Meldung« wieder und wieder geübt. Obwohl ich sonst leicht auswendig lernte, brachte ich diesmal den Armen fast zur Verzweiflung. Immer war etwas falsch: entweder gerieten mir die Worte durcheinander, oder eine »zivilistische« Bewegung verdarb den militärischen Effekt. Als wir mindestens zwanzigmal geübt hatten, rief Ditfurth ganz untröstlich: »Lulu, Sie sind hoffnungslos unmilitärisch!«

Um halb zehn am Morgen fuhr ich mit meiner Mutter und mit Wilhelm, der ebenfalls seine Uniform angelegt hatte, von unserem neuen, an der Nordecke des Heiligen Sees zwischen 1913 und 1917 erbauten Heim Cecilienhof zum Neuen Palais. Zuerst gratulierten wir unserer Großmutter zum Geburtstag. Alle Verwandten, Onkel, Tanten und Vettern, soweit sie gerade in Potsdam waren, hatten sich versammelt. Mein Bruder Wilhelm unterzog meine Uniform, besonders die Knöpfe, einer letzten Prüfung, und ich blickte noch einmal rasch verstohlen auf mein Sprüchlein, das ich auf ein Stück Papier gekritzelt hatte. Dann schritt ich in den Saal, um meine Meldung vor dem Kaiser zu erstatten.

Die Türen, die zwei Diener weit geöffnet hatten, schlossen sich sofort hinter mir. Ich versuchte, tapfer dreinzublicken. Mitten im Raum stand mein Großvater an der Spitze mehrerer hoher Offiziere. Nach Ditfurths Instruktion ging ich zu ihm hin und baute mich in der vorgeschriebenen Entfernung von etwa drei Metern vor ihm auf. So begann ich meine Rede. Anfangs ging es einigermaßen, aber die vielen Menschen setzten mich so in Verlegenheit, daß ich mittendrin steckenblieb. Mein Großvater rettete die Situation, indem er mir soufflierte; als ich zu Ende war, bemerkte er äußerlich ernst, aber mit einem schalkhaften Augenzwinkern: »Na, mein Junge, das war nicht allzu glänzend. Ich hoffe, bis du General bist, kannst du eine ordentliche Meldung erstatten, ohne daß dein Großvater dir vorsagen muß.« Danach hieß er mich als jüngsten Offizier der Armee willkommen und wünschte mir Glück für meine künftige Laufbahn.

Erst als ich mit einem Seufzer der Erleichterung draußen war, merkte ich, daß er durch seine menschliche Geste meine Selbstachtung geschont hatte; ich konnte noch öfters diesen menschlichen Zug an ihm beobachten. An diesem Tage war ich ihm zum letzten Male als dem Herrscher unseres Landes begegnet. Als ich ihn wiedersah, war er ein Verbannter in Holland. —

Auf den Rat unseres Arztes verbrachten wir 1918 einige Sommermonate in Bad Soden an der Werra. Eines Tages saßen meine Brüder und ich bei einem Quartettspiel. Die Karten, die wir benutzten, zeigten den Kaiser von Rußland und die Könige von England, Italien und Serbien in boshaften Karikaturen. Als meine Mutter ins Zimmer trat und die beleidigenden Bilder der ausländischen Herrscher entdeckte, nahm sie uns die Karten weg. »Ich will nicht, daß ihr weiter damit spielt!« rief sie erregt. »Wir sind mit diesen Königen im Kriege, aber wir wollen uns nicht über sie lustig machen. Sie tun ihre Pflicht ebensogut wie Großpapa und Papa.« Wir waren von der Aufregung unserer Mutter überrascht, obgleich wir ja immer vor der Propaganda gegen die feindlichen Staaten oder ihre führenden Männer bewahrt worden waren; wiederum hatten wir auch kaum etwas von den Greuelmärchen erfahren, die im Ausland über unsere Familie verbreitet wurden.

Nicht lange danach ereilte uns die Nachricht, daß der Kaiser von Rußland mit Frau und Kindern von den Bolschewiken ermordet worden war. Einen ganzen Nachmittag saß ich einsam auf einem kleinen Hügel und dachte über das furchtbare Ende dieser Verwandten nach. Mir fiel wieder der unsäglich traurige Ausdruck in den Augen des Zaren ein, der sich mir bei der einzigen Begegnung mit ihm, auf der Hochzeit von Tante Sissy, so nachhaltig mit der Kraft des Unbegreiflichen, Fremdartigen und doch tief Berührenden eingeprägt hatte.

Unsere Großmutter weilte gerade in Wilhelmshöhe — sie liebte dieses schöne Schloß mit dem prachtvollen Park ganz besonders wegen seiner Lage und wegen der Aussicht auf die Stadt Kassel —, und Wilhelm und ich besuchten sie dort für zwei Wochen, als unsere Sodener Kur beendet war. Trotz ihrer angegriffenen Gesundheit und gegen den Rat des Arztes verwandte sie fast ihre ganze Zeit und Kraft auf Lazarettbesuche. Eines Sonntagmorgens wurde sie beim Gottesdienst ohnmächtig und mußte in ihr Bett getragen werden. Obwohl man bei Hofe dazu neigt, solche Vorfälle zu bagatellisieren, ließ sich die allgemeine Besorgnis nicht verhehlen. Der Arzt verordnete ihres Herzens wegen viel Ruhe in einem Liegestuhl, der auf Rädern lief. Wilhelm und ich wetteiferten darin, die Großmutter im Garten umherzufahren.

Ich hatte, bevor wir im Herbst nach Potsdam zurückkehrten, Radfahren gelernt und war sehr stolz, daß ich es konnte; daher war zu meinem elften Geburtstag am 9. November 1918 mein Hauptwunsch ein Fahrrad. Freilich wußte ich, daß es äußerst schwierig sein würde, in diesem Stadium des Krieges einen solchen Gegenstand zu beschaffen, und ich rechnete fast schon damit, wegen der schlechten Zeiten gar nichts zum Geburtstag zu bekommen. Doch am Morgen fand ich auf meinem Geburtstagstisch die Skizze eines Fahrrades, von meiner Mutter gezeichnet. Sie tröstete mich, das Fahrrad sei noch nicht fertig, aber ich würde es bestimmt in den nächsten Tagen bekommen. Ich war überglücklich, doch entging mir nicht, daß in der Stimme meiner Mutter eine nie gekannte Traurigkeit mitschwang.

Unsere ganze Umgebung schien bekümmert und nervös zu sein. Als ich zu den Stallungen hinüberging, um Pferde und Wagen zu betrachten, die mein Vater mit einem großen Teil des Personals aus dem Hauptquartier zurückgesandt hatte, entdeckte ich zwischen ein paar alten Reitknechten aus den Vorkriegs- und Kindertagen seltsame und abenteuerliche Gestalten, die ich nie zuvor gesehen hatte. Sie waren so nachlässig im Anzug und so unverschämt im Benehmen, daß ich es meiner Mutter berichten wollte. Aber sie sagte nur, meine Großmutter habe vom Neuen Palais angerufen, wir möchten sofort alle zu ihr herüberkommen. »Großmama glaubt, daß wir dort drüben sicherer sind. Ich sehe keine Gefahr für uns, wenn wir hier in Cecilienhof bleiben.« Mit einem zweiten Anruf indessen beschwor meine Großmutter uns noch einmal, und so stiegen wir nach dem Mittagessen alle in unseren Protos und fuhren zum Neuen Palais hinüber, an Sanssouci und der historischen Mühle vorbei. Die Straßen waren ruhig, fast verlassen. Niemand hielt uns auf. An den Eingangstoren auf der Rückseite des Neuen Palais präsentierten wie immer die Wachen das Gewehr.

Meine Großmutter erwartete uns vor dem Palais auf den Stufen zur Terrasse. Das war ungewöhnlich; sonst trafen wir sie immer in ihrem Salon im ersten Stock. Sie gab mir einen herzlichen Kuß und gratulierte mir zum Geburtstag. Aber ich sah Tränen in ihren Augen. »Geht hinauf und ruht euch erst ein wenig aus«, sagte sie, »später wollen wir eine kleine Geburtstagsfeier machen. Ich fürchte, ich habe nicht viel zum Schenken für dich, mein armer Junge. C'est la guerre.« Wilhelm und ich wurden in dem gleichen Zimmer, in dem wir vor sieben Jahren während der Indienreise meiner Eltern gewohnt hatten, zu Bett gebracht. Wir konnten vor Aufregung kein Auge zutun. Mittlerweile dämmerte uns, daß etwas nicht in Ordnung war.

Um vier Uhr kam meine Mutter herein und sagte mit leiser, tränenerstickter Stimme: »Die Revolution ist ausgebrochen. Großpapa hat heute abgedankt. Der Krieg ist verloren.«

Meine erste Empfindung bei dieser historischen Nachricht — ich muß es gestehen — war die einer großen Erleichterung, denn ich schloß sogleich daraus, daß ich nun nicht in das Kadettenkorps nach Plön müsse. Dies stand mir nämlich seit längerem bevor. Mein Großvater selbst hatte das Gymnasium in Kassel besucht, aber alle seine Söhne hatte er auf die Kadettenanstalt geschickt, weil er die öffentlichen höheren Schulen mit ihrer Betonung der Antike für nicht modern genug hielt.

In dem hübschen holsteinischen Landstädtchen Plön unweit von Kiel war unter dem Namen »Prinzenhaus« ein besonderer Haushalt eingerichtet worden, wo mein Vater und meine Onkel unter der Leitung eines Gouverneurs mit einigen anderen, sorgfältig ausgewählten Jungen, den »Prinzenkadetten« und — bei vertrauterem Umgang — den »Prinzenbegleitern«, erzogen wurden. Auch unser Erzieher Ditfurth war ja, wie schon erwähnt, »Prinzenkadett« und hernach »Prinzenbegleiter« gewesen. Die besten Lehrer der preußischen höheren Schulen unterrichteten hier nach einem Plan, den mein Großvater selbst unter Hervorhebung der neueren Sprachen und der Naturwissenschaften entworfen hatte, und den später die Realgymnasien übernahmen. Ich wäre viel lieber auf ein solches Realgymnasium gegangen und schrak vor dem bloßen Gedanken an Plön zurück. Während Wilhelm schon die Tage zählte, die uns noch von dem neuen Lebensabschnitt in Plön trennten, hegte ich immerfort eine schwache Hoffnung, daß ich ihm entgehen könnte. Nun fühlte ich, daß diese unwahrscheinliche Hoffnung sich erfüllt hatte — um welchen Preis, das konnte ich allerdings damals nicht ermessen.

Von uns Kindern ahnte vielleicht nur Wilhelm die tragische Wendung, die das Schicksal unserer Familie und unseres ganzen Landes genommen hatte. Indessen blieb bei mir der Eindruck der Niedergeschlagenheit der Erwachsenen haften. Menschen, zu denen wir bis dahin ehrfürchtig aufgeblickt hatten, konnten ihre Hilflosigkeit nicht verbergen; vom Fenster sah ich meine Onkel und Tanten stundenlang vor dem Palais auf und ab gehen. Am nächsten Tage sagte uns Ditfurth, daß die Wachkompanie gegen ihren Willen einen Soldatenrat habe bilden müssen. Widerstrebend hatten sie ein rotes Bändchen an ihre Uniformröcke geheftet, aber sie erwiesen uns weiterhin die militärischen Ehren.

Mit Ausnahme von Professor Kappus, der von der Marine entlassen worden war, hatten unsere Lehrer bisher alle Uniform getragen, weil sie nur vorübergehend zu unserer Hofhaltung abkommandiert waren. Jetzt tauchte einer nach dem anderen in dem sonderbarsten Aufzug, halb Zivilist, halb Soldat, wieder auf. Unseren Mathematiklehrer Dr. Jungblut empfingen wir mit lautem Gelächter. Wir kannten ihn nur in der schmucken Leutnantsuniform des Pionierkorps; jetzt trug er zu seinen grauen Militärhosen eine alte Ziviljacke, die er sich von einem Freund geborgt hatte. Er fühlte sich durch unsere unehrerbietige Heiterkeit verletzt und glaubte, seine Schüler seien auch schon vom Geist der Revolution angekränkelt. Ein wenig vorwurfsvoll berichtete er uns, was er durchgemacht habe, um zu uns zu gelangen, und allmählich begriffen wir, daß die alte Ordnung völlig zusammengebrochen und irgend etwas Neues in schrecklicher Gärung begriffen war.

Bis in unser freiwilliges Gefängnis drang sonst kaum etwas von den revolutionären Ereignissen, höchstens das falsche Gerücht von einem Transport mit roten Matrosen, der nach Wildpark unterwegs sei, um das Neue Palais zu erstürmen. Wir bekamen keinen einzigen revolutionären Soldaten oder Zivilisten zu Gesicht; wir hörten nur, daß es in Berlin zu Zusammenstößen gekommen sei. In Potsdam fiel kein Schuß. Der ganze Aufstand war hier ohne Blutvergießen verlaufen, und gegen unsere Familien schienen die Revolutionäre keinerlei böse Absichten zu hegen. Als sich die Lage im allgemeinen beruhigt hatte, bestand meine Mutter darauf, nach Cecilienhof zurückzukehren.

Etwa zehn Tage hatten wir im Neuen Palais gewohnt. Als wir wieder in Cecilienhof eintrafen, erzählte man uns, daß, kaum nachdem wir das Haus verlassen hatten, ein Lastwagen mit etwa dreißig bewaffneten Soldaten erschienen war. Unsere Dienerschaft sah sich schon an der nächsten Mauer erschossen, aber statt dessen tauchte ein Zivilist unter den Soldaten auf und stellte sich als Vorsitzender des Arbeiter- und Soldatenrates von Potsdam vor. Es war der Inhaber eines bekannten Potsdamer Tabakwarengeschäftes. Er hatte sich eigens nach Cecilienhof begeben, um zu sehen, ob die Bewohner wohlauf seien oder eines Schutzes bedürften. Für alle Fälle habe er, wie er sagte, diese Soldaten mitgebracht, die sich eine Ehre daraus machen würden, die Kronprinzessin und ihre Kinder zu beschützen. Unsere Dienerschaft faßte sich erst allmählich, um den Revolutionären zu danken. »Ich freue mich, daß hier alles in Ordnung ist«, bemerkte der Vorsitzende des Arbeiter- und Soldatenrates, »aber bitte geben Sie mir sogleich Nachricht, wenn Sie Hilfe brauchen.« Mit diesen Worten fuhr er samt den Soldaten in die Stadt zurück.

Wir wußten, daß mein Großvater nach Holland gegangen war. Meine Großmutter hatte sich entschlossen, ihrem Mann in die freiwillige Verbannung zu folgen. Auch meiner Mutter riet man dazu; ihre nächsten

Freunde suchten sie zu überzeugen, sie und ihre Kinder seien Gefahren ausgesetzt, wenn sie das Land nicht verlasse. Meine Mutter wies es jedoch standhaft von sich. »Wenn sie uns umbringen wollen, können sie das hier in meinem eigenen Hause tun«, sagte sie bei der Rückkehr nach Cecilienhof. »Solange ich es verhindern kann, will ich nicht, daß meine Kinder im Exil aufwachsen.« Für diese Haltung sind wir alle ihr tief verpflichtet. Angesichts der warnenden Stimmen nahm sie die ganze Verantwortung auf sich, wozu nach den Geschehnissen in Rußland große Charakterfestigkeit und viel Mut gehörten.

Ich bin sicher, daß meine Mutter auch in einem noch umfassenderen Sinne die Verantwortung auf sich genommen hätte, wenn es etwa zu einer Regentschaft gekommen wäre. Darüber hatte ich fünfzehn Jahre später eine längere Unterredung mit Lloyd George. Ich war im Sommer 1933 auf seinem Landsitz eingeladen; der einzige Gast außer mir war General Smuts. Nach Tisch schlug Lloyd George, den seine Tochter in der Rolle des Gastgebers unterstützte, einen Gang auf die Terrasse vor, um den Blick auf die herrliche Landschaft zu genießen. Wir saßen auf einer hölzernen Bank, ich zwischen den beiden großen Staatsmännern. Lloyd George schweifte im Gespräch über die neuesten politischen Entwicklungen in Deutschland zurück zum ersten Weltkrieg und zu der Wendung, die sein Ausgang meinem Leben gegeben hatte.

»Wissen Sie, Prinz Louis«, sagte er, »wir hatten den Sturz Ihrer Dynastie weder erwartet noch beabsichtigt. Die öffentliche Meinung in England machte es mir unmöglich, als Premierminister dieses Landes einen Frieden mit Ihrem Großvater oder Ihrem Vater an der Spitze Deutschlands zu schließen. Aber wir hatten alle gedacht, daß für Ihren Bruder Wilhelm eine Regentschaft unter Ihrer Mutter oder einem Ihrer Onkel eingesetzt würde. Wenn Ihr Haus in Deutschland an der Regierung geblieben wäre, brauchten wir uns jetzt keine Kopfschmerzen wegen des Herrn Hitler zu machen.«

Heute gilt es als historische Tatsache, daß eine solche Lösung, wäre sie präsentiert worden, auch von den Sozialdemokraten angenommen worden wäre. Aber es fehlte an weitblickenden und entschlossenen Beratern. Die Revolution vom 9. November 1918 war weder ein sozialer Aufstand noch im Ursprung gegen unsere Dynastie oder gegen irgendein anderes regierendes Haus in Deutschland gerichtet. Es war eine Hungerrevolution, geboren aus dem verzweifelten Verlangen des Volkes, den Krieg um jeden Preis zu beenden. Die überwiegende Mehrheit des Volkes hegte keinen Groll gegen die deutschen Herrscherhäuser; niemand außer den Bolschewisten hatte ernstlich daran gedacht, sich ihrer zu entledigen. Es hatte keine Widerstandsbewegung gegeben wie zwanzig Jahre später unter Hitler.

Daß es dem deutschen Volke sowohl an Neigung als auch an Begabung zu Revolutionen fehlt, ist keine Neuigkeit. Wer diesen Mangel — angenommen, es wäre einer — als große Sünde betrachtet, übersieht einen bedeutsamen deutschen Wesenszug: den Ordnungssinn. In den Vereinigten Staaten wie in Südamerika hörte ich immer wieder, daß die deutschen Einwanderer und ihre Abkömmlinge ordnungsliebende Bürger seien. Als ich dort die Einwanderungsprobleme studierte, wies man mich darauf hin, wie günstig ein solcher Charakter in Ländern mit verschiedenartig zusammengesetzter Bevölkerung wirke. Revolutionäre Elemente sind in diesen Ländern wahrhaftig nicht gerade gern gesehen, eher sind sie als Anarchisten oder Nihilisten verschrien. Ich glaube, all diese Tatsachen kann niemand unberücksichtigt lassen, der sich über die Zukunft unseres Volkes Gedanken macht. —

Meine Mutter hatte damals schwerwiegende Entscheidungen zu treffen, möglicherweise auf Jahre hinaus. Niemand konnte sagen, ob man meinem Vater je die Rückkehr nach Deutschland erlauben würde. Unser ganzes Leben mußte sich neuen Bedingungen anpassen, und diese waren alles andere als gesichert oder freundlich. Zugleich mit seinem »Beruf« verlor mein Vater auch sein Einkommen; unser Familienvermögen wurde von der preußischen Regierung beschlagnahmt. Bis zum Jahre 1926 war noch nicht geklärt, was davon als unser Privateigentum zu gelten habe, und was auf die Ansprüche des Staates entfalle. Dann erhielten wir nach der uns günstigen Volksabstimmung über die sogenannte Fürstenenteignung etwa die Hälfte unseres Grundbesitzes (60 000 Hektar) und einige Millionen Mark zurück. Vorher gewährte uns die Regierung jährlich eine Summe, die kaum für unsere dringendsten Bedürfnisse ausreichte. Infolgedessen mußten meine Eltern bei verschiedenen Banken Anleihen aufnehmen; hilfreich erwies sich unter anderen der jüdische Bankier Guttmann, einer unserer Nachbarn in Potsdam.

Wir mußten die Ausgaben für unsere Hofhaltung drastisch herabsetzen, und das bedeutete nicht nur die Entlassung vieler alter Diener, die uns teilweise durch mehrere Generationen treu ergeben gewesen waren; die Einschränkung betraf auch unsere Lehrer. Als Staatsbeamte waren sie uns nur vorübergehend überlassen worden. Wollten sie bei uns bleiben, so verloren sie außer ihrer Stellung ihren Pensionsanspruch, für den unsere Familie ihnen keinen Ausgleich mehr bieten konnte. Daraus folgte, daß unsere private Erziehung durch eine öffentliche Schule ersetzt werden mußte.

Da wir in den letzten drei Jahren nach dem Lehrplan des Reformrealgymnasiums unterrichtet worden waren, dachte meine Mutter eine Zeitlang daran, uns auf das Reformrealgymnasium in Breslau zu schicken; doch die tägliche Fahrt von Oels, wo meine Eltern ein schönes, seit ihrer Heirat nur zeitweise aufgesuchtes Schloß besaßen, in dem wir hätten wohnen sollen, nach dem etwa vierzig Kilometer entfernten Breslau wäre zu umständlich gewesen, und so entschied man sich schließlich für Potsdam, obwohl dort kein Reformrealgymnasium bestand. Aber Cecilienhof war uns als Besitz verblieben, außerdem war Potsdam unsere Geburtsstadt und die traditionelle Residenz unserer Familie. Wenn überhaupt, konnten wir dort am ehesten auf die Sympathie der Bevölkerung rechnen.

Potsdam hatte ein Gymnasium, ein Realgymnasium und eine Oberrealschule. Zwischen dem Staatlichen Victoria-Gymnasium und den beiden höheren Schulen, die städtisch waren, herrschte eine gewisse Rivalität. Das Gymnasium, das als ehemalige Schüler so berühmte Männer wie Helmholtz aufzuweisen hatte — auch der älteste Freund meines Großvaters, Poultney Bigelow, der noch seine Rolle in meinem Leben spielen sollte, war dort Gastschüler gewesen —, wurde von den »oberen Zehntausend« bevorzugt, während die beiden anderen Schulen, ohne eine so ehrwürdige Vergangenheit, erst um 1900 gegründet, meist von Kindern aus dem Mittelstand besucht wurden. Da wir bis dahin weder Latein noch Griechisch gelernt hatten, schied das Gymnasium aus. Die Oberrealschule stand unserem Lehrplan am nächsten, aber es war wirklich keine besonders gute Schule, auch wenn man die traditionelle Anschauung, nur das Gymnasium sei wissenschaftlich wie gesellschaftlich ersten Ranges, beiseite ließ; überdies fehlte ja Latein als Lehrfach, was ein Universitätsstudium erschwert hätte. So wurden denn der Direktor des Realgymnasiums, Dr. Wüllenweber, und der in Frage kommende Klassenlehrer, Studienrat Hartmann, nach Cecilienhof eingeladen.

Trotz der Revolution hatten sie keine Bedenken, zwei Söhne des Kronprinzen aufzunehmen. Im Gegenteil, man würde sich freuen. Prinzen königlichen Geblütes unter den Schülern — das konnte allen revolutionären Theorien zum Trotz ein Vorteil im Wettbewerb mit dem Gymnasium sein. Dazu kam ein weiteres günstiges Moment: das Realgymnasium entdeckte in den dunklen Tagen der Inflation, daß einer seiner ersten Schüler, wenn auch nicht der beste, einst nach Amerika ausgewandert war.

Er hieß Paul Hasselbart und war, in Potsdam geboren, jetzt amerikanischer Bürger und obendrein ein reicher Fabrikant. Plötzlich erinnerte er sich seiner Vaterstadt und seiner alten Schule, machte großzügige Stiftungen, spendete Lebensmittel für unterernährte Kinder. Jedes Jahr gab es ihm zu Ehren eine Hasselbart-Feier mit Sportkämpfen und Kaffee und Kuchen. Ein- oder zweimal erschien auch der Wohltäter selbst, um inmitten des stolzen Lehrerkollegiums die Parade abzunehmen. Seitdem erregte meine Schule den Neid der hochmütigen Gymnasiasten. Wir pflegten ihnen zuzurufen: »Ihr könnt euren Helmholtz behalten, wir haben unseren Hasselbart!«

Die einzige bescheidene Bedingung für unsere Aufnahme in das Realgymnasium war, daß wir nicht auf dem vollen Titel bestehen dürften. Titel waren durch die neue Verfassung abgeschafft; wir hießen also einfach Prinz Wilhelm und Prinz Louis Ferdinand. Das war kein Opfer, denn auch unter dem alten Regime wären wir vor unserer Volljährigkeit nicht mit »Königliche Hoheit« angeredet worden. Etwas anderes war viel wesentlicher: wir mußten das Pensum von vier Realgymnasialjahren in aller Kürze durch Privatunterricht nachholen. Das gute Englisch, das wir bei Miß Brimble gelernt hatten, war vergessen, denn im Kriege hatte man uns ja mit Rücksicht auf die öffentliche Meinung untersagt, Englisch zu sprechen. Mein Vater hatte sich törichten Forderungen hier nicht so widersetzen können, wie er es gegenüber den Versuchen getan hatte, ihn zur Änderung meines Namens — Ludwig Ferdinand statt Louis Ferdinand — zu bewegen.

Ohne das diplomatische Geschick und die Popularität meiner Mutter wäre die Bereitwilligkeit zur Mitarbeit an einem so umfangreichen Unterrichtsprogramm wohl bei keinem Lehrer selbstverständlich gewesen. Der Ehrgeiz, bei Hofe eine Rolle zu spielen, bis 1918 ein wichtiger Ansporn, kam uns jetzt nicht mehr zu Hilfe. Niemand wußte, welchen Kurs die deutsche Republik einschlagen, ob sie auf dem Mittelweg bleiben oder ganz nach links rutschen würde. In diesem Falle setzte jeder, der mit dem ehemaligen Herrscherhause in Verbindung stand, seine Laufbahn aufs Spiel.

Im Sommer 1920 hatten wir eine Aufnahmeprüfung zu machen, bei der Dr. Wüllenweber und ein Beamter des Provinzialschulkollegiums den Vorsitz führten. Außer in Latein ging alles zufriedenstellend, Französisch sogar glänzend, dank der guten grammatischen Schule von Professor Kappus. Er war übrigens zu diesem Tage nach Potsdam herübergekommen. Bei der Prüfung in Geschichte erregte ich Heiterkeit, als der

Prüfer mich fragte, warum Heinrich IV. nach Canossa gegangen sei. Ich antwortete: »Um sich aus dem Schlamassel zu ziehen.« — »Sehr realistisch gedacht, Prinz Louis Ferdinand«, sagte der Prüfer. »Sie scheinen vor diesem historischen Ereignis keinen besonderen Respekt zu haben. Doch warum soll man die Dinge nicht beim Namen nennen? Indessen möchte ich Ihnen eine kleine Warnung geben. Mit dieser Methode werden Sie viele Leute vor den Kopf stoßen, die es nicht vertragen können, wenn man die Geschichte auf menschliche Motive zurückführt.«

Für die Haltung meiner Mutter in jenen schwierigen Tagen ist kein Lob zu hoch. Während mein Großvater und mein Vater im Exil waren, stand sie wie ein Mann in der Familie. Im kritischen Augenblick des Kapp-Putsches, der anfangs die Republik zu erschüttern schien, dann aber von Ebert mit großer Würde auch in seinen Folgen überwunden wurde, hatte man meiner Mutter empfohlen, eine Zeitlang nach Süddeutschland zu gehen. Dieses Mal folgte sie ihren Ratgebern. Obwohl Deutschland damals nicht in Zonen aufgeteilt war, brauchten wir doch besondere Pässe, um von Preußen nach Bayern zu reisen. Von der Reichsbahnverwaltung, die uns sogar unter Hitler noch freundlich gesinnt blieb, wurde uns der alte Salonwagen meiner Eltern aus kaiserlichen Tagen zur Verfügung gestellt. Dieser Wagen existiert im übrigen noch heute; er dient als Klubheim für Eisenbahnfreunde, die ihn mit großer Liebe und persönlicher Opferbereitschaft wieder hergerichtet haben. Bevor er seinen festen Standort in Hameln erhielt, wurde mit ihm eine festlich arrangierte letzte Fahrt unternommen, an der auch meine Frau und ich teilnehmen konnten.

Einige Monate lebten wir, meine Mutter, meine Geschwister Wilhelm, Hubertus, Friedrich, Alexandrine, Cecilie und ich, in Schönau bei Berchtesgaden in der bescheidenen Pension der baltischen Baronin Vietinghoff. Um auch in dieser Zeit die Vorbereitung auf die öffentliche Schule nicht zu unterbrechen, erteilte meine Mutter selber Wilhelm und mir englischen Unterricht. Es dauerte eine Weile, bis wir mit den unfreundlichen Gefühlen der Bevölkerung gegen uns »Saupreußen« fertig wurden. Wir strebten danach, uns mit gamsledernen Hosen anzupassen, die wir der Echtheit wegen nach Kräften durch Herumrutschen abscheuerten. Unsere Fortschritte im Verstehen und Sprechen des oberbayerischen Dialekts ermunterten uns sogar, Schuhplattler und den schwierigen Watschentanz zu lernen. Wenn unsere Mutter Gäste hatte, führten Wilhelm und ich diese Künste vor.

Am meisten genossen wir die Ausflüge mit einem Bergführer: ein paar einsame Tage in einer Hütte, bei einem Schafhirten, der jahraus, jahrein den ganzen Sommer mit seinen Tieren dort oben war — nicht ein einziger Mißklang in dieser Harmonie von Menschen, Tieren und Bergeinsamkeit. Der Hirt war noch jung; ein Kopfschuß im Kriege hatte ihm die Fähigkeit zu normaler Sprache genommen. Seinen Schafen kündigte er sich mit merkwürdigen Lauten an, halb Pfeifen, halb Jodeln. Die Tiere weideten fast bis zu den Berggipfeln hinauf, aber auf seine Laute kamen sie herbei, und er gab ihnen dann etwas Salz. Die Majestät der Berglandschaft nahm mich gefangen; dennoch blieb ich später der Weite des Ozeans mehr zugetan, und das Gefühl grenzenloser Ewigkeit habe ich dort stets stärker. Lange Zeit kannte ich nichts Erregenderes, als am Steuer meines Flugzeuges über Bergen aus schneeweißen Wolken zu fliegen. Der Erde entrückt, glaubte ich, ein Teil des Weltalls selbst geworden zu sein.

Bald nach dem Aufenthalt in Bayern plante meine Mutter eine Reise nach Holland zum Besuch ihres Mannes und ihrer Schwiegereltern. Im Jahre zuvor war sie schon einmal mit meinen beiden jüngeren Brüdern Hubertus und Friedrich dort gewesen; diesmal durften alle vier Söhne sie begleiten. Da ich erst dreizehn Jahre alt war, fesselten mich die neue Umgebung, das fremde Land und seine Bewohner mehr, als daß ich durch das Wiedersehen mit dem Vater und dem Großvater unter so tragisch veränderten Umständen erschüttert wurde. Damals konnte ich das Unglück ebensowenig ermessen, wie später unsere heranwachsenden Kinder das, was sich 1945 und danach ereignet hat, in seiner ganzen Tragweite begreifen konnten.

Mein Vater lebte auf der beinahe baumlosen, winddurchpeitschten Zuidersee-Insel Wieringen in der sogenannten Pastorie des Dorfes Oosterland, dem Hause des protestantischen Pfarrers. Es war klein und ohne viel Bequemlichkeit. Die primitiven Umstände seines Daseins — Petroleumlampe, keine Wasserleitung — hat der Kronprinz in seinen Erinnerungen beschrieben. Ein winziger Raum im Hause war notdürftig als Gastzimmer für meine Mutter eingerichtet worden; wir Jungen wurden bei einem Bauern in der Nähe einquartiert.

Die Fischer, die die Insel bewohnten, waren meinem Vater fast alle mit Namen bekannt. Nach der feindlichen Propaganda, die ihn als eine Art Massenmörder oder Menschenfresser hinstellte, waren sie anfangs sehr zurückhaltend gewesen, aber mit der Zeit war das ganz geschwunden. Mein Vater hatte den örtlichen Dialekt sprechen gelernt und so allmählich die Herzen dieser einfachen und schwer arbeitenden Leute gewonnen. Freundschaftlich stand er mit dem Bürgermeister Peereboom und dessen

Familie. Die Peerebooms waren ein Muster christlicher Nächstenliebe; sie taten alles, meinem Vater das Leben in dieser Einsamkeit einigermaßen erträglich zu machen. Dennoch hinterließen die fünf Jahre, die er hier verbringen mußte, in seiner Seele Spuren, die auch die Zeit nicht tilgte: er blieb menschenscheu und verschlossen. Natürlich nahm ich die Wandlung in seinem Wesen damals noch nicht wahr. Was ich von jenem Besuch in Wieringen weiß, ist vielmehr, daß ich eine neue karierte Breecheshose trug und mir das kostbare Stück an einem Zaun zerriß. Eine solche Katastrophe überschattet in jenen Lebensjahren alles.

Nach zwei Wieringer Wochen verweilten wir acht Tage in Amerongen bei meinen Großeltern. Doorn, das der Kaiser gerade gekauft hatte, war noch nicht eingerichtet. Obwohl mir mein Großvater mit seinem ganz weiß gewordenen Haar und dem ungewohnten Spitzbart gealtert vorkam, machte er keinen gebrochenen Eindruck auf mich. Er empfing uns auf die gleiche herzliche und warme Art wie immer. Trauriger ist die Erinnerung an meine Großmutter, die Kaiserin. Sie war krank und bettlägerig oder mußte im Stuhl gefahren werden. Damals sah ich sie zum letzten Male. Sie starb das Jahr darauf und wurde in Potsdam unter überwältigender Anteilnahme der Bevölkerung beigesetzt. Wilhelm und ich durften dem Trauerzug nur von einem Fenster des Neuen Palais aus zuschauen, weil wir selbst gerade krank gewesen waren und man fürchtete, daß wir uns beim Begräbnis einen Rückfall holen könnten.

Der damalige Redaktionsvolontär bei den »Görlitzer Nachrichten«, Werner Fink, hatte den ehrenvollen Auftrag erhalten, ein Gedicht zu diesem Anlaß zu verfassen:

Der Tod der Kaiserin

Fern aus dem Westen, aus fremdem Land
Erklang eine düstere, klagende Kunde:
Die Kaiserin atmet die Todesstunde
Weit von der Heimat, vom Volke verbannt.

Die Kaiserin starb. Der Sturmwind weht
Die traurige Botschaft über die Grenze,
Und weinend winden wir blutende Kränze
Und flechten als Blumen ein deutsches Gebet.

Bang rufen die Glocken zum letzten Geleit.
Wir können die Kaiserin nicht begleiten,
Wir wollen im Herzen ein Denkmal bereiten
Aus Treue und Liebe und Dankbarkeit.

Jene Reise nach Holland im August 1920 war die erste einer fast ununterbrochenen Reihe. Nach 1921 wurde Doorn gleichsam unsere zweite Heimat. Als Hitler Deutschland in eine Zwangsanstalt verwandelt hatte, genoß ich immer tief die Minute, in der der Zug über die holländische Grenze fuhr. Meinen Großvater wiederzusehen, dazu in einem Lande, in dem das Leben normal war, in dem man frei atmen konnte — das war eine doppelte Freude. Einmal stand auf meiner Rückfahrt in Bentheim, der ersten deutschen Station, auf dem Nebengleis eine holländische Lokomotive bereit, um vor einen nach Holland gehenden Zug gespannt zu werden. Ich schaute zum Fenster hinaus, und mein Gesicht mag wohl meine düsteren Gedanken gespiegelt haben. Der holländische Lokomotivführer schien sie jedenfalls dort zu lesen, denn er zeigte mit einer Gebärde von Abscheu und Mitleid nach Osten und darauf, sich die Hände reibend, mit einigem Entzücken in die holländische Richtung. Ich konnte ihm nur verständnisvoll zublinzeln und resigniert die Schultern heben, denn die deutsche Paßkontrolle tauchte gerade mißtrauisch bei mir auf.

Nach 1918 war in unseren neutralen Nachbarländern alles wesentlich anders als unmittelbar nach dem zweiten Weltkriege. Holland hatte dem deutschen Kaiser und dem Thronfolger Asyl gewährt und sich geweigert, sie den ehemals feindlichen Staaten auszuliefern. Kaum ein Jahr nach Kriegsende wurde den Mitgliedern unserer Familie erlaubt, ihre Verwandten im Exil zu besuchen, wobei sich die holländische Regierung in jeder Weise entgegenkommend zeigte. In Dänemark, wo meinem Onkel Friedrich Franz, dem Großherzog von Mecklenburg-Schwerin, und seiner Familie eine Zuflucht bei seiner Schwester, der Königin von Dänemark, geboten worden war, verhielt es sich ähnlich. Deutschland hatte eben im ersten Weltkriege die Neutralität dieser Länder respektiert; es war nichts da, über das erst Gras wachsen mußte, viel Gras und allmählich — wie nach 1945. Die Grabstätte meines Großvaters in Doorn durften wir lange nicht mehr sehen.

4. Kapitel

ÜBERWINDUNG DES »UNBEWUSSTEN«

Wenn ich meine Schulzeit mit meinen Knabenjahren vergleichen sollte, müßte ich sagen, daß sie weniger zufriedenstellend war, was »unbewußtes« Glücksempfinden, aber mehr, was Charakterbildung und Lebensperspektiven betrifft. Das Gefühl behüteter Sicherheit, das vor 1914 und sogar noch im ersten Kriegsjahre in Deutschland vorherrschte, hatte auch unsere Sphäre geprägt, in der wir, unserer Existenz und sogar ihrer Grundlagen eben »unbewußt«, dahinlebten. Wie die meisten anderen nahmen wir alles für naturgegeben. Niemand konnte auf den Gedanken kommen, ernstlich nach der Rechtfertigung unseres Lebensstils zu fragen. Alles wurde mehr oder weniger für unveränderlich und unabänderlich gehalten. Die »Unbewußtheit« ist eine anziehende Eigenschaft, aber wenn sie nicht durch ein wenig kritischen Sinn, um nicht zu sagen, durch Skeptizismus, reguliert ist, wird derjenige, der in ihr lebt, aus Naivität und Unkompliziertheit leicht in geistige Abhängigkeit verstrickt. Als ein solches Opfer der »Unbewußtheit« ist man nicht mehr sicher, ob die Meinungen, die man hegt, die eigenen sind, oder ob man nur durch andere überredet wird zu glauben, es seien die eigenen.

Die Berührung und der freie Wettstreit mit Altersgenossen, die ohne irgendein Privileg aufgewachsen waren, stärkten mein Selbstvertrauen und spornten meinen Ehrgeiz an. Freilich lag darin auch eine Gefahr; die Verlockung, mich vor anderen hervorzutun und das Lob meiner Lehrer zu erringen, brachte mich bei den Klassengenossen in den Ruf eines »Strebers«, der »Korpsgeist« vermissen lasse. Es dauerte zu lange, bis ich selbst meinen Fehler gewahrte und größere Zurückhaltung übte. Als wir die ersten Zeugnisse empfingen, waren sie die besten der Klasse. Zu meiner Enttäuschung war nicht darauf vermerkt, wer von uns beiden Brüdern der Erste und wer der Zweite sei. Später stellte sich heraus, daß diese Unterlassung auf Ditfurth zurückzuführen war; er hatte »psychologische« Gründe geltend gemacht, um von Anfang an den Eindruck zu vermeiden, daß ich ein besserer Schüler sei als mein Bruder Wilhelm. Beim nächsten Male jedoch fügte sich die Schulleitung diesem Wunsche Ditfurths nicht mehr. Als wir Ostern 1921 versetzt wurden und wiederum die beiden besten Schüler waren, wurde ich »Primus« und Wilhelm »Secundus«. Ich blieb es, bis zwei Jahre später die Klassifizierung der Schüler abgeschafft wurde. Ich wäre es dann wohl ohnehin nicht mehr geblieben, weil der beste Schüler der Parallelklasse, die nun mit der unseren vereinigt wurde, mehr Mathematik konnte als ich. Er hieß Okonek und war ein guter Klavierspieler; manche Kammermusikstunde verband mich mit ihm.

Während ich aus den geschilderten Ursachen bei meinen Mitschülern nicht sonderlich beliebt war, wurde mein Bruder Wilhelm geradezu ein Idol der Klasse und später der ganzen Schule. Schon bei den ersten Wahlen zum Vertrauensrat, jener demokratischen Institution, die der neue preußische Kultusminister Haenisch in den höheren Schulen eingeführt hatte, siegte mein Bruder mit erdrückender Mehrheit. Zwei Jahre lang behauptete er die Stellung des Vertrauensmannes; bei einer der Wahlen fielen fünfundzwanzig Stimmen auf ihn, drei auf mich.

Nach dieser überzeugenden Niederlage begrub ich jede weitere Hoffnung. Wilhelm verstand es, mit Schülern und Lehrern gleich gut auszukommen, und er setzte in den meisten Fällen alles durch, was seine Wähler von ihm erwarteten. In wirklich wichtigen Fragen hatten die Vertrauensmänner allerdings nicht mitzureden. Der Einfluß des Vertrauensrates ging überhaupt nicht über die Organisierung von Sportfesten und dergleichen harmlosen Liebhabereien hinaus.

Wilhelm hatte viel mehr Gemeinschaftssinn als ich. Er teilte die Antipathie der meisten Schüler gegen den eigentlichen Zweck der Schule, den jungen Köpfen Kenntnisse einzutrichtern, und er huldigte der durchschnittlichen Ansicht, daß die Lehrer nur dazu da seien, uns zu langweilen und von uns gelangweilt zu werden. Was die Wissensfächer betrifft, so war er am besten in Deutsch und Geschichte. Er schrieb gute Aufsätze und verstand sich auszudrücken, was ihm bei seinen Aufgaben im Vertrauensrat zustatten kam. Vor allem aber war er ein Sportenthusiast. Er förderte unter der Ägide unseres Turnlehrers Mannschaftsspiele wie Fußball und Handball, Sportarten, die volksnäher sind als Tennis, Golf oder Reiten.

Auf diese Weise wurde er in jugendlichen Sportkreisen der Mark bekannt. Mancher wird fragen wollen, ob er damit etwa die Absicht verknüpfte, durch breitere Popularität seinen politischen Anspruch als rechtmäßiger Thronprätendent zu stärken. Darauf kann ich schon deshalb nicht antworten, weil ich es nicht weiß. Ich glaube aber, daß er solche Dinge unwillentlich tat, wenn auch sein Erzieher Ditfurth zu Hause alles darauf anlegte, ihn mit entsprechenden politischen Aspekten vertraut zu machen. Ich hingegen liebte die Arbeit für die Schule, kümmerte mich nicht viel um meine Mitschüler und war ein völliger Versager in jeder

Art von Turnen und Sport, die ich sogar als barbarisch verabscheute. Dafür hatte ich zwei Steckenpferde: Spanisch und Musik.

Wenn man sich für alle Schulstunden richtig vorbereiten wollte, hatte man nachmittags drei bis vier Stunden zu tun. Die meisten verließen sich allerdings darauf, daß sie morgens vor dem Unterricht rasch abschreiben oder sich während des Unterrichts vorsagen lassen konnten. Geradezu genial war darin mein Mitschüler Helmuth Graf von Moltke. Er sprach jedoch sehr gewandt und spickte seine Antworten mit witzigen Bemerkungen, die sogar die Lehrer belustigten. Da er überaus lang war, dauerte es immer eine Weile, bis er sich aus der Bank emporgewunden hatte, wenn er aufgerufen wurde. Schon damit erzielte er einen Lacherfolg. Obwohl die Lehrer gemerkt haben mußten, daß er nichts auf sie gab, ja andeutete, daß er mehr wisse als sie, schätzten sie doch seine Klugheit, so daß er auf seine Weise durchkam, auch im Abitur. Der sozialistische Schulrat Hardtke, der alle Adelsprädikate haßte, konnte sich gleichwohl der Aufgeschlossenheit Helmuth von Moltkes nicht entziehen. Er riet ihm, Historiker zu werden. Später, als er Jura studierte, erzählte mir Moltke lachend, daß er sich auf die Prüfung überhaupt nicht vorbereitet hatte.

Mit ihm, dem einzigen, den ich nicht mit dem vertraulichen Du, sondern mit Sie anredete, pflegte ich nach der Schule heimzuradeln. Ich hatte ihn gern wegen seiner geistreichen und etwas zynischen Art, die ihn zuweilen beinahe hochmütig erscheinen ließ. Auf der Universität begegnete ich ihm wieder, dann verlor ich ihn, der ein international bekannter Verwaltungsjurist geworden war, aus den Augen, bis ich in Zusammenhang mit der Widerstandsbewegung gegen Hitler von ihm hörte. Gründer des sogenannten Kreisauer Kreises, arbeitete er im Stabe von Admiral Canaris, wurde kurz vor dem Attentat auf Hitler verhaftet und nach dem 20. Juli hingerichtet. Augenzeugen haben berichtet, daß er im Kerker und bis zum letzten Augenblick des Erhängens sich selbst treu blieb und ein Beispiel wirklicher menschlicher Größe gab.

Meine Liebe für alles Spanische ging auf meine Kinderzeit zurück; sie gründete sich darauf, daß König Alfons XIII. von Spanien mein Taufpate war. Jeder von uns hatte mehrere ausländische Könige zu Paten, ich zum Beispiel noch König Eduard VII. von England und König Christian X. von Dänemark. Diese Patenschaften waren mehr eine freundliche Geste, ohne besondere Bedeutung, weder für uns Patenkinder noch für die gekrönten Patenonkel. Niemand weiß, warum sich bei mir gerade für meinen spanischen Patenonkel eine solche Vorliebe entwickelte. Wahrscheinlich wurde sie von der besten Freundin meiner Mutter, »Tante Christa«, der Erbprinzessin Salm-Salm, genährt. Tante Christa, mit uns nicht näher verwandt, war eine geborene Erzherzogin von Österreich und eine Kusine von König Alfons, dessen Mutter die Schwester ihres Vaters war. Sie fuhr regelmäßig nach Spanien und erzählte mir jedesmal von meinem Patenonkel und seinem wundervollen Lande.

Mit zehn Jahren faßte ich den heimlichen Entschluß, ihn eines Tages zu besuchen. Zu diesem Zweck begann ich, Spanisch zu lernen. Ich kaufte mir eine spanische Grammatik, in der ich nachts studierte. Als es entdeckt wurde, erklärte mich mein Bruder Wilhelm für verrückt, und Ditfurth zürnte über die »neue Extratour«, wie er das nannte. Ich mußte ihm meine geliebte Grammatik ausliefern, aber Professor Kappus kam mir zu Hilfe. Obwohl auch ihm nicht entging, daß ich andere Fächer darüber vernachlässigte, erschien ihm das Sonderinteresse förderungswürdig. Zwar gab er mir keine Stunden in Spanisch, doch verschaffte er mir weitere Bücher, um meine Ausdauer auf die Probe zu stellen und zu sehen, ob ich die Sprache wirklich allein lernen würde. Zuerst las ich »Las novelas ejemplares«, die Novellen des unsterblichen Cervantes. Ich lernte fast die ganze Grammatik auswendig und machte schriftliche Übersetzungen, die Kappus von Zeit zu Zeit korrigierte.

Als ich ein paar eigene Sätze schreiben konnte, braute ich daraus einen Brief zusammen, den ich durch Tante Christa an meinen »padrino« in Spanien sandte. Es war ein Geburtstagsbrief. Er enthielt alle Glückwunschformeln und Ergebenheitsphrasen, die ich in meinem kleinen spanischen Wörterbuch hatte auftreiben können, und er strotzte von Titulaturen und königlichen Anredeformeln. Ich war grenzenlos stolz, als mir bald darauf ein Antwortbrief meines Patenonkels, dazu sein Photo mit Unterschrift ausgehändigt wurde. Er beglückwünschte mich zu meinen spanischen Sprachkenntnissen und bat mich, ihn künftig ohne alle Formalitäten Onkel Alfonso zu nennen. Diese Vertraulichkeit verschlug mir fast den Atem. Ich trug den Brief mehrere Monate mit mir herum; das Photo bekam einen Ehrenplatz auf meinem Nachttisch und drängte selbst die Bilder meiner nächsten Verwandten in den Hintergrund.

Zwischen Patenonkel und Patensohn entwickelte sich ein richtiger Briefwechsel. Später gestand mir König Alfons, es habe ihn gerührt, daß einer seiner ausländischen Verwandten sich die Mühe machte, Spanisch zu lernen. »Dieser junge deutsche Vetter«, sagte er einmal zu seinem britischen Schwager, dem Marquis Alexander of Carisbrooke, »war nie zuvor in Spanien und spricht fließend Spanisch. Du, Drino« — das war

Alexanders Kosename —, »bist immerhin zwanzig Jahre regelmäßig hier gewesen und sprichst kaum ein einziges Wort.«

Aber auch mein Durst nach Wissen über Spanien und sein Kolonialreich war kaum zu befriedigen. Es kam so weit, daß ich die spanische Sache zu meiner eigenen machte und ihr fanatischer Vorkämpfer wurde. Wenn in der Schule nur das Wort Spanien fiel, war ich nicht mehr zu halten. In Erdkunde konnte ich es nicht erwarten, bis mir vergönnt war, die Namen der unbekanntesten spanischen Städte, Berge und Flüsse herunterzurasseln. Wenn ein anderer sie nicht wußte oder sie nicht richtig aussprach, fühlte ich mich persönlich beleidigt und verbesserte mit lauter Stimme. Noch hitziger wurde ich, als wir in Geschichte die spanische Kolonisation durchnahmen. Es galt als historische Tatsache, daß sich das spanische Kolonialsystem auf Raubzüge und Gewaltakte gründe. Die Eingeborenen wurden als halbe Götter und die spanischen Konquistadoren als leibhaftige Teufel hingestellt. Diese »leyenda negra«, wie die Spanier es nennen, übertreibt offenbar; die große indianische Bevölkerung in Spanisch-Amerika ist der beste Gegenbeweis. Unsere Lehrer sagten, was in den Lehrbüchern stand. In solchen verdrießlichen Fällen vergaß ich meinen gewohnten Respekt, sprang mit zornrotem Kopf auf und beschuldigte den Geschichtslehrer, Dr. Elsholz, der Unwissenheit.

»Ich sehe durchaus, was Sie meinen, Prinz Louis Ferdinand«, erwiderte er lächelnd, »aber dies geht etwas zu sehr ins einzelne. In der nächsten Stunde wollen wir gern einen kleinen Vortrag von Ihnen über das spanische Kolonialsystem hören.«

Nun haben Schuljungen einen wunderbaren Instinkt für alles Lächerliche, und so legten es meine Mitschüler darauf an, Themen zur Sprache zu bringen, die mich auf den Plan riefen. Dann konnten sie auf angenehme Weise die Stunde hinbringen und hatten obendrein das Vergnügen eines Intermezzos, das in ihren Augen nur komisch sein konnte. Ein Höhepunkt war es für mich, als unser Deutschlehrer, Dr. Meyer, mich vor der Klasse einen Aufsatz vorlesen ließ. Er hieß »Meine spanischen Interessen« und war fast ein Glaubensbekenntnis. Erstaunlicherweise verharrte die Klasse diesmal mäuschenstill; niemand lachte. Natürlich gründete ich alsbald einen Verein zur Befestigung der spanisch-deutschen Freundschaft.

Während meiner ganzen Schulzeit bevorzugte ich spanische Themen für die Vorträge, die jeder Schüler von Zeit zu Zeit halten mußte. Dabei kam es mir zustatten, daß mein Patenonkel mir eine spanische Bibliothek von etwa zweihundert Bänden geschickt hatte. Er ließ mir dieses herrliche Geschenk durch den spanischen Militärattaché, Oberst Don Luis Ruiz de

Valdivia, überreichen. Die Wahl dieses Überbringers war eine besondere Freundlichkeit, denn Valdivia, seit 1913 bei der spanischen Botschaft in Berlin, war der Doyen der ausländischen Militärattachés und dem spanischen Königshaus ebenso ergeben wie den Hohenzollern. Mein Großvater schätzte ihn sehr; er hatte ihn während des Krieges mehrmals mit delikaten Missionen betraut, die erfolgreich verliefen. Valdivia, Berufssoldat, aber überzeugter Pazifist, nahm in jenen entscheidenden Jahren fast Vaterstelle bei mir ein und übte überragenden Einfluß auf meine gesamte geistige Entwicklung, bis zu einem gewissen Grade auch auf den äußeren Verlauf meines weiteren Lebensweges.

Gelegentlich fragte ich die Lehrer, ob sie die Einführung des Spanischen in den Unterricht befürworteten. Der einzige, der echtes Interesse zeigte, war Studienrat Hartmann, unser Lateinlehrer, eine bewundernswerte, idealistische und religiöse Persönlichkeit. Katholik aus Oberschlesien, liebte er sein Vaterland ohne einen Anflug von Nationalismus. Unter Hitler wurde er strafversetzt. Nachdem Spanisch als Wahlfach zugelassen worden war, hatte er diesen Unterricht erteilt. Die Nationalsozialisten wollten nun, daß seine Schüler lieber Italienisch lernten. Als ich ihn mit meiner Frau 1939 besuchte, lachte er spitzbübisch: »Stellen Sie sich vor, diese merkwürdigen Mädchen und Jungen haben gar kein Verständnis dafür und bestehen auf Spanisch!«

Schon im Kriege hatte ich mir Violinstunden gewünscht. Mein Wunsch wurde erfüllt, denn meine Eltern hatten selbst musikalische Interessen: meine Mutter spielte geläufig Klavier, und mein Vater hatte eine Amatigeige geerbt, die einst der venezianische Gesandte Friedrich dem Großen geschenkt hatte. Gewiß hatte mein Vater keine große technische Gewandtheit, und er erhob nie den Anspruch, ein vollkommener Geiger zu sein, doch spielte er mit viel musikalischem Geschmack, und das ist eigentlich seltener als kalte Technik. Enthusiastisch verehrte meine Mutter die klassische und die romantische Musik. Sie war seit langem die anerkannte Mäzenin der schönen Künste in Berlin und besuchte regelmäßig die Sinfoniekonzerte der Philharmoniker. Berühmte Sänger, Pianisten, Geiger, Dirigenten waren so oft bei uns zu Tisch, daß ich, ohne zu übertreiben, sagen darf, daß wir Kinder mit den größten Musikern der Zeit aufwuchsen. Meine Eltern engagierten die Künstler nicht nur zu Hauskonzerten, sie liebten auch den gesellschaftlichen Umgang mit ihnen.

Vornehmlich mit zweien entwickelte sich bald eine richtige Freundschaft: mit Bronislav Huberman und mit Wilhelm Backhaus. Vor dem

Kriege hatten wir sie fast täglich in Potsdam oder in Berlin zu Besuch gehabt. Wir Kinder bewunderten die prächtige Künstlertolle von Backhaus, die ihm bei einem Allegro am Klavier meist über das Gesicht fiel. Im Kriege erschien er dann, anstatt im untadeligen Frack, als einfacher Soldat in einer schlecht sitzenden Uniform. Unglücklich aber machte ihn nur, daß man ihm seine Haare vorschriftsmäßig geschoren hatte; gutmütig genug, stimmte »Backy«, wie wir ihn getauft hatten, in unser grausames Gelächter ein. Bald war er aus der mißlichen Lage befreit, denn mein Vater ließ ihn zu seinem persönlichen Stab kommandieren, und er mußte von Zeit zu Zeit pro forma eine Stunde Wache stehen; im übrigen bestand sein Dienst darin, Konzerte für verwundete Soldaten zu geben. Huberman dagegen, geborener Pole und also russischer Untertan, war bei Kriegsbeginn interniert worden. Auf Bitten meiner Mutter wurde er durch persönliche Anordnung des Kaisers entlassen, und er konnte sich dann frei bewegen. Ein weiterer beliebter Gast bei uns war Professor Klingler mit seinem Streichquartett. Beste Musik, gespielt von den besten Künstlern, wurde für uns Kinder etwas Selbstverständliches, zu uns Gehöriges, Geschenk und Besitz zugleich.

Wir liebten diese Nachmittage und Abende, vor allem natürlich dann, wenn wir um der Musik willen länger als sonst aufbleiben durften. Manchmal waren wir sogar die einzigen Zuhörer, und ich kann meiner Mutter nicht genug dafür danken. Mit der Wahl meiner ersten Geigenlehrerin meinte sie es allerdings zu gut, als sie die angesehene Virtuosin Gabriele Wietrowetz engagierte, eine energische Dame, die an der Königlichen Hochschule für Musik unterrichtet hatte und sich damals den Sechzig näherte, Schülerin von Ferdinand Geyer und Joseph Joachim und Trägerin des Mendelssohnpreises. Anfänge eines Schülers auf einem Musikinstrument, besonders auf der Geige, pflegen eine Tortur für Lehrer, Schüler und jeden unfreiwilligen Zuhörer zu sein. Zweifellos hatte Madame Wietrowetz den Auftrag nur meiner Mutter zuliebe angenommen; ihre übrigen Schüler standen kurz vor der Konzertreife, es waren nicht neunjährige Knaben, die noch kaum eine Geige halten konnten. Sie behandelte mich denn auch wie einen erwachsenen Schüler. Ich durfte nicht im Sitzen spielen, ich mußte stehen; einmal wurde ich darüber fast ohnmächtig. Aber auch die Lehrerin muß Qualen mit mir ausgestanden haben. Da ich bemerkt hatte, wie nervös sie war, schlug ich die Tür so laut, wie ich konnte, zu, wenn ich ins Zimmer kam; und meist kam ich — schlechte Vorbereitung auf Violinstunden — gerade von draußen, wo ich das Geschrei der russischen Gefangenen nachgeahmt hatte, mit dem sie beim Wegebau die Schiebkarren fuhren. So wurden die Stunden mit Madame Wietrowetz ein zäher gegenseitiger Kampf, dessen Ausgang vorauszusehen war: der Unterricht wurde aufgegeben, weil ich wider Erwarten und trotz einer gewissen Begabung keine Fortschritte machte.

Das änderte sich, als nach 1918 Ulrich Pfeil-Schneider, der Direktor des Potsdamer Konservatoriums, mein Lehrer wurde. Er war ein kleiner, lebhafter Mann mit dunklen Augen, guter Pädagoge und guter Geschäftsmann. Sein Unterricht gefiel mir. In den Pausen sprachen wir über Politik. Pfeil-Schneider hatte liberale, manchmal etwas ins Extreme gehende Ansichten. Als er sich einmal abfällig über Bismarck äußerte, unterbrach ihn plötzlich die Stimme meiner Mutter: »Wollen Sie aus meinem Sohn einen Revolutionär machen?« Sie blickte von ihrer ganzen Höhe ungnädig auf den kleinen Mann herab. »Bitte beschränken Sie sich auf den Musikunterricht und kümmern Sie sich nicht um die politischen Ansichten meines Sohnes. Das kann ich selbst.« Damit verließ sie uns, ohne uns eines weiteren Blickes zu würdigen. Ich hatte ganz vergessen, daß sie in ihrem Schreibzimmer gewesen war, das nur eine Glastür vom Musikzimmer trennte. Ehe wir fortfuhren, sagte ich kleinlaut zu meinem Lehrer: »In Zukunft werden wir unsere Unterhaltungen con sordino führen müssen.«

Bald war ich im Geigenspiel so weit, daß ich in das auf Anregung von Herrn Schulz, einem Lehrer der Unterklassen, gebildete Schulorchester als Erster Geiger eintreten und zum Konzertmeister aufsteigen konnte. In dieser Eigenschaft oblag mir die gesamte Organisation: keine Kleinigkeit, weil sich die Orchestermitglieder über alle Altersklassen von zwölf bis achtzehn Jahren verteilten. Herr Schulz hatte hier mit uns ebensoviel Geduld wie mit meiner entsetzlichen Handschrift, die er vergeblich zu bessern bemüht war. Er entfachte unsere Begeisterung und brachte uns zugleich die Disziplin bei, die zu einem richtigen Orchester gehört. Wie es so oft im Leben geht, wenn jemand sein ganzes Herz und seine ganze Kraft an eine Sache gehängt hat, mußte Schulz später die Leitung des Orchesters an Studienrat Landgrebe abgeben, einen Berufsmusiker, der sich als Chordirigent auszeichnete, jedoch zu viele andere Verpflichtungen hatte, als daß er unserem Orchester selbst bei bestem Willen dieselbe Aufmerksamkeit wie Schulz hätte widmen können.

Was ich hier begann, setzte ich in meinen Universitätsjahren fort. Ich trat in die Berliner Akademische Orchestervereinigung von Studenten der Universität und der Technischen Hochschule ein, die von dem nun schon halb im Ruhestand lebenden Professor Richard Hagel geleitet wurde, dem erfahrenen Opernkapellmeister, Begründer des Leipziger

Philharmonischen Chors und späteren Dirigenten des Berliner Philharmonischen Orchesters. Wir probten wöchentlich und gaben allwinterlich mehrere Konzerte. Um diese Zeit hatte ich zwei Violinlehrer von Rang und Ruf, beide mit der klassischen Technik von Joseph Joachim. Der eine war der in Holland geborene Professor Bram Eldering, Konzertmeister im Kölner Gürzenich-Orchester und Führer des Gürzenich-Quartetts, zu dessen Schülern Adolf Busch und Siegfried Borries zählten. Seine Stradivarigeige in Arm, fand er, wie es heißt, im zweiten Weltkriege bei einem Bombenangriff im Luftschutzkeller den Tod. Außer ihm unterrichtete mich Professor Rudolf Deman von der Berliner Staatsopernkapelle, Leiter des nach ihm benannten Quartetts. Er verband Zartheit und Wärme des Tones mit einer seiner ungarischen Herkunft gemäßen Fülle des Temperaments. Oft Gast in Cecilienhof, prächtiger Lehrer und Freund, weigerte er sich, Geld für seine Stunden zu nehmen. Die Sängerin Frida Leider war seine Gattin. Unter den Nationalsozialisten verließ er Deutschland; 1946 kehrte er nach Berlin zurück, wo er trotz seines Alters noch eine Reihe von Jahren an der Hochschule für Musik gewirkt hat.

Heute denke ich, daß ich zuerst nicht Geige, sondern Klavier hätte üben sollen. Mir scheint das Klavier das den Musikliebhaber am meisten befriedigende Instrument zu sein, weil es ihm einen weit freieren Kreis als alles andere öffnet. Während meiner Potsdamer Schulzeit nahm ich Klavierstunden bei Else Munding, die, seitdem sie 1915 zum Musikunterricht für meinen Bruder Wilhelm ins Haus gekommen war, fast als Familienmitglied betrachtet wurde. Sie hatte eine ungemein reizende Art, nicht nur Musik zu lehren, sondern auch über Musik zu sprechen. Als sie gegen Ende des zweiten Weltkrieges starb, hinterließ sie ein Tagebuch. Es enthält eine kleine Anekdote aus damaliger Zeit. Fräulein Munding fragte meinen Bruder Wilhelm, ob er eine Sammelbüchse für das Rote Kreuz habe. »Nein«, antwortete er, »nur eine für Kinder. Aber ich rate Ihnen, nichts hineinzutun. Lulu ist so niederträchtig, daß er behauptet, er sei das arme Kind, und das Geld für sich beansprucht.«

Äußerlich glich unser Leben dem jedes anderen Schülers, aber in unserer Häuslichkeit unterschied es sich beträchtlich davon. Meine Mutter war mit den vier jüngeren Kindern nach Oels gezogen, weil das Leben dort billiger war; Wilhelm und ich blieben unter der Aufsicht von Ditfurth in Potsdam. Von unserer Hofhaltung war nur noch ein Skelett übrig: wir wohnten in einigen wenigen Zimmern des großen Hauses, Wilhelm und ich im ersten Stock, Ditfurth im Erdgeschoß genau darunter. Die Zentralheizung fiel wegen Kohlenmangels aus, ein Ofen wurde nur in unserem Arbeitszimmer aufgestellt. Schlafzimmer und Speisezimmer waren stets kalt. Wir nannten das Speisezimmer den »Turm«, weil es über der Toreinfahrt lag. Es war desto mehr ausgekältet.

Um halb sieben mußten wir aufstehen, um sieben im »Turm« recht bescheiden frühstücken. Ditfurth präsidierte an der Tafel. Nun gehöre ich zu jenen, die am frühen Morgen nicht ihre besten Stunden haben; im allgemeinen fühle ich mich erst in den späteren Vormittagsstunden zu geistiger Arbeit aufgelegt. Aber mein Erzieher, der offenbar zum entgegengesetzten Typ gehörte, bestand gerade in dieser Frühe darauf, politische Gespräche mit uns zu führen. Sein Leibblatt war die monarchisch-konservative »Kreuz-Zeitung«. Sie hatte so wenig Abonnenten, daß Stresemann einmal zu Ditfurth sagte: »Die ›Kreuz-Zeitung‹ erscheint ja unter Ausschluß der Öffentlichkeit.« Oft fand ich auf meinem Frühstücksplatz ein Exemplar, in dem Ditfurth einen Artikel mit Blaustift angestrichen hatte, gewöhnlich etwas Abfälliges über die deutsche Republik oder über die ehemals feindlichen Staaten. Ditfurth hielt jede dieser Äußerungen für den wahren deutschen Standpunkt. Hätte er mich auf die wirklich wertvollen außenpolitischen Übersichten aufmerksam gemacht, die Professor Hoetzsch in der »Kreuz-Zeitung« schrieb, so hätte ich mir wahrscheinlich ein richtiges Urteil gebildet. So aber gelangte ich nicht zur Objektivität, sondern wurde gegen Ditfurths Ideen ebenso unduldsam wie er gegen die meinen. Ich kaufte aus Trotz den sozialdemokratischen »Vorwärts« und die kommunistische »Rote Fahne« und legte sie ihm auf den Platz.

Nach seinem als Ersatz für das Kadettenkorps in Plön gedachten Programm hatten wir einmal wöchentlich bei einem ehemaligen Oberstleutnant des Generalstabs Unterricht in Kriegsgeschichte. Dieser — Wolfgang Foerster, ein glänzender Geist und bedeutender Militärschriftsteller, unter anderem Verfasser von »Graf Schlieffen und der Weltkrieg« — ließ uns öfter berühmte strategische Aufgaben lösen, meist solche aus dem Siebenjährigen Kriege. Hier tat sich mein Bruder Wilhelm hervor, während ich bis auf ein einziges Mal versagte, als ich, staunenerregend, die strategische Aufgabe genau so löste wie einst Friedrich der Große. Es handelte sich um einen Rückzug. Obgleich ich seitdem immer mit meinem strategischen Rückzug geneckt wurde, bildete ich mir nichtsdestoweniger viel auf ihn ein.

Ein zweiter Kursus war politischer Art. Der Lehrer, Rechtsanwalt Dr. Friedrich Everling, deutschnationaler Reichstagsabgeordneter, klein und asthmatisch, rauchte unablässig Zigarren; seine Stunden waren von zahllosen Hustenanfällen unterbrochen. Aber er zeichnete ein objektives Bild von der Regierungsmaschinerie, erklärte uns die Bismarcksche Verfassung und verglich sie mit der Weimarer und den Verfassungen oder Staatsregeln von England, Frankreich, Amerika. Wir diskutierten auch über politische Tagesereignisse, wobei ich ihm meine einigermaßen radikalen Ansichten bekannte. Er schien zu bemerken, daß sie mehr gefühlsbedingt waren und nicht so sehr auf wirklichen Überzeugungen beruhten, und wir schlossen gewöhnlich einen Kompromiß.

Eines Tages nahm er mich zu einer Reichstagssitzung mit. Es sollte über den Dawesplan zur Regelung der Reparationen abgestimmt werden, und im Mittelpunkt des parlamentarischen Streites stand das Eisenbahngesetz, durch das die Reichsbahn als der ertragreichste staatseigene Betrieb praktisch den sogenannten Reparationsgläubigern überantwortet wurde. Everling hatte uns stundenlang die Lage auseinandergesetzt: die Mitte war dafür, die Linke dagegen, und die Deutschnationalen, von denen ein Teil zuletzt wohl zustimmen würde, müßten den Ausschlag geben.

Die Sitzung war auf zwei Uhr nachmittags angesetzt; wir aßen zuvor in Everlings Klub gegenüber dem Reichstag. Mit hochklopfendem Herzen betrat ich den Tempel der deutschen Politik und wurde von Dr. Everling zu einem Platz auf der Galerie gegenüber der Regierungstribüne geleitet. Ich hatte eine feierliche Stimmung erwartet. Als der Reichstagspräsident, der fünfundsechzigjährige Deutschnationale Max Wallraf, die Sitzung eröffnete, war es auch verhältnismäßig ruhig; als er indessen dem Reichskanzler Marx das Wort erteilte, erhob sich ein fürchterlicher Lärm. Ich konnte nicht verstehen, was gerufen wurde. Der Präsident schwang verzweifelt seine Glocke; Marx, schlank, grauhaarig, versuchte weiterzureden, aber man hörte ihn nicht, man sah nur, wie er seine Lippen bewegte. Der Präsident unterbrach die Sitzung. Nach der Wiedereröffnung wiederholte sich dasselbe; die Sitzung mußte schließlich vertagt werden. Everling kam gelassen zu mir auf die Galerie: »Nun, Prinz Louis Ferdinand, wie fanden Sie das?«

»Betragen die sich immer so?« fragte ich ihn. Er antwortete spöttisch: »Nicht immer, aber meistens.« Erst auf späteren Auslandsreisen gelang es mir, meine Achtung vor Volksvertretungen wiederzugewinnen. Oft war ich nachher in Berlin bei Everling zu Gast, zuletzt noch vor dem zweiten Weltkriege, als er eine bezaubernde, rührend um seine Gesundheit besorgte Frau geheiratet hatte. Seine Anschauung, daß eine wahrhaft konstitutionelle Monarchie für Deutschland die beste Regierungsform sei, hatte sich in fünfzehn Jahren weiterer Erfahrungen nicht gewandelt, höchstens verstärkt.

Konversationsstunden zur Ergänzung unseres englischen und französischen Schulunterrichts bildeten den dritten und letzten Punkt des Ditfurthschen offiziellen Programms. Privat nahm ich noch — es währte lange, bis Ditfurth einwilligte, und vielleicht hatte er bei meiner Überbeanspruchung recht — spanische Konversationsstunden bei Studienrat Schön von der Oberrealschule. Er war ein ebensolcher Spanienfreund wie ich. Nie hatte er das Geld zu einer Reise nach Spanien gehabt, doch hatte er sich einen beträchtlichen Wortschatz und eine tiefe Kenntnis der spanischen Kultur angeeignet. Seine Stunden, zweimal wöchentlich in seinem bescheidenen, mit Zigarrenrauch gefüllten Arbeitszimmer, fingen unabänderlich mit einer Tasse Kaffee und einem Stück Kuchen an, von Frau Schön serviert. Auch sie sprach Spanisch. Wenngleich unsere Unterhaltung zu dritt grammatikalisch gewiß korrekt war, hätte ein echter Spanier von unserem schönen Potsdamer Kastilisch wahrscheinlich kein Wort verstanden.

Mein Pensum war wohl umfangreicher, als selbst einem jugendlich entflammten Geist zuzumuten war. Oft mußte ich um fünf Uhr aufstehen, um alles zu erledigen, und kam nicht vor Mitternacht ins Bett. An manchen Tagen der Woche hatte ich kaum Zeit zu einem richtigen Mittagessen, denn schon mußte ich wieder in die Stadt radeln, zu einer Musikstunde, einer Orchesterprobe oder einer jener anderen Privatstunden, die nun allesamt nicht mehr in Cecilienhof gegeben wurden. Dennoch fühlte ich mich wohl in dieser neuen Welt. Wenn ich hin und wieder eine Beklemmung verspürte, so lag es an der häuslichen Atmosphäre, einer Mischung aus Kloster und Kaserne. Man konnte von Ditfurth nicht verlangen, daß er uns Mutter und Vater zugleich ersetzte. Er tat sein Bestes, aber er war nun einmal für mein Gefühl zu spartanisch. Gewiß hatte er die besten Absichten: er wollte uns an Einfachheit und Bescheidenheit gewöhnen, damit wir dereinst nicht Luxus vom Leben forderten. Trotz der Inflationserfahrung, oder vielleicht gerade darum noch mehr, hatte er großen Respekt vor dem Wert des Geldes. Ich bekam monatlich ein kleines Taschengeld, über das ich abrechnen mußte. Ditfurth war untröstlich, weil es mir nie glückte, mein Budget im Gleichgewicht zu halten.

Umsonst trug ich Verlangen nach jener Heiterkeit, die auch die schwersten Lebensbedingungen erträglich macht. Es war nicht zu leugnen, daß das Geschehene ein Schicksalsschlag für unsere Familie war, aber ich fand nicht, daß man darum unaufhörlich trauern müsse. Besonders in Potsdam, wo man auf Schritt und Tritt an die ruhmvolle Vergangenheit Preußens erinnert wird, entstand durch diese negative Haltung bei mir der Eindruck, als lebte ich in einem der Mausoleen, in denen meine Vorfahren beigesetzt waren. Der goldene Käfig aus kaiserlichen Tagen hatte lediglich einer freiwilligen Abschließung Platz gemacht. Meine Familie war sozusagen in den Ruhestand getreten; sie hatte die neue Situation de facto hingenommen, jedoch nicht de jure anerkannt. Unser Leben stand unter dem Druck eines tiefen Ressentiments, und dieses Ressentiment richtete sich gegen alle die Kräfte, die tatsächlich oder angeblich die letzten geschichtlichen Entscheidungen beeinflußt hatten. Nur ausgesprochene Anhänger des alten Regimes und unserer Familie wurden würdig befunden, mit uns zu verkehren. Es dämmerte mir allmählich, daß wir in einem Vakuum lebten, ohne jede Berührung mit dem großen Strom der Ereignisse.

Ein wenig wurde die Düsterkeit aufgehellt durch den Philologiestudenten Richard Kienast, der unsere häuslichen Arbeiten beaufsichtigte. Er schrieb seine Doktorarbeit bei dem Germanisten Gustav Roethe, zu dessen Lieblingsschülern er, wie es hieß, gehörte. Seine leichte Reizbarkeit machte er in meinen Augen durch seine Hochschätzung der Künste wett. Literatur war seine Hauptleidenschaft. Er beriet uns in unserer Lektüre, las mit uns Dramen mit verteilten Rollen und fuhr sogar manchmal mit uns zu einer Theatervorstellung nach Berlin. Allerdings hatte Kienasts Kulturbewußtsein eine nahezu nationalistische Färbung, die ich nun wieder nicht gerade begrüßte, und zudem langweilte er mich durch stetige Erzählung seiner Kriegserlebnisse. In meinem jugendlichen Lebensmut dachte ich nicht daran, daß es seine durch eine Verwundung verkrüppelte linke Hand sein könne, die ihn immer wieder dazu brachte. Dennoch hatte ich ihn gern, weil er mich wenigstens nicht »ausrichten« wollte und nicht, wie Ditfurth, in der Musik ein Gift sah, das die Tüchtigkeit auslöschte. Ich glaube übrigens, daß Ditfurth ernstlich befürchtete, ich wolle am Ende selbst Künstler werden. Heute weiß ich, daß vieles auch an ihm rein menschlich war. Trotz seiner Verschlossenheit in solchen Sachen war es offenkundig, daß er nie recht über die Enttäuschung hinwegkam, die ihm seine Braut, eine hübsche Hofdame meiner Mutter, durch die Lösung des Verlöbnisses bereitet hatte. Er hat dann viel später eine andere reizende Frau geheiratet, die ihm eine Tochter schenkte und ihn in seinen letzten zehn Lebensjahren glücklich machte.

Unsere religiöse Erziehung bis zur Konfirmation lag in den Händen von Pastor Conrad von der Kaiser-Wilhelm-Gedächtnis-Kirche in Berlin. Dieser alte Geistliche, ein gewaltiger Prediger, hatte eine verblüffende Ähnlichkeit mit Luther. Er war der Lieblingspfarrer meiner Großmutter gewesen, und meine Mutter hatte ihn von ihr »geerbt«. Während der Oberhofprediger Ernst von Dryander seine religiösen Obliegenheiten mit den zivilisierten Eigenschaften eines Hofmannes zu verbinden wußte, war Pastor Conrad stolz auf seine Herkunft aus dem Volke und bekannt wegen seines ungeschliffenen, geradsinnigen Wesens. Trotz seines Herzleidens und seiner Behinderung durch einen Klumpfuß kam er einmal wöchentlich zum Konfirmandenunterricht zu uns nach Potsdam. Er wußte der Religion eine gesunde und natürliche Seite abzugewinnen und ließ sich nicht auf Philosophieren ein; kein Moralist, aber ein Psychologe und ein Mann, der auf Ehrlichkeit und charakterliche Sauberkeit hielt und echte Religiosität ohne bigotte Übertreibungen einzuflößen verstand. »Wie oft haben Sie heute gelogen, Prinz Louis Ferdinand?« fragte er gelegentlich. Er wußte, daß ich ihn zu sehr verehrte, um ihm je etwas Unwahres zu erwidern. In der Stellung des Dompredigers, in der er auf Dryander folgte, wurde er wohl bis zu seinem Tode 1927 nicht recht heimisch.

5. Kapitel

DAS BÜRGERLICHE LEBEN

Nach Berlin kamen wir nur selten. Einen Winter lang nahmen wir an einem Tanzkursus im Hause des alten Admirals Graf Platen-Hallermund teil. Diese »Expeditionen« fanden Samstag nachmittags statt. Wir quetschten uns in einen alten Break, der von dem einzigen uns nach der Revolution verbliebenen Pferde gezogen wurde, und fuhren zum Bahnhof. Einer von uns mußte die Fahrkarten lösen. In der Inflationszeit überließ ich das Wilhelm, denn ich brachte es nie fertig, solche Bundel Banknoten richtig wechseln zu lassen.

Unter Fräulein Wolden, deren Mutter, eine berühmte Ballettmeisterin, jahrelang die Hofbälle eingeübt hatte, lernten wir außer Menuett, Gavotte und Quadrille eine sehr zahme Art von Walzer und sogar ein wenig Foxtrott tanzen. Unsere Partner waren die fünf Platenschen Kinder und ein paar andere Knaben und Mädchen aus vornehmen Berliner Häusern. Vom Potsdamer Platz zum Prinzessinnenpalais, in dessen erstem Stock die Platens wohnten, gingen wir meistens zu Fuß. Nur ausnahmsweise nahm Ditfurth ein Taxi. Er hielt das für Verschwendung. Jedenfalls sahen wir von Berlin nicht mehr als den Potsdamer Platz, die damalige, von dort zum Brandenburger Tor führende Budapester Straße und die Linden, wo das Prinzessinnenpalais lag und wo sich jetzt das Restaurant der Ostberliner Staatsoper befindet.

Es war der spanische Militärattaché, Oberst de Valdivia, der wohlwollende Vermittler zwischen mir und meinem spanischen Patenonkel, dem es gelang, unsere Potsdamer Isolierung und die schützende Abwehr unserer Erzieher zu durchbrechen. Valdivia, Witwer und kinderlos, faßte vom ersten Augenblick eine Zuneigung zu dem jungen preußischen Prinzen und liebte mich geradezu väterlich. Er begriff sofort meine Situation und beschloß, Abhilfe zu schaffen. Die Umstände waren günstig: einmal war er Angehöriger einer neutralen Nation, die sich während des Weltkrieges deutschfreundlich gezeigt hatte, zum anderen hatte er einen militärischen Rang und Beruf. Der Kaiser hatte ihm — eine Seltenheit für einen Neutralen — das Eiserne Kreuz Erster Klasse verliehen, und das war für den sonst gegen alle Ausländer mißtrauischen Ditfurth entscheidend. Er hatte also gegen meinen Umgang mit diesem spanischen Offizier nichts einzuwenden.

Jeder liebte alsbald diesen älteren Herrn, auf den noch der Ausdruck »distinguiert« paßte, mit seinen lebhaften Gesten und seiner kräftigen Stimme. Obwohl seit 1913 ständig in Deutschland, sprach er immer noch mit spanischem Akzent. Wenn er zu uns kam, hatte ich meinen großen Augenblick: ich prunkte mit meinem Spanisch. Dank Ditfurths Sparsamkeit war unser Tisch, auch wenn wir einmal einen Gast hatten, kärglich bestellt. Valdivia gestand mir eines Tages, daß er immer hungrig aufstehe und hinterher noch ein Restaurant besuche, um sich zu sättigen.

Gleich nach seinen ersten Besuchen stellte er fest, daß ich zwar eine ausgezeichnete Erziehung genoß, aber nur in der Theorie, ohne Verbindung mit der Praxis. Zu diplomatisch, darüber mit meinem Erzieher unmittelbar zu sprechen, schlug er einen Umweg ein. Er erzählte uns von seiner Liebe zur Musik, insbesondere zu Beethoven, und daß er seine freien Abende fast immer in Konzerten oder in der Oper verbringe; da Ditfurth durch seine vielen Pflichten zu »angebunden« sei, würde er, Valdivia, sich ein Vergnügen daraus machen, mich hin und wieder in ein Konzert oder eine Opernvorstellung zu führen. Ditfurth ließ sich schließlich von der Nützlichkeit solcher kulturellen Ausflüge überzeugen, aber da es nur samstags sein durfte und er bei weitem nicht jede Oper als geeignet erachtete, dauerte es noch lange, bis endlich »Hoffmanns Erzählungen« zu meinem ersten Opernabend ausersehen wurde.

Das war 1921. Ich war vierzehn Jahre alt.

Valdivia nahm mich am Potsdamer Bahnhof in Empfang — Ditfurth hatte sogar die Verantwortung, so sagte er, dafür auf sich genommen, daß er mich allein von Potsdam nach Berlin »reisen« ließ —, und wir fuhren dann mit der U-Bahn zu seiner Wohnung in der Motzstraße. Es war meine erste Fahrt mit diesem Verkehrsmittel. Valdivia hatte ein ausgezeichnetes Souper vorbereitet, das er ein »kleines« nannte, wobei er nach anderen als meinen gewohnten Begriffen maß. Anschließend nahmen wir ein Taxi zur Oper.

Dort schien Valdivia zu Hause zu sein. Nicht nur der Türschließer begrüßte ihn mit »Guten Abend, Herr Oberst«, sondern auch die Orchestermitglieder, die er alle kannte, taten es. Es war noch früh, und wir sahen sie von unseren Sitzen in der ersten Parkettreihe einzeln ankommen. »Sie nennen mich den Musikattaché«, meinte Valdivia, »ich glaube, ich verdiene diesen Titel mehr als den eines Militärattachés. Meine Kollegen sind mir zu langweilig.«

Unterdessen wurde er auch von vielen Theaterbesuchern begrüßt, und nicht wenige kamen, ihm die Hand zu schütteln.

»Sie sind ein Gegenstand der allgemeinen Aufmerksamkeit«, stellte ich, dem das alles neu war, fest.

»Seit fünfzehn Jahren bin ich manchen Abend in der Woche hier«, gab er zurück. »Übrigens — Leo Blech, der heute dirigiert, war der letzte ›Königlich Preußische Generalmusikdirektor‹ Ihres Großvaters.«

Das Licht verlosch, und Leo Blech nahm seinen Platz ein. Musik und Aufführung entzückten mich. In der Pause schlug Valdivia vor, Blech einen Besuch hinter der Bühne abzustatten. »Er ist schon unterrichtet«, setzte er hinzu. Der Weg durch verschiedene Türen, auf denen »Eintritt verboten« stand, die aber für Valdivia kein Hindernis boten, verwunderte mich. »Der Intendant, Herr von Schillings«, belehrte mich Valdivia unterwegs, »wird nächsten Samstag seine ›Mona Lisa‹ dirigieren. Wenn Sie Lust haben, sehen wir uns die Oper zusammen an.« An der Bühne vorbei, die für den nächsten Akt hergerichtet wurde, und wo jeder Arbeiter mit Vergnügen von Valdivia Notiz zu nehmen schien, schritten wir etliche Stufen zu einer Tür mit der Aufschrift »Dienstzimmer des Generalmusikdirektors« hinauf. Valdivia klopfte, und eine fröhliche Stimme rief »Herein«. Ein Mann in Hemdsärmeln saß vor einem Tisch mit einem Glase Bier.

»Guten Abend, Herr Generalmusikdirektor«, sagte Valdivia. »Lassen Sie mich Ihnen einen jungen Bewunderer Ihrer Kunst vorstellen.«

»Willkommen«, sagte Blech zu mir. »Machen Sie sich nichts aus meinem unfeierlichen Aufzug, ich muß nach jedem Akt einen neuen Kragen umbinden. Sie sind der erste Ihrer Familie, der seit November 1918 hier erscheint. Ich kann das verstehen — dieses Haus ist mit dem Ihrigen geschichtlich verbunden. Es ist unter dem Protektorat Ihres Großvaters weltberühmt geworden. Wir tun, was wir können, die Tradition zu wahren. Kommen Sie wieder, ich könnte mir keinen besseren musikalischen Begleiter als Oberst Valdivia für Sie denken. Jetzt müssen Sie mich entschuldigen, ich kann nicht gut ohne Kragen dirigieren. Die Berliner würden sagen, der alte Blech ist komplett verrückt geworden.«

Leo Blech, nach der Hitlerzeit aus Schweden zurückgekehrt, stand noch als rüstiger Achtziger wieder am Dirigentenpult im freien Berlin.

Diesem ersten Besuch der Staatsoper folgten unzählige andere. »Weiß der Himmel«, sagte Valdivia, »warum Ihnen Ditfurth ›Hoffmanns Erzählungen‹ erlaubt hat und nicht ›Bohème‹ oder ›Madame Butterfly‹. Ich hätte geschworen, er werde Ihnen Offenbach verbieten wegen seiner jüdischen Abstammung. Der Mensch ist ein großes Rätsel, nicht wahr? Aber ich liebe die Menschen um ihrer selbst willen und nicht wegen irgendwelcher dummen Weltanschauungen, die sie haben. Seit der Revolution habe ich mit Leuten von der äußersten Linken bis zur äußersten Rechten verkehrt. Es gibt zwar in Berlin keine Gesellschaft im alten Sinne des Wortes mehr, aber eine Menge interessanter Leute, deren Bekanntschaft lohnt. An einem der nächsten Sonntage werde ich Sie zu einer Hauptprobe der Philharmoniker mitnehmen und Sie mit Tante Luise bekannt machen. Sie ist sicher bald hundert Jahre alt, aber das sehen Sie ihr nicht an. Manche nennen sie auch Königin Luise, weil sie das Berliner Konzertleben beherrscht. Frau Luise Wolff ist nämlich die Inhaberin der Konzertdirektion Wolff und Sachs. Ihr Mann hat mit den Philharmonischen Konzerten in einem Biergarten angefangen. Sie kennt alle Welt — Musik ist die beste Mittlerin.«

Während mich der Zug nach dem ersten Opernabend durch die Dunkelheit zurück nach Potsdam trug, war mir noch immer, als weilte ich auf einem fremden Stern. Ein wenig fürchtete ich Ditfurths Einspruch, und ich war neugierig, ob Valdivia ihn seinem Plan geneigt machen konnte. Als der Oberst wieder in Cecilienhof erschien, sagte er zu Ditfurth: »Wissen Sie, Opernmusik und Konzertmusik sind zwei ganz verschiedene Dinge. Prinz Louis sollte beides kennen.« Er sprach wie zu einem Musikprofessor. Dann fuhr er fort: »Außerdem gehe ich vormittags mit ihm ins Konzert, Sie brauchen also keine Angst zu haben, daß er im Dunkeln verlorengeht.«

Er schwieg, und Ditfurth willigte ein. Allerdings ahnte er nicht, daß Valdivia die Musik benutzte, um mich mit Menschen zusammenzubringen.

Meine »Konzertsaison« wurde mit einem Beethoven-Programm unter Furtwängler eröffnet: Coriolan-Ouvertüre, fünfte und sechste Sinfonie. Sinfoniekonzerte an sich waren nichts Neues für mich; gelegentlich spielte das Orchester der Berliner Staatsoper in Potsdam im alten Palast Barberini, den Friedrich der Große unweit des jetzigen Altmarktes nach dem Vorbild des von Berninis architektonischem Genius zeugenden Palazzo Barberini in Rom gebaut hat. Diese Konzerte waren für die Potsdamer auch ein gesellschaftliches Ereignis; trotz ihres hohen künstlerischen Niveaus hatten sie freilich wegen der räumlichen Verhältnisse von Saal und Podium immer einen Anflug von Improvisation. Nun sollte ich die Philharmoniker in ihrem eigenen Hause erleben. Da das ehrwürdige, äußerlich anspruchslose Gebäude in der Bernburger Straße nicht weit vom Potsdamer Bahnhof lag, ließ man mich allein meinen Weg finden. Valdivia erwartete mich am Eingang. Wir durchschritten den langen Vorraum, stiegen ins Innere hinauf, betraten einen Korridor. An einer Tür mit der Bezeichnung »Nr. 2« hielt Valdivia an. »Ist Frau Wolff schon da?« fragte er den beleibten alten Konzertdiener im Gehrock. — »Jawohl, Herr Oberst, die gnädige Frau erwartet Sie bereits.« Der Konzertdiener öffnete die Tür zur Loge, und Valdivia schob mich vor sich hinein.

Die Loge hatte acht Sitze. Sie waren leer bis auf einen, auf dem eine untersetzte, schwarzhaarige Dame saß. Ich wußte, daß Valdivia über dieses schwarze Haar seine eigenen Ansichten hatte. »Verehrte Tante Luise«, begann er, »ich möchte Ihnen hier meinen jungen Potsdamer Freund anvertrauen —«

»Setzt euch mal beide neben mich«, unterbrach sie und streckte beide Hände nach uns aus. Ihre musikalische Stimme verriet ihren österreichischen Ursprung. »Ich habe den Urgroßvater dieses jungen Mannes gekannt und praktisch jeden von seiner Familie. Er soll mein Gast sein, solange ich hier walte. Nichts wäre mir ein größeres Vergnügen.«

Es war ihr erstes Wort an mich, und sie hat es gehalten. Die Nationalsozialisten stießen sie von ihrem Platz. 1935 starb sie, altersschwach, mehr noch an Herzeleid. —

Allmählich kamen die anderen Gäste: ihre Tochter, Frau Stargardt, Professor Einstein, Theodor Wolff, Georg Bernhard, der französische Botschafter de Margerie. Frau Wolff stellte vor wie bei Hofe; die Namen verwirrten mich. Bevor Furtwänglers lange, schmale Gestalt, von donnerndem Applaus begrüßt, auf dem Podium erschien, hatte sich die Loge mit mehr oder weniger betagten Herren gefüllt, die sich alle zu kennen und sich hier äußerst wohl zu fühlen schienen. Furtwängler verbeugte sich zuerst in der Richtung der Wolffschen Loge. Ich klatschte so heftig, daß mir die Hände weh taten. Seitdem nannte mich Frau Wolff gern ihren »privaten Claqueur«.

Furtwängler hob den Stab, und von diesem Augenblick an waren Orchester und Hörer hingerissen; ich sah, welche Ergriffenheit sich auf Valdivias Gesicht spiegelte. In der Pause begann Frau Wolff eine Diskussion über das Dirigieren im allgemeinen und die Persönlichkeit und die Bewegungen des Dirigenten im besonderen. »Nikisch, der viel zu früh starb, dirigierte meistens nur mit den Augen«, meinte sie. »Selten, daß er seine Finger bewegte.«

Aus meinen bescheidenen Erfahrungen in einem Orchester möchte ich Frau Wolff recht geben. Ob die Musiker Herz und Seele in ihr Spiel legen, hängt von der Persönlichkeit des Dirigenten, nicht von seinen Bewegungen ab. Ich habe einmal Musiker von einem Dirigenten, der mit dem ganzen Körper zu dirigieren pflegte, bei einem Pianissimo fast in die Knie sank und dann wieder Luftsprünge machte, sagen hören: »Wenn er einen Einsatz gibt, muß man die Augen schließen und bis zehn zählen, dann stimmt's.« Das war ein Scherz, aber sie meinten damit, daß bei einem Dirigenten mit solcher Heftigkeit der Gebärde die Musiker, die ihn nicht sehr genau kennen, zuweilen im unklaren über ihren Spielbeginn sind. Ich glaube, daß manche Dirigenten damit nur ein Schauspiel für das Publikum bezwecken, und daß, wenn der Saal verdunkelt und der Name des Dirigenten nicht vorher angekündigt wäre, das Publikum zumindest bei Orchestern von hohem Rang den Unterschied zwischen diesem und jenem Dirigenten nicht bemerken würde; vielleicht nicht einmal, ob überhaupt jemand mit dem Taktstock auf dem Podium steht oder das Orchester auf sich selbst gestellt ist.

Als wir Frau Wolffs Loge verließen, bemerkte ich zu Valdivia, daß Ditfurth wahrscheinlich vom Schlag gerührt würde, wenn er hörte, daß ich durch ihn nicht nur den französischen Botschafter, sondern auch Theodor Wolff — der übrigens mit Frau Luise Wolff nicht verwandt war — und Georg Bernhard kennengelernt hätte, die als Chefredakteure des »Berliner Tageblatts« und der »Vossischen Zeitung« unserem Hause recht unfreundlich begegneten, anscheinend mehr aus Grundsatz als aus begründetem Anlaß, und ständig gegen die Blätter der uns gewogenen Rechten mit spitzer Feder polemisierten.

Valdivia beteuerte seine Unschuld: »Es ist nicht meine Sache, wen Frau Wolff in ihre Loge einlädt. Diese Leute lieben vielleicht die Monarchie nicht, aber sie lieben Beethoven, und das genügt mir.«

»Die meisten von Frau Wolffs Gästen schienen Juden zu sein«, bemerkte ich.

»Sehr richtig beobachtet. Die meisten Juden sind Musikenthusiasten, und viele meiner besten Freunde in Berlin sind Juden. Sie haben in der Entwicklung Ihres Vaterlandes eine bedeutende Rolle gespielt. Ihre eigene Familie hat jahrhundertelang mit ihnen auf bestem Fuß gestanden. Denken Sie nur an Friedrich den Großen und den Philosophen Mendelssohn, oder an Ihren Großvater und Albert Ballin. Viele jüdische Familien, die Mendelssohns, die Friedländers, die Oppenheims, die Schwabachs, sind von Ihren Vorfahren geadelt worden. Die Judenverfolgung in meinem eigenen Lande unter der Inquisition war ein verhängnisvoller Fehler. Viele der besten Bürger Spaniens wurden in jenen Tagen getötet oder wanderten aus. Darauf ist zum guten Teil der Niedergang unserer politischen Macht und unserer ganzen Zivilisation zurückzuführen.«

Als ich Valdivia im »Dritten Reich« an dieses Gespräch erinnerte, sagte er kopfschüttelnd: »Ich weiß nicht, was in die Deutschen gefahren ist. In all den Jahren, die ich in Deutschland gelebt habe, gab es keinen wirklichen Antisemitismus. Das ist alles von oben befohlen. Sie brauchen eben Sündenböcke.«

An dem Frühstück bei Valdivia, nach dem Konzert, nahm Oberst Guerrero, sein peruanischer Kollege, teil. »Das ist genau so ein militärischer Musikfanatiker wie ich«, erklärte Valdivia. Die beiden diskutierten miteinander bei Tisch in der Tat wie Berufsmusiker. Ich fragte, ob das eine spanische Eigentümlichkeit sei oder eine solche der Militärattachés. Valdivia lächelte: »Na, amigo Guerrero?« Guerrero jedoch bewahrte ein diplomatisches Schweigen, offenbar, um die Ehre seiner Berliner Kollegen zu retten.

Dann erzählte Valdivia von einem Besuche in Hindenburgs Hauptquartier während des Krieges. Bei einem Gespräch über die Militärs im allgemeinen hatte Valdivia das geringe kulturelle Interesse beklagt, das sie nach seiner Meinung in allen Ländern bekundeten. »Mir ist ein gutes Konzert lieber als zehn Paraden, Herr Feldmarschall«, hatte er geschlossen. Die Umgebung war wie versteinert. Hindenburg indessen antwortete: »Sie wissen, Valdivia, daß ich Sie sehr gern mag, aber ich glaube, Sie sind verrückt.« Immer, wenn Valdivia diese Anekdote erzählte, legte er, wie mir bei manchen anderen Gelegenheiten auffiel, den größten Nachdruck auf das Wort »verrückt«.

Als er unter Hindenburgs Reichspräsidentschaft die Altersgrenze erreichte und nach Spanien zurück sollte, schrieb ich heimlich an Hindenburg und ersuchte ihn um seine Intervention. Ich erhielt einen höflichen Antwortbrief mit Hindenburgs eigenhändiger Unterschrift: auch er sähe Valdivia gern länger auf seinem Posten, aber nach dem internationalen Protokoll habe darüber Seine Majestät der König von Spanien zu entscheiden und nicht der deutsche Reichspräsident. Dieser Brief wurde von Ditfurth entdeckt. Er überhäufte mich mit Vorwürfen: wie ich es wagen könne, das Haupt der Weimarer Republik um eine Gunst zu bitten? Mir war es ganz natürlich erschienen, daß ich mich an einen alten Freund unserer Familie wandte, der nie verfehlt hatte, uns in Cecilienhof aufzusuchen, wenn er in Potsdam war. Warum sollten wir anders empfinden, nachdem er den höchsten Posten im Deutschland der Nachkriegszeit angenommen hatte? Es war mir einfach unbegreiflich.

In den folgenden drei Jahren bis zum Abitur im Frühjahr 1925 traf ich mich wenigstens ein- oder zweimal im Monat mit Valdivia in Berlin. Ich lebte fast nur in Erwartung dieser großen Tage. Neben Konzert- und Theaterbesuchen gab es kleine Gesellschaften bei Valdivia oder seinen Freunden. In der schönen Wohnung von Frau Luise Wolff in der Rankestraße pflegten sich nach den Konzerten der Dirigent, die Solisten und die prominentesten Gäste zu versammeln. Mehr noch als die ausgezeichnete Wiener Küche genoß ich die gesellschaftliche Berührung mit der Großen Welt. Bald hatte ich zum Tischnachbarn einen berühmten Sänger oder Musiker, bald einen ebenso berühmten Arzt oder Schriftsteller; so lernte ich auch den Berliner Vertreter der Associated Press, Louis P. Lochner, kennen, der einer meiner besten Freunde werden sollte. Durch diese Geselligkeiten wurde ich unmerklich ein Bestandteil jener Kreise, die das Leben und die Atmosphäre Berlins in den zwanziger Jahren bestimmten, eine Atmosphäre, die man als liberal, intellektuell und international bezeichnen kann.

Es gelang Valdivia, aus mir einen Bürger und Kosmopoliten zu machen. Ich vergaß meine häusliche Umgebung, ich vergaß die besondere Lage und Haltung meiner Familie. Ich nahm die neuen Verhältnisse als gegeben hin und begann mich sogar mit ihnen zu identifizieren. Mit jugendlicher Übertreibung und Ausschließlichkeit kehrte ich der Vergangenheit den Rücken, die ich für alle Nachteile in meiner eigenen Situation verantwortlich machte. Jeden historischen Hintergrund suchte ich in meinem bürgerlichen Leben auszulöschen. Durch Valdivia knüpfte ich Verbindungen an, wie sie wohl kaum ein Mitglied meiner Familie bis jetzt angeknüpft hatte. Damals entging mir noch, daß mein spanischer Freund einen doppelten Zweck verfolgte: einerseits tat er alles, um meinen persönlichen Gesichtskreis zu erweitern, andererseits trachtete er mich dieser neuen Welt zu verpflichten. Natürlich war er viel zu geschickt, mich das merken zu lassen. Es wurde mir erst klar, als er Berlin für immer verlassen hatte.

6. Kapitel

SPANISCHER FRÜHLING

Als ich vernahm, daß ein Schüler aus einer Klasse unter mir — er hieß von Studnitz, wurde später Journalist, bereiste und beschrieb viele Länder — ganz allein eine Spanienreise gemacht hatte, war ich außer mir. Ich hatte versucht, meinen Eltern für die Sommerferien die Erlaubnis zu einem Besuche Spaniens abzulisten, doch es war mir nicht gelungen; ich sei fur einen so gewichtigen Schritt in die weite Welt noch zu jung, meinte man, und es werde mich von meinen Schulpflichten ablenken. Aber da man sah, daß ich darüber fast krank wurde, versprach man mir, daß ich nach bestandenem Abitur reisen dürfe. Valdivia bahnte die Verhandlungen mit dem spanischen Hofe an, und schon ein Jahr im voraus empfing ich eine liebenswürdige Einladung von König Alfons, meinem Patenonkel.

Meine Mutter, ebenso reiselustig wie ihr zweiter Sohn, hatte als junges Mädchen schon ganz Europa bereist, vornehmlich Frankreich und Rußland. Seit 1914 saß sie in Deutschland wie ein Vogel im Käfig. Die einzige Ausnahme waren die wenigen Reisen nach Holland zu meinem Vater gewesen; 1923 jedoch war er ohne viel Aufsehen und unter stillschweigender Duldung durch Stresemann nach Deutschland zurückgekehrt. Nach all den schweren Jahren, nach all dem, was meine Mutter durchgemacht hatte, war ihr wohl eine Auslandsreise zu gönnen. Es wurde entschieden, daß sie, mein Bruder Wilhelm und ich zuerst nach Teneriffa fahren sollten, dann sollte ich mit Ditfurth — leider war Valdivia, auf den ich gehofft hatte, nicht abkömmlich — für etwa drei Wochen zu meinem Patenonkel reisen und danach in Bilbao wieder zu den anderen stoßen.

Es war fast zu schön, um wahr zu sein.

Das Abitur ging glatt vonstatten, ich wurde sogar mit einigen anderen vom Mündlichen befreit, und den Abschluß bildete im Palast Barberini ein Konzert unseres Schulorchesters. Ich wirkte bei einem Beethoven-Trio mit; voraus ging Schuberts »Unvollendete«, den Schluß machte eine Komposition Friedrichs des Großen, die »Festouvertüre«. Meine Eltern saßen in der ersten Reihe bei Direktor Wüllenweber und dem sozialdemokratischen Schulrat Hardtke, der sich in der Pause herzlich mit dem Kronprinzen und der Kronprinzessin unterhielt. Ein harmonischer Schlußakkord — und nun die Spanienreise wie die heitere Ouvertüre zu einem neuen Lebensabschnitt.

Die Abreise war auf den 1. April festgesetzt. Wir sollten mit der »Cap Norte«, einem fünfzehntausend Tonnen großen, nach Buenos Aires gehenden Passagierdampfer der Hamburg-Süd, bis Teneriffa fahren. Auf dem Wege nach Hamburg verweilten wir kurz in Ludwigslust bei Onkel »Fritzi«, dem Großherzog von Mecklenburg und einzigen Bruder meiner Mutter. Mein Reisefieber erreichte derweilen einen geradezu bedenklichen Grad.

Am Morgen des Abreisetages wurde mir ein Telegramm mit der Unterschrift »Oberzeremonienmeister Seiner Majestät des Königs von Spanien« überreicht: Seine Majestät werde mich in La Coruña, dem ersten spanischen Hafen, den wir anliefen, persönlich begrüßen; Anzug: Frack. Ich platzte vor Stolz und zeigte das Telegramm überall herum, natürlich auch meinem Freunde Valdivia, der uns an Bord brachte und schon davon gehört zu haben schien. Dann nahm er mich sacht beiseite und sagte: »Sie lieben Spanien, Prinz Louis, und man soll sich nicht über Sie lustig machen, auch wenn Sie ein bißchen exaltiert sind. Denken Sie doch an den Kalender. Man hat Sie in den April geschickt.«

Ich mußte zugeben, daß mein Zustand es herausgefordert hatte; aber es war rasch vergessen. Theodor Amsinck, jetzt Haupt der alten Patrizier- und Schiffahrtsfamilie und an der Spitze der Reederei, deren Gäste wir waren, erschien zum Abschied, um uns gute Reise zu wünschen, und Admiral von Karpf stieß noch zu uns, der einige Jahre die »Iduna«, die Privatjacht der Kaiserin, kommandiert hatte und jetzt im Aufsichtsrat verschiedener Reedereien saß. Jeder liebte diesen alten Seebären, der meinen Vater und dessen Geschwister von Kindesbeinen an gekannt hatte. Er war der richtige Reisebegleiter für uns. Bis zum Golf von Biscaya hatten wir gutes Wetter, dann wurden wir mit Ausnahme des Admirals alle seekrank. Sogar Ditfurth konnte seine Würde nicht wahren.

Es gab nur wenige Passagiere in unserer Kabinenklasse. Als in Boulogne ein argentinisches Ehepaar zugestiegen war, brannte ich darauf, mein Spanisch an ihnen zu versuchen, denn alle anderen Passagiere waren Deutsche. Aber Ditfurth überwachte mich streng; von meinem Annäherungsversuch wollte er durchaus nichts wissen. Ich kam fast um vor Ungeduld, weil ich immer am selben Familientisch sitzen mußte. Eines Abends aß ich schneller als sonst, und als ich sah, daß auch die Argentinier ihr Mahl beendet hatten, bat ich, aufstehen zu dürfen, um oben im Gesellschaftsraum einen Tisch für uns zu reservieren. Meine Mutter hatte nichts dagegen, obwohl nicht viel zu reservieren war, da der Steward längst genauestens dafür sorgte, daß wir immer den gleichen Tisch hatten. Die Argentinier saßen schon in ihrer Ecke im Salon. Ich ging auf sie los, stellte mich in meinem besten Spanisch vor und wurde gleich eingeladen, bei ihnen Platz zu nehmen. Sie hießen Quintana oder so ähnlich; der Mann war groß und wohlgestalt, die Frau zierlich, aber hübsch und äußerst geschmackvoll gekleidet. Meine List war geglückt — mein erster eigener gesellschaftlicher Vorstoß konnte nicht mehr rückgängig gemacht werden.

Am fünften Tage liefen wir in den Hafen von La Coruña ein. Obgleich der Sturm sich gelegt hatte, ging die See noch hoch. Als die »Cap Norte« drehte, um in die Bucht zu gelangen, wurde sie von einer ungeheueren Welle gefaßt, und es gab eine Menge zerbrochenes Geschirr und umgestürzte Tische. Ich aber stand auf der Kommandobrücke und traf hier meinen ersten »eingeborenen« Spanier, den Lotsen. Es war ein großer, hagerer »Gallego«. Seine Fingernägel waren alles andere als sauber; mein Bruder Wilhelm behauptete, ich hätte nach dieser ersten Begegnung mit einem leibhaftigen Spanier gleichfalls mehrere Tage lang meine Fingernägel vernachlässigt. Schlimmer als das, gelang es ihm auch noch, da er ein besserer Turner war als ich, als erster aus dem Motorboot zu springen — die »Cap Norte« hatte mitten in der Bucht geankert — und so vor mir seinen Fuß auf meinen »heiligen spanischen Boden« zu setzen. Ich sprach an dem Tage kein Wort mehr mit ihm.

Don Gustavo Kruckenberg, der Vertreter unserer Schiffahrtslinie, zugleich deutscher Wahlkonsul am Ort, hatte uns mit seiner charmanten jungen Frau, einer Nichte jenes Generals Sanjurjo, empfangen, der später im Bürgerkrieg durch einen Flugzeugunfall ums Leben gekommen ist. Ich war so glücklich, am Ziel meiner Träume zu sein, daß ich Einzelheiten gar nicht beachtete, vor allem nicht solche, die mein Idealbild von Spanien hätten trüben können. Wilhelm und Ditfurth ärgerten mich, indem sie gerade dergleichen suchten. Ich sann auf eine Gelegenheit, mich zu rächen, aber sie kam erst in Santa Cruz. Zuvor bestand ich selbst noch ein Abenteuer: Während die »Cap Norte« in Lissabon im Tejo Anker warf, gewahrte ich auf dem kleinen Dampfboot, das als Fähre zum Ufer diente, einen Portugiesen, der, wie sich dann herausstellte, ziemlich gut Spanisch sprach und mich einiges fragte, was ich freudig beantwortete. Abends waren wir kaum von unserem Landausflug zurückgekehrt, als der Kapitän mir ein Boulevardblatt überreichte mit einem zweispaltigen Artikel über den »demokratischen preußischen Prinzen«. Die Portugiesen galten nicht als deutschfreundlich, aber der Artikel war durchaus wohlwollend abgefaßt, und so konnte ich nach diesem ersten Treffen mit einem Zeitungsreporter nicht nur erleichtert, sondern sogar befriedigt aufatmen.

Wir hatten uns mit allen Schiffsoffizieren angefreundet, und bevor wir in Santa Cruz von Bord gingen, verabschiedete ich mich herzlich von ihnen. Plötzlich erschien, nahezu atemlos, Ditfurth. Er forderte mich in befehlendem Tone auf, sogleich in den Rauchsalon hinunterzukommen.

Ich blieb stehen. »Sehen Sie nicht«, fragte ich kühl, »daß ich gerade dem Kapitän des Schiffes Lebewohl sage? Sie haben mir doch selbst erklärt, daß die Höflichkeit das erfordert.«

Er drängte mich: »Bitte kommen Sie, wir sind in großer Verlegenheit. Der Gouverneur von Teneriffa ist mit einigen Honoratioren da, um Ihre Mutter und Sie zu begrüßen. Alle sprechen nur Spanisch. Sie müssen unbedingt die Situation retten.«

»Ach«, sagte ich gedehnt. »Ich freue mich, daß Sie nach all den Jahren zugeben müssen, daß mein Spanisch doch zu etwas gut ist.«

Ditfurth entgegnete nichts. Er mag gedacht haben: ein billiger Triumph. Doch von nun an hütete er sich, mich wegen meiner »Spanien-Manie« zu verspotten.

Nach zehn Tagen auf der zauberhaft schönen Insel Teneriffa erspähte ich von einem Aussichtspunkt halbwegs des Pico del Teyde, den ich am Tage vor meiner Abreise bestieg, die sich langsam den Kanarischen Inseln nähernde »Cap Polonio«. Mit ihren dreiundzwanzigtausend Tonnen war sie damals, obwohl schon vor dem Kriege gebaut, das stolzeste Schiff der deutschen Handelsmarine. Noch hatten wir keine »Columbus«, keine »Bremen«, keine »Europa«. Die »Cap Polonio« war das Lieblingsschiff der Südamerikaner, hauptsächlich der reichen Argentinier, die sie gewissermaßen als Fährboot zwischen Paris und Buenos Aires zu benutzen pflegten. Sie bevorzugten sie nicht allein wegen der luxuriösen Ausstattung, sondern auch wegen des Commodore Rollin, der, geborener Pommer, seit vierzig Jahren die Südatlantik-Route fuhr und sich in seinen Passagieren ebensogut wie in der Navigation auskannte. Er sprach fließend Spanisch und Portugiesisch und hatte es fertiggebracht, daß sich auch die verwöhntesten Argentinier auf seinem Schiff wie im Plaza-Hotel von Buenos Aires aufgehoben fühlten.

Als ich das Schiff gegen fünf Uhr nachmittags betrat, hatte ich das Gefühl, gerade jetzt mein Leben zu beginnen. Die »Cap Polonio« sollte nicht vor acht Uhr des nächsten Morgens die Anker lichten, aber meine seebegeisterte Mutter wollte das Schiff in Muße betrachten. Fünf Jahre danach war ihr vergönnt, mit der Nachfolgerin der »Cap Polonio«, der »Cap Arcona«, von Hamburg nach Buenos Aires zu reisen.

Es war die Hauptreisezeit von Südamerika nach Europa, jede Kabine besetzt. Ich wurde in einer Offizierskajüte untergebracht, während Ditfurth mit dem Zahlmeister zusammenhausen mußte. Mehr als tausend dunkeläugige Menschen beiderlei Geschlechts lärmten mit temperamentvollen Gesten und unaufhörlichem, lautem Stimmengewirr. Lachend und schreiend rannten Kinder über die Decks. Eine Wolke von französischem Parfüm hing in der Luft.

Meine Mutter vertraute mich der Obhut von Herrn Richard Kroogmann und seiner Frau an. Kroogmann, von seinen Hamburger Mitbürgern »König Richard« genannt, jetzt schon über die Schwelle der Siebzig hinaus, war einer jener königlichen Kaufleute, die die Welt wie ihre Westentasche kennen, eine Vorliebe für guten alten Portwein haben und so sparsam sind, daß böse Zungen sie geizig heißen. Er versprach meiner Mutter, ein wachsames Auge auf mich zu haben, und er hielt dieses Versprechen so gut, daß ich während der folgenden drei Tage meinen Erzieher Ditfurth kaum zu Gesicht bekam.

»Wenn ich Sie wäre, Prinz Louis Ferdinand, täte ich jetzt, was mir beliebte«, sagte er zu mir.

Gleich am ersten Abend lernte ich mindestens ein Dutzend argentinischer Familien kennen; sie gehörten alle zur besten Gesellschaft von Buenos Aires. Ich, der immer nur Tee getrunken hatte, wurde mit Likören und Sekt traktiert und kam keine Nacht vor drei oder vier Uhr ins Bett, was nie zuvor sich ereignet hatte. Nach Herzenslust konnte ich Spanisch sprechen, und ich erregte oft Heiterkeit, weil ich die Wörter entweder anders aussprach, oder weil sie für die Argentinier etwas ganz anderes bedeuteten, als ich annahm. So war ich, als die »Cap Polonio« in Portugalete, dem Hafen von Bilbao, einfuhr, trotz der großen Eindrücke, die mir bevorstanden, fast traurig. Die Schiffskapelle spielte den Fridericus-Rex-Marsch, während ich das Fallreep hinabstieg, und meine neuen Freunde, die mir so gefielen, weil sie eine natürliche Abneigung gegen Formalitäten zu haben schienen, klatschten in die Hände und riefen »Hasta pronto en Buenos Aires« — »Auf baldiges Wiedersehen in Buenos Aires!« Im Innersten bewegt, fühlte ich, daß die transatlantische Welt von mir Besitz ergriffen hatte.

Eine elegante Barkasse mit der spanischen Kriegsflagge wartete längsseits auf mich. Fast kamen mir Tränen, als die »Cap Polonio« zum Abschied drei dumpfe Sirenentöne hören ließ. Dann ging alles sehr schnell: der Hafenkommandant, der mich im Namen des Königs bewillkommnete; am Pier zwei Herren, einer in Zivil, einer in Uniform — der Gobernador Civil und der Gobernador Militar der Provinz von Biscaya; ein Staatsauto, das uns in die Stadt entführte — meine erste Begegnung mit einer Industrielandschaft; Ditfurth, wieder ganz in seiner alten Rolle, feierlich und wichtig dreinblickend und mich von Zeit zu Zeit ermahnend; der Nachtzug nach Madrid — und wiederum Ditfurth, der vor dem Einschlafen triumphierend entdeckte, daß wir in einem alten deutschen Schlafwagen fuhren.

Mit einem Fluch auf sein ewiges Schulmeistern schlummerte ich ein. Beim Morgengrauen hatten wir schon die karge kastilische Hochebene zwischen der Sierra de Guadarrama und der spanischen Hauptstadt erreicht. Um acht waren wir in Madrid.

Ein uniformierter Herr mittleren Alters, mit einem mächtigen Säbel an der Seite, stellte sich als Oberst Obregón vor. In fließendem, etwas frankfurterisch klingendem Deutsch teilte er mit, daß er mir auf Befehl Seiner Majestät für die Dauer meines Aufenthalts zur Verfügung stehe. Ditfurth strahlte: er hatte einen Bundesgenossen gefunden, und mir hingen nun zwei Wächter an den Rockschößen.

In wenigen Minuten brachte uns das Auto zum Palacio Real. Vor dem Palast präsentierten die Wachen das Gewehr, eine Ehre, die mir seit 1918 nicht mehr zuteil geworden war. Oben auf der Freitreppe stand in einem hellgrauen Anzug ein junger Mann meines Alters, blond, blauäugig, elegant. »Que seas bienvenido en España«, sagte er und umarmte mich herzlich. Es war der Prinz von Asturien, familiär als »Alfonsito« bekannt. »Willkommen in Spanien. Papa hat mich gebeten, dich hier in Madrid herumzuführen. Er ist mit Mama, meinen Schwestern und Brüdern augenblicklich in Sevilla. Du wirst ihn später dort sehen.«

Durch endlose Galerien mit wertvollen Gobelins führte er mich zu meinen Räumen im nördlichen Flügel des Palastes. Sie gewährten einen herrlichen Blick auf die Sierra de Guadarrama. Beim Frühstück fragte mich Ditfurth, weshalb ich jetzt, am Ziel meiner Wünsche, so unzufrieden, ja bedrückt aussähe.

»Ich bin nicht mehr an Paläste gewöhnt, sie haben einen Bourgeois aus mir gemacht«, war meine Antwort.

Gerade befand ich mich im Bad, als ein Diener mir zurief, Seine Majestät der König wünsche mich am Telephon zu sprechen. Ich lief, ohne erst das Handtuch zu benutzen, zum Apparat, einem altmodischen Modell, das an der Wand hing, und meldete mich aufgeregt in meinem besten Spanisch. Seine Stimme klang so freundlich und vertraut, als sähen wir uns von jeher alle Tage. »Gut angekommen? Alles in Ordnung? Und zu Hause? Wer wird Präsident?« Ich konnte gar nicht so rasch antworten, und so bedankte ich mich und sagte, der plötzliche Tod Eberts habe natürlich etwas Unruhe verursacht. »Qui vivra, verra«, meinte er mit einem nachdenklichen Unterton. »Ena« — die Königin Victoria Eugenia — »und ich hoffen, dich in einer Woche hier zu haben. Fühl' dich wie zu Hause.«

Meine Glückseligkeit war unbeschreiblich. Ich mußte sie jemand mitteilen, und der erste, den ich erwischte, war Ditfurth. Ich rannte, halb angezogen, wie ich war, zu ihm hinein, und kehrte mich nicht an sein verwarnendes Gesicht. Danach mußte der Kammerdiener Manolo herhalten. So nannte ihn jeder, doch als ich erfahren hatte, daß er Manuel Sanchez hieß, redete ich ihn mit »Señor Sanchez« an. Er war ein ältlicher Mann aus Valladolid, wo klassisches Spanisch gesprochen wird. Daß ich »Señor Sanchez« sagte — bei einem Diener —, verursachte eine kleine Palastrevolution. Der Oberhofmarschall unternahm einen Schritt bei jenem Oberst Obregón, und dieser bat Ditfurth, mich darauf aufmerksam zu machen, daß ich unbewußt die Disziplin im königlichen Haushalt gefährdete. Als ich danach dem Oberhofmarschall begegnete, einem alten kastilischen Granden mit weißem Schnurrbart, drückte ich ihm mein Bedauern aus, betonte aber, daß ich keinen Grund sähe, meine Gewohnheit zu ändern, selbst wenn sie ihm revolutionär erscheine — er hatte etwas von »überdemokratisch« bemerkt gehabt. Mein Patenonkel, dem ich das später erzählte, lachte laut auf.

Die verwitwete Königin Maria Cristina hielt im Palast Hof, wenn ihr Sohn, der König, abwesend war. Er liebte sie, und alle Spanier achteten sie. Als österreichische Erzherzogin hinter Klostermauern aufgewachsen, war sie doch eine Frau von Welt im besten Sinne des Wortes. Nach dem Tode ihres Mannes hatte sie Spanien durch die Wirren des spanisch-amerikanischen Krieges hindurchgesteuert. Mit diesem Kriege war das einst so mächtige spanische Kolonialreich zusammengebrochen, aber jedermann wußte, daß Maria Cristina für ihren Sohn den Thron und damit das Ansehen des Landes gerettet hatte.

Ich machte ihr meine Aufwartung privat, ohne meine Begleiter. Die liebenswürdige alte Dame in den Siebzigern, eine zarte, leicht gebeugte Gestalt, sah mit der charakteristischen Habsburger Nase und der vorgeschobenen Unterlippe äußerst aristokratisch aus. Sie küßte mich herzlich auf beide Wangen. Da war nichts von spanischer Hofetikette. »Komm' und setz' dich zu mir, Lulu«, rief sie im schönsten Wienerisch. Sie erkundigte sich nach meinem Großvater und nach meinen Eltern; ich richtete Grüße aus und sagte ihr, wie sehr mein Großvater sie bewundere. »Das beruht auf Gegenseitigkeit« erwiderte sie. Darauf erkundigte sie sich nach Valdivia. »Alfonso verläßt sich sehr auf ihn«, sagte sie. »Seine Berichte sind ausgezeichnet und treffen den Nagel auf den Kopf. Es gibt wohl keinen Spanier und überhaupt kaum einen Ausländer sonst, der Deutschland so gut kennt. Ich persönlich glaube zwar«, fügte sie lächelnd hinzu, »daß er in all den Jahren ein bißchen verpreußt ist.«

»Nun«, meinte ich, »seine Musikbegeisterung, sein Antimilitarismus —«

»Glaub' dem alten Lügner nicht. Er ist ein hervorragender Offizier und hat eine glänzende Karriere hinter sich. Die Musik — ja, die ist auch meine große Liebe. Wir haben ein gutes Sinfonieorchester hier in Madrid; leider ist gerade keine Saison, und an unserem Opernhaus baut man schon mehrere Jahre, es wird nie fertig. Hierzulande braucht alles seine Zeit. Immer sagen sie ›mañana‹ — morgen ist auch noch ein Tag. Dagegen kann man nichts machen. Ein Volk läßt sich noch weniger verändern als ein einzelner Mensch. Die Leute hier nehmen das Leben leichter als wir oben im Norden — die Preußen denken das ja schon von uns in Österreich. Aber ich liebe die Spanier und nehme sie von ihrer besten Seite. Ich bewundere ihren ausgeprägten Individualismus, der oft als Stolz mißverstanden wird. Hier betrachtet sich noch der ärmlichste Bettler als Caballero.«

Mit diesen schlichten Worten drückte die kleine alte Dame die Weisheit einer jahrhundertealten Tradition und das Geheimnis ihrer Popularität und ihrer erfolgreichen Regierung aus. Ich wußte, wie Valdivia sie verehrte; er war überzeugt, daß er ihr seine ganze Karriere verdankte. — Das »Teatro Real« wurde übrigens so gut umgebaut, daß es jetzt der repräsentativste Konzertsaal der spanischen Hauptstadt ist. —

Die Königinmutter behielt mich zum Essen da; an den Wänden des riesigen, im Stile des sechzehnten Jahrhunderts eingerichteten Speisesaals hingen Bilder von Velázquez und Murillo. Mit dem Oberhofmarschall und dem Hausarzt — Ditfurth hatte ich vorher einführen können — waren wir etwa zehn Personen bei Tisch. Als die Suppe serviert war, erklang plötzlich der Donauwalzer, von einem vollen Orchester gespielt. Ich legte den Löffel hin und sah meine Gastgeberin an, zu deren Rechten ich plaziert worden war. Sie flüsterte mir zu: »Eine kleine Überraschung für dich: die Kapelle unserer Palastwache. Sie wird jeden Mittag und Abend für uns spielen. Ich bin dabei, aus der Militärkapelle ein Sinfonieorchester zu machen. Ich habe den Kapellmeister auf die Musikakademie geschickt.«

Nun entdeckte ich bei der Menükarte ein zierlich gedrucktes Musikprogramm. Die Königinmutter folgte meinem studierenden Blick und erklärte: »Mittags gibt es meist leichte musikalische Hors d'œuvres. Abends kommt Schwereres. Ich habe Alfonso versprochen, daß du dich nicht langweilen sollst, wenn du dich auch mit der Gesellschaft einer alten Frau begnügen mußt. Heute abend habe ich noch einen Film für dich. ›Goldrausch‹, Charlie Chaplin. Du wirst sehen. Die Spanier haben es nicht gern, wenn ich ins Kino gehe. Deshalb habe ich einen meiner Räume in ein Filmtheater umwandeln lassen.«

Wenig aus diesen Tagen habe ich vergessen; weniges aber ist mir so unvergeßlich wie jener Madrider Abend, an dem im Musikzimmer der Königinmutter Maria Cristina der damals gerade auf einer Europatournee befindliche Negertenor Roland Hayes sang. Es war ein kleines Auditorium; Hayes sang Schubert, Schumann, Brahms und gab Proben jener geistlichen Negermusik, der Spirituals, die seine Domäne waren. Nicht nur seine Stimme, auch seine Persönlichkeit erschien uns allen sympathisch. Er war einer der Fälle, in denen man wieder einmal begreift, was das oft so gedankenlos gebrauchte Wort »Kultur« eigentlich bedeutet. Deshalb trat er auch ganz bescheiden auf, ein lebender Beweis dafür, daß künstlerisches Empfinden und menschlicher Takt auf keine Nation, Rasse oder Farbe beschränkt sind. Die Königinmutter, die ein gutes Urteil in musikalischen Fragen hatte, war tief ergriffen.

Sie sollte nur noch vier Jahre zu leben haben; zur Zeit ihres Todes, Anfang Februar 1929, war ich schon lange ein häufiger Gast des spanischen Botschafters in Berlin, der mich mit großer Herzlichkeit aufgenommen hatte. Durch ihn war ich auch mit den meisten iberoamerikanischen Diplomaten bekannt geworden, vor allem mit denen von Argentinien und Chile. Zur Totenmesse für die Königinmutter, die der päpstliche Nuntius Monsignore Pacelli, der spätere Papst Pius XII., in der Hedwigskirche zelebrierte, wurde ich in aller Form und auch als Vertreter meines Großvaters eingeladen. Das gesamte diplomatische Korps und die deutsche Regierung waren zugegen. Als einziger Nichtspanier wurde ich gebeten, mit dem spanischen Botschafter und seinem Stabe in unmittelbarer Nähe des Altars Platz zu nehmen. —

Alfonsito holte mich zu Autotouren ab. Wir fuhren in seinem eigenen Hispano-Suiza mit Chauffeur und Diener. Dahinter folgten Obregón, Ditfurth und der Oberhofmarschall und in einem dritten Wagen einige Guardias Civiles. Ich sah Toledo, die spanischste aller spanischen Städte, die Kathedrale, die Casa del Greco und den Alcazar mit der spanischen Militärakademie, deren Schüler sich später im spanischen Bürgerkrieg unter dem Befehl von General Moscardó so heldenmütig verteidigten. Mit Befriedigung stellte ich fest, daß Alfonsito trotz seiner Stellung als spanischer Thronerbe sich ebensowenig für militärische Dinge interessierte wie ich. Natürlich konnten die exerzierenden Kadetten Ditfurths hohen Ansprüchen an Exaktheit und Disziplin nicht genügen. Sein Mißvergnügen wuchs, als wir in Avila, dessen gewaltige Stadtmauern noch ganz erhalten sind, vom Bischof empfangen wurden. Ich folgte dem Beispiel Alfonsitos, der den Ring des Bischofs küßte. Ditfurths Mißbilligung war voll Bitterkeit: durch diese unterwürfige Geste hätte ich meinen Protestantismus verraten. Ich erwiderte, daß ich irgendwo gelesen hätte, in Rom solle man sich wie die Römer betragen. Alfonsito beschwichtigte meinen Groll. »Ich habe dein Verhalten aufgefaßt, wie es gemeint war. Unser Sprichwort sagt: ›Lo cortés no quita lo valiente‹ — ›Höflichkeit braucht den Mut nicht zu hindern.‹«

Der Empfang bei dem kirchlichen Würdenträger von Avila hatte noch andere Folgen. Nach einem Frühstück, das uns der Bürgermeister von Avila gab, hatte der Bischof in aller Ruhe einen der Zahnstocher benutzt, die überall auf dem Tisch verteilt waren. Nach der ersten Mahlzeit, die wir nach unserer Rückkehr wieder in Potsdam einnahmen, holte ich aus meinem mitgebrachten Vorrat einen Zahnstocher hervor und setzte ihn in Tätigkeit. Alle am Tische sahen mit größter Verblüffung zu.

»Was in aller Welt machst du denn da, Lulu?« fragte mein Vater.

»Eine alte spanische Tischsitte«, antwortete ich obenhin. »Ich lernte sie beim Bischof von Avila kennen.«

Nach einigen Tagen wurde ich mit Alfonsito vertraut. Anfangs hatte er, wie mir schien, zwischen frohen Augenblicken solche, in denen er reserviert, fast abweisend erschien. Ich wußte nun die Ursache: sein Leben war unablässig von Gefahr bedroht. Er litt an der Bluterkrankheit, die er durch seine Mutter von der hessischen Familie geerbt hatte. Von dort war sie auch in die russische Zarenfamilie gekommen. Die schreckliche Krankheit wird von den weiblichen Mitgliedern einer Familie übertragen; bei ihnen selbst kommt sie jedoch nicht zum Ausbruch, nur bei den männlichen Nachkommen. Alfonsito durfte sich nur mit der größten Vorsicht bewegen; ein Sturz oder eine geringfügige Körperverletzung konnte verhängnisvoll werden. Obwohl er ein offenes Wesen hatte und sein Dasein genoß, zeigte sich in seinen Ansichten eine gewisse Skepsis, wie bei alten Leuten, die auf eine lange Lebenserfahrung zurückblicken. Als ich ihn elf Jahre später in New York wiedertraf, war das Schicksal schon über die spanische Dynastie hereingebrochen. Nachdem er in Kuba aus mehreren schweren Anfällen seiner Krankheit nur durch Bluttransfusionen hatte gerettet werden können, wohnte er in tragischer Vereinsamung in New York.

An die beiden berühmten Bauwerke, die einander in jeder Beziehung entgegengesetzt sind, geographisch, architektonisch und in ihrer geschichtlichen Bedeutung: den düster-grandiosen Escorial und das freundliche Schloß von Aranjuez, habe ich eine bezeichnende Erinnerung. In der Familiengruft im Escorial, einer runden Kapelle mit den Särgen spanischer Herrscher aus vielen Generationen, war nur noch Platz für einen einzigen weiteren Sarkophag. Es hieß, jemand habe König Alfons gefragt: »Wo werden denn Ihre Nachfolger beigesetzt werden?« Worauf der König prophetisch entgegnete: »Ich glaube nicht, daß ich einen Nachfolger haben werde.«

Er wie auch sein ältester Sohn, der mich durch den Escorial führte, starben in der Verbannung: der eine in Italien, der andere im fernen Amerika.

Natürlich fehlten in Alfonsitos Madrider Programm für mich auch die Stierkämpfe nicht. Seit Blasco Ibáñez seinen Roman »Sangre y Arena« geschrieben hat, braucht nach meiner Meinung niemand mehr den Versuch zu machen, noch etwas über diese Schauspiele zu sagen. Ich sah Sanchez Mejiá, der damals Spaniens bester Stierkämpfer war. Wenn der Matador sein Handwerk versteht, vergißt man darüber alles peinliche Drum und Dran. Wenn er unerfahren, schlecht disponiert oder gar durch Sekunden der Feigheit gehemmt ist, wird die Sache unerquicklich. Bei einem späteren Aufenthalt in Spanien habe ich beobachtet, daß die Pferde jetzt in der Arena Schutzdecken tragen. Das Publikum weiß Beifall oder Mißfallen prompt, sachverständig und drastisch auszudrücken. Aber ob man nun von den Aspekten des Grausamen erschüttert ist oder hingerissen von dem Mut und der Geschicklichkeit der Stierkämpfer, für die oft ein halber Meter eine Frage von Leben oder Tod ist — nirgendwo sonst kann man, ganz abgesehen von der Szenerie mit ihrer Entfaltung von Kraft, Grazie und Farbigkeit, den Charakter des spanischen Volkes besser studieren.

Nichts wäre mir lieber gewesen, als wenn ich frei in den Straßen hätte spazieren können, um mit den einfachen Leuten in Berührung zu kommen. Ich sprach darüber mit Obregón. Er wurde verlegen. Allein in der Stadt? Wie ein gewöhnlicher Bürger? Über eine solche Verletzung der Etikette wollte er nicht entscheiden. Er befragte irgendeine höhere Stelle — ich weiß nicht, ob um die Einwilligung meines Patenonkels nachgesucht wurde —, jedenfalls wurde ein Spaziergang in Begleitung von Obregón genehmigt. Ich war erfreut, obwohl die Begleitung meinen Wünschen gewiß nicht entsprach; aber ich hoffte, aus dieser Erlaubnis das Beste machen zu können. Obregón freilich sprach die meiste Zeit deutsch, was mir, der ich doch gerade Wert auf das Spanische legte, die Stimmung nahm. Ich ärgerte ihn meinerseits damit, daß ich von den spanischen Überseeländern schwärmte, was nun er wieder nicht leiden konnte. Er geriet geradezu in Wut, weil ich ihn zum Spaß immer wieder für einen Vetter des mexikanischen Präsidenten Obregón hielt.

In demselben Maße, wie Madrids Umgebung herb und eintönig, ist die sevillanische Landschaft heiter. Gegen das Blaugrau der kastilischen Hochebene erscheint Andalusiens sattes Grün wie ein Garten.

Ich nahm den Nachtzug nach Sevilla, und Alfonsito sagte zu mir beim Abschied: »Dort unten wird es dir besser gefallen. Nur hüte dich vor kalten Getränken. Es ist höllisch heiß dort. Viele Fremde können ihren Durst nicht bezwingen und holen sich eine Diarrhöe, die manchmal gefährliche Formen annimmt.«

Indem das Land, unter einem glanzvoll blauen Himmel im Sonnenlicht hingestreckt, immer lieblicher und anmutiger wurde, schien es sogar auf den gewöhnlich verschlossenen Mienen meiner beiden Begleiter, Ditfurths und des »Frankfurter Spaniers« Obregón, eine Auflockerung zustande zu bringen. Wir waren um neun in Sevilla. Dort erwartete mich einer der Privatwagen meines Patenonkels, der von da an zu meiner persönlichen Verfügung stand. Wir fuhren zum alten Alcazar, einem maurischen Palast, der von der königlichen Familie in Sevilla als Residenz benutzt wurde. Der König weilte hier zur »Semana Santa« (Karwoche), einem der größten religiösen Ereignisse in Spanien, bei dem die Anwesenheit Seiner Katholischen Majestät selbstverständlich war.

Kaum hatte ich mich in meinen Räumen eingerichtet und aus dem Fenster einen Blick in den schönen Palmengarten geworfen, als ein Diener die Tür mit der schlichten Ankündigung »Seine Majestät der König« öffnete. Auch ohne das hätte ich meinen Besucher sofort erkannt.

»Buenos días, Luisito«, rief er aus, »da lernen wir uns also endlich persönlich kennen!«

Er trug einen eleganten hellen Anzug. Groß und hager, wie er war, sah man ihm an, daß er viel Sport trieb. Ohne die Habsburger Unterlippe wäre sein Gesicht hübsch zu nennen gewesen, aber auch so strahlte es einen gewissen Zauber aus; die hellbraunen, lebhaften Augen waren warm und ausdrucksvoll. Nach einer herzlichen Umarmung im besten spanischen Stil zeigte er mir ein Telegramm.

»Das bekam ich gerade aus Berlin. Deine Landsleute haben einen neuen Präsidenten gewählt. Es ist der alte Feldmarschall Paul von Hindenburg. Überall herrscht Aufregung, weil die Deutschen einen Kriegshelden für dieses Amt gewählt haben. Vor allem die Franzosen sind nervös. Manche sehen deshalb schon einen neuen Krieg voraus. Zu denen gehöre ich nicht, mein Premierminister Primo de Rivera auch nicht. Der alte Herr, nehme ich an, wird seinem Lande im Frieden ebenso loyal dienen wie im Kriege. Immerhin wird es deine Mutter interessieren. Ich werde ihr ein Kabel nach Teneriffa schicken.«

Bevor ich antworten konnte, fuhr er fort, von anderem zu sprechen, und es zeigte sich, daß er über meine Erlebnisse in Madrid unterrichtet war.

»Alfonsito hat mir schon gesagt, daß du von Obregón nicht sehr begeistert bist. Ich habe ihn gewählt, weil er ein halber Deutscher ist, aber du sprichst ja Spanisch wie ein alter Spanier. Das nächste Mal werde ich dir einen jungen Vollblutspanier zum Adjutanten geben. Die Kathedrale von Sevilla kann ich dir wegen des Grabes von Kolumbus nicht ersparen, aber damit du einsiehst, daß Spanien nicht bloß aus Kirchen besteht, will ich dir vorher unseren neuen Flugplatz zeigen.«

Ohne weiteres nahm er mich beim Arm, führte mich hinunter in den Park, sprang in einen großen offenen Wagen und setzte sich ans Steuer. Pionier des modernen Verkehrs, hatte er viel für den Zustand der Autostraßen in Spanien getan. Er war Mitbegründer der Autofirma Hispano-Suiza und fuhr mit der lässigen Selbstverständlichkeit eines Berufsfahrers. Der Chauffeur, der die Tür offengehalten hatte, saß im Fond.

Von meinen Ausflügen mit Alfonsito an eine Kalvalkade gewöhnt, blickte ich zurück, ob uns weitere Wagen folgten. Der König bemerkte es und sagte lächelnd: »Wenn sie mich umbringen wollen, sollen sie nur. Sie haben schon ein paarmal versucht, mich loszuwerden, aber ich habe ihnen noch nicht den Gefallen getan.«

Der persönliche Mut des Königs war in ganz Spanien bekannt; einmal hatte er einen Attentäter niedergeritten und ihn der Polizei übergeben. Wir fuhren langsam über die breiten, mit Palmen gesäumten Boulevards. Die Leute auf der Straße grüßten oder riefen »Viva el Rey«; im übrigen schienen sie nicht im geringsten erstaunt, ihn so zu sehen.

»Sie machen sich einen guten Tag«, sagte er. »Das ist ihre einzige Beschäftigung, besonders jetzt um Ostern. Die Andalusier sind ein heiterer Menschenschlag. Immer haben sie irgendeine Fiesta oder etwas Ähnliches. Bei diesem Klima kann ihnen das niemand übelnehmen.«

Es war erst zehn Uhr vormittags, die Hitze schon unerträglich. Nach einer halbstündigen Fahrt unter Olivenbäumen erreichten wir den Flugplatz, der ganz neu, teilweise noch im Bau war. Unter den Offizieren stach ein prachtvoll aussehender Mann in der Uniform eines spanischen Obersten hervor.

»Das ist mein bester Flieger, Luisito«, sagte der König. »Es ist mein Vetter Ali, Sohn meiner Tante Eulalia. Tante Eulalia ist die Schwester meines Vaters.«

Ich wußte damals noch nichts vom Fliegen und von Flugzeugen und ahnte nicht, daß es einmal mein liebster Sport werden sollte. Die technischen Kenntnisse meines Patenonkels überraschten mich. Nach der Besichtigung saßen wir in der Messe, einem Bau im reinsten arabischen Stil. Der König unterhielt sich mit seinen Offizieren kameradschaftlich. Sie wollten mich noch zu einem echt andalusischen Fest dabehalten, aber mein Patenonkel meinte, ich sei dazu mit meinen siebzehn Jahren noch etwas zu jung.

»Ich fürchte, sie würden dich mit ihrer Gastfreundschaft umbringen«, sagte er auf der Rückfahrt. »Es sind ja nette Kerle, aber etwas verrückt wie alle Flieger.«

Jener »Ali«, richtig Infant Alfonso d'Orléans-Borbón, wurde bald darauf Chef der spanischen Luftwaffe. Er war verheiratet mit »Baby Bee«, einer der vier als »Europas schönste Prinzessinnen« geltenden Töchter des Herzogs von Edinburgh. Ihr wirklicher Name war Beatrix. Sie war die Tante meiner Frau, Schwester ihrer Mutter, und sie lebte bis zu ihrem Tode im Jahre 1966 noch als einzige von jenen vier. 1928 kam Ali mit mehreren seiner Offiziere auf einer Besichtigungsreise auch nach Deutschland. Da mein Vater krank war, mußte ich sie empfangen. Ich gab ihnen ein Frühstück, und um die in Spanien genossene Gastfreundschaft zu vergelten, bestellte ich die besten Speisen und Weine. Das Frühstück war ein Schlager, wie man sagt — die Rechnung ebenfalls. Unser Adjutant, Herr von Müldner, der sie aus meines Vaters Tasche bezahlen mußte, war entsetzt.

»Ich verstehe ja, daß Sie einen guten Eindruck machen wollten, aber wozu in aller Welt Zigarren zu drei Mark und Kognak für fünfzig?«

»Weil es in Spanien so üblich ist«, gab ich zurück.

Bei Tisch im Alcazar sah ich den »Rest der Familie«, wie mein Patenonkel sich ausdrückte. Die Königin Victoria Eugenia, Tante »Ena« genannt, groß, blond, von strahlender Schönheit, verriet auf den ersten Blick ihre angelsächsische Abstammung. Bei ihr standen drei Knaben und zwei Mädchen, alle etwas jünger als ich. Es waren die Infanten und Infantinnen Jaime, Beatriz, Maria Cristina, Juan und Gonzalo. Der Enkel, Don Juan Carlos, ist der jetzige König von Spanien.

Mit größtem Engagement und mit sicherer Hand füllt er sein schweres Amt aus, wobei ihm seine Gemahlin, Sophie von Griechenland, eine wertvolle Stütze ist. Uns verbindet mit ihm und seiner Familie eine herzliche Freundschaft.

Eine Fahrt mit der ganzen königlichen Familie auf dem Torpedoboot »Bustamente« den Guadalquivir hinab und die Besichtigung einer Finca, des Landgutes eines spanischen Granden, Stierzüchters und Besitzers einer kleinen privaten Stierkampf-Arena, in der die jungen Bullen ausprobiert wurden, waren Höhepunkte meines Besuches. Hier konnte ich die Popularität meines Patenonkels beobachten, der mit jedermann in der natürlichsten Weise und ohne eine Spur von Herablassung sprach. Außer mit dem Klerus und dem Adel stand er sich besonders gut mit dem »Mann auf der Straße«.

Nur eine Klasse vernachlässigte er: die spanische Intelligenzschicht. Diese, klein an Zahl, reich an hervorragenden Persönlichkeiten, verübelte ihm seine Haltung und bildete eine gefährliche Opposition, die dem Thron schließlich zum Verhängnis wurde. Bei seinen geistigen Gaben wäre es dem König ein leichtes gewesen, sich die Sympathie dieser in ihrem Stolze so verletzlichen Kreise zu erwerben. So sehr es ihn ehrte, daß er sich zu Bauern und Sportsleuten hingezogen fühlte, so war es doch ein Fehler, daß er zu erkennen gab, wie sehr ihn gelehrte Diskurse langweilten. Obwohl sich Boxchampions der allergrößten Beliebtheit erfreuen, wird die Geschichte noch immer von anderen gemacht und wohl auch gemacht werden müssen, und ich glaube, die Boxchampions wären die letzten, die das bestreiten wollten.

Auf der Finca löschte Ditfurth seinen Durst mit viel eiskalter Limonade. Als mich mein Patenonkel am nächsten Morgen zu einer Fahrt nach Jerez de la Frontera, der Heimat des berühmten Sherry-Weines, abholte, sagte er: »Dein Erzieher hat sich den Magen verdorben. Er kann sein Bett, oder genauer gesagt, einen anderen gewissen Ort nicht verlassen. Mein Leibarzt kümmert sich um ihn, wir müssen allein nach Jerez fahren. Aber vor der Familie Mérito und ihrem berühmten Weinkeller muß ich dich warnen. Sie sind reizende Leute, nur machen sie sich ein Vergnügen daraus, jeden Neuling unter den Tisch zu trinken. Also: langsam trinken und immer noch etwas im Glas behalten. Wenn man ein leeres Glas hat, gießen sie automatisch wieder ein, und das zu verweigern, wäre unhöflich. Wenn du in Jerez nicht ›begraben‹ werden willst — was im übrigen das Normale ist —, dann beherzige meinen Rat.«

Ich muß vorausschicken, daß ich abends vorher dem General Primo de Rivera bei einer Galavorstellung zu Ehren der königlichen Familie in der Oper von Sevilla begegnet war, einem großen grauhaarigen Manne Ende Fünfzig, dessen freundliche blaue Augen verrieten, daß er Humor hatte. Der Eindruck von Jovialität wurde durch einen leichten Ansatz von Wohlbeleibtheit unterstrichen. Unser Gespräch, dem der König, wenn auch scherzhaft, eine Spur von politischer Note gab, wurde von dem General immer wieder auf rein Menschliches zurückgeführt. Primo de Rivera, den seine Kritiker mit einem Wortspiel auch »Primo de Mussolini« nannten, was soviel heißt wie »Mussolinis Narr«, wird heute kaum noch als Diktator klassifiziert werden können. Damals galt er als solcher, und somit war er der erste von sechs, die ich persönlich kennengelernt habe. Vierzehn Tage später sah ich ihn noch einmal im Nachtzug nach Madrid. Er war mein Schlafwagennachbar, und ich hatte die Abteile verwechselt. So stand ich plötzlich ihm gegenüber, der in Hemd und Hose auf seinem Bett sitzend Zeitung las. Ich murmelte eine Entschuldigung und wollte mich zurückziehen; er blickte auf und zog mich freundlich in eine kurze Unterhaltung.

Während wir nun auf einer neuen Autostraße nach Jerez fuhren — ich wieder neben meinem Patenonkel, der selbst steuerte —, sagte der König:

»Ich hatte die Wahl zwischen Primo de Rivera und dem Chaos. Das Chaos hätte den Bürgerkrieg bedeutet. Bei uns hat, anders als bei euch im alten Preußen, die Armee seit je eine aktive Rolle im politischen Leben gespielt; ich kann ihr nicht verübeln, daß sie mit den politischen Zuständen nicht einverstanden war. Vielleicht hast du schon mal das Wort ›Caciquismo‹ gehört. Ein Cacique ist ein indianischer Häuptling, und praktisch hatte jede Stadt und jedes Städtchen in Spanien einen örtlichen Politiker, der die Gemeinde genau so beherrschte wie ein indianischer Häuptling seinen Indianerstamm. Über das ganze Land verstreut saßen solche kleinen Diktatoren, jeder Form von Korruption zugänglich. Nicht das geringste geschah für Straßenbau, Eisenbahn, Telephon, Schulen. Was Primo de Rivera tatsächlich fertiggebracht hat, siehst du hier.«

Wir fuhren neunzig Kilometer; die Straße war prächtig.

»Aber die Militärdiktatur kann nicht ewig dauern«, fuhr der König fort. »Die Frage ist nur, wann der richtige Augenblick für die Rückkehr zum konstitutionellen System ist. Primo hat diktatorische Macht, aber er mißbraucht sie nicht. Leben und leben lassen ist sein guter alter Grundsatz. Er stammt ja aus Andalusien. Er würde sich nie zwischen mich und mein Volk stellen. Er kennt seine Landsleute. Die Traditionen sind ihrerseits eine Macht. Obwohl das Land fast ganz katholisch ist, versuche ich einen religiös und politisch aufgeklärten Kurs, wie dein Vorfahr Friedrich der Große, der jeden nach seiner Fasson selig werden ließ. Meine Mutter und mein Lehrer Canalejas haben mich so erzogen. Aber es ist fast unmöglich, Spanien liberal zu regieren. Die sozialen Gegensätze sind zu groß. Es fehlt fast völlig die breite Mittelschicht, die in Deutschland eine so wichtige Rolle spielt. Andererseits besteht das Volk zum größten Teil aus Bauern, die weder gebildet sind noch fortschrittlich denken. Aber in sich sind sie ein gesundes Volkselement. Das der Radikalisierung zugängliche Industrieproletariat ist auf kleine Bezirke begrenzt. Aus all diesen Gründen läßt sich das Land, das sicherlich nach heutigen westeuropäischen Begriffen in der Zivilisation zurückgeblieben ist, nur ganz allmählich und vorsichtig modernisieren. Es ist von der sozialen Umwälzung der Französischen Revolution und ihren Folgen gar nicht berührt worden. — Du siehst, Luisito, alles in allem ist mein Beruf hier nicht so leicht, wie du wohl dachtest.« —

Seit jenen Tagen haben die gesellschaftlichen Verhältnisse in Spanien einigen Wandel erfahren, insbesondere hat sich unter Generalissimus Franco inzwischen ein ziemlich breiter Mittelstand gebildet.

Vor ihrer Bodega war die Familie Mérito vollzählig zu unserem Empfang versammelt: der alte Marquis, ein Mann in den Sechzigern, seine Tochter und seine beiden Söhne, etwas älter als ich. Den jüngeren, Ricardo, hatte ich schon in der spanischen Botschaft in Berlin getroffen; sein Bruder Pepe sollte zwei Jahre später eine schicksalhafte Rolle in meinem Leben spielen, denn durch ihn lernte ich die französische Filmschauspielerin Lily Damita kennen.

Zwischen Hunderten von Fässern aller Größen standen in der Bodega mehrere Tische mit Leckerbissen, darunter die größten Langusten, die ich je gesehen habe. Aber weit und breit gab es keine Sitzgelegenheit. »Wer hier umfällt, liegt auf dem Fußboden«, flüsterte mein Patenonkel mir zu, »halte dich an mein Rezept.« Das erste Glas wurde auf die Gesundheit des Königs getrunken. Ihm folgte sogleich ein zweites, mit dem die Gastgeber auf mein Wohl anstießen; in diesen beiden Fällen war es unvermeidlich, das Glas auf einen Zug zu leeren. Danach besichtigten wir die Lagerräume. Die Méritos exportierten ihren Sherry hauptsächlich nach Großbritannien und in das britische Empire. Sie waren aber nicht nur durch Handelsbeziehungen, sondern auch durch Blutsbande mit den britischen Inseln und vor allem mit Irland verbunden. Nach dem Untergang der spanischen Armada hatten sich viele an den irischen Küsten gestrandete Spanier dort niedergelassen, und aus irischem und andalusischem Blut war eine eigenartige und anziehende Rassenmischung entstanden, die hauptsächlich den Reiz der Frauen begründete.

Da mein Patenonkel zu einer Flottenbesichtigung nach Cadiz mußte, ließ er mich für eine Woche als Gast der Familie Mérito zurück. »Liefern Sie mir ihn lebend wieder ab«, sagte er scherzend, doch offenbar nicht ohne ernste Ursache. Die Weinprobe dauerte an, Gäste kamen, die Fröhlichkeit schien sich über den ganzen Ort zu verbreiten, ein Mekka des Weines, in dem alles die Nacht im Freien verbrachte und die Luft mit Gesang, Rufen und Gitarreklängen erfüllte. Ich hielt meine erste Rede auf spanisch, dankte den Méritos für ihre Gastfreundschaft und brachte einen Trinkspruch auf König Alfons und seine Familie aus.

Noch einmal bin ich Gast der Méritos gewesen: in der alten Kalifenstadt Cordoba, wohin wir durch die malerischen Berge von Granada fuhren. Die Méritos hatten dort ihren Hauptwohnsitz, besaßen aber außerdem noch ein altes, mit modernstem Komfort ausgestattetes Schloß in der Sierra Morena. Gegen die Betrachtung notorischer Sehenswürdigkeiten habe ich immer eine gelinde Abneigung gehabt. Die Zeugen des Lebens, ein Mann bei der Arbeit, in der Kneipe oder beim Müßiggang, haben mich stets mehr angezogen als die Zeugen der Vergangenheit, Schlösser, Kirchen, Denkmäler. Wenn mich einmal trotzdem eine solche Begegnung erregt, ist es ein desto wertvolleres Erlebnis. So erging es mir vor der Kathedrale von Cordoba. Von den über tausend Säulen der einstigen maurischen Moschee »Mezquita« stehen noch neunhundert wie ein versteinerter Wald; der Rest ist im sechzehnten Jahrhundert dem Einbau einer Chorkapelle gewichen, die, ein Meisterwerk spanischer Renaissance, in der alten arabischen Moschee das Eigenleben einer neuen christlichen Kirche führt. Kaiser Karl V. soll zu den Baumeistern gesagt haben: »Ihr habt etwas gebaut, was man überall bauen kann, und ihr habt etwas zerstört, was es nur ein einziges Mal gab.«

Mit der königlichen Familie kam ich zurück nach Madrid. Zum Empfang waren auf dem Bahnhof der Erzbischof und das gesamte Kabinett erschienen. Eine Ehrenwache präsentierte unter den Klängen des »Marcha Real«, der spanischen Nationalhymne, die, wie ich von König Alfons erfuhr, eine Karl III. von Spanien gewidmete Komposition Friedrichs des Großen ist. Die beiden Herrscher hatten hohe Achtung füreinander, lernten sich aber nie persönlich kennen; Karl III. regierte in Spanien fast dreißig Jahre lang im gleichen freiheitlichen Sinne eines aufgeklärten, staatsdienerischen Absolutismus wie Friedrich der Große in Preußen.

Nach Verlassen des Zuges ging jedes Mitglied der königlichen Familie, auch der König und die Königin, auf den Erzbischof zu und küßte seinen Ring. Einen fürchterlichen Augenblick lang wußte ich nicht, ob ich ihrem Beispiel folgen sollte oder nicht. Ich entschied mich, auf einem so offiziellen Schauplatz, wie es der Bahnsteig war, als Protestant zu handeln, und so machte ich vor der ehrwürdigen Gestalt lediglich eine respektvolle Verbeugung.

Bald darauf sah ich einen dritten kirchlichen Würdenträger. Der König wollte, damit ich mehr von der Landschaft hätte, daß ich mit dem Auto nach Bilbao führe, von wo aus ich mit meiner Mutter und meinem Bruder die Heimreise antreten sollte. So hatte ich in Burgos zu übernachten. Der Erzbischof, Kardinal Benlloch, war nicht nur Beichtvater der königlichen Familie, sondern auch ein wirklicher Freund und Berater meines Patenonkels, der mir einen Besuch bei dem Kirchenfürsten dringend empfahl. Ich mußte frühmorgens noch zum König ans Bett kommen, um ihm auf Wiedersehen zu sagen. Diese einfache Geste herzlicher Zuneigung, mit der er auch die letzten konventionellen Hemmungen, falls sie noch bestanden hatten, beiseite schob, rührte mich tief.

Der Erzbischof von Burgos war von überraschend großer Gestalt. Er schüttelte mir kräftig die Hand und ließ mir nicht die geringste Möglichkeit, seinen Ring zu küssen. Wahrscheinlich hatte ihn Obregón diplomatisch auf die Schwierigkeit aufmerksam gemacht. Benlloch war weit in der Welt herumgekommen, hauptsächlich in Südamerika, wo er den König in einer besonderen Mission vertreten hatte. Zu Obregóns Entsetzen schwelgte er in Erzählungen von so weltlichen Dingen wie Stierkämpfen und schönen Frauen. Nicht mit einem Worte erwähnte er sein hohes Amt und seine wichtige Rolle eines der ersten Repräsentanten der spanischen Kirche. Wir kamen so ausgezeichnet miteinander aus, daß Seine Eminenz mich einlud, bei ihm im Palast und nicht im Hotel zu übernachten. Erst am nächsten Morgen wurde ich durch die Kathedrale von Burgos geführt, eines der reifsten Werke gotischer Architektur. Der Abschied vom Kardinal war überwältigend herzlich und endete mit einer spanischen Umarmung, von der Obregón sagte, daß sie nicht der Etikette entspreche. Wenn nichts anderes, so hätte mich diese Mißbilligung veranlaßt, herzhaft das Lob des Erzbischofs von Burgos zu singen.

Nach kurzen Aufenthalten in Bilbao und in San Sebastián — manches in dieser bergigen und gewerbefleißigen Gegend mit ihren schmucken, sauberen Dörfern erinnerte mich an das südliche Bayern — brachte in Portugalete die Barkasse mich an Bord der »Sierra Morena« des Norddeutschen Lloyd, die schon im Hafen vor Anker lag. Meine Spanienbegeisterung hatte einen solchen Grad erreicht, daß ich kaum noch ein Wort Deutsch sprach. Die Reisegesellschaft meiner Mutter stellte mir den Kapitän Paul Nauer mit dem Bemerken vor, er sei Argentinier von Geburt. Erfreut unterhielt ich mich mit Señor Nauer. Nach zwei Tagen sagte er mir auf spanisch, daß seine Wiege in München gestanden habe.

7. Kapitel

UNIVERSITÄTSJAHRE

An einem jener lichten Maitage, die vielleicht in Berlin am schönsten sind, betrat ich zum ersten Male die Berliner Universität. Den edel-einfachen Bau des preußischen Klassizismus, von Johannes Boumann als Palais des Prinzen Heinrich geschaffen, kannte ich seit meiner Kindheit: vom Kronprinzenpalais sah man ihn über den Kaiser-Franz-Josef-Platz hinweg.

Obwohl ich noch keinen Beruf gewählt hatte, war es mein Ehrgeiz, einen akademischen Grad zu erwerben und statt erblicher Privilegien die persönliche Leistung zum Maßstab meiner künftigen Existenz zu machen. Offizier, Beamter — das schied für mich aus. Von meinen eigenen Neigungen und Abneigungen abgesehen, waren uns diese Laufbahnen ohnehin versperrt. Welche Rolle das politische Mißtrauen spielte, zeigte sich deutlich bei dem sogenannten Seeckt-Zwischenfall. Im Sommer 1926 nahm mein Bruder Wilhelm mit Wissen des Generalobersten von Seeckt, des Chefs der Reichswehr, als Zuschauer an den Manövern teil. Daraus entstand eine Anfrage im Reichstag. Der Reichswehrminister Geßler erkundigte sich bei Generaloberst von Seeckt. Dieser antwortete, er habe persönlich die Erlaubnis gegeben und übernehme dafür die volle Verantwortung. Schließlich führte die Kontroverse, die sich daraufhin zwischen ihm und Geßler entwickelte, unter allseitigem politischem Getöse zu seinem Rücktritt.

Auch unter Hitler durfte mein Bruder Wilhelm im übrigen nicht aktiver Offizier werden; hier verhinderte die Furcht, was vorher die Engherzigkeit verhindert hatte. Wilhelm starb dann im zweiten Weltkrieg als Oberleutnant der Reserve an den in Frankreich bei einem tapferen, todesmutigen Angriff erlittenen Verwundungen.

Ursprünglich hatte ich einmal zur Handelsmarine gewollt. Meine Mutter hatte sich bei ihren Freunden vom Norddeutschen Lloyd erkundigt, aber die Herren hatten gemeint, auf die Dauer werde mich die Seemannskarriere nicht befriedigen. Sie rieten mir zum volkswirtschaftlichen Studium; nachher würde ich so viel von der Welt sehen können, wie ich immer wollte. Das hatte mich überzeugt. Ich war meiner Mutter dankbar, daß sie nicht gleich meinen Plan zurückwies, sondern mich selbst das mir Zusagende suchen ließ.

Stolz ließ ich »stud. rer. pol.« auf meine Visitenkarte drucken. Nach einer Beratung mit meinem früheren Lehrer Richard Kienast, der inzwischen selbst an der Berliner Universität promoviert hatte, entstand ein imposantes Studienprogramm mit juristischen und wirtschaftspolitischen Vorlesungen: vierzig Stunden die Woche bei den angesehensten Dozenten wie Schumacher, Herkner, Wolff, Kaskel, Smend. Von Anfang an ging ich gewissenhaft zu jeder Vorlesung. Ich verbrachte das ganze erste Sommersemester in den Mauern der Universität, während draußen die Sonne schien und die Vögel sangen. Spätabends kehrte ich nach Potsdam zurück, und frühmorgens brach ich schon wieder auf, um zur ersten Vorlesung um neun zurechtzukommen: ein freier Student, der von der Freiheit wenig Gebrauch machte. Erst allmählich fand ich, daß die juristischen Vorlesungen mich weniger fesselten und daß ich mir überhaupt etwas zuviel vorgenommen hatte.

Eines Tages fragte mich mein alter Freund Valdivia, ob ich den Professor Ludwig Bernhard kennte. Ich verneinte. »Er liest in diesem Semester nicht«, sagte Valdivia, »aber er hat allwöchentlich eine Sprechstunde im Staatswissenschaftlichen Seminar. Wir werden ihn besuchen.«

Ludwig Bernhard war Anfang Fünfzig und sah ganz und gar nicht wie ein typischer Professor aus. Er machte den Eindruck eines Mannes von Welt, der in den ersten Hotels von Paris oder London heimisch ist. Groß und schlank, hatte er ein hageres Gesicht, dunkles, hochgebürstetes Haar und blaue Augen, die vor Lebensfreude strahlten. Ein Hauch ewiger Jugend war um ihn, den Abgott seiner Studenten.

Nachdem er einen Blick auf die dicht gefüllten Seiten meines Testierbuches geworfen hatte, rief er aus: »Um Himmels willen, Prinz Louis Ferdinand, das ist ja das Pensum für einen Studenten im siebten oder achten Semester, der ins Examen steigen will! Wenn Sie so weitermachen, bleibt Ihnen später rein gar nichts mehr zu lernen. Mein Rat sieht so aus —«

Damit ergriff er einen Rotstift und machte einen großen Strich durch meine lange Liste. Nur ein Beethoven-Kolleg von Professor Friedländer und eines von Eduard Spranger über die Geschichtsphilosophie ließ er stehen. Er weidete sich an meinem Entsetzen, das ein wenig mit verletztem Stolz gemischt war, und fuhr fort: »Sie sind noch sehr jung, warum wollen Sie das Leben nicht ein bißchen genießen? Schlagen Sie sich zunächst einmal den Doktortitel, auf den Sie so versessen sind, ganz aus dem Sinn. Dafür bleibt noch genug Zeit. Eine Universität ist keine ›Presse‹. Hören Sie Geschichte, Philosophie, Musik oder sonst ein Lieblingsgebiet. Wenn Sie wollen, kommen Sie in ein oder zwei Jahren wieder zu mir, dann können wir weitersehen.«

»Na, was sagen Sie zu ihm?« fragte Valdivia, als wir draußen waren.

»Seine Methode erscheint mir etwas radikal«, erwiderte ich immer noch fassungslos, »aber — ich möchte bei ihm promovieren.«

»Dazu kann ich Ihnen nur gratulieren«, entgegnete Valdivia.

Im August 1925 machten meine Eltern eine Reise nach Ostpreußen. Sie waren nicht mehr dort gewesen, seitdem der Versailler Vertrag diese Provinz vom übrigen Deutschland abgetrennt hatte. Die ostpreußische Bevölkerung hielt treu zu unserer Familie. Herr von Berg, der Nachfolger Graf Eulenburgs, des letzten königlichen Hausministers, stammte ebenso wie sein Vorgänger aus Ostpreußen. Er hatte die Reise empfohlen; Wilhelm und ich sollten die Eltern begleiten. Wir fuhren mit dem Dampfer »Odin« von Stettin nach Pillau. Es war die ärgste Überfahrt meines ganzen Lebens — die Ostsee kann mit ihren kurzen Wellen schlimmer sein als die großen Ozeane. Einzig mein Vater wurde nicht seekrank, und er neckte uns noch lange, weil wir uns auf unsere Seefestigkeit so viel zugute getan hatten.

Wir besuchten eine ganze Reihe der bedeutendsten Großgrundbesitzer wie die Eulenburgs, Dönhoffs, Dohnas. Ich hatte gegen die sogenannten Junker die Vorurteile, die man im allgemeinen gegen sie hegt. Nun erwiesen sie sich mir als hochgebildet und weit gereist; manche ihrer Häuser waren mit erlesenem Geschmack gebaut und eingerichtet. In Königsberg, meiner Vorfahren Krönungsstadt, jubelten große Menschenmengen meinen Eltern zu. Mehr und mehr fühlte ich mich zu den Leuten hingezogen, deren ganze Art mir behagte. Der Gedanke, daß das anmutige Land für Deutschland verloren sein sollte, ist mir wie allen Deutschen unerträglich.

So angenehm diese Reise war, so hatte sie für mich eine ungünstige Wirkung. Viele unserer ostpreußischen Gastgeber waren ebenso wie mein Großvater und mein Vater als Studenten bei den Bonner Borussen aktiv gewesen. Sowohl die älteren wie Herr von Berg als auch die jüngeren, die noch vor kurzem in Bonn studiert hatten, überredeten meine Eltern, Wilhelm und mich in dieses traditionelle Korps zu schicken. Es war nicht so leicht gewesen, meinen Vater dazu zu bringen, denn er hatte sich in Bonn nicht uneingeschränkt der Disziplin des Korps unterworfen, vor allem nicht den ausschweifenden Trinksitten; auch hatte weder mein Vater noch mein Großvater je Mensuren geschlagen. Die Befürworter erklärten meinen Eltern, die Verbindung ersetze das Offizierkorps und seine Disziplin; sie führten auch den kameradschaftlichen Geist und die Möglichkeit, neue Beziehungen anzuknüpfen, ins Treffen. Mir erschien das so altmodisch, daß ich den Plan zunächst gar nicht ernst nahm. Immerhin war beschlossen worden, daß Wilhelm und ich im kommenden Sommersemester nach Bonn gehen sollten. Das waren noch zehn Monate. Ich hoffte, bis dahin würde alles vergessen sein.

Im Wintersemester ging ich fast jeden Abend ins Theater oder in ein Konzert, ich pflegte eine ausgedehnte Geselligkeit mit Valdivia und allen seinen Freunden, die mittlerweile auch meine Freunde geworden waren. Von morgens bis abends war ich in Berlin auf den Beinen, voller Bewunderung und Liebe für diese Stadt. Potsdam sah mich nur noch zum Übernachten. Doch mit jedem Monat schrumpfte meine Hoffnung, daß das Bonner Projekt sich zerschlagen würde. In den Frühjahrsferien 1926 in Oels teilten mir meine Eltern ihre endgültige Entscheidung mit.

Gegen Bonn und einen Wechsel der Atmosphäre hatte ich gar nichts, doch der Gedanke an das Korps war mir um so unerträglicher, als wir, anders als mein Vater, alles mitmachen sollten, Kneipereien wie Fechten. Daß ich mir womöglich mein Gesicht für den Rest meines Lebens durch Schmisse verunstalten lassen sollte, erfüllte mich geradezu mit Wut. Ich wollte wissen, ob auch mein Großvater dem Mensurenschlagen in unserem Falle zugestimmt habe; Herr von Berg habe die Erlaubnis des Kaisers eingeholt, hieß es. Alle meine Gegengründe waren in den Wind geredet, und es kam mir nicht in den Sinn, mich meinen Eltern zu widersetzen, die es ja schließlich gut mit mir meinten.

Kurz vor meiner Abreise nach Bonn stellte mir Valdivia einen Argentinier namens Dr. Enrique Telémaco Susini vor. »Dieser Mann wird Ihnen eine Reise nach Argentinien verschaffen«, sagte er lächelnd. Susini war Arzt, Kehlkopfspezialist, aber sein Hauptinteresse galt der Musik und dem Theater. Er war mehrere Jahre in Wien gewesen und sprach fließend Deutsch. »Sie brauchen bloß hinzufahren«, sagte er, »das übrige werde ich besorgen. Ihre Herbstferien genügen gerade für eine hübsche Rundreise.« Valdivia meinte, ich solle meinen Eltern zu Gefallen nach Bonn gehen, dann erlaubten sie mir vielleicht die Argentinienreise. Meine Mutter, an die ich mich wandte, war in der Tat von dem Projekt sehr angetan. So fuhr ich trotz allem in bester Stimmung nach Bonn.

Ich weiß, daß viele gute Deutsche, Wissenschaftler und Beamte, ihre studentischen Jahre und damit auch ihre Burschenzeit zu den glücklichsten Erinnerungen ihres Lebens zählen. Ich weiß selbstverständlich auch, daß die Korps und zumal die Burschenschaften eine große patriotische und historische Aufgabe erfüllt haben, als sie für liberale Grundsätze und für die deutsche Einheit kämpften. Zudem werden meine Kritiker sagen, daß sich mein Urteil nur auf das erste, das »Fuchsen«-Semester gründet und ich mich wohler gefühlt haben würde, wenn ich, wie mein Bruder Wilhelm, länger dabeigeblieben wäre. Das alles ändert aber nichts an meinem persönlichen Urteil. Das Korps, in das ich eintrat, war hoffnungslos veraltet; die gewiß einmal echte Romantik von Wein, Weib, Gesang war zu einem leeren Betrieb geworden. Verglichen mit dem Klassenhochmut, den ich hier antraf, war Ditfurths Engstirnigkeit geradezu kosmopolitisch und in jeder Hinsicht großzügig.

Meine Kommilitonen, meist Söhne von Großgrundbesitzern aus Mittel- und Ostdeutschland, gehörten sämtlich zum Adel. Es waren nette Jungen darunter, manche musikalisch und intelligent. Obwohl sie einen engeren Gesichtskreis hatten als Wilhelm und ich, erschraken auch die meisten von ihnen über die Anschauungen der älteren Korpsbrüder. Nur zwei oder drei Korps in Bonn gehörten zu unserem Verband, und nur mit deren Mitgliedern durften wir sprechen, nur sie durften wir auf der Straße grüßen. Den jungen »Füchsen« wurde mit dem Gefühl ihrer Nichtigkeit blinder Gehorsam eingeimpft, und diese »Charaktererziehung« kannte nur zwei Methoden, Trinken und Fechten, beides unter der ständigen Aufsicht der älteren Studenten. Nur wenn man vor ihnen bestand, konnte man vollgültiges Mitglied werden und das Burschenband bekommen. Man könnte einen gewissen erzieherischen Wert darin erblicken, daß die physische und geistige Selbstdisziplin gestärkt wird; aber ich denke, das wäre auch auf andere Weise zu erreichen. Was das Trinken betrifft, so genügen wohl zwei oder drei Proben, um zu sehen, wie sich jemand benimmt, wenn er betrunken ist. Zudem ist es ein großer Unterschied, ob man sich freiwillig oder gezwungenermaßen betrinkt. Der Endeffekt ist allerdings der gleiche.

Nach etwa zwei Monaten dieses Lebens wurde ich krank. Ich konsultierte Professor Hirsch, einen bekannten Internisten der Universität. Er konstatierte eine Nierenreizung, verbot mir Alkohol in größeren Mengen und stellte ein kategorisch abgefaßtes Attest über meinen körperlichen Zustand aus. Mir war klar, daß das mein Todesurteil im Korps bedeutete. Der Erste Chargierte, Graf Eulenburg, zuckte verächtlich die Schultern, als ich ihm das Attest vorwies.

»Wenn du glaubst, dich so vor dem Komment drücken zu müssen, kann ich dir nicht helfen«, sagte er.

Ich blieb ihm nichts schuldig. »Wenn euer Komment darauf berechnet ist, einen Menschen gesundheitlich zu ruinieren, dann pfeife ich darauf.«

Mit dem Mensurenschlagen war es schwieriger. Einen ehrenhaften Weg, ihm auszuweichen, gab es nicht; man wäre als Feigling gebrandmarkt worden. Jeder Fuchs mußte mindestens eine Bestimmungsmensur schlagen, um als ordentliches Mitglied des Korps zu gelten. Jeden Morgen und jeden Nachmittag hatten wir Fechtunterricht. Das Fechten an sich fiel mir nicht schwer; vielleicht kam mir mein vom Violinspiel gelockertes Handgelenk zustatten. Die ganze Stadt, in der sich ohnehin alles um die Studenten drehte, war gespannt, wie sich die beiden Hohenzollern bei der Bestimmungsmensur bewähren würden. Mein Gegenpaukant war der Sohn des Oberbürgermeisters von Bamberg, ein netter Kerl, nicht ganz so groß wie ich. Acht Tage vor dem festgesetzten Termin fuhr ich nach Doorn. Mein Großvater wußte zwar schon von der Argentinienreise, hatte aber noch nicht zugestimmt.

»Mein lieber Lulu«, sagte er, »mir ist von verschiedenen Seiten abgeraten worden, dich diese Reise machen zu lassen. Man meint, du seiest noch zu jung, um ohne einen geeigneten Reisebegleiter zu fahren. Ich denke anders darüber. Ich hätte selbst in deinem Alter eine solche Reise machen mögen. Leider kam es nie dazu.«

Wir sprachen über mancherlei Einzelheiten. Der Norddeutsche Lloyd hatte meiner Mutter durch seinen Präsidenten Philipp Heineken, ihren alten Freund, mitgeteilt, daß er mich auf der Fahrt nach Buenos Aires als seinen Gast betrachte. Die Hamburg-Süd bot das gleiche für meine Rückfahrt an. Beiläufig erwähnte ich, daß ich vorher noch meine erste Mensur zu schlagen hätte.

Der Kaiser war wie vom Donner gerührt. Sein Gesicht wurde so blaß, daß ich einige Augenblicke besorgt war.

»Bist du verrückt geworden?« rief er. »Wer hat dir dazu die Erlaubnis gegeben?«

Jetzt war es an mir, mich zu wundern: »Herr von Berg sagte mir doch, du wüßtest davon und hättest es erlaubt.«

»Kein Mensch hat mir etwas davon gesagt! Ich hätte es nie erlaubt, und ich werde es nie erlauben! Sie haben mich einfach übergangen!«

Seine Augen blitzten. Ich sah, daß ich ohne die leiseste Absicht etwas Furchtbares angerichtet hatte, und ich bat meinen Großvater, mich wenigstens diese eine Mensur schlagen zu lassen, weil sonst jeder denken würde, ich hätte ihn zu diesem Verbot überredet. Aber er gab nicht nach. »Sage ihnen, das sei gegen die Tradition der Hohenzollern. Was andere meinen, ist mir gleichgültig. Ich kann dich nicht mit Schmissen im Gesicht nach Südamerika reisen lassen.«

Als ich den Grafen Eulenburg von der Entscheidung meines Großvaters unterrichtete, war er betroffen. Telegramme und Ferngespräche mit Berlin und Oels gingen hin und her. Herr von Berg wurde zu meinem Großvater geschickt und, wie ich später hörte, nicht gerade freundlich empfangen.

Dennoch gelang es ihm, die Einwilligung für eine einzige Mensur zu erlangen. Wilhelm und ich schlugen uns zu allgemeiner Befriedigung. Niemand wurde verwundet. Ich war glücklich und traf meine Reisevorbereitungen.

Die »Madrid« war kein Luxusdampfer, sondern ein Auswandererschiff und bis auf den letzten Platz gefüllt. So kam ich in unmittelbare Berührung mit einem Problem, das ich später in meiner Doktorarbeit wissenschaftlich behandeln sollte. Der Anschauungsunterricht, den ich erhielt, war drastisch. Das Schiff war so überfüllt, daß die Mahlzeiten in drei Schichten eingenommen werden mußten. Das enge Beieinander und die buntscheckige Mischung der Passagiere verursachten Spannungen, Eifersüchteleien und Liebestragödien, die sich mitunter gewaltsam und sogar blutig entluden.

Vier Wochen sollte die Fahrt von Bremerhaven nach Buenos Aires dauern. Die »Madrid« lief etliche kleinere Häfen an der nordspanischen und portugiesischen Küste an, darunter auch Villagarcía, den Heimatort des damaligen Finanzministers Calvo Sotelo, eines der stärksten Männer im Regime von Primo de Rivera. Seine Ermordung gab später praktisch den Anstoß zum spanischen Bürgerkrieg. Calvo Sotelo kam in Villagarcia für eine Küstenstrecke an Bord. Da unser wackerer Kapitän Block schon von seiner Muttersprache nur wenig Gebrauch machte, war er vor einer fremden so hilflos, daß ich dolmetschen mußte.

Auf dem letzten Drittel der Reise, die über Oporto, Lissabon und Madeira nach Rio de Janeiro ging, lag ich mit Fieber in meiner Koje. Der wortkarge Kapitän verabfolgte mir mehrmals am Tage Whisky, den er anscheinend für eine Universalmedizin hielt. Aber erst in Buenos Aires war ich so weit wiederhergestellt, daß ich mich der ersten Begegnung mit dem amerikanischen Kontinent gewachsen fühlte. Sie war für einen kleinen Berliner Studenten wie mich geradezu ein Zusammenprall: Europa weit hinter mir, kein Ditfurth, kein Obregón, zum ersten Male völlig auf mich selbst gestellt, und noch dazu in einem fremden Erdteil.

Mein einziger Bekannter auf dieser Hälfte des Erdballs war Dr. Susini, mächtig nicht nur durch seine Körperfülle, sondern auch durch seine Persönlichkeit. Im Handumdrehen verschaffte er mir in zahlreichen Häusern von Buenos Aires Zutritt und führte mich sogar beim Präsidenten Marcelo T. de Alvear ein, der im Gegensatz zu seinem Vorgänger Irigoyen nicht gerade als Deutschenfreund galt, jedenfalls weitaus stärkere Sympathien für Frankreich hatte. Susini erreichte es, daß er mich zu einer Abendgesellschaft in sein Privathaus einlud. Seine Gattin, eine ehemals berühmte italienische Opernsängerin, sang zur Überraschung der Gäste einige Arien und Lieder. Da sie es seit ihrem Abschied von der Opernbühne nicht mehr getan hatte, deutete man es allgemein als eine Sympathiegeste des Präsidentenpaares für mich. Durch diesen Vorfall und die Art, wie die Presse ihn aufgriff, bekam mein Besuch einen unbeabsichtigten, beinahe offiziösen Charakter. Nachdem dann bei einem Rennen um den Gran Premio Nacional, einem der größten gesellschaftlichen Ereignisse von Buenos Aires, die Argentinier meine Loge schwarzweißrot ausgeschmückt hatten, wurde ich auch von meinen bis dahin zaghaften Landsleuten eingeladen.

Oberst Faupel, damals Instrukteur an der Militärakademie von Buenos Aires, wollte mich zu einem Besuch dieser Militärschule bewegen. Einige Male konnte ich am Telephon Ausflüchte machen und andere Verpflichtungen vorschützen, doch schließlich erschien der Oberst im Hause eines Freundes, bei dem ich wohnte, und appellierte mit bewegten Worten an meinen Sinn für die Traditionen meines Hauses und Landes. So fügte ich mich und fuhr mit ihm zur Militärakademie auf dem Campo de Mayo. Der Tag war herrlich, weniger wegen der militärischen Besichtigungen als wegen der herzlichen Aufnahme und Bewirtung. Mein Gastgeber war der Generalinspekteur der argentinischen Armee, General Don José de Uriburu. Ich ahnte an diesem Tage nicht, daß ich drei Jahre später Zeuge der Revolution werden sollte, durch die er sich an die Spitze der Regierung setzte.

Uriburu war ein bezaubernder »Caballero«. Er hatte mehrere Jahre unter meinem Großvater als Austauschoffizier im preußischen Heere gedient, sprach mit höchster Achtung von dieser Zeit und betonte, daß er seine militärischen Kenntnisse hauptsächlich in Potsdam und in anderen deutschen Garnisonen erworben habe. Mit meinen achtzehn Jahren wenig diplomatisch, beging ich die Ungeschicklichkeit, aus meiner Gleichgültigkeit gegen Militärisches kein Hehl zu machen; glücklicherweise schien General Uriburu die schockierenden Äußerungen meiner jugendlichen

Unbesonnenheit zugute zu halten. Oberst Faupel, der mich begleitete, sprach zwar ein grammatikalisch einwandfreies, doch in der Aussprache so unmögliches Spanisch, daß er den Ohren seiner argentinischen Rekruten wahre Qualen bereitet haben muß. Vielleicht war dies ein Grund dafür, daß er später durch General Kretschmar ersetzt wurde. Der sprach zwar Spanisch mit sächsischem Akzent, aber das war merkwürdigerweise für argentinische Ohren erträglicher. Als ich Faupel nach drei Jahren auf meiner zweiten Südamerikareise wiedersah, war er General und bekleidete den höchsten militärischen Posten in Peru.

Weil ich dem Ansturm der argentinischen Gastfreundschaft kaum noch gewachsen war, ermunterte mich Dr. Susini zu einem Abstecher in die nordöstlichste Ecke des Landes, nach Misiones. In diesem Gebiet, das, wie der Name anzeigt, ursprünglich von Missionaren des Jesuiten-Ordens kolonisiert worden war, aber wieder ein Jahrhundert brachgelegen hatte, befand sich nicht nur eine der unerläßlichen Sehenswürdigkeiten des Landes, der Iguazu-Wasserfall, sondern auch die Einwanderersiedlung Eldorado. Streckenweise wurde der Zug der Nordost-Eisenbahnlinie, die Buenos Aires mit Asunción, der Hauptstadt von Paraguay, verbindet, auf einer Flußfähre über das riesige Delta des Paraná übergesetzt. So gelangte man in die Provinz Entreríos, die ihren Namen der Lage zwischen den beiden großen Flüssen Paraná und Uruguay verdankt und auch das argentinische Mesopotamien genannt wird.

Einen vollen Tag durchfuhr ich diese Provinz, eine der fruchtbarsten des Landes. Darauf folgte die Provinz Corrientes, weniger fruchtbar und weniger dicht bevölkert; ich beobachtete große Straußenherden, die sich nicht im geringsten durch den vorbeifahrenden Zug beirren ließen. In Posadas endlich am oberen Paraná, vertauschte ich den Zug mit einem Flußboot der Mihanovitch Companie. Der alte Mihanovitch stammte aus Bosnien oder Kroatien; er hatte einst mit einem kleinen Ruderboot im Hafen von Buenos Aires angefangen und es bald zu Millionenreichtum gebracht. Aber das Ding, auf dem wir nun flußaufwärts fuhren, war kaum ein Dampfer zu nennen. Jedesmal, wenn Susini sich mit seinen zwei Zentnern über die Reling lehnte, mußte man befürchten, das Schiff werde kentern.

In dieser Flußlandschaft fand ich die Atmosphäre ganz von dem melodischen Klang der Guaranísprache bestimmt, die neben dem Spanischen von der Hauptbevölkerung von Misiones und Paraguay gesprochen wird. Meist waren es Arbeiter auf den großen Pflanzungen und in den Urwäldern, und gewöhnlich vertranken sie schon am ersten Tage ihren Monatslohn, den sie nach dortigem Brauche im voraus erhielten; dadurch waren sie ihren Brotgebern immerfort verschuldet und auf den Stand moderner Sklaven gesunken. Im Alkoholrausch waren sie zu allem fähig, und man mußte sich hüten, ihren ausgeprägten Stolz zu verletzen. Drei Jahre später ereignete es sich, daß der Kapitän, mit dem ich stromaufwärts gefahren war, mit durchschnittener Kehle in seiner Kabine aufgefunden wurde. Darauf kam es zu einem ernsten und blutigen Streik des gesamten Schiffpersonals auf dem oberen Paraná.

Bei Posadas ist der Fluß, der die Grenze zwischen Argentinien und Paraguay bildet, drei Kilometer breit. Dann treten die Ufer mit dichten Wäldern näher zusammen, die Anlegestellen, zwischen denen der Dampfer sich hin und her bewegt, sind nur noch kleine Lichtungen im Dschungel, und die langsame Flußfahrt bekommt, zumal bei Nacht, etwas Unheimliches. Am dritten Nachmittag erreichten wir Puerto Eldorado.

Don Adolfo Schwelm, der Beherrscher der Siedlung, war eine bemerkenswerte, geheimnisumwitterte Persönlichkeit. Manche behaupteten, sein Vater sei der Sekretär des alten Rothschild gewesen. Jüdischer Abstammung, aber katholisch aufgezogen, teils in Deutschland, teils in England, sprach er fließend Deutsch, Englisch, Spanisch und Französisch. In den letzten zehn Jahren war er Chef einer Tochtergesellschaft der Tornquist-Bank gewesen, die es unternommen hatte, die weiten Gebiete von Misiones namentlich für deutsche Einwanderer zu erschließen. Seit ihrer Gründung war die Kolonie schon auf einige tausend Menschen angewachsen; rund fünfzigtausend Morgen hatte man dem Urwald Schritt für Schritt durch Rodung abgerungen. Im Guten wie im Bösen wurde Schwelm von der Bevölkerung der ungekrönte König von Misiones genannt. Er stand in den Fünfzigern und war mit einer zwanzig Jahre jüngeren Argentinierin verheiratet.

»Willkommen«, sagte er in einem dunklen Bariton, als wir vom sandigen Landeplatz zu seinem Bungalow hinaufkletterten. Doña Elena, seine Gattin, war von bestrickendem Liebreiz. Die beiden hatten drei Kinder, zwei Knaben und ein Mädchen. Nach Jahren harten Ringens schien die Siedlung lebensfähig zu sein. Ihr Haupterzeugnis war Yerba Mate, woraus ein bitterer, weithin als Getränk dienender Tee gewonnen wurde. Was Schwelm über sein Leben sagte, zeugte von hoher Kultur und Lebenserfahrung. Er war es, der mir die Anregung zu meiner Doktorarbeit über das argentinische Einwanderungsproblem gab.

Als wir zurückfuhren, nahm uns in einem Hafen des unteren Paraná die Privatjacht des Bankiers Carlos Alfredo Tornquist an Bord. Diesen einflußreichen Mann hatte ich schon in Buenos Aires durch Susini kennengelernt. Als er meine Begeisterung für Argentinien bemerkte, schlug er mir vor, nach Beendigung meines Studiums in seiner Bank zu arbeiten; er versprach, auf seiner nächsten Europareise meine Eltern zu besuchen und ihnen den Plan mundgerecht zu machen. Voll von rauschhaften Eindrücken trat ich an Bord der »Cap Polonio«, des prächtigsten Schiffes der Hamburg-Süd, die Heimreise an. Es war nur schwach besetzt, so daß man mich in einer der Luxuskabinen einquartieren konnte. Tornquist und andere meiner neuen argentinischen Freunde gaben dem Schiff mit ihren Jachten auf dem La Plata das Geleit, über die Toppen geflaggt und mit den schwarzweißroten Farben am Mast. Es bewegte mich tief. Ich hatte mein Herz an die Neue Welt verloren, und auch sie schien mich in ihr Herz geschlossen zu haben. —

Noch von Bord der »Cap Polonio« schrieb ich meinem Großvater einen langen Brief. Ich entwickelte ihm meine Zukunftspläne: ernsthaftes Studium wieder in Berlin, so schnell wie möglich den Doktor machen, nach Südamerika zurückkehren. Am Ende des Briefes erbat ich seine moralische Unterstützung für meinen Austritt aus dem Korps Borussia. Eine Woche später fand ich in Potsdam ein Telegramm vor: »Mit deinen Plänen ganz einverstanden. Großpapa Wilhelm.«

Meine Eltern waren nicht allzu glücklich über meine eigenwillige Entscheidung, aber sie widersetzten sich nicht. Ich fuhr nach Bonn und händigte dem Grafen Eulenburg mein Fuchsenband aus — in den Augen aller farbentragenden Studenten ein großer Affront. Es war unerhört, daß jemand aus dem feudalsten Korps in Deutschland austrat, nur weil er ihm nicht mehr angehören wollte. Eine Welle des Protestes erhob sich, und Herr von Berg sagte mir vorwurfsvoll: »Nach meiner Meinung sind Sie damit für Ihre Familie und die Getreuen Ihres Hauses endgültig verloren.« Als ich meinem Großvater davon erzählte, sagte er: »Geh' nach Berlin, mach' deinen Doktor und kümmere dich um nichts. Wenn dir jemand wegen dieser Sache grob kommt, werde ich ihm auch grob kommen.«

Erleichtert verließ ich Doorn wieder. Meinem Großvater, mit dessen Unterstützung ich meinen Kampf gegen Rückständigkeit gewonnen hatte, war ich in tiefster Seele dankbar. Seine Autorität in Familienangelegenheiten wagte niemand anzutasten, und meine »Rebellion« kam nun meinen jüngeren Brüdern zugute. Niemand machte auch nur den leisesten Versuch, meine Eltern zu überreden, sie in ein Korps zu schicken; Wilhelm, der sein anfängliches Widerstreben überwand und in Bonn und in mehreren anderen Universitätsstädten dem Komment Genüge tat, bemühte sich, soviel an ihm lag, die überalterte Institution der schlagenden Verbindungen zu modernisieren.

Das Wintersemester hatte schon begonnen, als ich nach Berlin zurückkam. Sofort begab ich mich zu Professor Bernhard. Es stellte sich heraus, daß über das argentinische Einwanderungsproblem noch kaum wissenschaftlich gearbeitet worden war. Wir vereinbarten, daß ich auf den Dr. phil. zusteuern sollte, mit Nationalökonomie als Hauptfach und Philosophie und Geschichte als Nebenfächern. In bester Stimmung suchte ich Valdivia auf; leider war er im Begriff, Berlin für immer zu verlassen und in den Ruhestand zu treten. Außerdem hatte er sich, bis dahin Witwer, verlobt, und er mußte seiner zukünftigen Frau zuliebe, die nirgend anders wohnen wollte, nach Spanien zurückkehren. Die Ehe wurde sehr glücklich. Ein- oder zweimal jährlich besuchten die Valdivias Deutschland. Seine zierliche Frau, die er »Filo« rief, war beträchtlich jünger als er. Er vergötterte sie. Sie war hübsch, klug und warmherzig. Kurz vor dem zweiten Weltkriege starb sie, und Valdivia blieb zum zweitenmal als einsamer Witwer zurück. Noch als Einundachtzigjähriger flog er von Madrid nach Cleveland zu einem Brahmsfest, zu dem ihn sein Freund Georg Szell, ehemals Staatsopernkapellmeister in Berlin, eingeladen hatte.

Um die zeitraubenden Fahrten zwischen Potsdam und Berlin zu sparen, mietete ich ein Zimmer bei Graf Platen, mit dessen Kindern wir einst Tanzstunden gehabt hatten, im Prinzessinnenpalais, also fast gegenüber der Universität. Meine Eltern, die sich damit einverstanden erklärt hatten, verließen sich darauf, daß der alte Graf, früher Admiral der kaiserlichen Marine und Hofmarschall, ein wachsames Auge auf den jungen Rebellen haben werde. Graf Platen, dem Hause Hohenzollern immer ergeben und noch als Verwalter unseres Grund- und Kunstbesitzes tätig, spielte wohl mit dem Gedanken, eine seiner drei Töchter mit mir zu verheiraten. Armgard, Marie Gabrielle und Elisabeth, der Reihe nach ungefähr gleichaltrig mit Wilhelm, mir und meinem jüngeren Bruder Hubertus, waren sämtlich recht anziehend, musikalisch begabt und vor allem ebenbürtig. Dieser letzte Umstand dünkte den alten Platen wesentlich, der sehr adelsstolz und sozusagen ein wandelnder Gothascher Hofkalender war. Die Platens waren nicht reich, aber gastfreundlich, kultiviert und gesellig. Es verging kaum ein Tag ohne Gäste bei Tisch oder zum Tee und kaum ein Abend, ohne daß eine der Töchter von jemandem zum Theater oder zum Tanzen ausgeführt wurde. Unter denen, die viel im Hause verkehrten, befanden sich Herr und Frau von Ribbentrop, die damals im gesellschaftlichen Leben Berlins recht bekannt waren und in ihrem Dahlemer Haus ihre Gäste reichlich bewirteten. In jenen Tagen sah ich in Ribbentrop einen Mann von internationaler Großzügigkeit, innenpolitisch sogar mit einem leichten linksliberalen Einschlag. Er war ein großer Musikliebhaber und spielte recht gut Geige; mit seinem Namen war ich schon durch meine Klavierlehrerin Else Munding vertraut, die Joachim von Ribbentrop fast von Kindheit an gekannt hatte. Er wiederum kannte viele meiner jüdischen Musikfreunde in Berlin.

Daß mir die neue Umgebung eine Fülle geselliger Ablenkung bot, war gewiß, aber es wäre ein Irrtum anzunehmen, daß es mir Vergnügen bereitete. Bei den Mahlzeiten stellte ich nur ernste Dinge zur Erörterung, und der alte Graf, in anderer Beziehung keineswegs altmodisch, haderte manchmal mit mir über etwas, was ihn für ein Mitglied seiner geliebten Hohenzollernfamilie denn doch zu radikal anmutete. Sie müssen alle meine Ungeselligkeit verwünscht haben. Jeden Morgen nach dem Frühstück, bei dem die anderen sich ihre Erlebnisse vom letzten Abend erzählten, arbeitete ich am Schreibtisch des Grafen, während mein Zimmer aufgeräumt wurde. Wenn gegen zehn Uhr der älteste Platensohn, Student wie ich, mit allen Anzeichen eines Katers zum Vorschein kam, fühlte ich mich ihm ungeheuer überlegen. Ins Theater oder ins Konzert ging ich nur allein oder mit älteren Bekannten. Sogar meine Eltern versuchten, mich für die leichteren Seiten des Lebens zu interessieren; vergeblich. Ich beharrte eigensinnig auf meiner asketischen Art, die ich im Hinblick auf meine wissenschaftlichen Ambitionen für die einzig richtige hielt.

Fast widerstrebend nahm ich eines Tages eine Einladung von Antonio Vargas, dem spanischen Botschaftsattaché, an. Ich konnte nicht gut absagen, weil Pepe Mérito dabei war, mein Gastgeber aus Jerez und Cordoba. Um acht sollte ich mich mit ihnen im Restaurant Forster in der Motzstraße treffen. Selten verkehrte ich in so feinen Lokalen, meist bevorzugte ich Plätze, wo man für eine Mark oder noch weniger essen konnte. Bevor ich hinging, war ich von fünf bis sieben bei Professor Max Dessoir in seinem Philosophischen Seminar. Er behandelte dort die Philosophie des achtzehnten und neunzehnten Jahrhunderts, und das augenblickliche Thema war Kants kategorischer Imperativ. Dessoir, selbst ein Lebenskünstler, lange den Ruf des bestangezogenen Professors der Berliner Universität genießend, jetzt, Anfang 1927, unmittelbar vor dem sechzigsten Geburtstag stehend, interessierte sich für das Privatleben seiner Studenten. Da ich meinen »Stresemann« angezogen hatte mit steifem weißem Kragen, fragte er: »Gehen Sie zu einer Hochzeit oder zu einem Begräbnis? Oder wollen Sie durch diese feierliche Kleidung dem Philosophen von Königsberg Ihre Achtung erweisen?« Er war bekannt für seine sarkastischen Bemerkungen. Als er hörte, daß ich einen Abend mit spanischen Freunden vor mir hatte, warnte er mich. »Bei einer Herrengesellschaft«, sagte er, »wird das nicht bleiben, ich kenne doch meine spanischen Diplomaten, Prinz Louis Ferdinand. Verlieben Sie sich nicht in eine der jungen Damen. Vargas hat in der Beziehung einen guten Geschmack.«

»Sie können ganz ruhig sein, Herr Professor«, war meine schnelle Antwort.

Das Restaurant Forster war in einem recht unauffälligen Hause untergebracht. Es bestand aus einem einzigen mittelgroßen Raum; die Beleuchtung war gedämpft. Ein Herr, der sich als der Eigentümer vorstellte, führte mich an einen reservierten Ecktisch mit fünf Plätzen. Vielleicht hat Professor Dessoir doch recht, dachte ich, als ich mich setzte. »Herr Vargas und seine Freunde werden gleich hier sein«, tröstete der Inhaber. Ich blickte verstohlen zu den anderen Gästen hin. Sie waren alle außerordentlich elegant. Ein dicker Geiger, diskret von einem Pianisten begleitet, spielte flotte Zigeunerweisen. »Monsieur Boulanger, sehr berühmt«, wurde mir rasch zugeflüstert.

Endlich erschienen Antonio Vargas und Pepe Mérito — mit zwei jungen Damen. Sie entschuldigten sich wegen der Verspätung; die Damen hätten sie warten lassen. Dann wurde ich vorgestellt. »Und dies hier ist Mademoiselle Lily Damita, der große französische Filmstar«, sagte Vargas.

Sie gab mir mit einem liebenswürdigen Lächeln die Hand und sah mich voll an. Die braunen Augen und das blonde Haar machten sie anziehend.

Mehrere Kellner bemühten sich um uns, servierten delikate Vorspeisen und gossen Sekt ein.

»Na, was haben Sie denn heute studiert, Prinz Louis?« fragte Vargas etwas gönnerhaft.

»Ich glaube kaum, daß das Thema unseres heutigen Seminars Sie interessiert«, entgegnete ich, »aber mir scheint, daß unsere Philosophieprofessoren wirklich die Gabe des zweiten Gesichtes haben.«

»Wieso das?«

Ich erzählte von Professor Dessoirs Prophezeiung.

»Nun sind Sie wohl sehr enttäuscht, Prinz«, sagte Lily Damita in bestem Spanisch, nur mit einem leichten portugiesischen Akzent.

»Dessen bin ich keineswegs sicher, Señorita«, erwiderte ich und verstummte dann.

Sie saß mir gegenüber. Anders als ihre Begleiterin gab sie sich völlig natürlich, und in der Unterhaltung zeigte sich, daß sie nicht nur Temperament, sondern auch klare persönliche Ansichten hatte. Bald sprach ich nur noch mit ihr und vergaß alles um uns herum. Sie war portugiesischer Abstammung, jedoch in Frankreich aufgewachsen. Den Namen Damita, der im Spanischen soviel wie »Kleine Dame« bedeutet, hatte König Alfons für sie gefunden, als er sie in ihrer Kindheit in Deauville gesehen hatte.

Wir waren jetzt die einzigen Gäste im Lokal. Boulanger kam an unseren Tisch und spielte uns süß klagende Zigeunerlieder vor. Er stellte zwei Gläser mit Sekt auf die Rückseite seiner Geige und sah uns an. »Nur so sollte man auf jemandes Gesundheit trinken«, sagte er. »So haben wir's in Sankt Petersburg in den guten Tagen des alten Rußland gemacht.«

Eine Träne rann ihm über das dicke Gesicht. Er war halb Rumäne, halb Russe.

Als wir uns voneinander verabschiedet hatten und ich allein den Heimweg antrat, spürte ich deutlich, daß ich gerade das getan hatte, wovor Professor Dessoir mich scherzend gewarnt hatte: ich hatte mich auf den ersten Blick verliebt. Heute habe ich leicht sagen, daß es die Neigung eines ebenso unerfahrenen wie romantischen jungen Mannes war. Damals interessierte mich nur die Frage, ob Lily Damita mich lieben würde. Sie war die erste Frau, für die ich eine solche Empfindung hegte.

Ich fing an, auf mein Äußeres zu achten. Ich zog mich sorgfältiger an. Ich ließ mir öfter die Haare schneiden und mir — zum ersten Male in meinem Leben — die Nägel maniküren. Lily war bestrebt, mich den Wolken zu entreißen und mir die Augen für die Wirklichkeiten des Lebens zu öffnen. Manchmal schien mir, daß sie für mich eher wie eine ältere Schwester als wie eine Liebende und Geliebte fühlte. Sie lobte meinen wissenschaftlichen Ehrgeiz, sie bewunderte ihn sogar ein bißchen. Aber ohne meinen Stolz zu verletzen, ohne mir alle Illusionen zu rauben, ließ sie mich merken, daß es im Leben außer Büchern und klassischer Musik noch andere Dinge gab, die ich bisher gänzlich vernachlässigt hatte. Wir gingen entweder mit Vargas oder auch allein ins Kino. Ich besuchte sie im Atelier in Tempelhof bei ihren Aufnahmen zu einem neuen Film. Sie riet mir, mehr Sport zu treiben, damit ich gesünder und männlicher aussähe und nicht wie ein Bücherwurm und Stubenhocker. Sie führte mich in Nachtlokale und machte mir Mut, mich mit ihr auf die Tanzfläche zu wagen. Wenn ich ihr in meinen verzweifelten Bemühungen um moderne Tanzschritte auf die Füße trat, lachte sie.

Als sie nach glücklichen Wochen Berlin zu Filmaufnahmen in Spanien und in Frankreich verlassen mußte, versprach sie, im nächsten Winter zurückzukommen. Inzwischen lebte ich nach ihrem Rezept. Ich spielte Tennis, schwamm viel und nahm sogar Boxunterricht. Das Ergebnis dieser plötzlichen körperlichen Anstrengung war eine Herzattacke, die mich über zwei Monate ans Bett fesselte. Während der unfreiwilligen Muße versuchte ich mich in Französisch zu vervollkommnen. In vielen Briefen spendete Lily Damita meinen Fortschritten Lob. Schließlich schrieb ich an meinen Freund Valdivia: ich bat ihn recht inständig, nach Barcelona zu fahren und meine Freundin, über die ich ihm alles Wissenswerte berichtete, zu besuchen.

Über seine Antwort war ich niedergeschlagen. »Sie wissen«, schrieb er, »wenn es sich wirklich um Ihr Lebensglück handelte, würde ich für Sie auf den Mond fahren. Aber eine Augenblickslaune, eine Filmschauspielerin — nein, nicht einmal von San Sebastian nach Barcelona.«

Eines Abends in Cecilienhof zog ich meine Mutter und dann auch meinen Vater ins Vertrauen. Sie waren verständnisvoll und tolerant. Ich versicherte ihnen, es sei nur eine Freundschaft, und der Gedanke an eine Heirat liege mir fern. Ich glaube, mein Vater hatte eine vertrauliche Aussprache mit Lily. Er sagte ihr wohl, er habe nichts dagegen, wenn sie mir eine »menschlichere Lebensart« beibringe, aber wenn sie sich eine Heirat in den Kopf setze, komme er für nichts auf.

Meinem Philosophieprofessor Dessoir, den ich in seiner Wohnung besuchte, zeigte ich ein Bild, das von Lily und mir im Tempelhofer Atelier gemacht worden war. Er nahm es anerkennend, aber mit Gleichmut zur Kenntnis.

»An Ihrer Stelle«, meinte er, »würde ich die Psyche nicht strapazieren. Ich würde mich mehr an das Physische halten.«

Seine Gattin wies ihn lächelnd zurecht: »Lieber Max, so persönliche Ratschläge gehören nicht zu den Pflichten eines Philosophieprofessors.«

»Oh«, versetzte mein verehrter Lehrer, »ich habe es auch nur akademisch gemeint. Aber in meinen jüngeren Jahren bin ich ja auch mal Mediziner gewesen.«

In seinem 1946 veröffentlichten »Buch der Erinnerung« hat er mich durch die Mitteilung überrascht, daß er lange Jahre nachher selber Lily Damita in Paris ausführte.

Um mich von meiner Herzattacke zu erholen, ging ich für einige Wochen nach Bad Kreuth als Gast der Herzogin Marie José in Bayern. Sie war eine prächtige alte Dame, eine portugiesische Prinzessin aus dem Hause Braganza, Witwe des berühmten Augenarztes Herzog Karl Theodor in Bayern. Sie hatte etwas von einem Arzt an sich. Schon als Kind hatte man mich einmal zu ihr gebracht, damit ich der Ansteckungsgefahr entging, als meine Brüder Keuchhusten hatten. Seitdem war ich voller Liebe und Bewunderung für Tante Marie José. Die alte Dame bemutterte mich. Ich erschreckte sie, die strenge Katholikin, mit meinen freieren Ansichten oder mit Bemerkungen über die Rückständigkeit eines gewissen Lokalpatriotismus. Dabei wurde ich von dem alten Fürsten Wilhelm von Urach, »Onkel Wilhelm« genannt, unterstützt; er war mit dem Fürsten von Monaco verwandt und sprach ein wundervolles Französisch. Er empfahl mir eine Nachkur an der Riviera, und er wußte dazu eine kleine Pension in San Michele di Pagano, zwischen Santa Marguerita und Rapallo.

Dort verbrachte ich vier geruhsame Wochen. Von meinem Zimmer konnte ich weit über das Mittelmeer sehen. Etwa vierhundert arme Fischer machten die ganze Bevölkerung aus; abends saß ich mit vielen von ihnen in einer Taverne. Sie erzählten mir, daß sie Kommunisten seien und Mussolini haßten, aber das Königshaus Savoyen liebten. Es war die merkwürdigste Art von royalistischem Kommunismus, die mir je vorgekommen ist.

Einer der jungen Fischer hatte eine schöne Singstimme, und ich bildete mir schon ein, einen Caruso entdeckt zu haben. Durch Vermittlung meiner alten Berliner Musikfreundin Luise Wolff schleppte ich ihn zu einem Gesanglehrer in Mailand, jedoch nur um von dem Maestro zu hören, daß es Tausende solcher Stimmen bei jungen Italienern gebe; der junge Mann möge, wenn er nicht verhungern wolle, lieber bei seinem Fischerhandwerk bleiben.

Hier in Mailand hörte ich zum ersten Male Toscanini, als er in der Scala »Fidelio« dirigierte. Um in diese wahrhaft heiligen Hallen überhaupt hineinzukommen, mußte ich mir von dem Kellner meines Hotels einen Frack borgen. Anders wurde man nicht zugelassen. Ich war fast ein bißchen enttäuscht, daß niemand mich für einen wirklichen Kellner hielt.

Im Frühjahr 1928 reiste meine Mutter mit meinen Brüdern Wilhelm und Hubertus nebst Ditfurth nach Italien. Ich sollte mich anschließen, aber es gelang mir, meine Mutter davon zu überzeugen, daß mir an einer üblichen Besichtigungsreise nichts liege. »Du mußt immer deinen eigenen Kopf haben«, seufzte sie. Ich fuhr nach Taormina auf Sizilien, verweilte auf der Rückreise einige Tage in Rom und wurde von Papst Pius XI. empfangen, allerdings nicht in Privataudienz, sondern mit anderen Besuchern zusammen. Wir knieten nieder, als der Papst erschien. Er wechselte mit jedem ein paar Worte und gab ihm seinen Segen; die schlichte Würde der Zeremonie verfehlte nicht ihren Eindruck auf mich.

Lily Damita tauchte noch mehrmals gleich einem Meteor in Berlin auf, bevor sie, auf der Höhe ihrer europäischen Karriere, für immer nach Hollywood ging. Sie arbeitete angestrengt in mehreren Berliner Ateliers. Ihre geringe Freizeit mußte unter verschiedene Bewunderer geteilt werden, die eher in der Lage waren, sie zu bewirten, als ich. Ich konnte bei meinem Monatswechsel nicht in Wettbewerb treten. Gelegentlich lud ich sie in ein Restaurant mit »gut bürgerlicher Küche« ein. Lily gewahrte, daß ich nicht sehr glücklich war.

»Nach einer Weile wirst du besser dran sein als diese reichen Jungen jetzt«, sagte sie. »Wenn die ihr Leben genossen haben, fängst du an. Immerhin solltest du ein Auto haben. Warum willst du nicht deinen Großvater bitten, dir eines zu schenken? Wir können dann nächsten Sommer, wenn ich wieder hier bin, Ausflüge miteinander machen.«

Im Grunde waren es solche und ähnliche Gedanken, die bewirkten, daß ich nicht weniger, eher mehr arbeitete, wenn Lily da war. Ich wollte rasch mein Examen machen, um alsdann »Aktionsfreiheit« zu gewinnen, wie ich es nannte.

Aber die erste Fassung meiner Doktorarbeit gab Professor Bernhard mir zurück.

»Ich habe von Ihnen nicht eine Festschrift zu einem argentinischen Nationalfeiertag verlangt«, sagte er mit plötzlicher Strenge. »Warum entwickeln Sie nicht eine selbständige Einwanderungstheorie und messen sie dann an den argentinischen Verhältnissen? Auf diese Weise könnten Sie zeigen, ob Sie wissenschaftlich denken können, denn das ist es ja, was wir Ihnen an der Universität beizubringen versuchen.«

Nach weiteren zwölf Monaten suchte ich ihn mit einem neuen Manuskript auf. Diesmal war er fast befriedigt: Ich sollte ein Kapitel noch ergänzen, dann wollte er die Arbeit der Fakultät vorlegen. Dennoch wurde es Weihnachten 1928, bis er mich aufforderte, die Arbeit nun in drei Ausfertigungen einzureichen.

Schon in den vorhergehenden Sommerferien war ich nach Doorn in einem neuen Opel-Zweisitzer gefahren.

»Was ist das?« fragte mein Großvater, als ich ankam.

»Der Wagen, den du mir versprochen hast«, erwiderte ich.

Er protestierte: »Aber das sollte doch erst die Belohnung fürs Examen sein!«

»Das mache ich ja im Wintersemester. Ich dachte, daß mir das Auto in diesem schönen Sommer schon zustatten kommen würde, und da habe ich es in Berlin gekauft.«

»Auf die gleiche Weise hat Lulu mir einen Pelzmantel abgelistet«, pflegte mein Großvater hinzuzufügen, wenn er später diese Autogeschichte erzählte. »Falls er so weitermacht, ruiniert er mich.«

Auf der Reise nach Doorn hatte mich ein junger Spanier begleitet, den ich an der Berliner Universität kennengelernt hatte. Er wurde einer meiner besten Freunde; nach Beendigung seiner Berliner Studien trat er in den diplomatischen Dienst seines Landes. Viele Jahre später sollte er noch eine wichtige Rolle als Mittelsmann in der Verschwörung gegen Hitler spielen.

Mit diesem ersten Auto fuhr ich meine beiden Schwestern gern spazieren. Da ich Kinder immer geliebt habe, war mein Verhältnis zu meinen viel jüngeren Schwestern beinahe weniger das eines Bruders als eines Onkels. Es kam hinzu, daß wir ja von früh an die meiste Zeit voneinander getrennt waren, so daß ich meine Schwestern nur bei Besuchen in Oels sah. Als ich in Berlin studierte, war Alexandrine erst zehn, Cecilie acht Jahre alt. Von unseren gemeinsamen Spazierfahrten sprechen sie heute noch als von einem bedeutsamen Kindheitserlebnis, wobei sie mehr als die gewiß willkommene Autofahrt das Interesse des erwachsenen Bruders dankbar empfunden haben mögen.

Wenn ich nach dem Examen nach Südamerika ging, wollte ich auf dem Umweg über die Vereinigten Staaten reisen. Ich bat Professor Bernhard, einen Brief an meinen Großvater zu schreiben, dessen Erlaubnis und finanzielle Unterstützung ich benötigte. Mein Großvater hielt viel von Bernhard; er selbst hatte ihn vor dem ersten Weltkriege an die Berliner Universität berufen.

Das Examen ging glatt vonstatten. Als letzter prüfte mich Max Dessoir in Philosophie. Wir hatten verabredet, das bestandene Examen am Freitag darauf mit einem Doktorschmaus zu feiern. Als er aus der entscheidenden Fakultätssitzung herauskam, während ich draußen wartete, sagte er nur: »Na denn, bis Freitag abend.« Da wußte ich, daß die Schlacht gewonnen war. Professor Bernhard vertraute mir später an, die Fakultät habe mir das Prädikat »magna cum laude« geben wollen. Um aber jeden politischen Verdacht auszuschließen, daß man etwa in der Republik die Hohenzollern begünstige, setzte man das Prädikat eine Stufe herab. So wurde es nur ein »cum laude«. Nichtsdestoweniger beglückte mich meine eigene Leistung, was mit einundzwanzig Jahren wohl verzeihlich ist. Die Promotionsbedingungen in Berlin waren die schwersten von allen deutschen Universitäten.

Ich bin meinen Eltern dankbar, daß sie mir Gelegenheit gegeben haben, meinen Geist akademisch zu schulen. So habe ich gelernt, logisch zu denken, immer nach den Gründen zu fragen, nichts unbesehen hinzunehmen, und selbst wenn jemand Anschauungen vertritt, die den meinigen genau entgegengesetzt sind, mit hohem Genuß mit ihm zu diskutieren. Ich hoffe aufrichtig, daß die akademische Freiheit an den deutschen Universitäten gewahrt bleibt und die Wissenschaft nie wieder zum Diener irgendeiner Weltanschauung oder politischen Ideologie herabgewürdigt wird. Die Erklärung, die Professor Dessoir in seinen Memoiren abgibt, soll nicht vergessen werden: »In der Zeit meines Lernens und Lehrens (1885—1935) wurde zweierlei an einer guten deutschen Universität vermittelt: das Forschen um seiner selbst willen und das Teilhaben an den geistigen Werten.«

Mir scheint es ein Zug der Besinnung auf solche Worte zu sein, wenn in den letzten Jahren das alte Fundament der »Universitas Litterarum« in den Diskussionen wieder stärker zur Geltung gekommen ist. Gerade heute, da so viele junge Leute nichts als ein sogenanntes Brotstudium sich erlauben können, das ihnen das Allernötigste für einen Beruf vermittelt, den sie so schnell wie möglich ergreifen möchten — gerade in einer solchen Lage müssen die Universitäten versuchen, dem Fachwissenschaftlichen die Durchdringung mit dem »Studium generale« zu erleichtern. Die tüchtigen Spezialisten, die überall gebraucht werden, sollten nicht aus Mangel an allgemeiner Bildung zum Schrecken einer Welt werden, die im Urteil der Geschichte einmal gegenüber früheren Generationen bestehen muß.

8. Kapitel

MEINE ENTDECKUNG AMERIKAS

Über die Vereinigten Staaten wußte ich nicht viel mehr, als ich in Geschichte und Geographie gelernt hatte. Ich hatte die üblichen europäischen Vorurteile: Mangel an Tradition, Anbetung der Technik, Überschätzung des Geldverdienens, mit einem Wort Materialismus; und die üblichen Vorstellungen: Wolkenkratzer, Mammutautos und Filmstars vor dem romantischen Hintergrund von Coopers Indianergeschichten. Seitdem ist durch die geschichtlichen Ereignisse manches an diesen europäischen Oberflächenurteilen geändert worden, obwohl man einiges davon immer noch hören kann, und durchaus nicht bloß in der sowjetischen Propaganda. Nicht einmal alle — längst nicht alle — amerikanischen Filme rechtfertigen dieses Zerrbild, wenngleich sicherlich ein Teil dieser Filme seine Schuld an den Verallgemeinerungen trägt.

In den letzten Jahren haben wohl mehr Europäer, vor allem Deutsche, eine auf tatsächliche und längere Beobachtungen gegründete Bekanntschaft mit Amerika gemacht als in Jahrzehnten zuvor. Dennoch bezweifle ich, ob es schon ein Bestandteil des europäischen Bewußtseins geworden ist, daß neun Zehntel der amerikanischen Bevölkerung Abkömmlinge von Europäern sind, und daß die meisten ihrer europäischen Vorfahren aus Freiheitsdrang und Freiheitsliebe nach Amerika auswanderten. Das aber ist es, woraus sich erklärt, daß die Idee der Freiheit im Zentrum der amerikanischen Existenz steht und die Demokratie dort eine Lebensform, mehr noch als eine politische Form, ist. In einer Zeit, da Amerika die Geschicke der Welt entscheidend mitbestimmt, ist es nach meiner Meinung nicht nur wichtig, daß es dort so ist, wie ich es hier nach meinen Erfahrungen aufgezeichnet habe, sondern auch, daß wir w i s s e n , daß es dort so ist.

Bevor ich nach bestandenem Examen die Amerikareise antrat, begab ich mich nach Doorn. In Hannover stellte ich fest, daß ich meinen Paß vergessen hatte. Ich rief in Berlin an und bat, man möge ihn mir mit dem nächsten D-Zug nachschicken. Vier Stunden später wurde mir von dem Zugführer des Hook-van-Holland-Expresses ein Briefumschlag mit meinem Paß ausgehändigt; dieser kleine Vorfall ist nur ein Beispiel für die immer gleichmäßig freundliche Haltung der Eisenbahner, die damit sicherlich nichts zu gewinnen hatten, zu dem ehemaligen Herrscherhaus.

Obwohl ich mit vierstündiger Verspätung in Doorn eintraf und mein Großvater voll Unruhe auf mich gewartet hatte, war er guter Laune. »Wenn man dir jetzt schon deinen Paß nachtragen muß, wirst du wohl kaum über den Kanal kommen, geschweige denn nach Amerika«, sagte er.

Er war beglückt, einen »Doktor« unter seinen Enkeln zu haben. Er hatte immer hohe Achtung vor der Wissenschaft und den wissenschaftlichen Berufen gehabt und war selbst auf verschiedenen Forschungsgebieten beschlagen. Während seiner Regierung hatte er die nach seinem Großvater benannte »Kaiser-Wilhelm-Gesellschaft zur Förderung der Wissenschaften« errichtet; im Exil rief die von ihm gegründete »Doorner Arbeitsgemeinschaft« ein- oder zweimal im Jahre hervorragende Gelehrte aus Deutschland und anderen Ländern nach Doorn zur gemeinsamen Erörterung der Probleme ihres Forschungsgebietes zusammen. Diese Tagungen dauerten gewöhnlich eine Woche und galten vor allem der Archäologie, der Lieblingswissenschaft meines Großvaters. Jedes Mitglied der Gesellschaft hielt einen Vortrag, auch der Kaiser selbst. Wenn er nicht für den Thron geboren worden wäre, hätte er wohl einen guten Universitätsprofessor abgegeben.

»Da du in diesem Riesenland Amerika keinen Menschen kennst, will ich dich meinem alten Freund Poultney Bigelow ankündigen«, sagte er. Er erzählte mir viel von diesem merkwürdigen Manne, mit dem er vor sechzig Jahren in Potsdam gespielt hatte. Die Bigelows waren eine der ältesten amerikanischen Familien. Der Vater von Poultney, unter Abraham Lincoln amerikanischer Gesandter bei Napoleon III., hatte sich nach seinem Abschied in Berlin niedergelassen und war schon mit meinen Urgroßeltern befreundet gewesen. »Wir nannten den jungen Poultney den Roten Indianer, weil er meinen Bruder Heinrich und mich im Park von Sanssouci an die Bäume stellte und mit Pfeilen nach uns schoß«, sagte mein Großvater. »Er wohnte in Potsdam bei einem Oberlehrer, der ihn Deutsch lehren sollte. Später wurde er Journalist, Professor für Geschichte und Weltenbummler.« Nach diesen Worten war ich auf ein Original gefaßt. »Nur eines noch«, meinte mein Großvater. »Bleib' von Hollywood weg. Das ist nichts für dich.«

Noch immer empfinde ich etwas Scham darüber, daß ich ihm nicht sofort meine Beziehungen zu Lily Damita beichtete, die ja jetzt in Hollywood war. Er hat mir hernach diesen Mangel an Vertrauen verziehen.

Ich rüstete mich mit einer Fülle von Kleidungsstücken und anderen Dingen aus, die sich später samt und sonders als überflüssig erwiesen. In Amerika reist man viel bequemer mit einem Handköfferchen und kauft sich das Nötige jeweils an Ort und Stelle; natürlich geht das nicht in Zeiten mit Devisenschwierigkeiten.

Professor Bernhard fand sich auf dem Bahnhot Friedrichstraße ein, um mir Lebewohl zu sagen; ich spürte, daß es mehr als eine Geste war. Außerdem war Geheimrat Köhler erschienen, ein Beamter unserer Hausverwaltung, der sich in meinen Universitätsjahren um meine finanziellen Angelegenheiten kümmerte — kein leichtes Amt, doch entdeckte er gewöhnlich, wenn ich Extrawünsche hatte, irgendeine geheime Quelle, um sie zu erfüllen. Der ideale Typus des ehrenhaften, rechtschaffenen, untadeligen preußischen Beamten, blieb er mir ein hilfreicher Freund und Ratgeber, bis er gegen Ende des zweiten Weltkrieges starb.

In Bremen wartete meiner dann noch eine freudige Überraschung: ich durfte mich für die Überfahrt hin und zurück als Gast des Norddeutschen Lloyd betrachten. Ein paar Gespräche mit seinem Präsidenten Heineken vermittelten mir etwas von der Mannigfalt, die in dem Begriff des hanseatischen »königlichen Kaufmannes« trotz allen Wechsels und aller Schläge auch heute noch beschlossen ist — die Weltoffenheit, die charaktervolle Überlegtheit, der in einem Dienst von Grund auf erworbene Reichtum an Kenntnissen und Erfahrungen, die Aufgeschlossenheit für alle Probleme und die Fähigkeit, sie zu beurteilen und zu durchdringen. Mein Großvater hatte immer die Schiffahrtsgesellschaften gefördert, und schon vor dem ersten Weltkriege hatten die freundschaftlichen Beziehungen, die meine Mutter zu den Herren vom Norddeutschen Lloyd unterhielt, ihren Ausdruck darin gefunden, daß eines ihrer Schiffe auf den Namen »Kronprinzessin Cecilie« getauft worden war.

Jetzt war es der Dampfer »Berlin«, der mich aufnahm. Die Abfahrt eines großen Ozeandampfers, wenn sich der Zwischenraum zwischen Schiff und Pier langsam, aber stetig vergößert, während es aussieht, als bewege sich der Kai, und das Schiff stehe still, ist für mich eines der eindrucksvollsten Erlebnisse geblieben; weder ein anfahrender D-Zug noch ein Flugzeug beim Start erzeugt dieses Gefühl abenteuerlicher und zugleich majestätischer Gewalt. Es war ein kalter Märzabend, und ich hatte die Empfindung von etwas Unwiderruflichem, gemischt mit einer gewissen süßen Melancholie. So stand ich mit dem jungen spanischen Universitätsfreund, den ich schon erwähnt habe, und der mich bis Cherbourg zu begleiten gedachte, an Deck. Schweigend schauten wir zu, wie die Lichter der noch schneebedeckten Küste allmählich zurückwichen.

Unter den nicht zahlreichen Passagieren interessierte sich Mrs. Charlemagne Tower für mich, eine liebenswürdige alte Dame, Witwe eines früheren amerikanischen Botschafters in Deutschland. Sie kannte meine Großeltern gut und erzählte mir viel Neues von jenen alten Tagen, in denen ich noch zu klein war, um alles bewußt zu erleben. Leider bin ich ihrer Aufforderung, sie in ihrem Heim in Pasadena (Kalifornien) zu besuchen, nicht gefolgt. Vielleicht hätte ich mir und anderen eine Menge Scherereien erspart, wenn ich es getan hätte.

An Bord befanden sich auch der spätere Flugzeugkonstrukteur Messerschmitt — er hielt sich auf dieser Überfahrt fast ganz für sich — und in Begleitung seiner jungen Frau ein deutscher Kaufmann, der in den Staaten neuartige Apparate für Flugzeugaufnahmen verkaufen wollte. Er führte eine Filmkamera mit sich, und wir beschlossen, einen kleinen Spielfilm zu drehen, wobei wir das Schiffspersonal und die Offiziere so stark als Komparserie beanspruchten, daß es dem recht aristokratischen Kapitän von Thülen schließlich zuviel wurde. Den Höhepunkt bildete eine Liebesszene zwischen der hübschen jungen Frau und mir. Sie hatte mit einem langen Kuß zu enden, und begreiflicherweise ließ uns der Ehemann, der als Filmoperateur fungierte, diese Szene nicht allzuoft proben. Sie war ohnehin ziemlich tragikomisch, weil Held und Heldin unter Seekrankheit litten.

Als sich die Silhouette von New York mit ihren Wolkenkratzern aus dem Nebel hob und ich noch versuchte, das Panorama ganz in mich aufzunehmen, kam jemand über das Deck gerannt: »Hallo, Prince, how do you like America?« Gegen diese Frage, wie ich Amerika fände — in diesem Augenblick —, waren die wissenschaftlichen Methoden, die ich auf der Universität gelernt hatte, machtlos. Ein Instinkt sagte mir, daß ich mit einer logisch durchdachten Antwort nichts würde ausrichten können. So erwiderte ich denn möglichst selbstbewußt und überzeugt: »Ich finde es großartig.« Davon schien der Frager befriedigt zu sein. Er stellte sich als Pressemann vor, Kollegen von ihm kamen hinzu, alle ganz unförmlich und originell, fast künstlerisch in ihrer Art, und ich hatte unzählige Fragen nach meinem Großvater und seinem Leben zu beantworten. Als ich am nächsten Morgen die Artikel in den New Yorker Zeitungen las, durfte ich mit mir zufrieden sein. Später, unter dem Hitler-Regime, mußte ich mir jede Antwort bei solchen Interviews dreimal überlegen. Trotzdem pflegte ich auch dann den Reportern so manches vertraulich zu erzählen, und dieses Vertrauen ist nie von ihnen mißbraucht worden. Sie halfen mir sogar bei der Formulierung schwieriger politischer Antworten. Bei einer solchen Gelegenheit — es war schon tief im »Dritten Reich«

— fragte ich meinerseits: »Nun, Gentlemen, was würden Sie an meiner Stelle sagen?« — »Nichts«, tönte es im Chor zurück.

Der New Yorker Vertreter des Norddeutschen Lloyd, Herr Schröder, händigte mir außer einem Briefchen von Poultney Bigelow eine ganze Liste von Einladungen bei mir unbekannten deutschen Landsleuten in New York aus. Ich war unbesonnen genug, sie anzunehmen. Bigelows Nachricht lautete: »Erwarte Sie heute zum Lunch im Players Club, Gramercy Park. Gott segne Sie.«

Verwundert blickte der Zollbeamte auf die Reihe meiner Koffer. Er konnte ein Lächeln nicht unterdrücken und meinte, ich wolle wohl den Rest meines Lebens in Amerika verbringen. Sein Hauptinteresse galt dem monströsesten meiner Gepäckstücke, einem Kanu. Bigelow hatte es rund um die Erde geschleppt und dann meinem Großvater für seine Söhne geschenkt. Jetzt sollte ich im Auftrage des Kaisers das Geschenk seinem Eigentümer wieder überreichen, und da stand ich nun vor dem Zollbeamten, der sich die Stirn rieb, um besser nachdenken zu können.

»Ein Kanu in unser Land zu importieren, ist wirklich eine ausgefallene Idee«, sagte er endlich erlöst, »aber da es ein amerikanisches Erzeugnis und offenbar schon sehr abgenutzt ist, will ich es durchgehen lassen. Bitte grüßen Sie Mr. Bigelow. Ich habe einige seiner Bücher gelesen.«

In dem Hotel, das mir Herr Schröder empfohlen hatte, war der Portier ein Schweizer, der Empfangschef ein Deutscher und der Liftboy ein Italiener. Ich wurde in ein prächtiges Zimmer geführt und war zu stolz, Einspruch zu erheben, obgleich es meine finanziellen Kräfte beträchtlich überstieg. Nachdem ich mich etwas erfrischt hatte, nahm ich gleich ein Taxi zu Bigelows Klub. Die Fahrt die Park Avenue hinab, trotz ihrer Breite wie eine Schlucht zwischen den steinernen Riesenbauten, war fast beklemmend. Dann aber wichen plötzlich die Wolkenkratzer zurück, und ich konnte mich auf einem Platz in London glauben. Es war warm und frühlingshaft. Der Klub wirkte wie ein vornehmes Privathaus. Am Eingang erwartete mich ein feiner alter Herr, der dem Kaiser verblüffend ähnlich sah; im Knopfloch seines schwarzen Gehrocks trug er das Band der Ehrenlegion.

»Poultney Bigelow«, lachte er. »Willkommen, lieber Kaisersohn.« Es machte ihm nichts aus, als ich ihn auf seinen Irrtum aufmerksam machte. »Ach Gott«, fuhr er fort, »Sie sind so jung, und mir ist es, als wäre es gestern, daß der Kaiser und ich Kinder waren. Aber richtig, es ist lange her. Willkommen also, lieber Kaiser*enkel*.«

Amerika war damals »trocken«, doch trotz der Prohibition bestellte Bigelow an der Bar einen Whisky-Soda für mich. Ich sah ihn fragend an. »Ach«, sagte er, »diese sogenannte Prohibition ist das Dümmste, was man je erfunden hat. Man kann sich doch überhaupt nicht daran kehren. Nichts ist besser als ein guter Schluck hin und wieder. Nur weiß man heutzutage nie, was man bekommt. Manche Leute werden krank oder blind von dem schlechten Zeug.« Von den Einladungen, die mir Herr Schröder auf dem Schiff überreicht hatte, wollte er nichts wissen. »Unsinn!« rief er. »Ihr Großvater gibt nicht sein Geld für Sie aus, damit Sie hier Landsleute kennenlernen. Ich werde Sie mit richtigen Amerikanern zusammenbringen. Vor allem heraus aus diesen Steinpyramiden, wo man keinen klaren Gedanken fassen kann. Bei mir draußen am Hudson, in Malden, werde ich Ihnen sagen, welche Amerikaner Sie treffen müssen. Und ich kenne einige, um die es sich lohnt«, fügte er augenzwinkernd hinzu.

Zuvor besuchten wir noch seine Schwester, Mrs. Tracy, eine noble alte Dame, die sich entsetzt darüber zeigte, daß Bigelow mich gleich vom Schiff weg aus New York entführen wollte. Sie beharrte darauf, mich als ihren Gast über Nacht dazubehalten, und es entstand ein lustiger Streit, den Bigelow in seiner pittoresken Art beendete. »Da du meine ältere Schwester bist und ich dich eines Tages beerben will, muß ich kapitulieren«, sagte er brummig und machte dabei eine Miene, als wolle er sie des schnelleren Erbes wegen gleich auffressen.

Als wir allein waren, fragte ich Mrs. Tracy, wie alt ihr Bruder sei. »So um die Fünfundsiebzig«, erwiderte sie. »Seine jugendliche Energie ist überwältigend. Er hat es ganz gern, wenn man ihn den ›Eremit von Malden‹ nennt. Sie werden noch Ihre Überraschungen mit ihm erleben.«

Das erste, was er tat, war, daß er mit dem Kapitol in Albany, dem Amtssitz des Gouverneurs des Staates New York, telephonierte. Dieser Gouverneur hieß damals Franklin Delano Roosevelt. »Er ist der kommende Präsident«, behauptete Bigelow kühn.

Roosevelt lud uns an einem der nächsten Tage zum Lunch nach Hyde Park ein, und nun ereignete sich etwas, was ich immer als charakteristisch angesehen habe. Für den gleichen Tag schickte uns nämlich ein Freund von Bigelow, der eine Jacht hatte, eine Einladung nach Florida. Ich traute meinen Ohren nicht, als Bigelow ans Telephon ging und seelenruhig zu Roosevelt sagte: »Würde es Ihnen etwas ausmachen, wenn wir unsere Verabredung um eine Woche verschieben?« Roosevelt, selber Besitzer einer Jacht, meinte, es würde ihm nichts ausmachen. Anderen Tages läutete indessen die Tochter des Mannes an, der uns nach Florida gebeten hatte: »Tut mir so leid, aber Vater ist krank geworden und kann keine Gäste gebrauchen.« Bigelow war wütend. »Nichts zu wollen«, schimpfte er, »der alte Mann tut eben alles, was seine Tochter haben will.« Bedenkenlos telephonierte er abermals mit Roosevelt: »Können wir es nicht doch bei der ursprünglichen Verabredung lassen?« Roosevelt antwortete: »Mit Vergnügen.« Über das Durcheinander, das wir verursacht hatten, war er weder ärgerlich noch überrascht; er nahm es offenbar auf wie eine Sache, die alle Tage, und nicht bloß mit Bigelow, über den Weg läuft.

Bigelow hatte keinen Wagen, aber, wie er sagte, in der Gegend Freunde genug, die ihn jederzeit fahren würden, wohin er wolle. So tauchte denn an einem Morgen um zehn Mr. Sutton, ein pensionierter Schullehrer, zum freiwilligen Chauffeurdienst auf. Das Auto freilich, in dem er dahergerattert kam, nannte man am besten einen alten Klapperkasten. Mit gewaltigem Geknalle und Gepuffe setzte sich das Ding in Bewegung. Kaum zu glauben, kurz vor ein Uhr langten wir richtig vor dem Rooseveltschen Hause in Hyde Park an. Augenscheinlich von dem Explosionslärm unseres Motors aufgestört, stürzten zwei junge Männer im Reitanzug, groß, elegant, behende, aus dem Hause und liefen mit langen Schritten die Treppe hinab. Sie bemächtigten sich des alten Herrn Bigelow und hoben ihn trotz seiner eigensinnigen Behauptung, er brauche keine Hilfe, vom Wagen herunter. Dann kam Mrs. Roosevelt, und alle brachen über unseren komischen Aufzug in Gelächter aus.

»Gratuliere zu dem phantastischen neuen Wagen, Poultney«, sagte Mrs. Roosevelt, »bestimmt ist Ihr junger Gast noch nie so komfortabel in seinem Leben gefahren.« Bigelow entgegnete in demselben Stil: »In der Tat, Sie schmeicheln mir, Madam, aber unglücklicherweise gehört dieses phantastische Automobil nicht einem armen Manne wie mir.«

Roosevelt saß in einem Armsessel am Kamin und hieß seinen Freund Poultney und »den jungen Gast aus Deutschland« mit einem festen Händedruck willkommen. Als wir ins Speisezimmer gingen, wurde er von zweien seiner Söhne leicht gestützt. Wir mußten von der Halle einige Stufen hinaufgehen, und ich sah, daß für den Gouverneur Bretter darübergelegt waren, aber er konnte doch verhältnismäßig schnell gehen. Das Speisezimmer war ein langgestreckter Raum mit prachtvoller Aussicht auf den Park und den Hudson. Ich saß zur Seite Roosevelts. Es waren keine weiteren Gäste da; wir nahmen an der Familientafel neben der Dame des Hauses und den vier Söhnen teil. Roosevelt sprach von seinen Besuchen Europas, insbesondere Deutschlands; schon als Junge war er fast jedes Jahr mit seinen Eltern in Bad Nauheim zur Kur gewesen. Er war so ungezwungen, so natürlich und menschlich warm im Gespräch, daß sich diese Atmosphäre unwillkürlich auf alle übertrug. Bald hatte ich das Gefühl einer solchen Vertrautheit, als sei er ein ausländischer Verwandter. Als errate er meine Gedanken, sagte er unvermittelt: »Zwischen Ihrer und meiner Familie ist eine seltsame Ähnlichkeit. Ich bin im selben Jahre geboren wie Ihr Vater, habe im selben Jahre geheiratet, und auch wir haben vier Söhne, alle ungefähr genau so alt wie Sie und Ihre Brüder.«

Bis vier Uhr waren wir beisammen, dann sprang Bigelow fast unhöflich auf und drängte zum Aufbruch. Die Roosevelts waren seine Schrullen gewohnt. Neun Jahre später, als ich mit meiner Frau bei Roosevelt zu Gast war, riß er uns ebenfalls eines Tages weg, nur um uns in West Point eine Parade zu zeigen. Damals wären wir über den »unzähmbaren Poultney«, wie Roosevelt ihn nannte, ernstlich böse geworden, wenn wir uns nicht daran erinnert hätten, daß er der Mann war, dem wir die Bekanntschaft mit einer so hervorragenden Familie verdankten.

Bevor wir das seltsame Gefährt wieder bestiegen, an dessen Steuer Mr. Sutton bereits geduldig saß, schlug uns Roosevelt vor, ihn auch einmal in Albany zu besuchen, wo er mir gern ein Kolleg über die amerikanische Verfassung halten werde. Ungefähr eine Woche darauf geschah das. Der Gouverneur empfing uns an seinem Schreibtisch im Kapitol des Staates New York. Es war ein kleiner, etwas dunkler Raum, und ich sehe noch Roosevelts Lächeln vor mir, das mutig und melancholisch zugleich anmutete. Er begann sofort mit seinem Privatissimum: Entstehungsgeschichte der Verfassung, Erklärung ihres Wortlauts durch anschauliche Beispiele, eine richtige einstündige akademische Vorlesung, formvollendet, einfach und durch die praktische Auffassung dem unmittelbaren Verständnis dienlich. Ich hätte noch eine weitere Stunde zuhören können, ohne zu ermüden. Die Fragen, mit denen ich ihn unterbrach, beantwortete Roosevelt bereitwillig, ruhig, realistisch. Er schloß mit der Bemerkung: »Unsere Verfassung ist nicht die modernste; die Weimarer Verfassung zum Beispiel ist theoretisch viel moderner. Aber die Hauptsache ist: unsere Verfassung funktioniert, und wir könnten nicht gut ohne sie auskommen.«

Bei jedem anderen wäre diese Unterrichtsstunde gewiß seltsam gewesen. Aber Roosevelt wirkte auch hier wie ein Grandseigneur. Sein Charme war unwiderstehlich; alle Probleme bewältigte er mit seiner Menschlichkeit und einem echten Sinn für Humor. Er versuchte immer, ganz er selbst zu sein, und das war sein Erfolg. Ich bin ihm später wohl noch zehnmal begegnet, und ich habe nicht selten seinetwegen heftige Diskussionen gehabt. Ich hörte ebensoviel Kritisches wie Anerkennendes über ihn. Die Nationalsozialisten, die ihn anfänglich als eine Art weiteren Diktators in der Welt begrüßten, beschimpften ihn nachher als »Feind Nummer eins«. Jeder weiß heute, da die Dokumente offenliegen und überlebende Zeitgenossen und die weiteren geschichtlichen Ereignisse gesprochen haben, welche Fehler der Staatsmann gemacht hat, welchen Irrtümern der Mensch erlegen ist. Trotzdem kann ich auch heute, all dies wohl wissend, zuweilen einem Kritiker nur antworten: »Wenn Sie Franklin Delano Roosevelt persönlich gekannt hätten, dächten Sie anders über ihn.« Tatsächlich wurden seine Gebrechen von seiner Persönlichkeit aufgewogen.

Eines kann ich weder übersehen noch vergessen: dieser Roosevelt, von dem ich bis dahin kaum viel gewußt hatte, war ein wichtiger Gegenspieler des kaiserlichen Deutschland im ersten Weltkriege gewesen. Als Unterstaatssekretär im Marineministerium, damals erst fünfunddreißig, hatte er die Expeditionsflotte nach Europa organisiert. Und dieser Erzgegner, der zur deutschen Niederlage und zum Zusammenbruch der Hohenzollerndynastie beigetragen hatte, nahm sich jetzt die Mühe und die Zeit, einem jungen Sproß dieses Kaiserhauses die Verfassung seines Landes zu erläutern. Der kommende Mann der Weltpolitik streckte seine Hand aus. Wie hätte man sie nicht ergreifen sollen — selbst wenn man, wie ich, ein Enkel jenes deutschen Kaisers war.

Poultney Bigelow, der es für unerläßlich hielt, daß ich dem Präsidenten Hoover im Weißen Hause meine Aufwartung machte, ersuchte um eine Audienz für mich. Die Antwort lautete: Präsident Hoover würde mich gern empfangen, aber das Protokoll erfordere, daß prominente ausländische Besucher von ihrem jeweiligen Botschafter oder Gesandten eingeführt würden. Bigelow nötigte mich, an den deutschen Botschafter, Herrn von Prittwitz, zu schreiben. Ich verstand mich ungern dazu, und der Ausgang gab mir recht. Nur in ganz besonderen Fällen, schrieb Herr von Prittwitz, könne er deutsche Gäste im Weißen Hause einführen, und ich würde wohl verstehen, daß bei mir ein solcher Ausnahmefall nicht vorliege. Bigelow murmelte eine Verwünschung, als ich ihm den Brief zeigte, dann schien er die Sache vergessen zu haben. Eine Woche danach jedoch las ich auf der ersten Seite einer New Yorker Zeitung einen zweispaltigen Artikel mit der Überschrift »Deutscher Botschafter brüskiert Kaiserenkel«. Die »Story« endete folgendermaßen:

»Die Geschichte wiederholt sich, und alles ist schon einmal dagewesen. Vor fünfzig Jahren wollte ein hervorragender amerikanischer Bürger auf einer Deutschlandreise den Kaiser Wilhelm II. besuchen. Er bat den Botschafter seines Landes um eine Einführung. Der Botschafter verweigerte das, aber der Kaiser hatte von dem Besucher gehört und sorgte dafür, daß er ihn in einem Privathause treffen konnte. Der Besucher war Mark Twain, soweit wir uns erinnern.«

Gezeichnet war der Artikel: Poultney Bigelow.

Ich erklärte meinem Beschützer, daß diese Lappalie nach meiner Meinung eine so drastische Aktion nicht wert gewesen, und der Vergleich mit Mark Twain übertrieben sei.

»Was wissen Sie davon?« brummte er in seiner drastischen Art. »Dieser starrköpfige Bursche von einem Botschafter brauchte einen Denkzettel.«

»Von mir aus«, sagte Poultney Bigelow, »brauchen Sie hier nur zwei Leute zu sehen. Den einen kennen Sie jetzt. Den anderen werden Sie bald sehen. Hier ist eine Einladung von ihm. Es ist Henry Ford. Roosevelt wird Präsident der Vereinigten Staaten. Ford wird Ihr Chef.«

Ich lachte. Ich kannte ihn nun schon so gut, daß ich seine Reden meist rhetorisch einschätzte; er hatte viel von seiner Jugend in Frankreich verbracht und sich mit der Schönheit der Sprache dieses Landes auch ihre Bevorzugung des gedanklichen Ausdrucks vor der tatsächlichen Mitteilung zu eigen gemacht. Ich hatte Fords Selbstbiographie aus sozialwissenschaftlichen Gründen gelesen, aber das Interesse daran war theoretischer Natur. Sonst hatte ich nichts vor mit Ford; ich hatte mehr über den Gebrauch der technischen Erzeugnisse nachgedacht als über ihre Herstellung. Mir schien und scheint noch heute, daß wir die Technik gut anwenden, aber nicht zum Selbstzweck machen sollten. Gewiß rühren die Erschütterungen unseres Jahrhunderts auch von dem betrüblichen Mißverhältnis zwischen dem technischen Fortschritt und seinen geistigen und psychologischen Grundlagen her.

Von Bigelows Haus sah ich auf dem anderen Ufer des Hudson die Expreßzüge mit ihren gewaltigen Lokomotiven vorbeirasen. Mit einem spaßigen Einfall fragte ich ihn: »Da Ihnen wohl nichts unmöglich ist — könnten Sie mich nicht die Fahrt zu Ford auf einer dieser Lokomotiven machen lassen?«

»Verrückte Idee«, versetzte er unwirsch, »eine Schubkarre zu schieben, wäre Ihnen nützlicher.« Dann heiterte sein Gesicht sich auf. »Warum eigentlich nicht?« fuhr er fort. »Ich will dem Präsidenten der New York

Central Railroad ein paar Zeilen schreiben. Ich kenne ihn zwar nicht, aber vielleicht —«

Der Präsident der Eisenbahngesellschaft gab die Erlaubnis. »Aber beschaffen Sie sich einen Overall«, riet er.

Mir leuchtete ein, daß ich diesen Rat befolgen mußte. Er begünstigte die Illusion der Vorbereitung auf ein Abenteuer.

Lokomotivführer und Heizer schüttelten mir die Hand. Die Feuerung füllte sich automatisch mit Kohle nach, ohne daß der Heizer einen Finger zu rühren brauchte, und die Lokomotive konnte in voller Fahrt Wasser aufnehmen, ohne das Tempo auch nur zu verlangsamen. Beides war neu. Der Zug brauste durch die Nacht; wir hielten erst wieder in Albany, wo ich in meinen Schlafwagen umstieg und bei den Mitreisenden mit meinem rußigen Gesicht große Heiterkeit hervorrief. Sie zauberten Whiskyflaschen aus ihren Taschen und wollten unbedingt mit mir auf das Wohl des »neuen Lokomotivführers« trinken.

»Sind Sie vielleicht zufällig Prinz Louis?« fragte in Detroit ein junger bebrillter Mann in blauem Anzug, als ich ausstieg. »Ich heiße Ben Donaldson. Ich habe den Auftrag von Mr. Ford, Sie überallhin zu begleiten, solange Sie sein Gast sind.«

»Also eine Art Detektiv?«

»Da mögen Sie nicht so ganz unrecht haben«, lachte er und führte mich zu einer großen Lincoln-Limousine.

Ich hatte mir Detroit als eine schmutzige Industriestadt vorgestellt. Statt dessen fuhren wir durch saubere Straßen mit hübschen Häuschen, jedes von Rasen und Bäumen umgeben. Ben Donaldson hatte Literatur, Geschichte und Philosophie studiert. Was das wohl mit Autofabrikation zu tun habe, fragte ich. »Na«, sagte er, »zuerst war ich mit meinen Kenntnissen am ›Dearborn Independent‹. Den ließ Mr. Ford drucken. Dann ging die Zeitung ein, und seitdem arbeite ich in der Werbeabteilung.«

»Warum ging die Zeitung denn ein?«

»Was? Haben Sie wirklich nie von Henry Fords Feldzug gegen die Juden gehört? Ich verstehe es ja auch nicht. Henry hat persönlich gar nichts gegen die Juden. Tausende von Juden arbeiten bei ihm. Sogar der Architekt, der ihm sein Laboratorium gebaut hat, ist Jude. Aber im ›Dearborn Independent‹— es war eine Wochenzeitung, die durch die Fordvertreter überall vertrieben wurde und auf eine Million Auflage kam — schrieb der Chefredakteur Cameron in jeder Nummer einen Artikel über das jüdische Problem. Das ging so eine Reihe von Jahren. Henry Ford tat nichts dagegen, bloß weil er Cameron sehr schätzte. Einmal aber wurde er, der Herausgeber, auf Grund eines unvorsichtigen Cameronschen Artikels in einem Prozeß als Zeuge geladen. Nun müssen Sie wissen, wie verhaßt ihm jedes Auftreten in der Öffentlichkeit ist. Der ›Dearborn Independent‹ war erledigt. Schon die nächste Nummer gelangte nicht mehr in die Druckmaschine. Aber Mr. Ford hat Cameron nichts nachgetragen. Cameron ist sein erster Propagandist und wichtigster Berater. Gewiß keine einfache Aufgabe. Henry hat zuviel für die Prohibition geeifert und damit seinem Absatz geschadet. Natürlich haßt uns das ganze momentan lahmgelegte Schnaps- und Biergewerbe. Es kauft bei unserer Konkurrenz. Man sollte Ideologien nicht mit dem Geschäft vermengen. Ford sollte die besten und billigsten Wagen bauen und sie an jeden verkaufen, der sich's leisten kann.«

»Sie erzählen das so offen«, sagte ich, »kritisieren auch Ihre Kollegen so unbedenklich den allmächtigen Chef?«

»Ich glaube kaum«, meinte er grinsend. »Intellektuelle wie ich sind hier nicht gerade beliebt. Bei der Konkurrenz schon eher.« Dann sagte er: »Da sind wir. Dies ist der Dearborn Country Club. Hier wohnen unsere bevorzugten Gäste. Wenn Sie sich ein bißchen erfrischt haben, hole ich Sie zum Lunch mit Mr. Ford ab. Nur nicht nervös sein, keine Ursache, Henry ist ein ganz umgänglicher alter Bursche.«

Nach dieser Nachtfahrt taten mir Bad und Kleiderwechsel not. Wie die meisten Menschen werde ich durch eine mit warmem Wasser angefüllte Badewanne zum Nachdenken und zu Betrachtungen angeregt. Ich war neugierig, wie ein Mann mich empfangen würde, der ein Auto-Königreich regierte. Offen gestanden, hatte ich etwas Lampenfieber. Indessen gab mir der Baderaum noch andere Probleme zu lösen, und die Beschäftigung damit führte zu der Entdeckung, daß man sich im Alltagsleben eines so durchtechnisierten Landes stets sämtlicher Gliedmaßen bewußt sein muß. Ahnt man zum Beispiel nicht, wie eine Wasserleitung ohne irgendeinen Hahn funktionieren könnte, so hat es wenig Zweck, nach einem verborgenen Handgriff zu suchen. In solchen Fällen blickt man besser auf den Fußboden. Man wird unfehlbar eine Stelle bemerken, auf die man nur den Fuß zu setzen braucht, um die gewünschte Wirkung zu erzielen.

Als wir nachher vor dem Laboratorium in Dearborn anlangten, fühlte ich mich beim Anblick des niedrigen langen Gebäudes mit den großen Fenstern und den Rasenflächen ringsum doch etwas erleichtert. Henry Ford hatte sein Hauptquartier also nicht in einem jener furchterregenden

Kaiser Wilhelm II. und Kaiserin Auguste Viktoria mit ihren ältesten Enkeln im Jahre 1913: Prinz Wilhelm (oben), Prinz Louis Ferdinand (vorn links) und Prinz Hubertus (vorne)

Wilhelm, Kronprinz des Deutschen Reiches und von Preussen (1913)

Cecilie von Mecklenburg – Schwerin, Kronprinzessin (1913)

Die Kronprinzessin mit Prinz Louis Ferdinand (1907)

Kronprinz Wilhelm bei der Rückkehr vom Regimentsexerzieren in Danzig – Langfuhr mit seinen beiden ältesten Söhnen im Jahre 1912. Links im Bild bei seinem Va-

Der kleine Prinz in Zivil …

Eine Aufnahme aus dem Jahr 1915: Die vier Prinzen Wilhelm, Louis Ferdinand, Friedrich und Hubertus

ter Prinz Louis Ferdinand, rechts allein auf dem Pferd Prinz Wilhelm

Der kleine Prinz in Feldgrau …

Die Prinzen Louis Ferdinand und Wilhelm im Seebad Zoppot

Kronprinz Wilhelm und sein zweiter Sohn Louis Ferdinand im Jahre 1924

Hochzeit des Prinzen Louis Ferdinand mit Großfürstin Kira in Doorn am 4. Mai 1938.

Das offizielle Hochzeitsphoto mit dem Kaiser (hinter dem Paar)

Großfürstin Kira, die Braut, mit Kaiser Wilhelm II. (links oben)

Der 80. Geburtstag des Kaisers in Doorn. Vordere Reihe von links: Prinz Alfred v. Preußen, Prinz Wilhelm Victor v. Preußen, Prinz Welf Heinrich v. Hannover, Prinz Burchard v. Preußen, Prinz Joseph v. Preußen, Prinz Louis Ferdinand. Zweite Reihe von links: Kronprinz Rupprecht v. Bayern, Kaiserin Hermine, der Kaiser. Stehend von links: Friedrich Christian Markgraf v. Meißen, Kronprinz Wilhelm, Prinz Eitel Friedrich, Prinzessin Waldemar v. Preußen, Prinzessin Oskar v. Preußen, Landgräfin Margarethe v. Hessen, Kronprinzessin Friederike v. Griechenland, Herzogin Viktoria Luise zu Braunschweig und Lüneburg.

Schloß Cecilienhof in Potsdam

Fünf der Kronprinzenkinder im Jahre 1937: Prinz Friedrich, Prinzessin Cecilie, Prinz Wilhelm, Prinzessin Alexandrine, Prinz Louis Ferdinand (von links)

Prinz Hubertus zu Besuch in Windhuk. Eine Negerkapelle spielt ihm zu Ehren ein Ständchen

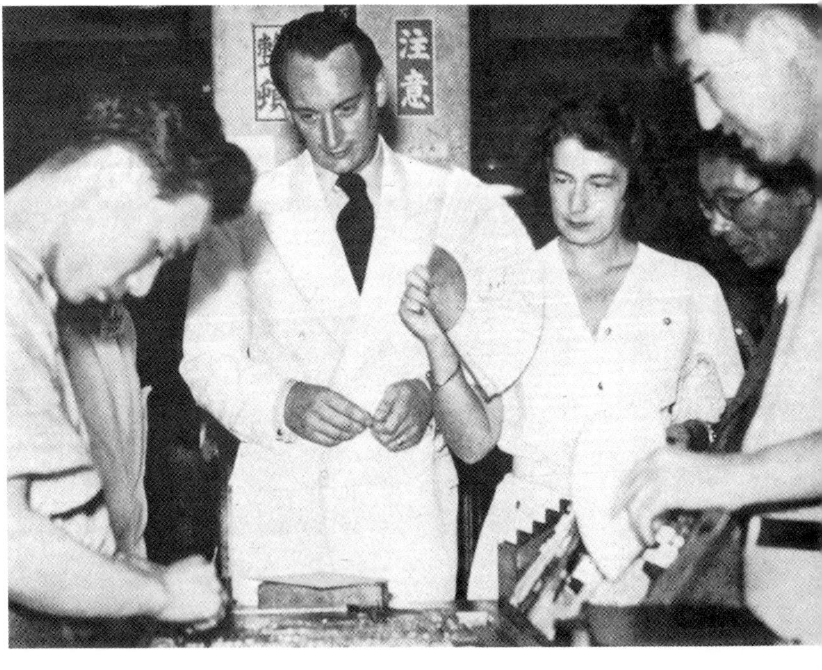

Hochzeitsreise nach Japan im Jahre 1938: Prinz und Prinzessin Louis Ferdinand in einer Zeitungsdruckerei

Louis P. Lochner, der Vertreter der Associated Press in Berlin

Generalfeldmarschall Georg von Küchler, der dem Prinzen 1944 riet, seine Familie westlich der Oder in Sicherheit zu bringen

Dr. Carl Goerdeler, der führende Kopf der Widerstandsbewegung, der Kontakt mit dem Prinzen in Cadinen aufnahm

Schloß Cadinen in Westpreußen

Der amerikanische Journalist Louis P. Lochner in Kriegsberichterstatter-Uniform mit Prinz und Prinzessin Louis Ferdinand im Jahre 1946. Von links nach rechts: Prinz Friedrich Wilhelm, Prinzessin Marie Cécile, Prinz Michael. Auf dem Arm der Mutter: Prinzessin Kira, auf dem des Vaters: Prinz Louis Ferdinand jun.

Prinz Louis Ferdinand im Jahre 1947 vor der Villa Fürstenhof

Prinz und Prinzessin Louis Ferdinand im Kreis ihrer Familie

Das neue Heim in Bremen – Borgfeld: Der Wümmehof

Beisetzung des Kronprinzen auf der Burg Hohenzollern im Juli 1951. Prinzessin Kira, Prinz Louis Ferdinand, Kronprinzessin Cecilie, Prinzessin Cecilie (von rechts)

»Monbijou« in Berlin-Halensee, Prinz Louis Ferdinands Haus in der früheren Reichshauptstadt

Grundsteinlegung der Kaiser-Wilhelm-Gedächtnis-Kirche am 9. Mai 1959. Die Grundsteinkassette wird zugelötet (rechts Pfarrer Pohl)

Die Glocken werden in den neuen Turm aufgezogen

Am 4. Dezember 1965 findet in der Kaiser-Wilhelm-Gedächtnis-Kirche die Hochzeit der Prinzessin Marie Cécile von Preußen mit Herzog Friedrich-August von Oldenburg statt. Prinzessin Kira (oben) gibt der Braut den letzten Schliff

Im Jahre 1952 werden die Preußenkönige Friedrich Wilhelm I. und Friedrich der Große auf die Burg Hohenzollern überführt. Prinz und Prinzessin Louis Ferdinand am Sarg Friedrich des Großen

Luftaufnahme der Burg Hohenzollern bei Hechingen

Prinz Louis Ferdinand mit Bischof Dibelius auf dem Wege zur Christuskapelle bei der Einweihung des Zwölfaposteltores, das von der im Kriege zerstörten Kaiser-Wilhelm-Gedächtnis-Kirche erhalten blieb

SKH im Gespräch mit Professor Egon Eiermann, dem Architekten der neuen Kaiser-Wilhelm-Gedächtnis-Kirche

Wolkenkratzer. Ein Mann, der so einfache und saubere Architektur liebt, kann nicht schlecht sein, sagte ich mir. Dann sah ich mich in dem kleinen, anheimelnd eingerichteten Bürozimmer, das wir betraten, diesem Manne plötzlich gegenüber. Ich erkannte ihn sofort von Bildern her. Er saß auf einem großen Schreibtisch und ließ lässig die Beine baumeln. Der, mit dem er sprach, ein Dreißiger mit dunklem Haar und braunen Augen, saß hingegen bequem im Schreibtischsessel. Es war sein Privatsekretär Frank Campsall, in dessen Büro wir uns auch befanden. Später bemerkte ich, daß Ford sein eigenes Büro kaum benutzte; er war viel zu rastlos, um sich an einen Schreibtisch fesseln zu lassen. Am liebsten saß er auf einem der Konstruktionstische, oder er lag auf dem Fußboden des Laboratoriums, um die neuesten Verbesserungen an seinem Motor zu studieren.

Ich machte eine tiefe europäische Verbeugung. Ford sprang leichtfüßig vom Tisch und sagte: »Aha, der junge Mann aus Deutschland.« Dann gab er mir die Hand und blickte mich lange aus seinen stahlgrauen Augen an. Diese Augen von Henry Ford sind oft beschrieben worden, und man hat sogar physiognomische Theorien darüber aufgestellt. Das eine Auge blickte freundlich und hell, das andere, etwas geschlossen, schlau und listig. Man hat gesagt, das eine drücke seine Seele und seine Menschlichkeit aus, das andere den kalten Kapitalistenverstand und seine Exzentrizitäten, mit denen er seine Mitarbeiter und solche, die es werden wollten, auf die Probe stelle. Ich hatte noch oft Gelegenheit, diese Augen zu studieren, ohne daß ich die Theorie bestätigt gefunden hätte. Sie strahlten einfach Feuer aus und hatten etwas Fesselndes. Erst als mich sein Blick losließ, konnte ich ihn mir genauer ansehen. Sein Gesicht unter dem vollen grauen Haar war klein und verwittert. Von Gestalt war er zierlich und hager, doch äußerst beweglich, eher wie ein Achtzehnjähriger, jedenfalls nicht wie ein Siebziger. Er sprach leise, und seine Stimme senkte sich manchmal fast zum Flüstern. Mit seinem grauen Anzug, dem weißen Hemd mit steifem Kragen und der schwarzen Krawatte wirkte er unaufdringlich vornehm.

Durch eine große Halle, in der Hunderte von Ingenieuren und Zeichnern bei der Arbeit waren, und durch einen Speisesaal mit einigen dreißig Gästen führte er mich in einen kleinen Raum mit hellen Wänden und einem großen runden Tisch in der Mitte, eine Art leicht modernisierter bayerischer Wirtsstube. Etwa ein halbes Dutzend würdig dreinblickender Männer stand da, offenbar in Erwartung von Mr. Ford.

»Hier haben Sie meinen Generalstab«, sagte er und stellte sie mir der Reihe nach vor. Sorenson, für die Produktion verantwortlich, aus Dänemark stammend und schon als Kind in die Vereinigten Staaten gekommen, genoß das ganze Vertrauen seines Herrn und Meisters, mit dem er vom einfachen Mechaniker zu Reichtum und Macht aufgestiegen war. Er glorifizierte die Techniker und behandelte die Kaufleute im Werk geringschätzig, wie er auch alles beargwöhnte, was zu sehr nach Kultur und guter Erziehung aussah; nach seiner tiefen Überzeugung hatte eben jeder ohne weiteres das Produkt der Fabrik zu kaufen. Mir scheint, daß diese Sorte von »Tradition« zeitweise zum Niedergang des Fordschen Geschäftes beitrug. Sorensons kühler Blick verriet mir schon bei der ersten Begegnung die Härte, die sich mit seinen bedeutenden Fähigkeiten verband.

Sein Stellvertreter Martin, schmal und dunkel, ein französischer Kanadier mit angenehmen Manieren, erfreute sich größerer Beliebtheit. Bill Cameron, von dessen antisemitischer Kampagne mir Donaldson erzählt hatte, sah mit seinem geröteten Gesicht wie ein englischer Landedelmann aus. Seine wässerigen blauen Augen glänzten menschlich und weise; er war zurückhaltend und wählte seine Worte sorgfältig, sozusagen das geistige Zentrum des Ford-Reiches. Ich war nicht überrascht zu hören, daß er sonntags überkonfessionelle Kindergottesdienste in der Kirche von Greenfield abhielt. Cawling, der Leiter der Verkaufsabteilung, ehemaliger Rechtsanwalt, schlank, mit einer Adlernase, wurde später von Sorenson ausgebootet. Liebold, Fords Generalsekretär, klein, zu Wohlbeleibtheit neigend, mit lustigen Augen unter Brillengläsern, machte kein Hehl aus seiner deutschen Abstammung. Als ich ihn begrüßte, sagte er stolz und umständlich: »Guten Tag, wie geht es Ihnen, ich freue mich, Sie kennenzulernen.«

»Nur diese engsten Mitarbeiter Fords hatten das Vorrecht, mit ihrem Chef hier zu speisen. Bald merkte ich, daß sie davon nicht allzuoft Gebrauch machten. Es gab mehrere Speiseräume in diesem Teile des Ford-Reiches. Einer wurde nur von zwei »Spitzenmännern« benutzt, ein anderer diente etwa einem halben Dutzend von der zweiten Garnitur, der dritte faßte rund fünfzig, der vierte einige hundert. Dies war die sogenannte Cafeteria, wo man sich selbst bedienen mußte, während man in den übrigen Räumen dem Kellner seine Bestellung aufgeben konnte; dafür war in der Cafeteria die Auswahl der Speisen größer. All dies war vielleicht für niemanden sonderlich interessant, mit Ausnahme derjenigen, die hier Tag für Tag essen mußten. Für die Arbeiter waren keine derartigen Einrichtungen vorhanden.

Die hierarchische Anordnung im System der Speiseräume hatte eine frappante Ähnlichkeit mit dem Militär, wo Offiziere, Unteroffiziere und

Gemeine getrennt essen. Es überraschte mich, so etwas in einem privaten Unternehmen, obendrein in Amerika, anzutreffen; ich hatte einen leisen Zweifel, ob solch eine Methode genau das war, was man unter demokratisch zu verstehen hatte. »Na ja«, sagte man mir, als ich diesen Zweifel laut werden ließ, »Henry hat seine Spezialität von Demokratie.« Ich ahnte etwas von der Spezialität, als ich fand, daß viele der »Stars« — so genannt, weil sie als Angestellte mit Monatsgehalt einen Stern auf der obligatorischen Fordplakette hatten, die am Rock zu tragen war — aus der Werkstatt aufgestiegen waren und sich sonst noch wenig von ihren vielen tausend Arbeiterkollegen unterschieden, bis auf die Benutzung des Speiseraumes, die sie daran erinnerte, daß man in der Ford-Demokratie von unten nach oben gelangt.

Ford führte bei Tisch eine rasche Unterhaltung, der nicht immer zu folgen war. Er sprach Sentenzen wie die, daß man nur glücklich sein könne, wenn man schöpferisch sei und jeder sein Schöpfertum entwickeln könne — während ich meinte, daß es dem Genie vorbehalten bleibe. Er nannte die Deutschen ein begabtes und betriebsames Volk und sich einen Pazifisten, der sich im Kriege geweigert habe, seinen Betrieb in eine Munitionsfabrik umzuwandeln. »Die amerikanische Nation setzt sich aus Menschen aller möglichen Länder zusammen«, bemerkte er. »Sie alle leben und arbeiten gemeinsam in Frieden. Warum sollte das zwischen den Nationen nicht auch möglich sein?« Das schlug eine verwandte Saite in mir an, und ich konnte mich nicht enthalten zu sagen, daß er mit diesem Ideal viel Gutes stiften könne, wenn er an der Spitze des Landes stehe.

»O nein, mein Junge«, antwortete er. »Ich glaube nicht an die Politik. Ich kann mehr für die Menschheit tun, wenn ich gute und billige Autos fabriziere.«

Damit drückte er nur das in Amerika weitverbreitete Mißtrauen gegen die Politik und alle, die damit zu tun haben, aus. Unter meinen Vorfahren in Preußen galt es im Gegensatz dazu als eine Ehre, dem Staat in irgendeiner Form zu dienen, obwohl man dafür nicht gut bezahlt wurde.

Als Henry Ford mich nach dem Essen durch die große Halle zurückbrachte, hörte ich auf einmal die Klänge eines Wiener Walzers. Ford schob mich durch eine kleine Tür in einen langen, mahagonigetäfelten Saal. Hier tanzten etwa sechzig Kinder, Knaben und Mädchen von sechs bis zwölf Jahren, nach einer Musik von Luigi Boccherini ein kunstgerechtes Menuett.

Befand ich mich im Automobilzentrum der Welt, oder war ich um zweihundert Jahre zurückversetzt in ein Potsdamer Palais? Der Tanz hatte mit tiefen Verbeugungen und Knicksen der kleinen Tänzer und Tänzerinnen geendet, und wie aus weiter Ferne hörte ich Ford sagen: »Dies ist Professor Lovett und seine Frau.« Er stellte mich einem distinguierten, ergrauten Manne und einer älteren Dame vor, die freundlich durch ihre Brille blickte.

Das Orchester bestand aus zwei Violinen, einem Kontrabaß und einem Cembalo. Ford setzte sich ohne Umstände auf die Stufen des Musikpodiums und sagte zu Professor Lovett: »Fahren Sie ruhig fort. Unser Gast aus Deutschland möchte gewiß gern sehen, was Ihre Schüler gelernt haben.« Die Musik begann wieder, die Karrees wurden gebildet, Mr. Lovett kommandierte die Touren einer Quadrille. Wenn einer der kleinen Tänzer in Fords Nähe kam, gab dieser ihm einen freundlichen Klaps auf die Schulter.

»Sie dürfen mich ruhig für verrückt halten«, sagte Henry Ford zu mir, »Sie sind nicht der einzige, der das tut. Ich habe immer einige Steckenpferde gehabt, und dies ist mein liebstes. Unserem modernen Leben mit seiner Technisierung fehlt es an Grazie. Bei Ihnen in Europa steht es damit besser. Ich bin ein großer Freund alter Traditionen und habe entdeckt, daß diese Tänze früher auch bei uns im Schwange waren. Lovett kam mir zu Hilfe, und wir haben mit großer Mühe nach alter Tanzmusik geforscht. Jetzt haben wir schon eine ganze Notenbibliothek, die größte und vollständigste Sammlung dieser Art in der Welt. Dann habe ich mir aus meinen Arbeitern ein kleines Orchester zusammengesucht, und schließlich habe ich meine Mitarbeiter und ihre Frauen eingeladen. Die Lovetts mußten uns die alten Tanzschritte beibringen. Bald machte das so viel Spaß, daß wir jetzt jeden Freitag einen Tanzabend haben. Nächsten Freitag müssen Sie dabei sein.«

»So lange wollte ich nicht hierbleiben . . .«

»Das lassen Sie meine Sorge sein.«

Er drehte sich um und ließ mich mit meiner Verwunderung allein. Lovett trat zu mir und bot sich an, mir bis zum Freitag ein paar Privatstunden in diesen alten Tänzen zu geben. Als Donaldson nachher davon hörte, meinte er: »Wahrscheinlich sind Sie nicht von Berlin nach Detroit gekommen, um altmodische Tänze zu lernen. Aber hier weiß man nie, was einem der nächste Augenblick beschert. Na— bevor Sie so viele Fordleute sehen, daß Sie genug davon kriegen, bringe ich Sie mal in den Scarabs-Club, der gar nichts mit Ford zu tun hat.«

Im Scarabs-Club traf ich abends eine ausgezeichnete Versammlung von guten Köpfen. Ich habe nicht alle Namen behalten, aber einige: Ossip Gabrilowitsch, Dirigent des Detroiter Symphonie-Orchesters, Dr. Francis L. York, Direktor des Konservatoriums von Detroit, Reverend Johnes, Pater Caughlin, der später so berühmt durch seine Rundfunkpredigten wurde, Paul Honoré, ein Freskenmaler, Dr. Valentiner, Direktor des Museums von Detroit. Bei Dr. York nahm ich später Klavierstunden und Unterricht in Harmonielehre; er wohnte dreißig Kilometer nördlich von Detroit in dem kleinen Städtchen Royal Oak. Sehr überrascht waren Dr. Valentiner und ich, denn wir kannten uns seit fünfzehn Jahren. Valentiner war im ersten Weltkriege in Berlin gewesen und hatte uns oft im Kronprinzenpalais besucht. In den zwanziger Jahren war er, nun schon ein namhafter Kunstwissenschaftler, nach Amerika ausgewandert. Er hielt dort Vorlesungen; Fords Sohn Edsel hörte davon und beauftragte ihn mit dem Aufbau des Museums von Detroit. Eine Ausstellung der berühmtesten Rembrandts, die Valentiner veranstaltete, war eine richtige Sensation.

Wir hatten vergnügliche Stunden in diesem Klub, und ich erinnere mich, daß ich hier die »Scheu vor der offenen Tür« überwinden lernte. In einer deutschen Gesellschaft ist eine vom Gastgeber mit der Bitte einzutreten geöffnete Tür immer ein Hindernis: jeder der Gäste will dem anderen den Vortritt lassen, und zum Schluß wollen alle gleichzeitig hinein. Hier in Amerika sah ich, daß es ohne solche Zeremonien viel einfacher ist.

Donaldson zeigte mir an den folgenden Tagen die Versuchsfarmen, wo Ford, ein Vorkämpfer der Verbindung von Landwirtschaft und Industrie, Pflanzen anbauen ließ, aus denen ein beim Autobau zu benutzender Kunststoff hergestellt wurde, ferner den Flugplatz und die kleine Flugzeugfabrik — Donaldson sagte: »Der Boß interessiert sich nicht besonders dafür, aber irgendwer hat es ihm eingeredet« —, und schließlich Greenfield Village. »Auch so ein komisches Steckenpferd«, brummte Donaldson. »Ich möchte nicht meine Stellung verlieren, weil ich Ihnen das nicht gezeigt habe.«

Als wir unsere Lincoln-Limousine mit einer altertümlichen Kutsche vertauschen mußten, verstand ich, was gemeint war. Ein Pferdewagen im Zentrum der Automobilindustrie! Wir fuhren durch grünes Weideland mit Kühen und bogen alsbald in die Hauptstraße eines richtigen kleinen Städtchens ein mit Kirche, Schule und allem, was dazugehört. Aber es war unbewohnt — ein Freiluftmuseum. Mittendrin stand ein kleines bescheidenes Bauernhaus: die Geburtsstätte von Henry Ford. Alle übrigen Gebäude hatten eine Beziehung zu Thomas Edison, den Ford hoch verehrte. Da war Edisons altes Laboratorium, in dem er die elektrische Glühbirne erfunden hatte, und da war ein vorsintflutliches Photoatelier, wo sich die Besucher von einem Photographen aufnehmen lassen konnten, der, seinem Äußeren nach zu schließen, noch aus den ersten Tagen dieser Erfindung stammte.

River Rouge Plant, die eigentliche Fabrik, sah ich erst am letzten Tage meines Aufenthaltes. Die Besichtigung dauerte drei Stunden. Manchmal brauchten wir gar nicht erst auszusteigen, sondern fuhren langsam im Wagen durch die großen Hallen. Die Produktion war damals mit neuntausend Wagen täglich auf dem Höhepunkt; das ganze Werk schien vor Aktivität zu fiebern. In der Motorenhalle sah ich zum ersten Male in meinem Leben das laufende Band, das Thema zahlloser Bücher und hitziger Diskussionen, von vielen bewundert, von vielen gehaßt. Ich fragte den Produktionsleiter Sorenson, ob die ständige Wiederholung der ewig gleichen Handgriffe die Arbeiter nicht abstumpfe. Er antwortete: »Das hat man allgemein geglaubt, es hat sich aber als Irrtum erwiesen. Jeder Arbeiter am laufenden Band kennt nicht nur seinen speziellen Handgriff, sondern kann auch einen ganzen Wagen allein zusammensetzen. Viele haben eine Garage oder eine Reparaturwerkstätte, in der sie in ihrer Freizeit arbeiten. Es kommt kaum je vor, daß einer in eine andere Abteilung will, weil er der ewig gleichen Arbeit überdrüssig wäre. Im Gegenteil, je besser er seine Arbeit kennt, desto weniger braucht er sich dabei anzustrengen. Die Hände arbeiten fast automatisch, aber der Geist ist frei und unbelastet.«

Maßgeblicher als diese Bemerkung aus dem Munde von Sorenson war mir die Auskunft, die ich später von den Arbeitern selbst erhielt: »Unser Brot müssen wir so und so verdienen, und da ist es uns gleichgültig, auf welche Weise. Je weniger anstrengend die Arbeit, desto besser für uns.« Mit dieser schlichten Feststellung schien mir das Problem des Fordismus, abseits aller sozialen und politischen Argumente, auf eine einfache Weise gelöst zu sein.

Die Halle war peinlich sauber. Unablässig wurden die Fenster geputzt, die Böden gefegt; nirgends lag weggeworfenes Papier oder anderer Abfall. Sorensons scharfe Augen blickten in jeden Winkel. Reinlichkeit und Hygiene bis an die Grenze des Möglichen: so wollte es der Chef, und ich glaube, er hatte recht. Nirgends habe ich so blitzblanke Lokomotiven gesehen wie auf Fords privater Eisenbahnlinie. Trotzdem hatte dieser

Grad von mechanischer Aktivität und sauberer Präzision etwas Erschreckendes für mich; ich habe mich auch später nie ganz daran gewöhnen können. Die »offenen« Büros, eines wie das andere, blieben mir mit ihren Glaswänden ebenfalls eine in Vorzügen und Nachteilen schwer zu wertende Erscheinung. Selbst Sorenson, der mächtigste Mann in Fords Industrie-Imperium, saß in solch einem Glaskäfig frei vor aller Augen; lediglich Edsel Ford, der Sohn, hatte ein privates, bequem und geschmackvoll eingerichtetes Büro. Er pflegte sich nicht wie sein Vater auf dem Tisch oder gar auf dem Boden niederzulassen, sondern er saß am Tisch, wofür ihm alle, die unter Henry Fords Spezialitäten litten, dankbar waren. Es ist richtig, daß jemand in einer leitenden Stellung weniger dazu verführt wird, sich mit tyrannischen Vorzimmern wie ein Halbgott zu gebärden, wenn jedermann ihn von Anfang an durch die Glaswand sehen kann; andererseits gibt es dabei keine einzige private Minute, und ich weiß nicht, ob durch diesen pausenlosen Arbeitszwang die echte Arbeit so viel gefördert wird, daß man dafür das Aufhören jeder privaten Regung in Kauf nehmen dürfte.

Bei einer unserer Fahrten stießen wir auf den Garagenverwalter, der in Windsor geboren war, die Königin Victoria noch gekannt und meinen Großvater bei ihrem Begräbnis gesehen hatte. Aber die größere Überraschung war Harry Bennett. Wir gingen in den Keller hinunter und betraten einen kleinen Raum mit Oberlicht und kahlen Wänden; er glich einer Gefängniszelle. Kaum waren wir über die Schwelle, als es zweimal knallte. Donaldson griff mit einem Wutschrei nach seinem neuen, nun von zwei Kugeln durchlöcherten Strohhut. Die Schüsse waren aus der Richtung des Schreibtisches gekommen, zugleich mit einem gewaltigen Gelächter des Mannes, der sie abgegeben hatte. Ohne auf Donaldsons Flüche zu achten, sagte er, immer noch lachend: »Nächstes Mal wirst du wohl den Hut abnehmen, wenn du bei einem Gentleman eintrittst. Außerdem weißt du, daß ich Strohhüte nicht ausstehen kann.« Nach weiterem Austausch von Beschimpfungen zwischen den beiden erfuhr ich, daß dies Harry Bennett war, der Chef des Fordschen »Intelligence Service«, ungefähr fünfunddreißig Jahre, klein, aber athletisch, einst Box-Champion in der amerikanischen Marine. Bennett hatte den Oberbefehl über Fords Privatpolizei.

Dieses Sicherheitssystem ist von Fords Gegnern oft kritisiert und mit der GPU verglichen worden (die Gestapo war damals noch nicht erfunden). Dennoch hatte es wohl einige Berechtigung in einem Betrieb, in dem hunderttausend Arbeiter aller Nationalitäten, Rassen, Farben und Klassen, und keineswegs alle Engel, zusammengeballt waren. Diebstähle wurden aber nur mit Entlassung geahndet und kamen nie vor die Gerichte; mit seinem strengen Gerechtigkeitsempfinden dachte Harry Bennett immer menschlich. Es war zu Anfang der zwanziger Jahre, daß Henry Ford in ihm den Mann fand, den er suchte, um sein und seiner Familie Leben und insbesondere seine Enkelkinder vor Kidnappern zu schützen. Damals war ein Anschlag auf Ford gemacht worden: ein Auto, das auf einer Landstraße sein eigenes überholte und dabei hart streifte, zwang ihn zu einem so scharfen Ausweichen, daß er eine steile Böschung hinabrollte. Wie durch ein Wunder glückte ihm ein Sprung aus dem Wagen und damit die Rettung seines Lebens. Seitdem war Bennett da; überall waren seine Leute verteilt, auch in den ausländischen Niederlassungen. Manchmal, doch selten, waren sie zu erkennen, wenn sie gemütlich durch die Gebäude gingen; im allgemeinen arbeiteten sie unter den anderen, so daß Bennett genau erfuhr, was »da draußen los« war, wie er sich ausdrückte. Er hatte auch über rund zweitausend Sträflinge zu wachen, die Henry Ford mit seinen humanitären Reformbestrebungen freibekommen hatte, um aus ihnen nützliche Glieder der Gesellschaft zu machen.

Aber Bennett, der Ford beschützte, mußte selber auf seine Sicherheit achten. Sein Haus stand ganz frei auf einem Felsen über einem Fluß in der Nähe von Ann Arbor, der Universitätsstadt des Staates Michigan, die auch sein Geburtsort war; von jedem Fenster ließen sich die Zugänge, durch kein Gebüsch verdeckt, beobachten. Als Bennett mich später einmal dorthin mitnahm, um seinen alten Musiklehrer Schäfer, einen Vetter des Leibarztes meines Vaters, Professors Dr. Widenmann, zu treffen, zeigte er mir unterwegs ein Prachtstück von einem Revolver, mit Einlagen von Goldemaille und Ebenholz. »Dieses Ding verläßt mich nie«, sagte er. »Man kann nie wissen. Ich habe ein paar gute Freunde, die das dringende Bedürfnis fühlen, mich loszuwerden.« Während der ganzen Fahrt blickte er ständig rechts und links und sogar rückwärts; mit noch gespannterer Aufmerksamkeit, wenn hinter uns ein anderes Auto sich näherte.

Außer der Musik, insonderheit der deutschen, was auf Professor Schäfer zurückzuführen war, galt seine Liebe dem Jachtsport auf den Seen St. Clair oder Huron. Dazu lud er seine engsten Freunde ein, unter anderen einen Arzt aus dem River-Rouge-Krankenhaus, Dr. Baew, einen russischen Emigranten und treuen Anhänger der Dynastie Romanow. Durch diesen Umgang war ihm das Rußland der Zaren so gegenwärtig, daß er von dem sowjetischen Rußland nicht nur nichts wissen wollte, sondern es auch beinahe gar nicht als existent betrachtete. Alles in allem war Harry Bennett weitaus der interessanteste Charakter aus dem »inneren Fordkreis«. Immer zu kühnen Scherzen aufgelegt, gelegentlich wichtigtuerischen Leuten einen Streich spielend, stets wachsam und stets auf der Hut, war er gleichzeitig bereit, wenn es darauf ankam, sein Leben rücksichtslos zu opfern. Davon sollte ich später eine Probe erleben.

Eines Morgens wurde ich durch die Mitteilung in Aufregung versetzt, Henry Ford wolle mich bei sich zu Hause zum Mittagessen haben. Kurz nach zwölf tauchte Ford selbst im Büro seines Sekretärs auf, um mich abzuholen. Wir bestiegen ein kleines blaues Coupé. Ford nahm am Steuer Platz, und ich mußte mich neben ihn setzen. Er fuhr sehr vorsichtig, doch zugleich lässig, das Steuer leichthin mit einer Hand führend. Anscheinend gänzlich entspannt, sprach er zum ersten Male von seinen Autos zu mir, von dem Standard-Modell T und dem komfortableren Modell A. Von jenem, dem sogenannten »Tin Lizzi«, waren bisher fünfundzwanzig Millionen über die ganze Erde verbreitet. Später habe ich so manchen kleinen amerikanischen Farmer steif und aufrecht hinter dem hochragenden Steuerrad seines »Tin Lizzi« sitzen sehen, als wenn er einen Gaul vor sich hätte und nicht einen Motor.

Durch ein unauffälliges Tor bogen wir in einen Park ein, der wie eine Landschaft wirkte, bei welcher ein verständnisvoller Gärtner ein paar unmerkliche Korrekturen angebracht hat. Wir fuhren durch ein Wäldchen und dann über eine Brücke. »Der River Rouge«, sagte Ford. Endlich hielten wir vor einem englischen Landhaus mittlerer Größe. Ford sprang flink aus dem Wagen und führte mich durch ein kleines Entree in eine Wohnhalle, die fast das ganze Erdgeschoß einzunehmen schien und mehrere Fenster mit Aussicht auf Fluß und Park hatte. Ein Teil, zu dem man ein paar Stufen hinabging, war Bibliothek und enthielt eine Hausorgel. Das Ganze erinnerte mich von fern an das Haus der Roosevelts in Hyde Park, nur etwas moderner war es.

Mrs. Ford begrüßte mich herzlich, mit einem leicht englischen Akzent. Wir waren nur zu dritt. Was gegessen wurde, weiß ich nicht mehr genau, aber eines werde ich nie vergessen. Nach der Suppe stellte der Butler drei Weingläser vor uns hin, die er aus einer Karaffe mit einer roten Flüssigkeit füllte. Es war mir unvorstellbar, daß sie etwas anderes enthalten könne als Fruchtsaft. Nachdem wir angestoßen hatten, brachte ich, innerlich amüsiert, das Glas an meine Lippen. Die Flüssigkeit stellte sich als guter alter Portwein heraus. Nun war es an Henry Ford, sich an meiner Verblüffung zu weiden.

»Wie schmeckt Ihnen das?« fragte er mit leichter Ironie. »Ich selbst halte zwar nicht viel vom Weintrinken, aber warum sollten andere Leute sich nicht daran erfreuen? Sie sehen, ich bin nicht ganz so schlimm, wie man Ihnen vielleicht gesagt hat. Die Leute müssen immer übertreiben. Schließlich konnte ich ja nicht mit Wasser auf Ihr Wohl trinken. Das wäre ein schlechtes Vorzeichen, und ich bin abergläubisch.«

Während des Essens erzählte er mit rührender Schlichtheit von seiner Jugend. Zwischendurch erkundigte er sich nach meinen weiteren Reiseplänen. Ich hütete mich, Hollywood zu erwähnen. Als ich von meiner Absicht sprach, mich in Argentinien dem Bankfach zu widmen, kam wie aus heiterem Himmel die Frage: »Warum wollen Sie eigentlich nicht für mich arbeiten?« Für dieses schmeichelhafte Angebot dankte ich so höflich, wie ich es vermochte; ich fügte hinzu, von technischen Dingen hätte ich keine Ahnung. »Das ist genau das, was wir brauchen«, sagte er. »Je weniger Sie wissen, desto schneller werden Sie es lernen.«

Er sagte nichts weiter, als wollte er mir viel Zeit zum Nachdenken lassen. Weiß Gott, ich brauchte sie.

Leicht verzagt fuhr ich am nächsten Abend mit Donaldson zu dem Fordschen »Hofball«. Ich hatte meinen Smoking angezogen. Als wir den Tanzsaal betraten, war die Ankunft der Gäste in vollem Gange. Es erregte etwas Staunen, als ich Mrs. Ford die Hand küßte; später habe ich festgestellt, daß sich die meisten Amerikanerinnen nach der ersten Überraschung gern an diese kleine kontinentale Höflichkeit gewöhnen. An diesem Abend traf ich zum ersten Male Edsel Ford, den Kronprinzen der Dynastie. Er war erheblich kleiner als sein Vater, dennoch ähnelten sie sich. Das Bewußtsein, immer im Schatten des Vaters zu leben, hatte sichtlich Spuren in ihm hinterlassen, die sich in seinem sensiblen Charakter ausprägten. Ich habe oft Edsels Situation mit der meines eigenen Vaters vergleichen müssen. Beide kamen um ihr Erbe: der eine durch den Lauf der Geschichte, der andere durch den Tod. Beide hatten sich, jeder in seinem Reich, um Reformen bemüht, ohne sich indessen bei den Ratgebern ihrer beiden Väter durchsetzen zu können.

In der dritten Generation paßte der Vergleich nicht mehr: der Enkel, Henry Ford II, konnte immerhin ein gesichertes Erbe übernehmen, während von mir nur ein Erbe zu übernehmen war, das sich aus der Idee nährt. Aber da sind andere Ähnlichkeiten. Sowohl mit meinem Großvater als auch mit Henry Ford verband mich enge und wirkliche Freundschaft. Es waren die Alten, die meinem Leben die entscheidenden Wendungen gaben. Seltsamerweise hatten gerade sie Verständnis für meine Ansichten, die oft radikaler waren als die ihrer eigenen Söhne.

Inzwischen hatten sich mehr und mehr Tanzschüler eingefunden, eine wahrhaft demokratische Gesellschaft mit Sekretärinnen, Stenotypistinnen, Schwestern vom Henry-Ford-Hospital, Telephonistinnen und Angestellten aus allen möglichen Abteilungen; dazu natürlich die Spitzen der Ford-Hierarchie, für die das Erscheinen bei diesen Empfängen Pflicht war. Als Professor Lovett auf das Podium stieg und mit den Worten: »Gentlemen, get your ladies« den ersten Tanz ankündigte, ging ich kühn zu Mrs. Ford und forderte sie mit einer formellen Verbeugung auf. Obwohl sie überrascht tat, nahm sie an; ich glaubte auch zu bemerken, daß Henry Ford ihr ermunternd zugenickt hatte. Wir bildeten ein Karree, das, ich ausgenommen, nur aus Mitgliedern der Ford-Familie bestand. Die Musik begann, und die feierliche »Quadrille à la Cour« nahm ihren Anfang. Ich hatte es mit geübten Tänzern zu tun. Niemand machte auch nur einen falschen Schritt. Am Hofe meines Großvaters einst in Berlin hätten sich die Paare nicht präziser bewegen können; es fehlten nur die farbenprächtigen Uniformen der Prinzen, hohen Offiziere und ausländischen Botschafter.

Es gab keine Erfrischungen. Wer wollte, konnte sich ein Glas Wasser holen. Niemand rauchte. Rauchen war im gesamten Ford-Reich untersagt. Diese Gepflogenheiten sollten später einmal eine drollige Aufgeregtheit verursachen, wovon man noch hören wird.

Plötzlich trat Ford mit der Frage auf mich zu, ob ich nicht etwas spielen wolle. Ich kämpfte mit meiner Verlegenheit, griff aber dann kurz entschlossen nach einer Geige und spielte die Barcarole von Offenbach. Sogleich nahm Ford seine Gattin um die Taille und walzte mit ihr durch den Saal; andere Paare folgten, und so war ich einige Minuten lang der Primgeiger von Henry Ford.

Der Abend endete gegen zehn Uhr mit einer feierlichen Polonaise. Als ich beim Abschied — anderen Tages wollte ich reisen — Fords sehnige Hand schüttelte, versuchte ich mit ein paar Worten meine Dankbarkeit auszudrücken.

»Schön, daß Sie hier waren«, antwortete er schlicht. »Übrigens, wenn Sie in Kalifornien ein Fahrzeug brauchen, sagen Sie es nur der örtlichen Filiale. Es wird überall ein Wagen zu Ihrer Verfügung stehen. Gute Reise, und vergessen Sie nicht mein Angebot von gestern.«

9. Kapitel

DIE ROMANZE LILY DAMITA

Von der Plattform des Aussichtswagens sah ich die Schornsteine der Kraftstation von River Rouge Plant. Fünfzehn Minuten danach sausten wir in voller Fahrt durch Dearborn; mein Blick erhaschte gerade noch das Laboratorium mit den Anlagen und dem kleinen Teich davor. So viele Eindrücke mein Geist zu verarbeiten gehabt hätte — er wollte sich nicht zurückwenden, er wollte vorauseilen, womöglich noch schneller als der Expreßzug, der mich mit jedem Augenblick der pazifischen Küste näherbrachte. Ich hatte Lily Damita nicht verständigt, ich gedachte sie zu überraschen. Ganz jählings fiel es mir auf die Seele: wenn wir nun irgendwo auf meiner zehntausend Kilometer langen Reisestrecke aneinander vorbeigefahren wären?

Am Abend um neun war ich in Chicago. Der Name dieser Stadt war damals beinahe untrennbar von Gangstertum und Unterwelt; nachher habe ich immer wieder gefunden, daß ihre Luft dieselben Wirkungen hat wie die von Berlin: sie kräftigt und belebt wie Sekt. Dieses Mal fuhr ich gleich weiter nach St. Paul, der Hauptstadt des Staates Minnesota. Dort blieb ich drei Tage bei der Familie Hill von der Great Northern Railroad, an die ich durch Alesworth, den Präsidenten der National Broadcasting, empfohlen worden war. »Sie müssen sich bei diesem alten Moralisten Henry Ford entsetzlich gelangweilt haben«, meinte der alte Louis Hill, »aber wir werden Sie für die Entbehrungen entschädigen.« Von dieser Entschädigung war ich noch völlig benommen, als ich abreiste. Der junge Louis Hill hatte mich in seinem Wagen nach Los Angeles fahren wollen, während sein Vater mir die Fahrt auf einer seiner Lokomotiven angeboten hatte. Die Lokomotive hätte ich auf jeden Fall vorgezogen, auch wenn mir nicht jemand zugeflüstert hätte, der junge Hill sei zwar ein netter Kerl, das Autofahren mit ihm aber eine halsbrecherische Angelegenheit. Als ich die Koffer packte, fand ich zwei große Parfumflaschen, in Seidenpapier eingewickelt, auf meinem Tisch. So viel wußte ich nun schon Bescheid, daß ich unschwer erriet, daß dieses Parfum in Wahrheit bester alter Whisky war. Aber der deutsche Respekt vor dem Gesetz war in mir so stark, daß ich diesen Verstoß gegen die Prohibition nicht wagte. Ich ließ die Flaschen zurück und widerstand allem Drängen meiner Gastgeber. Dabei kam ich mir heroisch vor, wahrscheinlich jedoch war es nur unhöflich und obendrein töricht.

So stieg ich zum zweiten Male auf die Lokomotive eines Expreßzuges. Jetzt erschien mir der amerikanische Kontinent, den ich von einem bis zum anderen Ende durchmessen sollte, wie ein weites Meer. Doch so weit und gewaltig es war, so sehr ermüdete es auf die Dauer, wenn man es nur von der Lokomotive betrachten konnte; im Auto des jungen Hill hätte ich Land und Leute sicher besser beobachten können. Als wir einmal auf einer kleinen Station halten mußten, ging ich zu meinem Pullmanwagen zurück. Ich hatte ihn noch nicht erreicht, als das Abfahrtsignal gezogen wurde und der Zug sich in Bewegung setzte; ich konnte mich gerade noch an der Plattform des Aussichtswagens anklammern und versuchte, von außen hinaufzuklettern. Dann verlangsamte der Zug sein Tempo, und schließlich hielt er wieder. Der Zugführer schritt ohne Aufregung den Zug entlang, machte bei mir halt und sagte: »Vielleicht haben Sie die Güte, in Zukunft auf normalem Wege einzusteigen. Ich möchte nicht gern meine Stellung verlieren, wenn Sie den Hals brechen.«

In Seattle geriet ich in ein Schnellfeuer der Pressephotographen. Die Propagandaabteilung der Hills hatte gut gearbeitet. Ich mußte vor der Kamera in meinem Overall posieren, der mittlerweile so schmutzig war, daß die Bilder als echt gelten konnten. Man drückte mir eine Ölkanne in die Hand, mit der ich mir an den Rädern der Lokomotive zu schaffen machen sollte. »Das ist genau das, was die Zeitungsleser sehen wollen«, hieß es, als ich mich etwas sträubte.

Endlich erreichten wir Oakland, wo ich den Zug verließ, um das Fährboot über die Bucht von San Francisco zu benutzen. Aus dichtem Nebel stieg ganz unvermittelt das grandiose Panorama dieser Stadt auf den Hügeln empor, die nach Rio de Janeiro die am schönsten gelegene von allen Städten der Welt ist. Eine frische Brise fegte das »Goldene Tor« klar, und unter dem weiten Schwung des die Bucht überspannenden Himmels vertiefte sich die Bläue des Wassers. Auf allen Höhen wurde es mit der Zeit lichter und lichter, und über Los Angeles vollends ging gerade ein strahlender Morgen auf, als ich mit dem San Francisco—Los Angeles-Expreß dort eintraf.

Kaum hatte ich mich in meinem Hotelzimmer eingerichtet, als ich auch schon nach dem Telephonhörer griff und mich mit dem Hotel verbinden ließ, das mir als Lilys Adresse bekannt war.

»Bitte das Zimmer von Miß Lily Damita.«

Nach einer Weile, die mir endlos erschien, antwortete eine Stimme: »Bedaure, bei uns wohnt keine Miß Damita.«

Mein Herz stockte, und mit mehr Verzweiflung als Überzeugung beharrte ich: »Miß Damita wohnt bei Ihnen, ich weiß es ganz bestimmt.«

Abermals dauerte es eine Weile, dann brachte ich heraus, daß sie vor einigen Wochen in ein anderes Hotel gezogen war. Wieder ein Anruf, wieder die bange Frage. »Ja, aber —«, und nun wurde ich belehrt, daß es erst acht Uhr früh sei und noch dazu Sonntag. »Miß Damita wünscht nicht, vor elf geweckt zu werden«. Ich flehte den Mann an, eine Ausnahme zu machen; ich sei mit der Dame eng befreundet und soeben aus Europa angekommen.

Eine Zeitlang hörte ich nichts, dann kam eine schläfrige Stimme: »Wer ist da? Louis? Wo bist du — doch nicht in Los Angeles?«

»Natürlich!« rief ich. »Ich habe die ganze Reise von Berlin bis zu dir gemacht. Wann kann ich dich sehen?«

Sie antwortete nicht sofort. Die Pause dehnte sich, dann vernahm ich: »Komm' um elf, eher bin ich nicht fertig. Sonntags ist der einzige Tag, an dem ich ausschlafen kann. Ich arbeite im Augenblick angestrengt an einem neuen Film.«

Wie im Traum legte ich den Hörer hin. Während ich auf der Hotelterrasse im Sonnenschein frühstückte, wurden mir Zeitungsreporter und Photographen gemeldet. »Lassen Sie sie warten, ich will erst frühstücken«, sagte ich. In späteren Jahren habe ich nie mehr Reporter auch nur eine Minute warten lassen. Ich ließ mich interviewen, wie und wo ich gerade war, im Bett oder im Badezimmer. Auf meiner Hochzeitsreise drang in New York der Vertreter des »Daily Mirror« in unser Schlafzimmer, bevor wir noch aufgestanden waren; wir waren trotzdem freundlich zu ihm, und er vergalt es uns, indem er den ganzen Tag Privatsekretär bei uns spielte.

Jetzt standen zwei Reporter und zwei Photographen unten in der Halle. Sie fragten eine Menge, und ich packte meine Reiseerlebnisse aus. Schon dachte ich, sie hätten Stoff genug, als einer, ein älterer Herr mit Menjou-Bärtchen, ganz beiläufig, als habe er eine Sache von einiger Wichtigkeit vergessen, fragte: »Übrigens, Prinz, werden Sie nicht Miß Lily Damita besuchen? Das Gerücht will von einer zarten Beziehung wissen.« Die Frage hatte ich gefürchtet seit dem Augenblick, da ich meinen Großvater in Doorn verlassen hatte. Mein schlechtes Gewissen schlug. Gerade war mir ein Brief von ihm nachgesandt worden. Er wünschte mir schöne und genußreiche Tage bei Mrs. Charlemagne Tower in Pasadena und warnte mich erneut vor dem gefährlichen Pflaster von Hollywood; Mrs. Tower, die mich ja auf der Überfahrt nach Amerika eingeladen hatte, war von mir vorgeschoben worden, um meinen Abstecher nach Los Angeles zu rechtfertigen. Ich nahm mich zusammen. »Das Gerücht ist falsch«, sagte ich ungeschickt und viel zu ärgerlich zu den Zeitungsleuten. »Miß Damita und ich sind gute Freunde und weiter nichts.« Da sie mich gleich darauf verließen, glaubte ich, auch dies glücklich überstanden zu haben.

Die Reporter hatten mir sogar die Stunden bis elf Uhr verkürzt. Pünktlich betrat ich das Hotel »Château Elysée«, wo Lily wohnte. Der Taxifahrer, der mich hingebracht hatte, mußte mir nachrufen, daß ich in der Aufregung zu zahlen vergessen hatte.

Mit überstürzten Worten, immer wieder uns gegenseitig unterbrechend, tauschten wir unsere Erlebnisse seit dem wehmütigen Abschied in Berlin aus. Lily hatte nach kritischen Monaten in Hollywood Fuß gefaßt, obwohl sie sich vom stummen Film auf den Tonfilm umstellen mußte und mit der englischen Aussprache Schwierigkeiten hatte; jetzt spielte sie die Hauptrolle in einem Warner-Brothers-Film. Wir fuhren zum Strand von Santa Monica, und ich erzählte ihr von meinen Plänen in Südamerika und von meinem festen Entschluß, zuvor wenigstens drei Monate in Hollywood zu bleiben. Bei einem späten Mittagessen, das wir auf dem Mount Hollywood einnahmen, schien mir die wunderbare Aussicht, überhaupt die ganze Szenerie mit meiner Stimmung in Einklang zu sein. Erfüllt davon, schrieb ich nachher an meinen Vater einen langen Brief, der mein Glück schilderte.

Die Abendblätter in Hollywood brachten Artikel über mich, ohne Lilys Namen auch nur zu erwähnen. Als ich aber am nächsten Morgen beim Frühstück den »Los Angeles Examiner« aufschlug, fand ich auf der dritten Seite eine Story, die den Verlauf unseres gestrigen Tages am Strand des Pazifischen Ozeans in allen Einzelheiten beschrieb. Ich war einem Nervenzusammenbruch nahe. Lily hingegen zeigte sich nicht im geringsten beunruhigt. Sie lachte über meine Besorgnisse, meine Verzweiflung.

»Mein Lieber, hast du denn geglaubt, du könntest ausgerechnet in Hollywood inkognito bleiben? Das ist ganz harmlos und hat nichts zu bedeuten. In ein paar Tagen haben die Zeitungen eine andere Sensation, und nach uns fragt kein Mensch mehr.«

Einen Augenblick lang hatte ich den furchtbaren Argwohn gehegt, daß sie selbst um der Publizität willen der Presse einen Wink gegeben habe. Es kam mir jetzt auch so vor, als ob ihr Eifer, mich wiederzusehen, nicht so groß gewesen sei wie der meinige, sie zu sehen. Doch ich vergaß das, sobald sie wieder, wie in Berlin, mit praktischen Reformen in mein Leben eingriff. Sie sorgte dafür, daß ich ein kleines Apartment in der Villa Carlota, gerade gegenüber vom »Château Elysée«, mietete, nicht so teuer wie mein bisheriges Ambassador-Hotel, hundert Dollar im Monat. Ich hatte sogar einen freundlichen Neger, Diener und Sekretär in einem. Zum Essen führte Lily mich zu Henry Bergman, dem Inhaber eines kleinen Restaurants, einem ehemaligen Opernsänger, in Deutschland geboren. Er bekam jetzt gelegentlich Chargenrollen in Hollywood; sein Freund Charlie Chaplin hatte ihm dieses Restaurant eingerichtet. Es war gut besucht.

Allmählich wurde ich mit den Prominenten von Hollywood bekannt; ich sah Douglas Fairbanks sen. und Charlie Chaplin. Bei einem Abendessen, das Carl Laemmle gab, mußte ich eine Tischrede halten. Ich sprach von der hohen europäischen Achtung vor der amerikanischen Filmproduktion, der damit eine Verantwortung vor der gesamten Menschheit zufalle; ich machte mich kühn zum Sprecher von Tausenden deutscher Kinobesucher und wünschte der amerikanischen Filmindustrie allen Erfolg. Ich erntete viel Beifall; allerdings nur in diesem Kreise und nicht bei gewissen deutschen Zeitungen, am wenigsten beim »Völkischen Beobachter«. Dort wurde ich scharf kritisiert, denn die Universal Pictures, deren Präsident Carl Laemmle war, hatten außer »Im Westen nichts Neues« mehrere deutschfeindliche Kriegsfilme gedreht.

Lily war jetzt den ganzen Tag im Atelier und konnte auch abends selten ausgehen, weil sie schon früh wieder bei der Arbeit sein mußte. Eines Abends aber speisten wir bei Marion Davies. Unter den Gästen befand sich Adolphe Menjou. Meine Freundschaft mit Lily war kein Geheimnis in den Schauspielerkreisen von Hollywood. Gewisse Leute, die überall gedeihen, machten sich mit »vertraulichen Eröffnungen« und »freundschaftlichen Warnungen« an mich heran. Sie erzählten mir die damals umlaufende Geschichte von dem Hollywood-Abenteuer meines englischen Vetters, des Herzogs von Kent, und sie ließen vertraulich durchblicken, daß die Person, um die es sich dabei gehandelt habe, mit einer gewissen anderen Person identisch sei. Ich erteilte diesen Einflüsterern eine Abfuhr und hielt es für unter meiner Würde, der Sache nachzugehen. Statt dessen nahm ich in meinen unfreiwilligen Mußestunden lieber Flugunterricht und verbrachte ganze Tage auf dem Flugplatz. Auch das blieb nicht verborgen, und so besuchte mich wieder einmal ein Reporter der »Los Angeles Times«. Er sprach spanisch; das nahm mich so für ihn ein, daß ich ihm viel mehr erzählte, als ich eigentlich wollte. Ich vertraute diesem Mr. Smith, wie er sich nannte, so blindlings, daß ich ihn ein Photo von Lily und mir machen ließ.

An demselben Abend noch drang ich bei Lily auf Klärung der Heiratsfrage. Es war eine lange und wohlgesetzte Rede, die ich ihr hielt; Lily sah das Problem äußerst praktisch an. »Was für ein großes Kind du bist«, sagte sie. »Aber schließlich — warum sollen wir nicht heiraten? Wir können nach Tia Juana fahren. Dort in Mexiko sind die Formalitäten einfacher als hier.«

Ich atmete auf. Zwar wagte ich nicht, mir jetzt schon alle Konsequenzen vorzustellen; ich wußte nur so viel, daß der geplante Schritt mein Leben von Grund auf verändern würde. Kein Zweifel, daß meine Familie mit allen Mitteln versuchen würde, diese Mesalliance zu verhindern oder, falls es dazu zu spät war, sie rückgängig zu machen. Bei meinem Großvater und bei meinen Eltern würde ich in Ungnade fallen. Wovon wollte ich leben? Meine Reisekasse schrumpfte rasch zusammen, und nach dieser unfreundlichen Überraschung würde meine Familie wohl kaum bereit sein, mich länger in Hollywood zu finanzieren. Ich mußte mich also nach einem Beruf umsehen, und da fiel mir das Angebot ein, das Henry Ford mir in Dearborn gemacht hatte. Zumindest wollte ich erproben, ob es ihm mit diesem Angebot noch ernst sei. Lily stimmte mir zu.

Durch das unvorsichtige Interview, das ich dem spanisch sprechenden Mr. Smith gegeben hatte, wurde die Krisis beschleunigt. Auf der ersten Seite der »Los Angeles Times« erschien eine bebilderte Story. Der Ton war sympathisch; der Inhalt beschränkte sich sogar mit einer gewissen Diskretion auf Andeutungen, aber gerade dadurch wirkte er auf das skandalsüchtige Hollywood desto mehr. Ich war wütend auf mich selbst, weil ich so naiv gewesen war, die professionelle Neugier von Mr. Smith für menschliches Interesse zu halten.

Ich sprach bei der Ford-Filiale in Los Angeles vor. Nachdem man Verbindung mit Detroit aufgenommen hatte, teilte man mir mit, daß ich jederzeit als gewöhnlicher Arbeiter dort beginnen könne. Für mich war entscheidend, daß ich auf eigenen Füßen stehen konnte; schon am nächsten Morgen passierte ich zum ersten Male die Kontrolluhr der Ford-Fabrik in Los Angeles. Ich hatte meinen Eisenbahn-Overall angezogen und trug auf der Brust eine Plakette mit der Nummer 113, genau an der Stelle, an der ich einst auf meinem Frack den Schwarzen Adlerorden getragen hatte; damit war ich in die größte Armee der Welt, die der Industriearbeiter, eingetreten. In der Arbeiterliste wurde ich als »Dr. Ferdinand« geführt. Mein Dienst verlangte, daß ich jeden Morgen um fünf Uhr aufstand, damit ich rechtzeitig um 6 Uhr 30 die Kontrolluhr passierte. Wenn ich meine Wohnung verließ, pflegte mich der Nachtportier zu begrüßen: »Bravo, Dr. Ferdinand, heute sind Sie wieder früher dran als der Milchmann.« Normalerweise kehrte ich nicht vor sechs Uhr abends nach Hause zurück, und dann war ich todmüde.

Eines Abends aß ich aber doch wieder bei Henry Bergman, freilich allein. Er setzte sich zu mir an den Tisch, sah mir eine Weile beim Essen zu und sagte dann nach ein paar allgemeinen Sätzen plötzlich:

»Das kann nicht gut gehen, Prinz Louis. Sie müssen mir versprechen, daß Sie diese Dummheit nicht machen werden. Ganz abgesehen davon, daß Sie an Ihrem Großvater und an Ihren Eltern unrecht handeln — Sie würden auch aus anderen Gründen niemals glücklich werden. Ich bin seit dreißig Jahren in Hollywood und kenne es durch und durch. Miß Damita ist eine Schauspielerin. Sie liebt ihren Beruf und braucht das Leben in der Öffentlichkeit. Ich will nicht behaupten, daß sie Sie für propagandistische Zwecke mißbraucht, aber ihr Manager hat natürlich nur das Interesse seiner Schutzbefohlenen im Auge. Es wäre dumm von ihr und gegen alle Traditionen von Hollywood, wenn sie sich dem widersetzen wollte.«

Er schwieg, und ich wartete, ob er weiterreden würde.

»Eines Tages«, fuhr er fort, »werden Sie sich Frau und Heim und Kinder wünschen. Ich glaube nicht, daß Miß Damita dazu große Neigung hat. Es paßt nicht zu einer Filmkarriere. Filmschauspielerinnen wollen ihre gute Figur behalten.«

Das war vernünftig, und ich mußte ihm recht geben; aber es war nun einmal auch eine Tatsache, daß ich Lily liebte. Inzwischen waren die Geschichten über sie und mich in die europäischen Zeitungen gedrungen. Eine Flut von Telegrammen brach über mich herein: das erste von dem alten Adjutanten meines Vaters, Herrn von Müldner, weitere von meinem Vater und von meiner Mutter, alle mißbilligend und scharf ermahnend. Ich tat mein Bestes, die Familie zu beschwichtigen. Ich bat, mir zu vertrauen; ich versicherte, daß ich keine der Verrücktheiten begehen würde, von denen die Zeitungen schrieben.

Aber das klang meinen Eltern wohl nicht sehr überzeugend, und so nahmen sie ihre Zuflucht zu kategorischen Befehlen: ich solle unverzüglich Hollywood verlassen. Daß ich mich auf meine Stellung bei Ford berief, half mir nichts. Eines der Telegramme lautete: »Fahre sofort nach Buenos Aires. Papa.« Ein so strikter Befehl machte mich nur noch verstockter.

Ich weigerte mich zu gehorchen; in dieser Herzensangelegenheit wollte ich meine Entschlüsse selbständig treffen, selbst wenn sie darauf hinausliefen, daß ich Lily aufgäbe. Kapitulieren wollte ich nicht. So antwortete ich ohne Rücksicht auf die Folgen mit einem trotzigen Nein.

Dann kamen plötzlich keine Telegramme mehr über den Atlantik. Es folgte ein Schweigen, das mir unheilvoll erschien. Der entscheidende Schlag kam dann auch aus einer Ecke, aus der ich ihn am wenigsten erwartet hatte. Das nächste Telegramm, das ich erhielt, war nicht von der Familie.

»lieber dr. ferdinand«, lautete es, »rate ihnen nach buenos aires zu gehen stop sie können dort in unserer filiale arbeiten stop kommen sie zurück in die staaten in ein oder zwei jahren wann sie wollen stop sie sind noch sehr jung stop alles gute henry ford.«

Damit stand ich vor einem unüberwindlichen Hindernis. Wenn ich diese Friedensbedingungen meines Chefs nicht annahm, hatte ich es für immer mit ihm verdorben.

Zwei Tage darauf saß ich im Union-Pacific nach Chicago. Lange danach erfuhr ich, daß es Poultney Bigelow gewesen war, der den Evakuierungsbefehl von Ford erwirkt hatte. Er hatte auf Bitten meines Großvaters an Ford geschrieben und ihn darauf aufmerksam gemacht, daß ich einer »Sirene von Hollywood« in die Netze gegangen sei und den Kopf verloren hätte. Im Namen eines gramgebeugten Großvaters hatte er Henry Ford ersucht, zum besten des Enkels seinen Einfluß geltend zu machen. So schmeichelhaft es für mich war, daß es dem Automobilkönig wichtig genug erschien, sich mit meinen persönlichen Angelegenheiten zu befassen, so wenig hätte das damals meine Niedergeschlagenheit beseitigen können, selbst wenn ich die Zusammenhänge schon gekannt hätte. Daß eine Romanze so prosaisch enden sollte, war mir widerwärtig. Als ich an einem Sonntagnachmittag durch die fast leeren Straßen von Manhattan fuhr, um in Brooklyn an Bord der »Tenu« zu gehen, schwor ich mir, meinen Fuß nie wieder in dieses Land zu setzen, in dem ich eine solche Demütigung erlebt hatte.

Nach anderthalb Jahren war der Schwur vergessen.

10. Kapitel

PERU UND CHILE

Wer einen Kummer zu überwinden hat, kann sich dafür keinen besseren Ort aussuchen als ein Passagierschiff. Die Atmosphäre auf einem Ozeandampfer, der ein Mikrokosmos für sich ist, läßt sich kaum mit etwas anderem vergleichen.

Zum ersten Male fuhr ich auf einem Schiff einer nichtdeutschen Linie. Die »Tenu«, die früher dem Norddeutschen Lloyd gehört hatte und an Chile verkauft worden war, konnte mit ihren zwölftausend Tonnen nicht mehr ein modernes Schiff genannt werden, aber sie war bequem und solide gebaut: eines jener typischen Frachtschiffe, auf denen die buntgewürfelte Schar der Passagiere eine Art zusätzlicher Fracht ist.

Der Reiseplan war lange im voraus von der chilenischen Gesandtschaft in Berlin ausgearbeitet worden. Nach meiner ersten Argentinienreise hatte der Gesandte Graf Porto Seguro — eigentlich hieß er Varnhagen, und unter seinen Vorfahren war der Mann der Rahel, der Freundin wiederum meines Vorfahren Louis Ferdinand — mir gesagt, seine chilenischen Landsleute hätten es mir verübelt, daß ich nicht auch ihrem Lande einen Besuch abgestattet hatte. Das klingt etwas übertrieben, Tatsache war jedoch, daß Deutschland und insonderheit meine Familie große Sympathien in Chile genossen. Man nannte die Chilenen ja die Preußen von Südamerika. Ihre Armee war von General Körner nach deutschem Muster organisiert. Deutsche spielten im dortigen Wirtschaftsleben eine hervorragende Rolle; zumal im Süden des Landes gab es ganze deutsche Kolonien. Aus all diesen Gründen, wozu noch meine persönliche Neugier kam, folgte ich gern dem Rat des Gesandten, auf dem Umweg über Valparaiso nach Buenos Aires zu fahren.

Mit Ausnahme von Kapitän Berg, einem geborenen Norweger, der die chilenische Nationalität angenommen hatte, bestand die Mannschaft der »Tenu« ausschließlich aus Chilenen. Obwohl alle Lateinamerikaner Individualisten sind und sich über alles mögliche gern streiten, sind sie sich in einem einig: sie nehmen es übel, wenn man von den Vereinigten Staaten und ihren Bewohnern schlechthin als »Amerika« oder »die Amerikaner« spricht. Lange herrschten, vor allem infolge mancher politischer Fehler Washingtons, gespannte Verhältnisse zwischen Süd- und Nordamerika; erst seitdem Roosevelt zur »Politik der guten Nachbarschaft«

überging, deren konkreter politischer Ausdruck die Interamerikanische Union ist, besserte sich vieles.

Man hatte mir eine Staatskabine gegeben und behandelte mich in jeder Weise mit Auszeichnung. Von den Passagieren erinnere ich mich vor allem noch an die Familie des chilenischen Botschafters in Washington, Herrn Davila mit Frau und zwei kleinen Töchtern, an einen reichen Mann aus El Salvador, der trotz seines schweren Lungenleidens ein unterhaltsamer und lebhafter Reisegefährte war, an ein etwas geheimnisvolles Ehepaar aus Manila und — nicht zuletzt — an Dr. Oestreich, den Eigentümer der deutschen Zeitung in Santiago, einen kleinen, dicken und lebenslustigen Herrn. Sein Gesicht war mit Schmissen von vielen studentischen Mensuren bedeckt, und er konnte ungeheuere Mengen Bier vertilgen.

Über dem Panamakanal lastete eine so unerträgliche Hitze, daß fast alle Mahlzeiten auf Deck serviert werden mußten. Wir waren froh, als wir mit der Einfahrt in den Pazifik eine frische Brise bekamen. Der erste Hafen nach Panama war Callao in Peru. Diese südamerikanische Republik stand unter der Herrschaft des diktatorischen Präsidenten Leguía. Oberkommandierender der Armee war General Faupel, vom Präsidenten persönlich auf diesen Posten berufen und damit der zweitmächtigste Mann im Staate. Ich kannte ihn ja schon von meiner ersten Südamerikareise, aus Argentinien. Hier in Peru schien er sich besser akklimatisiert zu haben. Im Hafen von Callao kam er mit dem ersten Boot an Bord, in schlichtem Zivil und ohne jede militärische Eskorte. Er brachte mich nach Lima, führte mich durch verschiedene Ministerien und zeigte mir Kasernen der peruanischen Armee. Am Nachmittag begaben wir uns in einen Klub, wo ein gewisser Herr Schröder, der in einem der Eliteregimenter meines Großvaters gedient und sich jetzt hierher zurückgezogen hatte, mit einigen ausländischen Diplomaten auf der Terrasse saß, anscheinend, um die herrliche Aussicht auf das Meer und die schneebedeckten Berge zu genießen. Mit einer leichten Verlegenheit und einer offenkundigen Ausrede nahm Faupel so rasch Abschied von uns, daß ich Herrn Schröder um eine Erklärung für dieses merkwürdige Verhalten bat.

»Gern«, begann er. »Wie Sie wissen, ist Peru eine Demokratie, jedoch nur den Buchstaben nach. In Wahrheit werden wir seit zwanzig Jahren von einem Diktator beherrscht. Unser augenblicklicher Präsident Leguía ist von bescheidener Herkunft und haßt die alte Aristokratie des Landes. Die meisten Angehörigen dieser Opposition hat er auf die Insel San Lorenzo verbannt, und die wenigen, die hier noch verhältnismäßig in Freiheit leben, müssen jeden Augenblick damit rechnen, aus irgendeinem Grunde oder auch ohne jeden Grund verhaftet zu werden. Leguía hat sich Faupel als Stabschef ausgesucht, weil er sicher sein kann, daß der keinen Militärputsch macht. Für südamerikanische Offiziere ist ein richtiger Putsch von Zeit zu Zeit Ehrensache, aber ehemalige deutsche Offiziere taugen nicht für diese lateinamerikanischen Bräuche. Trotzdem läßt Leguía natürlich seinen Stabschef scharf überwachen. Darum muß Faupel vorsichtig sein. Er darf sich nicht in der Gesellschaft sehen lassen, in die ich Sie hernach führen werde.«

Der Abend war warm, aber es wehte eine angenehme Brise vom Ozean her. Das Nachtleben von Lima, die Autos, die Verkehrssignale, die Leuchtreklamen kontrastierten pittoresk mit den schönen alten Gebäuden im reinen spanischen Kolonialstil des sechzehnten und siebzehnten Jahrhunderts. Wir fuhren etwa eine halbe Stunde, dann hielten wir vor einem großen weißen Gebäude und traten in eine Halle mit pompösen Marmortreppen. In einem reich ausgestatteten Speisesaal im zweiten Stock fanden wir einige Herren versammelt, die uns offenbar schon erwartet hatten.

»Hier, Prinz Louis«, erklärte Schröder, »haben Sie den Gallinazos-Club.«

Wir ließen uns zu einem Abendessen nieder, das sogleich serviert wurde. Befremdet bemerkte ich, daß von Zeit zu Zeit einer der Gäste aufstand und den Raum verließ, um nach einer Weile zurückzukehren. Trotz der lebhaften Unterhaltung befand sich die Gesellschaft in einer Art ständiger Nervosität.

»Sind diese Herren alle magenkrank, oder warum gehen sie andauernd hinaus?« fragte ich Schröder leise. Er brach in Lachen aus. »Sehr richtig beobachtet, Prinz Louis. Die meisten meiner Freunde haben ein Leiden, aber es ist nicht physischer, sondern politischer Art. Es ist die Leguíaphobie. Diese Rechtsanwälte, Doktoren, Geschäftsleute und Politiker gehören zu jener Schicht, von der ich Ihnen vorhin erzählt habe. Sie müssen ständig mit ihrer Verhaftung rechnen und darum abwechselnd den Haupteingang des Hauses im Auge behalten, damit sie nicht den Schergen Leguías in die Hände fallen. Hin und wieder sitzen sie in diesem Klub zusammen und machen sich einen guten Abend. Ihr Symbol ist der Gallinazo, ein Vogel, der wie der Kondor in den Anden lebt. Aber er ist nicht so schön und so stolz wie der Kondor. Nur eine große Krähe, die immer traurig und bekümmert dahockt.«

Die Selbstironie, die in der Wahl dieses Symbols lag, erschien mir in einer solchen Lage bewundernswert. Schröder zeigte auf meinen linken Tischnachbarn. »Er kennt die südamerikanische politische Bühne wie sein Schlafzimmer«, sagte er. »Er war lange Jahre hier Senatspräsident.«

Mein Tischnachbar war ein alter Herr mit langem weißem Bart. Als ich fragend zu ihm hinblickte, sagte er: »Leguía ist nicht der einzige Diktator in diesem Teile der Welt. Obwohl wir mehr oder weniger den Vereinigten Staaten nachgeahmte demokratische Verfassungen haben, besitzen wir Iberoamerikaner ein besonderes Talent, Diktatoren hervorzubringen. Natürlich wissen wir auch, wie man sich ihrer zu gelegener Zeit entledigt. Es ist sonderbar. Wir sind so ausgesprochene Individualisten, und doch erliegt immer wieder einer von uns der Versuchung, seine Mitbürger mit Gewalt zu beherrschen.«

Ich war tief erschüttert. Zum ersten Male wurde mir praktisch vor Augen geführt, was die Abschaffung der persönlichen Freiheit bedeutet. Als ich später unter Hitler leben mußte, erinnerte ich mich oft an diesen Abend im Gallinazos-Club von Lima. Jetzt waren es meine Freunde und ich, die mit einem Auge nach der Tür schielten, durch welche jeden Augenblick ein Mann von der Gestapo treten konnte. Die Behauptung, daß nur Deutschland zur Diktatur neige, zeugt von großer Unkenntnis und verfälscht die historische Wahrheit. Immer, wenn ich irgendwo hören mußte, ein Hitler sei nur in Deutschland möglich gewesen, lockte es mich, die Geschichte vom Gallinazos-Club aus dem Jahre 1929 zu erzählen.

Am nächsten Morgen erschien General Faupel in einem gewaltigen Automobil, diesmal im vollen Glanz seiner militärischen Würden; er sah wie ein französischer Marschall aus. Wir fuhren in strahlendem Sonnenschein durch die Stadt, und es konnte kein Zweifel sein, daß es Leguías Stadt war. Straßen, Plätze, Theater, Kinos, Bibliotheken, alles — mit Ausnahme der Kirchen — trug in gewaltigen Lettern seinen Namen. Wo immer unser Wagen auftauchte, standen die Verkehrsschutzleute stramm und gaben uns freie Fahrt. Nach einem kurzen Aufenthalt in Faupels Hauptquartier, einem ausnehmend unfreundlichen und dürftig möblierten Raum, setzten wir die Fahrt zur Casa de Gobierno fort, dem alten Palast von Francisco Pizarro. Durch eine noch immer mit dem Wappen der spanischen Krone gezierte Toreinfahrt erreichten wir einen großen Hof, in dessen Mitte ein Feigenbaum stand; der Konquistador selbst soll ihn einst gepflanzt haben. Dann gelangten wir über eine hölzerne Galerie in die Amtsräume des Präsidenten. Ein großer, fülliger junger Mann begrüßte uns mit ausgesuchter Höflichkeit und führte uns in einen kleinen dunklen Raum. Faupel stellte ihn mir als Privatsekretär des Präsidenten vor. Später behauptete Herr Schröder, es sei einer der größten Schurken im ganzen Lande.

Der Sekretär ließ uns allein, kehrte aber schon nach einigen Sekunden mit dem Präsidenten zurück. General Faupel stellte mich mit ein paar behenden Worten vor, dann verschwand er mit dem Sekretär.

Nach allem, was ich über den Diktator vernommen hatte, war ich auf einen wild blickenden Tyrannen gefaßt, der die Leute mit seinem Wort erzittern machte. Nun stand ich vor einem kleinen und gebrechlichen Manne mit hellblauen Augen. Sein dichtes weißes Haar war sorgfältig gescheitelt und zurückgekämmt. Nichts in seinem Gesicht deutete auf indianische Abstammung hin.

Leguía schien mit Europa ebenso vertraut zu sein wie mit den Vereinigten Staaten. Er hatte viele Jahre im Ausland verbracht, davon manche unfreiwillig als politischer Verbannter. Nach dem, was er mir sagte, machten ihm in seinem Lande besonders das soziale Problem und das Verkehrsproblem Sorge.

»Wir haben eine kleine Oberschicht, meist spanische Abkömmlinge, und diese Leute repräsentieren die Klasse der Besitzenden und der Gebildeten. Die erdrückende Mehrheit der Bevölkerung aber sind Indios, die kaum Spanisch sprechen können. Wir nennen sie Chulos. In Chile, wo die Dinge ähnlich liegen, nennt man sie Rotos. Bei dieser sozialen Zweiteilung ist es schwer, Fortschritte im Lande zu erzielen. Wir haben reiche Naturschätze, aber sie sind noch kaum erschlossen. Die Transportmöglichkeiten sind gleich Null. Die Anden durchziehen das Land wie eine unüberwindliche Mauer. In vielen Fällen ist das Flugzeug das einzige Verkehrsmittel. Der Bau von Straßen und Eisenbahnen ist enorm schwierig und teuer. Wir müssen sozusagen vom Maultier ohne Zwischenstufen zum Flugzeug übergehen. Dazu brauche ich das amerikanische Kapital, und das nimmt man mir übel. Die Amerikaner sind hier nicht beliebt. Aber sie sind wenigstens energisch und schaffen etwas, während meine eigenen Landsleute es vorziehen, die Dinge endlos zu diskutieren. Mit einem solchen Volk und in einer solchen Lage ist nur mit diktatorischen Methoden weiterzukommen.«

Da der Sekretär wieder eintrat und irgendeine Delegation ankündigte, fühlte ich, daß die Audienz beendet sei. Ich schied mit besten Wünschen. Leider haben sie nichts genutzt: fünfzehn Monate später mußte Leguía sehr plötzlich abdanken. Dabei büßte General Faupel nur seinen Posten ein, der Diktator Leguía hingegen auch sein Leben.

Die Delegation trafen wir auf dem Hof. Sie brach bei dem Erscheinen des Diktators pflichtgemäß in Hochrufe aus.

Als ich, für die fahrplanmäßige Abfahrtszeit meines Schiffes eigentlich schon etwas spät, an Bord kam, sah die »Tenu« keineswegs wie ein Schiff aus, das im Begriff ist, die Anker zu lichten. Eine ausgelassene Menge von Zivilisten und Militärs wimmelte an Deck und füllte die Gesellschaftsräume, die Musikkapelle spielte Tanzmusik, offensichtlich schon leicht aus dem Takt, im Rauchsalon lehnte der Kapitän schwerfällig an der Bar. »Don Emiliano hat mich unter den Tisch getrunken«, lallte er, »ich muß mich erst etwas ausschlafen.« Damit wankte er hinaus, ohne mir den großen, imponierend dreinblickenden Herrn mit langem grauem Bart, der neben ihm an der Bar gestanden hatte, auch nur vorzustellen.

Dieser holte das nun selbst nach, und das war der Anfang meiner Bekanntschaft mit dem chilenischen Sonderbotschafter Don Emiliano Figueróa Larraín, einem der größten südamerikanischen Staatsmänner. Es war sein Abschiedsfest auf dem Schiff, denn er hatte gerade den Vertrag von Lima abgeschlosssen, durch den der jahrhundertealte Grenzstreit von Tacna und Arica zwischen Peru und Chile geschlichtet worden war. Dieser Vertrag wurde als ein Triumph der modernen Diplomatie betrachtet. Die Frage von Tacna und Arica in Südamerika ist oft und nicht unzutreffend mit der von Elsaß-Lothringen in Europa verglichen worden. Sie bedeutete eine ständige Spannung zwischen den beiden Ländern und eine Bedrohung für den südamerikanischen Frieden. Durch den Vertrag, den Don Emiliano mit großem diplomatischem Geschick zustande gebracht hatte, bekam Peru die Provinz Tacna, während Chile die Provinz Arica behielt. Ich habe selten ein so einmütiges Lob des Charakters und der Fähigkeiten eines Staatsmannes gehört wie bei dieser Gelegenheit. Don Emiliano hatte die höchsten Ämter bekleidet und war auch schon Präsident der Republik gewesen. Er gehörte zur alten spanischen Kolonialaristokratie, war aber nicht minder populär bei den Rotos, der ärmsten Bevölkerungsschicht im Lande. Wenn ich allerdings gewußt hätte, daß sich zu all seinen Fähigkeiten auch noch die des besten und berühmtesten Trinkers gesellte, wäre ich wohl etwas vorsichtiger gewesen. Der Zustand des Kapitäns hätte mich warnen sollen; jedenfalls wachte ich am nächsten Morgen mit Kopfschmerzen auf, als unser Schiff schon auf See war.

Fast täglich berührten wir einen Hafen. Die Schiffskapelle spielte jedesmal die Nationalhymne, die besonders schön ist; sie ist von Ramón Carnicer komponiert, der in den zwanziger Jahren des vorigen Jahrhunderts Kapellmeister an den Opern von Barcelona und Madrid war. In keinem anderen Lande habe ich so oft die Nationalhymne gehört. Selbst in Arica, einem elenden kleinen Hafen, schlug die vaterländische Begeisterung hohe Wellen. Ich sah nicht viel, weil das Schiff spät abends ankam und am frühen Morgen schon wieder abfuhr. Es waren aber einige deutsche Landsleute am Pier gewesen, um mich zu begrüßen. In meiner Abwesenheit hatte einer der übermütigen Chilenen sich ihnen an meiner Statt präsentiert, obwohl er kein Wort Deutsch sprach. Diese Landsleute müssen einen merkwürdigen Eindruck von ihrem Prinzen bekommen haben.

Der nächste Hafen war Antofagasta, Hauptausfuhrort für Chiles wichtigsten Rohstoff Salpeter. Wir besichtigten eine Salpetermine, die der in chilenischen Wirtschaftskreisen bekannten deutschen Familie Gildemeister gehörte. Der Leiter, ein Deutscher, zeigte mir mit großem Stolz einige Gewächse, die er mit unendlicher Geduld in diesem wasserarmen und vegetationslosen Landstrich großgezogen hatte. Nur ein- oder zweimal im Jahre kam er nach Valparaiso und Santiago und nur alle fünf Jahre auf Urlaub in die Heimat.

Am übernächsten Tage endlich erreichte die »Tenu« ihren Bestimmungsort, und wir fuhren in die herrliche Bucht von Valparaiso ein, die mit ihren grünen Hügeln ringsum ein wenig an die Bucht von San Francisco erinnert. Es ist immer ein melancholischer Augenblick, wenn man in einem Bestimmungshafen sein Schiff verläßt; es ist wie der Abschied von einem alten Freunde. Ich wurde von dem deutschen Generalkonsul, Herrn Poensgen, und dem Leiter der Ford-Filiale in Santiago empfangen, der eigens aus der Hauptstadt gekommen war. Auch während der Reise waren in allen Häfen örtliche Ford-Vertreter aufgetaucht, um mir ihre Hilfe, zumindest aber den Fordwagen zu beliebiger Benutzung anzubieten. Ich fühlte mich wie ein richtiger Angehöriger der Ford Motor Company und legte Wert auf diese Eigenschaft. Im Deutschen Klub von Valparaiso schrieb ich ins Gästebuch als Beruf »Fordarbeiter« ein. Es bewirkte in dieser besonders konservativen deutschen Kolonie größtes Befremden, obwohl es doch der Wahrheit entsprach.

In dem Zuge nach Santiago, der ein schönes Bergland durchschnitt, mußte ich mit Don Emiliano in dem Salonwagen fahren, der ihm als offiziellem Vertreter der chilenischen Republik zustand. Auf dem Bahnhof in Santiago erwartete uns eine Menschenmenge, die ihren erfolgreichen Botschafter enthusiastisch begrüßte, als sei er ein Eroberer, der aus einer siegreichen Schlacht heimkehrt. Das ganze chilenische Kabinett war auf dem Bahnsteig versammelt. Obwohl ich mit diesem Empfang überhaupt nichts zu tun hatte, ließ Don Emiliano mich nicht von seiner Seite, bis wir alle begrüßt hatten. Zu meiner Überraschung erschien auch ein deutscher Attaché und hieß mich im Namen des Gesandten, Herrn Olshausen, willkommen. Die Zeitungen brachten lange Berichte; eine davon erzählte sogar die Geschichte Preußens, illustriert durch ein Bild der Burg Hohenzollern. Wenn meine Familie überhaupt noch Freunde in der Welt hatte, so befanden sie sich offenbar in Chile.

In dem Gesandten Dr. Olshausen fand ich einen klugen Mann von kosmopolitischem Anstrich. Wir verstanden uns vom ersten Augenblick an gut, und das war sehr nötig, wie sich bald zeigen sollte. »Die deutschen Kolonien in Santiago und in Valparaiso«, teilte er mir mit, »sind konservativ und überwiegend monarchisch gesinnt. Ich habe viel Kummer mit ihnen, und das wird durch Ihren Besuch noch schlimmer werden. Ich möchte um jeden Preis das Schauspiel nationaler Zwietracht vermeiden. Ich habe hier mein Land zu vertreten und weiter nichts. Wollen Sie mir dabei helfen?« Ich sagte ihm, daß ich mich unter keinen Umständen zu irgendeiner Agitation mißbrauchen lassen würde.

Der Kampf ließ nicht lange auf sich warten. Die deutschen Klubs luden mich zu einem Abendempfang ein. Der deutsche Gesandte war ebenfalls gebeten, und das Ganze schien nicht mehr als eine harmlos-freundliche Geste zu sein. Soweit hatte alles seine diplomatische Ordnung; aber beide Klubs kündigten an, daß sie zu meinen Ehren ihre Räume schwarzweißrot drapieren würden. Für mich als privaten Bürger mochte das hingehen. Ich habe den deutschen Flaggenstreit seit 1918 immer als ein Unglück empfunden, und ich zog schon aus ästhetischen Gründen die schwarzweißrote Fahne der schwarzrotgoldenen vor. Für Dr. Olshausen aber, als offiziellen Vertreter der Weimarer Republik, hätte das Erscheinen beim Empfang unter diesen Umständen den sofortigen Verlust seiner Stellung bedeutet. Es war offensichtlich, daß beide Klubs auf diese Weise den Gesandten vor den Kopf stoßen und am Erscheinen verhindern wollten.

Ich hatte ein langes Telephongespräch mit dem Präsidenten des Klubs in Valparaiso und erklärte mich mit dem Gesandten solidarisch. Ich versuchte zu erläutern, daß diese leidige Flaggenfrage einen nationalen und gesellschaftlichen Skandal wirklich nicht wert sei; da der Klubpräsident das nicht einsah und auch ich nicht nachgab, fiel der Abend in Valparaiso aus. Dies verfehlte nicht seinen Eindruck auf den Klub in Santiago; man wurde vernünftig und beschloß, auf Flaggenschmuck zu verzichten. Statt dessen dekorierte man eine Büste meines Großvaters mit Girlanden und Blumen. Dieser Kompromiß war auch für Dr. Olshausen annehmbar. Briefen aus Berlin mußte ich allerdings entnehmen, daß manche Kreise in der Heimat meine Haltung als unpatriotisch und als einen Verrat an den alten Traditionen gebrandmarkt hatten. Auch in meiner Familie schien man nicht entzückt darüber zu sein, was bei den einseitigen Informationen nicht wundernahm. Erst nach meiner Rückkehr konnte ich die Geschichte von meinem Standpunkt erzählen, und man gab zu, daß ich nicht anders hatte handeln können.

Auch jener Dr. Oestreich, mein Fahrtgenosse von der »Tenu«, machte mir zu schaffen. Er bildete sich offenbar ein, er müsse die Ehre des Hauses Hohenzollern vor der Befleckung durch die Missetaten eines verlorenen Sohnes schützen. So drohte er mir, er werde in seiner Zeitung einen scharfen Artikel über meinen Mangel an Nationalbewußtsein schreiben, und es kostete mich ein zweistündiges Gespräch unter vier Augen, bis er einsah, daß mit einem solchen Artikel niemandem gedient wäre. Dennoch wurde dieser politische Sturm im Wasserglas zum Hauptthema des »Küstenklatsches« längs der ganzen südamerikanischen Westküste. Ich zweifle nicht, daß meine Landsleute es gut meinten, als sie mir ihre Verbundenheit mit der alten deutschen Flagge bekunden wollten. Nur habe ich oft gefunden, daß alle Gruppen von Auslandsdeutschen durch die lange Trennung vom Mutterland zu den Problemen dort die Beziehung verlieren. Andererseits ist es nur natürlich, daß solche nationalen Gruppen ihre internen Spannungen haben. Das gehört zu ihrem geistigen und seelischen Klima.

Dr. Olshausen und seine Gattin gaben mir ein Essen, zu dem sie verschiedene Diplomaten einluden, darunter den spanischen Botschafter, einen Grafen, dessen Namen ich vergessen habe. Er war der Doyen des Diplomatischen Korps in Santiago. Daß Frau Olshausen ihn zu ihrer rechten Seite und mich zu ihrer linken placieren wollte, war nach dem Protokoll der Weimarer Republik korrekt. Der Botschafter Seiner Katholischen Majestät des Königs von Spanien war darüber jedoch genau entgegengesetzter Meinung. Er verlangte kategorisch, daß ich den Ehrenplatz einnehmen solle. Die Gastgeberin versuchte zu widersprechen: »Aber die Ehre gebührt doch Ihnen als dem Älteren!« — »Hier kommt es nicht auf das Alter an«, entgegnete der Graf. »Ich bin Monarchist, und der Prinz ist der Patensohn meines Königs. Ich bedauere außerordentlich, aber ich kann nicht einen Ehrenplatz einnehmen, der mir nicht gebührt.«

Zum Glück waren die anderen Gäste auf den Wortwechsel nicht aufmerksam geworden. Der alte Graf blieb beharrlich, und wir tauschten rasch unsere Plätze. Wieder war ich in aller Unschuld die Ursache eines Zwischenfalls geworden und hatte meine Gastgeber, die es so gut mit mir meinten, ohne mein Zutun in Verlegenheit gebracht.

Kurz darauf stattete ich Coronel Ibáñez, dem diktatorischen Präsidenten von Chile, einen Besuch ab. Er hatte ein großes Arbeitszimmer im Palacio de la Moneda, einem Gebäude, das noch auf die Zeiten des spanischen Eroberers Don Pedro de Valdivia zurückging. Ibáñez trug die graue Uniform eines Obersten der chilenischen Armee. Er war ein großer Mann von etwa vierzig Jahren mit kurz geschnittenem, schwarzem Haar und einem Schnurrbärtchen auf der Oberlippe. Trotz der tiefen und klangvollen Stimme, trotz aller Würde wirkte er ein wenig scheu. Unsere kurze Unterhaltung kam nicht über Allgemeinheiten hinaus. Ibáñez war erst ein Jahr im Amt, und seine Tage waren gezählt, wie sich später zeigte. Er unterhielt gute Beziehungen zur Oberschicht; durch seine Frau, die aus einer alten aristokratischen Familie stammte, konnte er sich sogar selbst zur Aristokratie rechnen. Von seiner Gattin wurde ich mehrmals in das Haus ihrer Eltern eingeladen, und eines Tages widerfuhr mir ein seltsames Mißgeschick.

Ich war in Valparaiso bei dem Generalkonsul Poensgen und traf dort zu meiner Freude den Schauspieler Paul Wegener wieder, den ich gut von Berlin her kannte, wo ich oft bei ihm zu Gast gewesen war. In seinem Hause begegnete man Sonntag nachmittags nicht nur vielen interessanten Leuten der verschiedensten politischen Richtungen und sozialen Schichten, sondern auch mehreren seiner geschiedenen Frauen mitsamt ihren Kindern gleichzeitig. Er wetteiferte in diesem Punkte mit Heinrich VIII., allerdings mit dem Unterschied, daß er seine verflossenen Gemahlinnen nicht umzubringen pflegte.

Nach den anregenden Stunden bei Generalkonsul Poensgen fuhren wir miteinander nach Santiago zurück, und während wir die zauberhafte Landschaft bewunderten, beschlossen wir, den Rest des Abends gemeinsam zu verbringen. Gerade hatten wir uns in einem kleinen deutschen Restaurant zum Essen niedergelassen, als ein junger Mann erschien und sich, nach Luft ringend, als Vetter der Gattin des Präsidenten vorstellte.

»Setzen Sie sich doch und trinken Sie ein Glas Bier mit uns«, sagte ich. »Was haben Sie? Warum sind Sie denn so gänzlich außer Atem?«

Ein leiser Groll war in seiner Stimme, als er antwortete. »Prinz Louis«, sagte er, »wir warten auf Sie seit acht Uhr. Jetzt ist es mehr als zehn. Zwei Stunden bin ich auf der Jagd nach Ihnen gewesen. Ich war schon gerade im Begriff, die Polizei anzurufen.«

Ich sprang auf, verzweifelt, daß ich über dem Austausch von Erinnerungen mit Paul Wegener die Einladung des Vaters von Frau Ibáñez völlig vergessen hatte. Für Wegener war es ein richtiges Gaudium. »Sie tun gut, mich als Ihren Gesellschaftssekretär zu engagieren«, lachte er, während seine derzeitige Frau warnend hinzufügte: »Falls Sie todsicher jede Verabredung verpatzen wollen.« Ich hatte jetzt kein Ohr für Scherze. Mit den Gefühlen eines ertappten Verbrechers traf ich um elf Uhr zu dem Essen mit dem Präsidentenpaar ein. Die Gastgeber und die übrigen Gäste sahen mich nicht gerade wohlwollend an. Mir blieb nur ein reumütiges Geständnis übrig; Frau Ibáñez war liebenswürdig genug, mir Absolution zu erteilen. Ich mußte mich mit ihrem jüngsten Kinde, einem Baby von einem Jahre, photographieren lassen und nahm diese Gunst als ein gutes Zeichen dafür, daß ich es mit dem Herrn des Landes nicht ganz verdorben hatte.

Obwohl die Chilenen, die ich traf, alle charmant waren, fehlte es ihnen oft an jenem weiten Gesichtskreis, den ich bei ihrem bedeutenden Landsmann Don Emiliano bewundern lernte. Kenner des Landes erklärten mir es damit, daß Chile auf der einen Seite durch den Pazifischen Ozean und auf der anderen Seite durch die Anden von der übrigen Welt abgeschnitten sei und besonders das gewaltige Gebirgsmassiv auch psychologisch wie eine unüberwindliche Mauer wirke. Allerdings hatte ich mehr den Eindruck, daß die Chilenen sich durch dieses Gebirge geschützt fühlen und keine Sehnsucht haben hinüberzuschauen, ja sogar mißtrauisch gegen alles sind, was auf der anderen Seite dieser Mauer vorgeht.

Unter den Ford-Vertretern in Santiago war der bedeutendste Herr Dorrego. Er hatte den Reklamevers »Un peso al ciego, y un Ford de Dorrego« gedichtet — »Ein Peso für den Blinden läßt dich einen Ford von Dorrego finden.« Es hatte einmal ein blinder Bettler vor seinem Laden gestanden, und das hatte ihm die Idee zu diesem Vers eingegeben. Als findiger Geschäftsmann hatte er den blinden Bettler sogleich engagiert, der nun Tag für Tag vor seinem Laden stehen und den Vers aufsagen mußte. So lief dieser kleine Vers im ganzen Lande um, und Dorrego war der erfolgreichste Autohändler in Chile. Bei einem Abendessen der Fordhändler verstieg ich mich zu einer enthusiastischen Beschreibung der Persönlichkeit unseres Chefs »Don Enrique« und brachte die ganze Gesellschaft dazu, dem großen Pionier der Autoindustrie, Henry Ford, einen Treueid zu schwören. Bald darauf mußte ich in dem Wochenblatt »El Mercurio« einen spöttischen Artikel lesen, in dem behauptet wurde, Ford habe mich als seinen Propagandisten nach Santiago geschickt.

Aus Berlin trafen Briefe und Telegramme ein, die mich ermahnten, endlich an meinem Bestimmungsort Buenos Aires meine Arbeit bei der Tornquist-Bank aufzunehmen. Meine Geldmittel waren völlig erschöpft. Damit ich meine Fahrkarte von Santiago nach Buenos Aires kaufen konnte, mußte mir eine Bank einen Kredit einräumen. Meine Abreise verschob sich indessen noch um mehr als eine Woche, weil die Bahnlinie über die Anden durch Schnee blockiert war.

Im Nebel fuhr ich ab. Die Bahn ging bis zu der Station Los Andes am Fuße der Kordilleren. Dort mußte man in den eigentlichen Transanden-Zug umsteigen. Diese Bahn erreichte mit viertausend Metern die höchste Höhe aller Eisenbahnen der Welt, deshalb war sie auch die teuerste. Die Fahrkarte von Los Andes bis zu dem Gebirgsort auf der argentinischen Seite kostete vierhundert Dollar. Der Zug brauchte zehn Stunden, vorausgesetzt, daß er nicht irgendwo im Schnee steckenblieb; es war eine Schmalspurbahn, und jeder Zug hatte nur zwei oder drei Wagen. In den dreißiger Jahren wurde ein Teil der Bahnlinie durch Lawinen zerstört. Man nahm sich nicht mehr die Mühe, die Schäden auszubessern, da die Bahn in der Zwischenzeit bald nicht mehr mit dem sich immer mehr durchsetzenden Flugzeug konkurrieren konnte. So hörte alsbald eine der interessantesten und abenteuerlichsten Gebirgsbahnen auf zu existieren.

Unter den wenigen Fahrgästen befand sich ein Ehepaar: er ein Kubaner, sie eine Amerikanerin aus Chicago. Ein Engländer begleitete sie. Später beichteten sie mir, der Engländer habe ihnen dringend abgeraten, sich mit mir in ein Gespräch einzulassen: ich sei ein Hohenzoller, und die Hohenzollern seien alle verrückt.

Der Zug kroch langsam vorwärts. Manchmal dachte man, er werde nicht mehr weiterkommen, doch mit langsamer Stetigkeit gewann er an Höhe. Gegen Mittag ließen wir die Vegetation hinter uns und gelangten in die Region der Gipfel. Der Zug grub sich zwischen Schneewällen hindurch. Die Temperatur sank von Minute zu Minute. Im Kopf wurde eine Benommenheit spürbar. Meine Mitfahrer erbleichten zusehends, und ich wahrscheinlich nicht minder. Immer tiefer gerieten wir in die Pracht dieser Gebirgswelt, die sich immer drohender, immer ungebeugter entfaltete und trotz der schillernden, lichttrunkenen Felsplatten die Öde der Unwirklichkeit um sich breitete. Schließlich hatten wir zu unserer Linken das gewaltige Massiv des siebentausend Meter hohen Aconcagua mit den schroffen, bisweilen bizarren Formen des erloschenen Vulkans. Es erhob sich zwischen zahllosen anderen schneeweißen Gipfeln, deren jeder bedeutend höher ist als irgendein Gebirge in Europa.

Mit dem höchsten Punkt unseres Passes hatten wir Puente del Inca erreicht, die Grenzstation zwischen Chile und Argentinien. Ein gewaltiges Kruzifix, eine Kolossalstatue Christi, gleichsam ein Mahnmal zur Versöhnlichkeit, und ein kleiner Schuppen für Polizei und Zoll — das war alles in der Einsamkeit. Diese Berggipfel im strahlenden Sonnenlicht, dazu einige Kondore, die Könige der südamerikanischen Vogelwelt: ein letztes Bild der Größe, das ich von Chile mitnahm.

11. KAPITEL

ARGENTINISCHE LEHRJAHRE

Mendoza war die erste argentinische Station, wenn man von den Anden kam. Die Bergstrecke auf der argentinischen Seite war eintöniger: nacktes Gestein, Sand, verödete Schluchten. Der Sand nahm in der Ebene immerfort zu. Er drang durch jede kleinste Ritze, selbst durch die geschlossenen Fenster des Wagens, und schlug sich überall nieder; es war nicht möglich, auch nur einen Bissen ohne Sand zu essen.

Ich hatte in Mendoza um Mitternacht den Zug gewechselt, nachdem Vertreter des Gouverneurs und der Militärkommandeur mir die Stadt gezeigt hatten, über deren Trostlosigkeit sie bewegte Klage führten, obwohl sie gewiß nicht trostloser war als — von wenigen Ausnahmen wie Rosario, Santa Fé und Cordoba abgesehen — alle die argentinischen Provinzstädte, aus denen Buenos Aires das ganze Leben an sich gerissen zu haben scheint, und die, was Lebendigkeit betrifft, schlechter abschneiden als eine große Rinderfarm irgendwo auf dem Lande.

Nun versuchten wir also im Speisewagen, wo ich das Ehepaar mit dem Engländer wiedersah, die Sandwolken zum Frühstück mit einigen Flaschen argentinischen Weines, der nicht ganz so gut wie der chilenische ist, zu bekämpfen. Es gelang nicht recht, und ich machte mir meine Gedanken darüber, wie so eine Plage — und dabei war es bloß Sand — auf die Stimmung wirken kann. Das Ehepaar gab mir seine Adresse in Belgrano, einem Vorort von Buenos Aires — der Mann vertrat eine schwedische Elektrofirma —, und wir versprachen, dort Freundschaft zu halten und uns mit Vornamen zu nennen. Sie hießen Antonio und Jeane.

Es dauerte fast achtzehn Stunden bis Buenos Aires. Mein Freund Enrique Susini, der sich für meine erste argentinische Reise schon eingesetzt hatte, holte mich mit etlichen anderen, darunter dem Musikkritiker der Zeitung »La Razón«, ab. Reporter und Photographen fehlten; Susini hatte ihnen einen falschen Ankunftstermin genannt. Als ob er mich vor jedweden Abenteuern bewahren wollte, fragte er unvermittelt nach meinem Arbeitsbeginn. »Tornquists Bankleute warten schon auf dich«, sagte er. Ich antwortete, daß ich mir das seit meinem ersten Besuch in Argentinien überlegt hätte und lieber Fabrikarbeiter als Bankangestellter werden wollte.

»So«, versetzte er gedehnt. »Tornquist wird nicht erfreut darüber sein. In welcher Fabrik willst du denn arbeiten?«

»Natürlich in der Ford-Fabrik.«

»Habe nie gewußt, daß es so etwas bei uns gibt«, warf der Musikkritiker ein.

»Von einem Manne Ihres Berufes kann man das auch nicht erwarten«, gab ich zurück. »Die Ford-Fabrik ist in der Calle Villafañe.«

»Kein sehr aristokratisches Viertel«, bemerkte einer der übrigen.

Ich sollte bald entdecken, daß es eines der schlechtesten und ärmsten Viertel war.

Mein erster Abend in Buenos Aires brachte ein Wiedersehen mit dem Generalmusikdirektor Erich Kleiber von der Berliner Staatsoper. Er leitete ein Sinfoniekonzert im Teatro Colón, das vielleicht das schönste Opernhaus der Welt ist. Ich kannte ihn gut, und während meines ersten Aufenthaltes in Argentinien hatte er sich in Susinis Hause verlobt. Als er unter Hitler abging, wurde Buenos Aires, wo er große Achtung genoß, sein Wohnsitz. Später wiederum war es vor allem Kleiber, dem der getreue Wiederaufbau der Lindenoper zu danken ist.

Gleich am folgenden Morgen nahm ich mir ein Taxi zur Calle Villafañe. Wir fuhren am Hafen entlang und gelangten in eine Industriegegend am südlichen Rande der Stadt. Sie war nicht weit entfernt von dem, was man Slums nennt.

Die Ford-Fabrik sah aus wie alle Ford-Fabriken in der Welt: ein quadratischer, nur zweistöckiger Bau mit großen Fenstern und graugestrichenen Wänden. Das Taxi hielt am Büro-Eingang. Ich trat in einen kleinen Vorraum, in dem einige Ford-Modelle zwischen Topfpalmen standen. Auch hier waren in den Büros die typischen Glaskäfige, die ich in Dearborn gesehen hatte, aber die Argentinier schienen offenbar mehr an ihrer privaten Atmosphäre zu hängen als die Amerikaner: sie hatten die Glaswände grau angestrichen, so daß die Leute in den einzelnen Büros vor unerwünschten Blicken der Besucher sicher waren. Da ich im Vorraum niemanden gefunden hatte, fragte ich hier nach dem »Gerente« und nannte meinen vollen Namen in Spanisch. Man wies mich auf eine Tür mit der Aufschrift »Manager« hin. Als ich eintrat, erhob sich ein großer Mann hinter einem riesigen Schreibtisch. Kahlköpfig, mit einem Stiernacken und in Hemdsärmeln, streckte er mir seine mächtige Hand über den Schreibtisch entgegen.

»Sie wollen also hier bei uns arbeiten«, sagte er. »Mr. Liebold hat Sie mir angekündigt. Mein Name ist Griffith. Ich werde Sie alle Abteilungen durchmachen lassen; hoffe, daß wir gut miteinander auskommen. Unsere Leute hier sind nicht viel anders als die, die Sie in den Staaten gesehen haben. Sie sind etwas radikaler als ihre amerikanischen Kollegen. Aber machen Sie sich keine Sorgen, wir haben noch keinen einzigen Streik in unserer Fabrik gehabt, obwohl es überall sonst Streiks in Mengen gibt. Alle sind über Ihr Kommen instruiert. In unserer Werkzeitung ist schon ein kleiner Artikel zu Ihrem Willkomm erschienen. Wollen Sie mal lesen?«

Ich machte mich auf Schlimmes gefaßt, doch der Artikel war keineswegs boshaft, im Gegenteil. Es hieß darin, es sei eine Genugtuung für die Arbeiter, das Mitglied eines ehemaligen Herrscherhauses bei sich zu haben, und jeder werde mich mit offenen Armen empfangen; das Ende war die Ermahnung, die jungen verwöhnten Nichtstuer von Buenos Aires sollten sich an diesem deutschen Prinzen ein Beispiel nehmen.

»Ich will Ihnen gleich meinen Stab vorstellen«, sagte Mr. Griffith. Einer seiner Mitarbeiter war deutscher Abstammung und hieß Pedro Zinkgraef; der Werkmeister, Cristiani, war gebürtiger Italiener. Er sollte für meine Ausbildung in der Fabrik verantwortlich sein. In seinen melancholischen dunklen Augen zog ein heiteres Licht auf, als er die Instruktion seines Chefs entgegennahm. Er schien nicht allzuviel Respekt vor dem »Alten« zu haben. So hieß Mr. Griffith bei den Arbeitern. Seinem Stellvertreter hingegen hatten sie den Spitznamen »die Alte« gegeben, weil er nicht so robust war.

Wenn man ein Land durch und durch kennenlernen will, genügt es nicht, daß man es bereist, selbst wenn man es noch so gründlich tut. Man muß das tägliche Leben mit den Bewohnern teilen; das kann man nur, wenn man unter ihnen arbeitet. Als Tourist bleibt man an der Oberfläche, man ist nur ein Objekt für die Leute; als Arbeiter wird man selbst ein Stück des Landes, man gehört zu den Leuten. Darum pflege ich immer, wenn mir jemand erzählt, daß er andere Länder oder Kontinente kenne, zu fragen, ob er in diesen Ländern nur gereist ist oder ob er wirklich dort gelebt hat. Das gilt sowohl von Europäern, die »auch mal in Amerika gewesen« sind, als auch von Amerikanern, die zu kurzen Abstechern nach Europa kommen.

Freilich bereitete es mir einige Verlegenheit, als ich dem Bankier Carlos Alfredo Tornquist in seinem prachtvoll ausgestatteten Büro mitteilen mußte, daß ich nicht in seiner Bank, sondern in der Ford Motor Company zu arbeiten gedächte. Nach seinem herzlichen Angebot kam ich mir etwas undankbar vor, doch war er höflich genug, meine Eröffnung ruhig, obschon zweifelnd, anzuhören. Mit leichter Ironie bemerkte er, ich hätte mir hoffentlich klargemacht, daß zwischen der Arbeit in einer Bank und der in einer Autofabrik ein gewisser Unterschied sei. »Schade, daß wir Sie nicht bei uns haben werden. Aber wenn Sie es nun einmal so wollen — alles Gute.«

Ich mietete mir in einer ruhigen Gegend, am Palermo Park, zwei leere Zimmer, die ich, da sie klein waren, mit wenigen Möbeln gemütlich machen konnte. Einer meiner Freunde, Ricardo Frers, lieh mir seine alte halbindianische Haushälterin aus — sie hieß Vicenta und war, was wir in Deutschland eine treue Seele nennen —, aber sie konnte wegen ihres anderen Dienstes erst nachmittags nach dem Rechten sehen, so daß ich bei meinem Aufbruch zur Arbeit auf mich selber angewiesen war. Da mir jedes Talent zum Koch abgeht, schlug die Selbstbereitung meines Frühstücks fehl. Auf dem Wege zur Ford-Fabrik fand ich am Hafen fliegende Frühstücksstuben, die sich auf offenen Karren eingerichtet hatten. Sehr appetitlich sah es da nicht aus, aber weil es nirgendwo im Umkreis Restaurants oder Cafés gab, die so früh am Morgen offen waren, blieb mir nur die Wahl, meine hygienischen Vorurteile abzulegen oder mit leerem Magen die Arbeit anzufangen. Ich wählte das erste. So saß ich denn am Hafen, der schon munter war, wenn die übrige Stadt noch schlief, nahe bei dem Pier, von wo nachts die Schiffe nach Montevideo abgingen. Es roch stark nach Salami und siedendem Öl. Der Wirt, ein großer, freundlicher Mann mit einer sehenswert respektablen Nase, war außerordentlich gesprächig und das Frühstück, das er servierte, ausgezeichnet.

Bald liebte ich es geradezu, vor dieser winzigen »Stube« zu sitzen, dem Gewimmel ringsum zuzusehen und mit dem Wirt über die Tagesereignisse in Buenos Aires und draußen in der Welt zu diskutieren. Wie alle Lateinamerikaner war er an Politik interessiert. Als der spanische Diktator Primo de Rivera zurücktrat — ein ungewöhnlicher Schritt für einen Diktator, wie das Beispiel der meisten seiner Kollegen zeigt —, sagte mein Wirt: »Ich glaube, Don Alfonso« — damit meinte er den König von Spanien — »hat einen großen Fehler gemacht, als er Primo de Rivera gehen ließ. Ich fürchte, er wird ihm bald folgen müssen.« Von solchen Unterredungen schrieb ich an meinen Patenonkel; ich versuchte, ihm brieflich ein objektives Bild von den Ansichten seiner ehemaligen, noch immer der Heimat gedenkenden Untertanen in Argentinien zu geben.

Die politische Prognose eines so einfachen und ganz ungebildeten Mannes wie dieses eingewanderten Spaniers war richtig: kaum ein Jahr später mußte König Alfonso sein Land verlassen. 1936 traf ich ihn in London im Exil. Er erinnerte sich an meinen »Gallego«, wie die Argentinier die zugewanderten Spanier nennen, und meinte, im großen und ganzen habe er nicht so unrecht gehabt.

Nicht geringer als das politische Interesse dieses Frühstückswirtes war das meiner Arbeitskameraden in der Ford-Fabrik. Unter ihnen machte sich eine allgemeine Unrast bemerkbar, eine Unzufriedenheit, die sich nicht auf irgendeine Ideologie wie Sozialismus oder Kommunismus gründete. Anhänger dieser Richtungen gab es damals noch kaum in Argentinien. Die Kritik der Arbeiter richtete sich vielmehr gegen den alternden Präsidenten Irigoyen und seine Verwaltung, die mehr und mehr in eine korrupte Diktatur auszuarten drohte. Daß Irigoyen Argentinien aus dem ersten Weltkriege herausgehalten hatte, war ihm von seinen Landsleuten hoch angerechnet worden; seine zweite Wahl zum Präsidenten war darauf zurückzuführen. Jetzt aber hatte er seine Tatkraft und das Volk infolgedessen seine Begeisterung eingebüßt. Irigoyen lebte zurückgezogen in einer Dreizimmerwohnung in der Calle Brasil, und man nannte ihn wegen dieser menschenscheuen Art »El Peludo«, das Gürteltier.

Trotz seiner siebzig Jahre hatte er überhaupt nur noch Interesse für Frauen. Es war ein offenes Geheimnis, daß er, obgleich Junggeselle, zahlreiche Kinder hatte. Sein Vorzimmer im Regierungsgebäude war unter dem Spottnamen »amanzadora« berüchtigt. Dort ließ er viele Besucher monatelang antichambrieren, während er in seinem Arbeitskabinett mit einer jungen Lehrerin oder anderen Mädchen flirtete, denen er prompt Stellungen verschaffte. Kein Wunder, daß alle, die nicht gerade auf einem Ministersessel saßen oder zur engeren Partei Irigoyens gehörten, vor allem aber die Arbeiter, mit ihm unzufrieden waren. Die wirtschaftliche Depression, die mit dem Schwarzen Freitag an der New Yorker Börse begonnen hatte und auf Argentinien übersprang, die hohen Einfuhrzölle der Vereinigten Staaten für Fleisch und Getreide aus Argentinien — all das tat ein übriges.

Ein Jahr später sollte ich erleben, wie Irigoyen mit seiner Partei durch eine nahezu unblutige Revolution der Macht enthoben wurde. Persönlich bin ich ihm nur einmal begegnet, kurz nach meiner Ankunft, bei einer Galavorstellung am Nationalfeiertag des 9. Juli — es gibt einen zweiten am 25. Mai — im Teatro Colón. Mein Freund Susini, auch von Irigoyens

Partei, stellte mich dem Präsidenten vor. Es blieb mir im Gedächtnis, wie durchdringend der große, schwere Mann mit dem kegelförmigen Kopf sein Gegenüber aus klaren blauen Augen anblickte; diese typischen »Irigoyen-Augen« habe ich später bei vielen Argentiniern aller Schichten wiedergefunden. Irigoyen stand mit einem Sektglas in der Hand an einem Buffet und dankte mir für die Glückwünsche, die ich ihm nach seiner erneuten Wahl von Berlin telegraphiert hatte mit dem Bemerken, daß man ihm in Deutschland seine loyale Haltung während des Weltkrieges nicht vergessen habe. Mehr wurde zwischen uns nicht gesprochen, weil die Pause zu Ende war und der nächste Akt der Oper begann.

Diese kurze Bekanntschaft war Nummer vier auf der Liste »meiner« Diktatoren. Die Liste wurde später noch um zwei Namen vermehrt: Mussolini und Hitler.

Bei Ford begann meine Arbeit zwar von unten, was die Tätigkeit betrifft; nach den Stockwerken des Fabrikgebäudes, die ich so durchlief, nahm sie jedoch den Weg von oben nach unten. Ich endete im Erdgeschoß am Fließband; Mr. Griffith berichtete, wie ich nachträglich hörte, an die Zentrale in Dearborn: »Alles in allem kann ich Dr. Ferdinand nicht unter meine besten Arbeiter zählen.« Das war seine zutreffende Schlußfolgerung aus einem Zustand, in dem ich mich berechtigt glaubte, mich mehr für die Arbeiter als für die Arbeit zu interessieren.

Obzwar etwas klassenbewußter als ihre nordamerikanischen Kollegen, kannten doch auch sie den eigentlichen Klassenhaß nicht. Wenn ihr Neid auf reiche Leute größer war als bei den Arbeitern nördlich des Äquators, so lag es daran, daß die Vorstellung, jeder könne über Nacht zum Millionär werden, wenn er nur etwas Glück habe, hier nicht so verbreitet und wohl auch nicht so begründet war wie im Lande des Dollars.

In einem Punkte schienen sich aber alle Arbeiter gleich zu sein: in dem Willen, sich eines unbeliebten Kollegen oder Vorgesetzten auf unsanfte Art mindestens für eine Weile zu entledigen. In allen großen Fabriken der Welt haben die Arbeiter darin viel List und Geschicklichkeit entwickelt. Wenn sie irgend jemand nicht mögen, lassen sie ihm zufällig ein Maschinenteil auf den Fuß fallen. Besonders am Fließband ist das eine beliebte Methode; die wahre Ursache solcher Betriebsunfälle ist fast nie herauszufinden.

Wir hatten in Buenos Aires einen Vorarbeiter, der wegen seines Strebertums unbeliebt und als »Sklaventreiber« verrufen war. Eines Tages beobachtete ich, wie der Mann, der ein Chassis von einem Fließband zum anderen hinüberhissen mußte, dieser Last in der Luft einen leichten Stoß gab, so daß das Chassis mit größter Präzision auf dem rechten Fuße des Vorarbeiters landete. Der fluchte und brüllte, aber die Kumpane wandten nicht einmal den Kopf. Der Vorarbeiter humpelte weg und war für mindestens eine Woche arbeitsunfähig. »Siehst du, Luis«, sagte einer neben mir in schönstem argentinischem Dialekt, »es ist ein Jammer, daß wir Arbeiter so schnell vergessen, wo wir hergekommen sind. Wenn einer von uns auch nur einen Peso mehr verdient, sind die anderen für ihn nur noch ein Dreck.« Ganz die gleiche Feststellung konnte ich später von meinen Kumpeln in River Rouge auf englisch hören. Die Sprache war verschieden, die Gesinnung dieselbe.

Wir hatten in der Ford-Fabrik von Buenos Aires nicht Kantinen, wie ich sie in River Rouge gesehen hatte. Alle Arbeiter gingen zum Essen in kleine Restaurants nahebei. Anfangs war ich jedesmal zu meinem Frühstückswagen zurückgewandert, bis mich eines Tages der Werkmeister Cristiani zum Mittagessen in sein Restaurant einlud. Er erklärte mir freimütig seine Situation: »Die Ford Motor Company zahlt mir etwa sechshundert Peso monatlich. Davon kann ich mehr oder weniger gut leben, aber es reicht für meine Ansprüche nicht aus. Es wird nie ausreichen, denn wenn ich mehr verdiene, wachsen auch meine Ansprüche. Was soll ich also machen? Am besten nichts.«

Diese pessimistische Lebensauffassung habe ich in Argentinien öfters angetroffen. Man glaubte hier nicht, wie in Nordamerika, an unbegrenzte Möglichkeiten; so war in Cristianis Erklärung, wenn auch nicht viel Fortschrittliches, so doch etwas Wahres. Eines stand fest: das Wort »Proletarier« bedeutete diesen Arbeitern nichts. Die meisten hatten es nicht einmal je gehört. Sie redeten einander mit Pablo, Ernesto oder Enrique an. Sobald sie aber die Fabrik verlassen hatten, gaben sie sich als Señor Martinez, Señor Fernandez, Señor Lopez. Sie waren eher Bourgeois, wenn man darunter einmal Leute mit echtem Bürgersinn verstehen will. Ich halte diese ausgeprägte Sehnsucht nach Individualität bei den Arbeitern für das Rückgrat unserer Zivilisation. Solange noch ein Funke von Widerstand gegen die Zumutung, in einer grauen Masse unterzutauchen, vorhanden ist, wird die Zivilisation nicht zusammenbrechen.

Kollegen erzählten mir von einem Fliegerklub, der den hochtönenden Namen »Centro de Aviacion Civil« trug. Er hatte bezeichnenderweise viele Arbeiter unter seinen Mitgliedern, während in den wohlhabenden Kreisen die Sportfliegerei als nicht standesgemäß, vielleicht auch als zu gefahrvoll galt. Der Klub setzte sich fast ausschließlich aus Chauffeuren und Mechanikern zusammen, die sich die Flugstunden von ihrem sauer verdienten Wochenlohn absparten. Ich schloß mich an. Mein Fluglehrer Marcelino Viscarret, ein ehemaliger Taxichauffeur spanischer Herkunft, war im Unterricht äußerst streng und verantwortungsbewußt. Ihm lag daran, seinen Schülern alle Unarten und Extravaganzen von vornherein abzugewöhnen, und so verdanke ich ihm zu einem großen Teile eine fliegerische Solidität, die mich später vor manchem Unfall bewahren sollte. Die gefährlichste Versuchung, der viele Flugschüler erliegen, und die sie manchmal mit dem Leben bezahlen müssen, die fliegerische Angeberei, war für meinen Lehrmeister etwas, was ihm maßlose Flüche entlocken konnte. Auf der Erde jedoch war er die Liebenswürdigkeit in Person. Er hing mit rührender Treue an jedem einzelnen seiner Schüler, und seine Augen strahlten, als er mir nach bestandener Prüfung mein »Carnet de Aviacion« überreichen durfte.

Wenngleich ich mittlerweile schon eine Menge Bekannter hatte, blieb mein Dasein eintönig und einsam. Das gesellschaftliche Leben in Argentinien fing erst um zehn Uhr abends an, und ein richtiges Diner währte zwei bis drei Stunden. So etwas war für einen Fabrikarbeiter schwer durchzuhalten. Obwohl ich in verschiedenen Häusern fast als zur Familie gehörig betrachtet wurde und es an hübschen Töchtern dort nicht fehlte, entwickelte sich daraus kaum Geselliges für mich. Immer wenn ich einen Ausflug vorschlug, mußte eine Aufpasserin, eine »Carabina de San Ambrosio«, wie man sie nannte, mitkommen. Anfangs fügte ich mich dieser Wächterinnen-Sitte, dann aber, mit zunehmender Vertrautheit, fragte ich dieses oder jenes Mädchen, ob wir denn nicht einmal ohne Begleiterin ausgehen könnten. Die Armen versicherten mir, daß sie es nur zu gern täten, es aber nicht wagen dürften: ein junges Mädchen, das vor seiner Heirat allein mit einem jungen Manne in der Öffentlichkeit gesehen werde, habe keine Heiratschancen mehr.

Dann, eines Abends, begegnete ich in einem Café in der Nähe der Oper meiner interessanten Reisebekanntschaft von der Fahrt über die Anden wieder; ich hatte sie über all den neuen Eindrücken vergessen gehabt. Antonio und Jeane luden mich für den folgenden Abend in ihr Haus ein, und von da an wurden wir immer engere Freunde. Wir gingen miteinander in Theater, Kinos und Restaurants und badeten zusammen in einem Strandbad am schlammigen La Plata, das natürlich »Lido« hieß. Wenn Antonio geschäftlich verreisen mußte, führte ich Jeane aus. Sie war ein guter Kamerad. Sie hatte alles über meine Beziehungen zu Lily Damita gelesen, und sie dachte äußerst praktisch in solchen und anderen Dingen des Lebens. Sie hatte Humor, Verständnis und Mitgefühl. Durch sie lernte ich mein Hollywood-Abenteuer mit anderen Augen sehen, und ich war recht unglücklich, als Antonio und Jeane Monate vor mir Buenos Aires verließen. Antonio war nach Chicago versetzt worden. Dort sah ich die beiden 1932 wieder, und 1933 war ich ihr Gast in Mexiko City. So vorurteilslose und dabei angenehme Menschen wie sie sind ein Glücksfall und daher selten, und wenn man ihnen begegnet, wird man gewahr, warum unsere Sprache dem Wort »Begegnung« den Sinn des Erlebnisses gegeben hat.

Um mich nicht zweimal am Tage umziehen zu müssen, pflegte ich nach der Arbeit in meinem fleckigen Overall — irgendwie brachte ich es zustande, mich bei der Arbeit schmutziger zu machen als die anderen, die dafür mehr leisteten — nach Hause zu fahren; auf Veranlassung der Ford-Zentrale hatte ich ein Auto bekommen. Eines Nachmittags fuhr ich gemütlich durch eine ruhige Seitenstraße in der Nachbarschaft meiner Wohnung, als ein Polizist mich anhielt: dies sei eine Einbahnstraße, und ich führe in falscher Richtung. Ich war nun schon wochenlang ohne einen Einwand von irgendwem so gefahren, aber derartige Diskussionen mit einem Polizisten auf der Straße sind ja immer zwecklos, sogar in Buenos Aires. Ich suchte also meinen Führerschein, ein kleines rotes Buch, in dem alle Verkehrsvorschriften abgedruckt waren. Umsonst; nach einem beträchtlichen Aufwand an Nachforschungen, denen der Polizist geduldig zusah, mußte ich ihm gestehen, daß ich meine Papiere vergessen hatte. Ich bat ihn, doch mit mir in meine nahe Wohnung zu kommen und sich dort zu überzeugen, daß ich Prinz Louis Ferdinand sei. Er warf mir einen kurzen Blick zu, der alles andere als Sympathie ausdrückte, dann meinte er ziemlich verächtlich: »Wenn Sie der Prinz Luis Fernando wären, würden Sie wohl nicht in diesem Aufzug in der Stadt herumfahren. Kommen Sie mit zum Polizeirevier, Sie können Ihre Geschichte ja meinem Chef erzählen. Wenn er sie glaubt, soll es mir recht sein.«

Der Comisario hatte erst nach einer guten Stunde Zeit für mich, so daß die Belustigung, mit der ich zuerst diese Sache betrachtet hatte, allmählich in Mißmut überging. Außerdem war der Comisario noch unzugänglicher als der Polizist. Endlich erlaubte er mir aber doch, in Begleitung des Polizisten meine Papiere zu holen.

»Na«, sagte er, als ich wiederkam, »wenn Sie sich so zu verkleiden belieben, haben Sie besser stets Ihre Papiere zur Hand. Tut mir leid, ich muß Ihnen eine Buße von zwanzig Peso auferlegen.«

Ich hatte gerade meinen Wochenlohn bekommen, und ich zählte ihm das Geld aus dem Umschlag auf; plötzlich bedankte er sich, völlig verwandelt. Ich ärgerte mich und erzählte den Vorfall in der Fabrik. Ich erntete schallendes Gelächter. Cristiani riet mir, in solchen Fällen dem Polizisten an Ort und Stelle zwei Peso zu zahlen. »Sie kommen dann mit zehn Prozent von dem aus, was es Sie diesmal gekostet hat«, meinte er. »Tragen Sie immer eine Zwei-Peso-Note hübsch gefaltet in Ihrem Führerscheinbuch mit sich. Probieren Sie es nur, wenn Ihnen wieder so etwas passiert. Der Polizist wird in aller Ruhe in dem roten Büchlein blättern, sich unauffällig des Geldscheines bemächtigen, und alles ist in bester Ordnung.«

Er ließ sich das rote Buch von mir geben, steckte eine Zwei-Peso-Note hinein und sagte: »So.« Ich dankte lachend und wollte ihm das Geld zurückreichen. »O nein«, sagte er. »Diese zwei Peso sollen ein Talisman für Sie sein.«

Vor meiner Versetzung in die Verkaufsabteilung bat ich um einen dreiwöchigen Urlaub, der mir auch gewährt wurde. Ich hatte an Don Adolfo Schwelm in Eldorado geschrieben und ihn gefragt, ob er einen einfachen Ford-Arbeiter aufnähme. Wenige Tage darauf bereits antwortete er mit einer herzlichen Einladung.

Es war ein eigenartiges Gefühl, als ich die Wälder von Misiones nach diesen drei Jahren wiedersah. »Willkommen, Herr Ford-Arbeiter«, lautete Schwelms Begrüßung. »Sind Ihnen der Schmutz und der Lärm der Fabrik auf die Nerven gegangen? Wir werden unser Bestes tun, damit Sie sich erholen.« Er ließ mich merken, daß er mich wegen meiner Inkonsequenz tadelte, die mich in der Fabrik einer nordamerikanischen Firma statt in einer argentinischen Bank, noch dazu in einer, mit der er in Verbindung stand, arbeiten ließ.

Ich wurde in demselben spartanisch einfachen Zimmer untergebracht, in dem ich vor drei Jahren gewohnt hatte. Don Adolfos Lieblingsplatz war ein bequemer Stuhl auf der Terrasse, und oft hatte er ein Glas in der Hand. Mir fiel manches auf, was mir das erste Mal entgangen oder noch nicht so sichtbar gewesen war. Doña Elena war noch immer jung und schlank, aber ihr Gesichtsausdruck wechselte häufig von leidenschaftlicher Lebendigkeit zu ergreifender Hilflosigkeit oder kummervoller Resignation. Ich fing an, etwas von der Tragödie dieses Lebens in solcher Einsamkeit zu begreifen.

Die Tage waren lang und still. Von Zeit zu Zeit erschien ein junger Argentinier in Don Adolfos Freiluftbüro auf der Terrasse und holte sich neue Weisungen von seinem Chef. Schwelm schien nichts mehr zu tun, als die Kolonie zu überwachen. Hin und wieder kam ein Siedler, um Hilfe zu erbitten oder sich über seinen Nachbarn zu beklagen. Schwelm hatte eine diplomatische Art, solche Fälle zu behandeln und Mut zuzusprechen; doch abgesehen von diesen Audienzen, kümmerte er sich nicht viel um seine Untertanen. Zwei- oder dreimal ritten wir auf kleinen Pferden, die nicht größer als ein Polo-Pony sind, in die Siedlung. Diese Pferdchen gehen im Paßgang, was für den Reiter bequem ist. Das einzige, was sie übelnehmen, ist, wenn man die Zügel anzieht; dann werden sie böse und werfen ihren Reiter ab. Jedem, der den wahren Geist der Demokratie kennenlernen will, rate ich zu einem Ritt auf einem solchen Pferdchen. Man lernt dabei im Nu, wieweit man anderen seinen Willen aufzwingen kann und wieweit nicht.

Meist ritten wir auf der Hauptstraße, die sich etwa fünfundzwanzig Kilometer weit nach Osten erstreckte. Dann und wann kam man im Wald an Lichtungen von einem bis drei Kilometer Breite; dort wurde die Hauptstraße von kleineren Pfaden gekreuzt, die zu den Behausungen der Siedler führten. Vergeblich bemühte ich mich um einen Besuch bei den Siedlern, damit ich die Einwanderer, die das Thema meiner Doktorarbeit gewesen waren, doch einmal leibhaftig sähe; außer mit dem Arzt brachte mich Don Adolfo mit niemand zusammen. Trotzdem blieb mir nicht verborgen, daß die Ausdehnung der Kolonie einen Stillstand erreicht hatte.

Die meisten Einwanderer stammten aus den ersten zwanziger Jahren. Mit der Besserung der Verhältnisse in Deutschland hatte der Zustrom nachgelassen und war allmählich ganz versiegt. Don Adolfo beobachtete diese Entwicklung mit einiger Besorgnis, denn die Kolonie war noch bei weitem nicht saturiert; zweihundert Kilometer landeinwärts hatte man einen meilenweit sich erstreckenden Wald mit den wertvollsten Bäumen entdeckt. Zur Verwirklichung des Planes, diese Schätze zu erschließen, fehlten jetzt die Menschen. Ein kleines Hotel, auf einem Hügel die endlosen Wälder überblickend, bezeichnete vorläufig den äußersten Punkt der Siedlung. Alles in allem hatte ich doch eine Reihe neuer Fakten zu meiner Theorie der Einwanderung in Argentinien gesammelt, so daß ich meine Doktorarbeit demnächst in eine wissenschaftliche Abhandlung umwandeln und sie gedruckt der Öffentlichkeit würde unterbreiten können.

Nie werde ich diese Ruhe vergessen, nie diese Verlorenheit; nie auch die Nächte, in denen ich hier russische Grammatik studierte oder Dostojewskij las, in einer ungeheueren Stille, die dem vom Dichter ausgebreiteten Ozean der Seele entsprach; nie endlich die kleinen Häfen im Dickicht am Fluß, von dem die Siedler der gefährlichen Mücken wegen weitab wohnten, und das Ankerwerfen des Bootes, nachdem es dunkel geworden war — die seltsamen Laute des Wassers, die gedämpften Stimmen der Bootsleute, die wenigen Fackeln am Ufer, den Kahn, der herabgelassen wurde, um an den seichten Landeplatz zu gelangen, die Lautlosigkeit, mit der die Fackeln erlöschten und der Hafen von der Finsternis verschlungen wurde, sobald der Kahn an Bord des Bootes zurückgekehrt war.

Der Besuch meiner Mutter, den ich während meines Aufenthaltes in Buenos Aires empfing, hatte wohl nicht nur ihre Reiselust, sondern auch die Unruhe über die seelische Verfassung ihres Sohnes zum Motiv. Die Familie traute mir nicht mehr so recht, und man befürchtete nichts Geringeres, als daß Lily hier bei mir sei. Da das nicht zutraf und ich auch sonst leidlich abgekühlt erschien, wenngleich ich Zusicherungen vermied, als mir erklärt wurde, daß es hier keinen Kompromiß gäbe und ich zwischen Lily und der Familie zu wählen hätte, lebte meine Mutter im Genuß ihrer ersten Bekanntschaft mit der Neuen Welt schnell auf. Sie begegnete allgemeiner Gastfreundschaft und Herzlichkeit. Durch einen kuriosen Zufall verbrachte sie bei einem Ausflug einen ganzen Tag sozusagen zwischen den beiden Hauptakteuren der kommenden Revolution: als Ehrengast saß sie zwischen General Toranzo, dem Generalinspekteur der argentinischen Armee, und General Uriburu, dem Haupt der Verschwörung. Als die Revolution ausbrach, war meine Mutter indessen schon abgereist.

Im Grunde wußte jeder, was geschehen würde. Als daher am Morgen des 6. September 1930, eines Samstags, Flugzeuge über der Stadt erschienen und Flugblätter mit der Ankündigung des Anmarsches der Revolutionäre abwarfen, harrte alles passiv der Dinge, die da kommen sollten. Sie kamen in Gestalt eines Zuges von einigen hundert Militärschülern mit Uriburu an der Spitze vom Maifeld her. Dr. Susini und ich hatten, mit dem Auto in der Stadt umherfahrend, einige Mühe, die Revolution überhaupt aufzufinden. Der Marsch der Revolutionäre ähnelte mehr einem friedlichen Festzug, der von der Bevölkerung stürmisch begrüßt wurde und aus ihren Reihen ständig Zuwachs erhielt. Alles wäre programmäßig verlaufen, wenn nicht ein paar regierungstreue Kongreßabgeordnete in einem Anfall von Heroismus aus dem Parlamentsgebäude geschossen und dabei obendrein diesen oder jenen Unglücklichen getroffen hätten. Man schickte eine Abordnung in das Parlamentsgebäude, die die widerspenstigen Volksvertreter schnell zur Raison brachte. Irigoyen hatte ohnehin schon das Weite gesucht. Jetzt trat nur noch sein Symbol, der »Peludo«, in Erscheinung: ein ausgestopftes Gürteltier, das man zum Gaudium der Menge an einer Schnur vom Balkon des Regierungspalastes baumeln ließ. Am Abend war die »Machtergreifung« vollzogen, und es herrschten wieder Ruhe und Zuversicht am La Plata.

Entsprechend dem epidemischen Charakter solcher südamerikanischen Revolutionen folgten bald darauf Uruguay und Brasilien dem Beispiel ihrer Schwesterrepublik. In Brasilien wurde Washington Luis Perreira von Getulio Vargas gestürzt, der im Volksmund der »Gaucho« hieß. Dort verlief aber die Revolution nicht in so gesitteten Formen wie in Argentinien. In Santos hatte ich Gelegenheit, viele Häuser der gestürzten und vertriebenen Politiker zu sehen, das heißt die Ruinen davon, denn man hatte sie bis auf den Grund niedergebrannt.

Meinen argentinischen Freunden, die mich schon ganz als einen der Ihren betrachteten, erschien es selbstverständlich, daß ich mich in Argentinien niederlassen würde. Es war nicht leicht, ihnen klarzumachen, daß der Abschied, den ich wegen der Drucklegung meiner Einwanderer-Forschungen nehmen wollte, ein Abschied auf immer sein sollte. Ich hatte nie aufgehört, meinen Aufenthalt in Argentinien als ein vorübergehendes Exil zu betrachten, mir aufgezwungen durch den Befehl meines höchsten Chefs in Detroit. Überdies hatte ich nun erkannt, daß ich auf lange Sicht doch mehr in die Vereinigten Staaten paßte mit ihrer größeren Aktivität und den dadurch bedingten besseren Aufstiegschancen. Die Atmosphäre von Melancholie und Resignation im Lande der Pampas und des Tangos war nicht gerade das Richtige für jenen Einschlag in meinem Wesen, der ohnehin schon zu Passivität neigte. Natürlich kann man nicht, wie ich damals glaubte, seinem eigenen Selbst entfliehen, indem man aus einem Lande in ein anderes hinüberwechselt. Sicherlich aber ist auf die Dauer der Einfluß einer Umgebung heilsam, die nicht gerade das fördert, wovon man bereits zuviel hat, sondern zumindest stärker in das Bewußtsein ruft, was man noch entbehrt.

Das alles hatte ich meiner Mutter schon mitgeteilt, jetzt sah ich nur noch die Schwierigkeit darin, es meinem Großvater zu erklären. Ich schrieb ihm einen langen Brief. Er antwortete freundlich, daß ich meinen Plänen folgen möchte. Daraus ersah ich, daß er mir den Hollywood-Seitensprung verzieh, und so stand ich an einem sonnigen »Indianersommer«-Nachmittag im November 1930, dreiundzwanzigjährig, wieder auf dem Boden von New York. Ich erreichte gerade noch den Nachtexpreß nach Detroit. Unterwegs bereitete ich mich auf den großen Bericht vor meinem höchsten Chef vor; ich wollte ihm die Situation des argentinischen Automarktes im allgemeinen und des dortigen Ford-Geschäftes im besonderen schildern. Aber ich hatte nicht viel Glück damit. Nach einigen Sätzen unterbrach er mich: »Wir errichten eine Ford-Filiale in Deutschland. Wollen Sie die übernehmen?« Wiederum konnte ich nur entgegnen, das sei verlockend, doch fehle es mir noch an Erfahrung.

»Nun«, entgegnete er, »es hat keine Eile. Kommen Sie nur zu uns zurück, dann werden wir Sie schon einarbeiten. Ich möchte um keinen Preis etwas mit Ihnen anstellen, was Ihr Großpapa nicht billigt.«

Seinem ganz leichten Augenzwinkern konnte ich entnehmen, woran er dabei dachte.

Auf der Passagierliste der »Columbus« fand ich die Namen des Generals von Blomberg, der von einer Studienreise aus den Vereinigten Staaten zurückkehrte, und des Reichsbankpräsidenten Schacht und seiner Frau. Schacht ließ durchblicken, daß er 1932, wenn Hindenburgs Amtszeit abgelaufen sei, für die Reichspräsidentschaft kandidieren wolle. Frau Schacht war entsetzt über meine Lebensanschauungen.

Ich hatte die Bekanntschaft eines weiteren Passagiers gemacht; er hieß Ipatjew, war Professor der Chemie, ein ruhiger alter Herr, und hatte auf Geheiß der Sowjetregierung amerikanische Universitäten besucht. Die russische Kaiserfamilie war als Gefangene der Sowjets eine Zeitlang im Hause seines Bruders in einer sibirischen Stadt untergebracht gewesen. Frau Schacht warnte mich: er sei gewiß ein Spion und werde, wenn er mich ausgehorcht habe, tolle Dinge über mich in irgendeine Zeitung bringen.

»Gnädige Frau«, erwiderte ich, »das soll mir egal sein, solange er mich nicht mit Filmschauspielerinnen verheiratet.« »Entgeistert« ist ein milder Ausdruck für das, was sich auf ihrem Gesicht malte; aber ich muß einräumen, daß sie meine Bemerkung nicht so gut verstehen konnte wie ich selber.

In Bremerhaven empfingen mich am Schiff meine Eltern mit meinen beiden Brüdern Hubertus und Friedrich und der örtliche Ford-Vertreter. Er hatte Auftrag aus Detroit, mir einen neuen Fordwagen, der schon am Kai wartete, zur freien Verfügung zu stellen; damit war erhärtet, daß ich nicht nur in Amerika, sondern auch hier in der Heimat als wirkliches Mitglied der großen »Ford-Familie« angesehen wurde. —

»Ich dachte, du wärst mindestens Präsident von Argentinien geworden, und dabei hast du es nur zum Ford-Mechaniker gebracht? Wenigstens brauche ich dir also nicht jedes Jahr einen neuen Wagen zu kaufen. Mr. Ford kann das leichter. Erzähle. Ich weiß schon allerlei durch Poultney Bigelow, der hier war.«

Das war der Empfang durch meinen Großvater, vor dem ich mich unnötigerweise gefürchtet hatte. Hollywood erwähnte er mit keinem Wort. Poultney Bigelow sagte mir später, daß er auf den ausdrücklichen Wunsch meines Großvaters Lily Damitas persönliche Bekanntschaft gesucht habe; sein Urteil lautete: »Nichts zum Heiraten, aber man kann es einem jungen Manne nicht verdenken, wenn er sich in sie verliebt.«

Dieser Auftrag meines Großvaters war, wie mir jetzt schien, ein ganz besonderer Vertrauensbeweis für Poultney Bigelow. Selbst Bigelow war im ersten Weltkrieg der allgemeinen Psychose erlegen und hatte sich in seinen Artikeln einiger Unfreundlichkeiten gegen den deutschen Kaiser nicht enthalten können. Mein Großvater hatte nie darauf angespielt, als er mich in Bigelows Obhut gab. Aber Bigelow bedrückte es, daß er die Freundschaft einmal getrübt hatte. Während ich in Buenos Aires arbeitete, war er zu Besuch in Doorn gewesen und hatte sich mit meinem Großvater über alles ausgesprochen. Obwohl mein Großvater darüber hinweggehen wollte, hatte Bigelow darauf bestanden, einen sichtbaren Strich zu ziehen und seine Äußerungen aus dem Kriege öffentlich zu widerrufen.

In Berlin reichte ich sogleich Professor Bernhard das erweiterte Manuskript meiner Einwanderer-Forschungen zu einer letzten Durchsicht ein. Nachdem er es gebilligt hatte, trug ich es stolz zu dem mir von Bernhard empfohlenen Verlag Mittler & Sohn; Herr Mittler gab mir zu verstehen, daß man nicht mit einem größeren Absatz der Schrift rechnen könne, sie sei zu speziell und akademisch.

Als die Korrekturfahnen gelesen, alle Exemplare gedruckt und mir die Ausfertigungen des Doktordiploms übergeben waren, fuhr ich mit einem ledergebundenen Vorzugsexemplar meiner Schrift nach Doorn. Mein Großvater nahm Buch und Doktordiplom und verschwand mit beidem für einige Augenblicke in seinem Arbeitszimmer. Dann händigte er mir das Diplom wieder aus. Unten las ich, von seiner Hand geschrieben: »Gratulor. Wilhelm I. R.« Beim Mittagessen entdeckte ich Sektgläser auf dem Tisch.

Da ich die Vorzüge eines unabhängigen Lebens gekostet hatte, verspürte ich keine Lust, wieder bei dem alten Grafen Platen Wohnung zu nehmen.

Ich mietete mir zwei Zimmer in der Nähe des Reichskanzlerplatzes. Mein Quartiergeber war ein Herrenschneider, der bis vor einigen Jahren glänzend verdient hatte, nun aber seine Zehnzimmerwohnung untervermieten mußte, um sein Leben zu fristen. Durch ihn erfuhr ich zum ersten Male von einem gewissen Adolf Hitler und seiner neuen Partei, von der sich mein Zimmerwirt anscheinend die Rettung versprach. Bei meinem nächsten Besuch bei Professor Bernhard fragte ich nach seiner Meinung über diesen Hitler. Bernhard sagte, es sei ein politischer Clown, den niemand ernst nehme.

Eines Tages teilte mir mein Zimmerwirt voller Aufregung mit, »der Führer« werde im Sportpalast sprechen. Ich kannte den Sportpalast bisher nur von Eishockeyveranstaltungen und ähnlichem. Diesmal fand ich ihn feierlich in Schwarzweißrot dekoriert; man sah auch Hakenkreuzfahnen, doch waren sie damals noch nicht vorherrschend. Die höflichen jungen Leute, die uns zu unseren Plätzen auf dem Balkon geleiteten, schienen Studenten zu sein. Eine fünfzigköpfige Kapelle spielte. Wenn man zur Rednertribüne mit ihren Dekorationen und Blumenarrangements blickte, konnte man sich auf irgendeiner Einweihungsfeier wähnen. Das Hitlersche Thema lautete: »Preußentum und Nationalsozialismus«.

Nach dem zeremoniösen Einmarsch mit Badenweiler Marsch, brausenden Heil-Rufen und ausgestreckten Armen trat er, während alles aufstand, ans Rednerpult, nahm die Ovationen genußvoll und selbstgefällig entgegen, gebot mit einer großen Armbewegung Schweigen und begann. Am meisten überraschten mich sein österreichischer Akzent und sein schier unerschöpflicher Vorrat an Fremdwörtern. Im Grunde sagte er dasselbe, was ich fast täglich von meinem Zimmerwirt hörte: Arbeitslosigkeit, wirtschaftliche Krisis, Unfähigkeit der Regierung. Ziemlich wörtlich plagiierte er zuweilen Oswald Spengler. Wenn man ihm glauben wollte, war der Nationalsozialismus nichts anderes als die legitime Fortsetzung der staatsmännischen Ideen Friedrichs des Großen.

Nachher saß ich mit dem Freunde zusammen, der mit mir im Sportpalast gewesen war: Dr. Roberto A. Ramm Doman, einem Deutschargentinier, der mir wichtige Angaben über Argentinien für meine Schrift gemacht und sich nun mit seiner Familie für einige Monate im Tiergartenviertel niedergelassen hatte. Er kannte sich in der deutschen Politik besser aus als ich, der ich so lange draußen gewesen war und nun das alles nur wie ein fernes Gemurmel an mein Ohr schlagen hörte. In seinen politischen Ansichten war er streng konservativ und royalistisch, ein überzeugter Anhänger der Hohenzollern; bei unseren heftigen Diskussionen nannte er mich gelegentlich sogar einen Sozialisten. Wir stellten fest, daß die Hitlerschen Ideen jedenfalls an diesem Abend im Sportpalast gemäßigt geklungen hatten. Manches daran erschien plausibel oder gar konstruktiv. Wir hatten keinen Fanatismus bemerken können; der Juden war nicht mit einem einzigen Wort Erwähnung getan worden. Mein argentinischer Freund faßte unsere Eindrücke zusammen: »Ich vermute, wir werden noch viel von diesem Mann hören, der aussieht wie Charlie Chaplin und redet wie ein Wiener Portier.«

Während all dieser Monate war ich mein freier Herr. Heimlich fuhr ich — als erster Hohenzoller nach dem Kriege — nach Paris und London, mit Wissen meines Großvaters nach Prag, Wien, Budapest und Belgrad. In London wohnte ich durch Vermittlung des deutschen Sportjournalisten Walter Kleffel in einem Fliegerklub und durfte bei den Vorführungen der Royal Air Force in Hendon zugegen sein.

Zurück in Berlin, bemühte ich mich, meinen argentinischen Flugschein durch ein Pilotenexamen in Deutschland zu ergänzen. Zwar wurde die argentinische Lizenz von den deutschen Behörden anerkannt, denn der Klub in Buenos Aires gehörte zur Fédération Aéronautique Internationale. Aber die Deutsche Luftpolizei bestand auf drei vorschriftsmäßigen Ziellandungen in Deutschland. Durch meinen Freund Walter Kleffel, den Sportredakteur der »BZ am Mittag«, lernte ich Fritz Siebel, einen Luftveteranen aus dem ersten Weltkriege, kennen. Er war einer der wenigen Deutschen, die eine eigene Maschine besaßen, einen Klemm-Eindecker, den er mir zu diesem Zwecke lieh. Als ich nach der dritten Ziellandung in Tempelhof zum Schuppen rollte, ertönte aus dem Lautsprecher vom Dach des Flugrestaurants »Heil dir im Siegerkranz«. Ich dachte, Fritz Siebel habe sich einen Scherz erlaubt, und machte ihm Vorwürfe wegen dieser politischen Unklugheit. »Aber ich bitte Sie, ich habe gar nichts damit zu tun«, verteidigte er sich. »Hier landen und starten mehrmals täglich britische Verkehrsmaschinen, und der Wirt des Restaurants sagt, niemand könne ihm verbieten, die englische Hymne ›God save the King‹ spielen zu lassen, die eben dieselbe Melodie hat.«

So ging mein »Europa-Urlaub«, wie ich es nannte, zu Ende.

12. Kapitel

DAS MOTORENWERK

Die Vereinigten Staaten, wohin mich diesmal — im Herbst 1931 — die »Europa« trug, traf ich nicht so an, wie ich sie verlassen hatte. Man war am Tiefpunkt der Wirtschaftsdepression angelangt: die Ford-Fabrik so gut wie geschlossen, Henry Ford und alle Prominenten der Firma auf Urlaub. In den mächtigen Fabrikhallen war es so still wie auf einem Friedhof. Das Fließband, über das einst neuntausend Motoren täglich durch den Produktionsprozeß gegangen waren, lag still, und keine Seele ließ sich blicken, als ich mich auf Weisung des Personalchefs dort meldete. Nach langem Suchen stieß ich schließlich auf einen riesenhaften blonden Kerl.

»Was zum Teufel wollen Sie hier?« grollte er.

»Ich suche Mr. Berglund«, antwortete ich zaghaft. »Ich soll mich bei ihm zu meinem Ausbildungskursus melden.«

»Ach, Sie sind also der Kaiserenkel, den mir diese Idioten von der Direktion schicken. Hier ist verdammt wenig los. Na, desto mehr Zeit, Ihnen zu zeigen, wie man einen Motor baut. Ich bin Berglund. Noch einfacher, wenn Sie mich den Schweden nennen.«

Darauf mußte ich von seiner Pranke einen Händedruck erdulden, von dem mir noch nach Tagen die Finger weh taten. Für einige Wochen waren Berglund und ich die einzigen Lebewesen in der großen Motorenhalle, in der in normalen Zeiten mindestens zehntausend Mann arbeiteten. Erst im Frühherbst kamen Aufträge und damit mehr Arbeiter herein.

Berglund hatte die ganze Welt gesehen. Er war als Matrose auf einem schwedischen Handelsschiff gefahren und eine Zeitlang Polizist in Java gewesen. Vor zehn Jahren in Amerika gestrandet, war er jetzt Vorarbeiter im Motorenwerk bei Ford. Bald kam er dahinter, daß meine sprachlichen Fähigkeiten bei weitem größer waren als meine mechanischen, und er machte sich ein Vergnügen daraus, mich alle die unmöglichen und manchmal unflätigen Ausdrücke zu lehren, mit denen die Arbeiter die einzelnen Teile der Motoren benennen. Als eines Tages Charlie Sorenson erschien, um sich durch eine kleine Prüfung vom Stand meiner Ausbildung zu überzeugen, bediente ich mich so treuherzig dieser kernigen Fachsprache, daß es alle zum Lachen reizte.

Meine neuen Arbeitskameraden erwiesen sich als hilfreich; sie wurden nicht müde, mir wieder und wieder alles zu erklären. In Europa neigen Fachleute mehr dazu, ihr Wissen eifersüchtig zu hüten, wohingegen die Amerikaner immer bereit sind, anderen von ihrem Wissen mitzuteilen. »Lassen Sie's mich Ihnen zeigen«, ist der gebräuchlichste Ausdruck. Am meisten verhaßt ist ihnen jemand, der immer alles allein können will und sich nicht helfen läßt. Die Aufgeschlossenheit, die ihnen selbst eigen ist, erwarten sie von jedermann. Sie verabscheuen es, wenn jemand den Kopf hängen läßt. Unverwüstlich ist ihr Glaube an günstige Entwicklungen.

Das erste Mißtrauen gegen einen, der nicht ganz zu ihnen gehörte, schwand allmählich. Als sie erfahren hatten, wer ich war, konnten sie sich mit Fragen nicht genug tun. »Bist du wirklich der Enkel des Kaisers? Ein richtiger Prinz? Wohnst du zu Hause in Schlössern? Was macht der Kaiser? Wie geht es ihm?« Unzählige solcher Fragen mußte ich über mich ergehen lassen. Aber ihre kameradschaftliche Haltung änderte sich nie, und ihre Zutraulichkeit konnte sich ebenso derb und aggressiv wie rührend besorgt äußern. Als ich einmal unruhige Wochen verlebte, weil der Gesundheitszustand meines Großvaters Schlimmes befürchten ließ, brachten sie mir allmorgendlich die neuesten Zeitungsberichte und fanden hundert neue Wendungen, um meine Besorgnisse zu zerstreuen. Ich wollte, ich hätte etwas von diesem echten, unbefangenen Empfinden dem einsamen Manne in Doorn übermitteln können.

Als ich merkte, daß mir die gesellschaftliche Selbstisolierung von den Damen der »Gasolin-Aristokratie«, wie man boshaft sagte, übelgenommen wurde, begann ich, in einigen Familien zu verkehren. Wenn es manchmal etwas abenteuerlich wurde, waren die Umstände schuld. Bei meinem ersten Aufenthalt hatte mich Fords Generalsekretär Liebold in die »Harmonie-Gesellschaft« geführt, wo es Männerchöre gab und eine Bierkneipe, die allerdings wegen der Prohibition über viele geheimnisvolle Gänge im Keller gesucht werden mußte. Zu einem Kostümfest erschien Liebold als Bayer mit einer Gamsledernen, Jägerhut und Försterbart und ich als Spanier. Wir ließen uns miteinander photographieren und konnten uns dann auf den Titelseiten der Detroiter Morgenzeitungen bewundern. Liebold wurde zu seinem Chef gerufen; er schwieg über das, was er dort zu hören bekam.

Die Liebolds hatten acht Kinder. Eines Abends ging ich mit der ältesten Tochter aus; meine Arbeitskameraden hatten mir ein Tanzrestaurant am See, »Edgewater Beach«, empfohlen, und Fräulein Liebold war neugierig darauf, weil sie es nicht kannte, wie sie mir sagte. Lokal wie Publikum wirkten bürgerlich; das Essen war vorzüglich, der Preis mäßig. Die Tanzmusik und ein kleines Programm von Tanzvorführungen, das geboten wurde, gefielen uns, und wir genossen beide den Abend. Aber von Frau Liebold erhielt ich hernach einen Brief, in dem behauptet wurde, ich hätte ihre Tochter in ein schlecht beleumundetes Etablissement, wenn nicht gar in eine Lasterhöhle geführt. Ich beeilte mich, mich für meinen entsetzlichen, in Unkenntnis begangenen Fehler zu entschuldigen.

Beim nächsten Beisammensein gestand mir Fräulein Liebold, sie habe genau gewußt, daß das dem Anscheine nach harmlose Restaurant als Spielhölle bekannt war, aber sie selbst habe es auch einmal kennenlernen wollen und nun doch gar nichts feststellen können. Ich machte sie immerhin darauf aufmerksam, daß wir in eine Razzia hätten geraten können.

Liebolds verkehrten viel mit einer anderen Familie deutscher Abkunft, den Richters. Diese hatten ebenfalls Töchter. Die älteste war jetzt in den Jahren, da sie in die Gesellschaft eingeführt werden sollte. Zu diesem Debüt gab es ein Fest im »Detroit Athletic Club«. Richters wohnten ziemlich weit weg, Liebolds hingegen ganz in meiner Nähe; nichts war also natürlicher, als daß ich Fräulein Liebold abholte. Sie war eine gute Freundin der jungen Debütantin. Es wurde ein schöner Abend, nur unser Star, Fräulein Richter, ließ mich links liegen. Ich wußte mir das nicht zu erklären, doch ich mochte sie nicht selber fragen. So wartete ich, bis ich mit Fräulein Liebold nach Hause fuhr.

»Haben Sie eine Ahnung, weshalb sie mich geschnitten hat?« forschte ich.

»Natürlich. Sie war wütend auf Sie.«

»Aber warum denn um Himmels willen?«

»Sie hätten sie abholen und auch nach Hause bringen müssen. Sie waren der Ehrengast. Sie haben sie zurückgesetzt und mich bevorzugt. Sie ist auch wütend auf mich.«

»Aber das hätten Sie mir vorher sagen sollen!« erklärte ich vorwurfsvoll.

»Ach, Louis, sie ist manchmal so hochnäsig, das schadet ihr gar nichts.«

Ich hatte mich also abermals zu entschuldigen. Jedoch mir schien nicht, daß ich die Richters von meiner Unschuld überzeugen konnte. Jedenfalls kann man, wie ich sah, auch in Amerika die Etikette verletzen, die die Amerikaner in Europa so gern antiquiert nennen. —

Während ich so meine Erfahrungen in der Gesellschaft machte, blieben mein eigentlicher geselliger Umgang doch diejenigen, mit denen ich Seite an Seite in der Werkstatt arbeitete. Henry Ford hat mir später einmal gestanden, nichts habe ihn so sehr für mich eingenommen wie meine Vorliebe für den freundschaftlichen Verkehr mit den Arbeitern in der Fabrik.

Da war Olbrich, ein beleibter Junggeselle mit Glatze und gefühlvollen grauen Augen, dessen Eltern aus Deutschland eingewandert waren und dessen Zerstreuungen in Fußball- und Baseballspielen bestanden; er hatte die Motoren während ihres mehrtägigen Probelaufs zu überwachen, ehe sie zum Versand eingeschifft wurden. Da war ferner Roy Frank, ebenso wie Olbrich beträchtlich älter als ich, ein Allround Mechaniker ohne festen Arbeitsplatz, mit einer philosophischen Art, die Dinge zu betrachten, und einem goldenen Herzen; sein ganzer Stolz war sein Sohn Charlie, den er zum Konzertpianisten ausbilden ließ.

Und da war schließlich Billie Duncan: Damals der einzige in seiner Familie, der noch verdiente. Vor der wirtschaftlichen Depression, die auch Roy Frank zwang, sein hübsches Häuschen aufzugeben, war jeder einzelne der großen Familie Duncan beruflich tätig gewesen. Sie hatten ein Haus mit sieben Zimmern gemietet: Vater Duncan war Grobschmied, und Mutter Duncan hatte jedem ihrer Kinder zum neunzehnten Geburtstag ein Auto, natürlich einen Ford, geschenkt. Nun waren sie fast alle arbeitslos; aber noch trugen die männlichen Mitglieder der Familie ihre Ford-Plakette am Rockaufschlag, was bedeutete, daß sie beim Lebensmittelhändler und in allen Geschäften Kredit hatten. Erst wer diese Plakette nicht mehr tragen durfte, hatte sich für immer als entlassen zu betrachten.

Trotz der erschwerten Lebensumstände ließen sich die Duncans nicht entmutigen. Kaum ein Sonntag verging ohne einen Ausflug mit Schwimmen, Reiten, Golfspielen, Kinobesuch und Tanzen. Dazu brachten die Söhne und Töchter der Duncans ihre Freunde mit, die sich nicht nur aus allen europäischen Nationalitäten, sondern auch aus Syrern und Angehörigen anderer vorderasiatischer Völker rekrutierten. Ich fühlte mich bald als Glied der Familie und wurde auch so behandelt.

Alle diese geselligen und gastfreundlichen Unternehmungen waren gänzlich individuell und hatten nicht das geringste mit jener kollektivistischen Freizeitgestaltung zu tun, die sich in Deutschland schon vor Jahrzehnten eingebürgert hat. Die Arbeiterfamilie Duncan ist für mich eine der stärksten Eindrücke vom Leben der Amerikaner überhaupt. Das amerikanische Volk setzt sich aus Millionen solcher Duncan-Familien zusammen, wenn ich auch gern zugeben will, daß gerade die meinige ein besonders positives Beispiel war. Alle diese Duncans würden nie ihre individuelle Unabhängigkeit zugunsten eines Kollektivismus aufgeben. Sie erwarten zwar, daß sie den Lebensstandard, der ihnen nach ihrer Ansicht zukommt, aufrechterhalten können, doch sie erwarten nicht, daß die Gemeinde oder der Staat ihnen diesen Lebensstandard garantiert.

Das ist das Geheimnis der amerikanischen Demokratie, wie ich sie während meiner Jahre als Ford-Arbeiter in Detroit erlebte. Ich darf sagen, daß ich nicht nur in, sondern auch mit ihr gelebt habe.

Mein Zimmer in einem Apartment-Hotel kostete mich fünfzig Dollar im Monat; nach einem halben Jahre verbesserte ich mich zu einem Zweizimmer-Apartment mit einer kleinen Küche für fünfundsiebzig Dollar monatlich. Ich verdiente damals fünf Dollar am Tag. Dazu erhielt ich noch etwas von meiner Familie; im ganzen hatte ich vierhundert Dollar im Monat, womit ohne große Sprünge einigermaßen zu leben war. Späterhin war es nicht mehr möglich, Geld aus Deutschland zu transferieren, so daß ich ausschließlich von meinem Arbeitslohn leben mußte. Um rechtzeitig in der Fabrik zu sein, mußte ich um fünf Uhr aufstehen. Ich frühstückte in einem kleinen griechischen Restaurant mit Taxichauffeuren und anderen Frühaufstehern. Die Zeitungen lagen vor uns, und die Tagesereignisse wurden ausgiebig erörtert. Ich lernte, daß die Weltpolitik einen völlig neuen Aspekt bekommt, wenn man morgens um sechs bei einer Tasse Kaffee mit Arbeitern darüber spricht. Die Meinungen, die ich hörte, waren für die Betroffenen meist nicht eben schmeichelhaft, aber sie waren aufrichtig; zu dieser frühen Stunde konnte ohnehin niemand zu Höflichkeiten aufgelegt sein.

Nach einem Jahre im Motorenwerk wurde eine Probearbeit von mir verlangt: ich mußte einen der neuen V8-Motoren ganz allein zusammensetzen. Zum Glück bin ich dem Käufer dieses Wagens nie begegnet; wahrscheinlich hätte er mich auf der Stelle erschossen.

Darauf wurde ich in die sogenannte Dearborn Branch versetzt, wo man die Wagen für den Verkauf im Distrikt von Detroit und Michigan zusammenbaute. Die Wagen zusammenzubauen, war nichts Neues für mich; ich hatte es schon in Los Angeles und in Buenos Aires mitgemacht. Trotz meiner schüchternen Proteste mußte ich noch einmal von vorn anfangen. Es kam mir wie Zeitverschwendung vor. Ich hatte mittlerweile so viel an Autos herumgeschraubt und -genietet, daß es mir für den Rest meines Lebens genug erschien. Meine Freunde rieten zu Geduld und taten inzwischen alles, mein Los zu erleichtern. Wenn ein prominenter auswärtiger Besucher auftauchte, kam unweigerlich ein Anruf von der Werkleitung für »Dr. Ferdinand«, und ich mußte den Gast umherführen. Auf diese Weise lernte ich interessante Finanzmänner und Industrielle aus Deutschland, Holland, Frankreich und anderen Ländern kennen.

In meiner freien Zeit nahm ich Musikunterricht bei dem alten Dr. Francis L. York, mit dem mich schon mein erster Besuch bei Ford zusammengebracht hatte. Selten habe ich bei irgend jemandem in Europa oder in Amerika so viel tiefe und echte Kultur, so viel Herzenstakt gefunden. Dr. York erteilte den Unterricht in seinem Arbeitszimmer im Detroiter Institute of Musical Art. Oft nahm er mich hinterher mit zu sich nach Hause.

Eines Nachmittags empfing er mich nicht auf die gewohnte gelassene Art. Er zog mich in fliegender Eile in sein Zimmer, schloß sorgfältig die Tür und teilte mir in ängstlichem Flüsterton mit, daß meine Kameraden in der Fabrik einen Anschlag auf mich planten.

Ich lachte. »Oh«, sagte ich, »auf dem Gebiet bin ich kein Neuling mehr. Wissen Sie, was mir alles in Buenos Aires begegnet ist...«

»Prinz Louis, ich bitte Sie, bleiben Sie ernst. Eine meiner Schülerinnen hat mich gefragt, ob ich einem gewissen Louis Klavierstunden gebe. Sie ist die Tochter eines Arbeiters. Sie hat ihren Vater sagen hören: ›Dieser Bursche ist ein deutscher Spion, ich und meine Kameraden werden's ihm schon zeigen. Wir machen ihn betrunken, fahren ihn ein paar Kilometer vor die Stadt, ziehen ihn aus und werfen ihn kopfüber in den Straßengraben. Dann soll er sehen, wie er nach Hause kommt.‹ Prinz Louis, es muß sofort etwas geschehen, das zu verhindern — ich sage: sofort!«

»Nett von Ihnen, daß Sie so besorgt um mich sind«, antwortete ich, »aber diese finsteren Verschwörer, die mir an den Kragen wollen, sind bestimmt nicht meine Arbeitskameraden am Fließband. Die kenne ich durch und durch, nicht nur vom Arbeitsplatz. Ich kann mindestens so viel vertragen wie irgendwer von ihnen. Wer mich betrunken machen will, müßte schon eine Wagenladung auffahren.«

Das Gesicht meines alten Freundes verfinsterte sich, denn er war ein strenger Prohibitionist. Schließlich faßte er sich lächelnd. »Prinz Louis«, meinte er, »Sie werden nicht eher vernünftig werden, als bis Sie eine Frau heiraten, die Ihnen beibringt, das Leben ernsthafter zu betrachten.«

Sieben Jahre später hatte ich diese Frau gefunden. Wir kamen auf unserer Hochzeitsreise nach Detroit und saßen zu dritt in Dr. Yorks Arbeitszimmer.

»Erinnern Sie sich noch jenes Tages, als Sie mich vor dem Attentat warnen wollten?« fragte ich ihn.

»Ja, genau«, antwortete er. »Jetzt haben Sie ohne meine Hilfe Ihre Frau gefunden, und ich glaube, Kira ist für Sie gerade das, was Sie brauchen.« Und zu Kira gewandt, fragte er: »Haben Sie es fertiggebracht, daß Louis die Dinge jetzt etwas ernster nimmt?«

Er wartete die Antwort nicht ab, sondern gab meiner Frau einen Kuß auf beide Wangen. —

Indessen nahm eines Mittags an meinem Tisch in der Cafeteria ein großgewachsener, kräftiger Mann Platz. Wir unterhielten uns, wie üblich, ohne daß wir uns einander vorgestellt hatten. Der Mann war weit herumgekommen und hatte irgendeine hervorragende Rolle im Sport gespielt. Als ich ihn schließlich fragte, wer er sei, blickte er mich erstaunt an.

»Oh«, versetzte er mit leichter Verachtung in der Stimme, »ich dachte, Sie kennten mich. Ich bin Kid McCoy. Vor dem Weltkrieg war ich Boxweltmeister im Mittelgewicht.«

Ich entschuldigte meine Unwissenheit damit, daß ich zu jung sei, um die Sportgrößen der Vorkriegszeit zu kennen.

»Sind Sie in den letzten Jahren noch viel gereist?« fragte ich.

Er blickte mich wiederum erstaunt an und antwortete zögernd: »Nein, in letzter Zeit bin ich nicht mehr gereist. Ich war mehrere Jahre in Kalifornien.«

Da mir schien, daß er weiter nichts zu sagen wünschte, brach ich das Gespräch ab. Wir schieden mit einem herzlichen Händedruck.

Als ich meinen Kameraden in der Fabrik erzählte, mit wem ich zu Mittag gegessen hatte, lachten sie laut auf.

»Kid McCoy? Hat er dich nicht auf der Stelle umgelegt?«

»Was heißt das? Ich fand ihn sehr nett.«

»Hör' mal, hast du wirklich nie von Kid McCoy gehört? Er hat seine Frau ermordet und bekam lebenslänglich. Henry hat ihn aus dem Gefängnis herausgeholt. Wenn du wieder mit ihm zu Mittag ißt, steck' dir lieber einen Revolver ein.«

Als ich meinen gefährlichen Tischgenossen wiedersah, trug nicht ich, sondern er einen Revolver. Er stand, mit einer Pistole bewaffnet, an dem Schalter für die Gehaltszahlungen und hatte offensichtlich den Auftrag, den Kassierer gegen Überfälle zu schützen.

»Wie geht es Ihnen?« erkundigte er sich.

»Danke«, sagte ich und zog mich zurück.

Das nächste Mal, als ich Harry Bennett, dem Polizeigewaltigen, begegnete, fragte ich ihn, ob in diesem Falle seine Methode der Umerziehung nicht etwas zu fortschrittlich sei.

»Kann ich nicht behaupten. Kid McCoy ist einer meiner zuverlässigsten Leute. Schließlich hat er doch nur seine Frau umgebracht, und wer wollte das nicht manchmal? Die meisten Ehemänner haben bloß keine Pistole zur Hand.«

Seit dem Tode seines Piloten George Manning hatte Henry Ford für die Fliegerei nichts mehr übrig. Keiner seiner führenden Männer durfte jemals auf Dienstreisen das Flugzeug benutzen.

Auf dem Haggarty Field unterhielt Leonard Flo eine kleine Fliegerschule. Er wohnte auch selbst mit seiner Mutter und seiner Schwester auf dem Flugplatz in einer kleinen Holzhütte. Seine Luftflotte bestand aus einem einzigen altmodischen, hölzernen Curtiss-Doppeldecker. Leonard Flo war übrigens zugleich Leutnant in der amerikanischen Luftwaffe. Als ich mit ihm bekannt gemacht wurde, sagte ich ihm, daß ich in Buenos Aires eine gute praktische Ausbildung bekommen hätte. »Mag sein«, meinte er, »hier aber wird theoretisch viel mehr verlangt. Sie müssen eine schriftliche Prüfung machen.«

Ich bestand sie einigermaßen befriedigend und konnte durch einen guten Prüfungsflug meine fehlenden theoretischen Kenntnisse ausgleichen. Als wir landeten, empfing uns die Familie Flo. Auch ein Pressephotograph von den »Detroit News« war gekommen. Ich warnte vor einer Aufnahme, aber schließlich trösteten wir uns damit, daß für mich mit meinem Tagelohn von fünf Dollar Fords Flugverbot für die führenden Angestellten nicht gelte. Am nächsten Morgen erschien das Bild in der Zeitung. Ich wußte nicht, was ich sagen sollte, als Henry Ford mir dazu gratulierte.

»Seien Sie nicht zu unvorsichtig«, sagte er nur. »Sie wissen, daß ich Sie eines Tages zum Leiter unserer Zweigfabrik in Köln machen will.«

»Danke, Mr. Ford«, erwiderte ich, unfähig, die Gelegenheit wahrzunehmen, Näheres darüber von ihm zu erfragen.

Da ich meine Zigaretten immer in dem gleichen Drugstore kaufte, konnte es nicht ausbleiben, daß ich mit Leuten zusammentraf, die dasselbe taten. Einer von ihnen, mit dem ich befreundet wurde, war George Cushing, der Detroiter Vertreter des Magazins »Cosmopolitan«. Eines Abends tauchte er mit einem eleganten Herrn bei mir auf, den er mir als seinen Chef Dick Berlin vorstellte. Mr. Berlin wollte für sein Magazin von mir einen Artikel über meine Eindrücke in Amerika haben. Ich war zunächst erschrocken über dieses Ansinnen, doch er beruhigte mich: »Es soll nicht Ihr Privatleben ausgepackt werden. Sie sollen lediglich Ihre Erfahrungen als Ford-Arbeiter erzählen und sonst nichts. Das ist genau das Richtige für die Leser.«

Ermutigt durch einige Gins, die wir zusammen tranken, versprach ich schließlich einen Artikel von dreitausend Wörtern. Er sollte »Meine Entdeckung Amerikas« heißen; Honorar 750 Dollar. Meine einzige Bedingung war, daß Ford den Artikel gutheißen müßte.

Mit Unterstützung George Cushings brachte ich etwas zustande, was allerdings erst in der zweiten Fassung den Beifall von Dick Berlin fand. Die Aufbesserung meiner Kasse paßte gut in meine Pläne. Ich spielte mit dem Gedanken an einen Weihnachtsurlaub in Europa. Das Honorar würde gerade für die Hin- und Rückfahrt reichen.

Um diese Zeit geschah es, daß die Telephonistin in meinem Apartment-Hotel, als ich von der Arbeit zurückkehrte, mich am Empfangstisch anhielt.

»Da hat eine Miß Damita aus New York angerufen und nach Ihnen gefragt«, sagte sie. »Wollen Sie zurückrufen? Sie ist im Hotel Pierre zu erreichen.«

Ich bemühte mich, möglichst ruhig zu erscheinen, und ließ mich mit Lily verbinden. In zwei Minuten war sie da.

»Louis! Ich bin auf der Durchreise nach Hollywood. Bin heute früh von Paris gekommen. Können wir uns am Montag im Hotel Drake in Chicago treffen? Ich habe nur ein paar Stunden Aufenthalt, dann muß ich weiter nach Los Angeles.«

Ich versprach ihr, sie in Chicago zu erwarten. Es war Freitag. Über das Wochenende war ich nach Cleveland zum Flugwettbewerb um den Johnson-Pokal eingeladen. Von dort konnte ich mit dem Nachtzug bequem am Montag in Chicago sein. Unter dem Vorwand, daß ich in Cleveland einige befreundete deutsche Flieger treffen würde, ließ ich mir einen Tag Urlaub mehr geben.

In der Tat sah ich in Cleveland außer meinem späteren Fliegerfreund Eddie Rickenbacker auch Ernst Udet, den ich von Deutschland her kannte. Ich war beglückt über die hohe Achtung, die dieser ehemalige deutsche Kriegsflieger in der amerikanischen Sportfliegerei genoß, und über die Bewunderung, die er mit seinen tollkühnen Tricks erregte. Ich sollte »Ernie«, wie er von seinen amerikanischen Fliegerkameraden genannt wurde, noch oft bei ähnlichen Gelegenheiten in verschiedenen amerikanischen Städten begegnen. Er war, glaube ich, nächst Dr. Eckener der beliebteste Deutsche in den Vereinigten Staaten. Nachmals in Berlin gestand er mir, daß er lieber Kunstflieger in den Vereinigten Staaten wäre als ein »As« in Görings Luftwaffe. —

Pünktlich kam ich in Chicago an. Ich frühstückte im Angesicht des schwach von Wellen gekräuselten Michigansees, blätterte mit Muße in der »Chicago Tribune« und entdeckte auf der zweiten Seite einen kurzen Artikel mit allen Einzelheiten über den Grund meiner Anwesenheit in Chicago. Wie hing das zusammen? Woher kam die Geschichte? Meine gute Laune war dahin. Ich begab mich zum Bahnhof — Lily war nicht im Zug. Vielleicht hatten wir uns verfehlt? Ich eilte zum Hotel zurück — Lily war nicht da. Ich rief ihr New Yorker Hotel an — sie kam später. Allmählich war ich völlig erschöpft; zwischen ihrer Ankunft und der Abfahrt ihres Zuges nach Los Angeles würden jetzt nur wenige Minuten liegen.

Endlich lief der Zug aus New York ein. Ich entdeckte Lily sofort. Mir kam ein Einfall: Ich würde sie bis Chilicothe begleiten und dann mit dem nächsten Zug nach Chicago zurückfahren. Das war ein recht verführerischer Gedanke. Flugs malte ich ihn zu Bildern aus, die die Melodie dieser Romanze wieder aufnahmen. Aber die Wirklichkeit sorgte für Dissonanz.

Gerade als wir den Zug nach Los Angeles besteigen wollten, zückte jemand seine Kamera. Nicht mehr Herr meiner selbst, stürzte ich mich auf den Mann und brüllte ihn wütend an. Zwar hatte ich ihn am Knipsen gehindert, aber alle Freude war mir so verdorben, daß es während der drei Stunden, die wir miteinander fuhren, Lily nicht gelang, mich aufzuheitern.

An der Arbeitsstätte in Detroit begrüßten mich meine Kameraden: »Hallo, Louis, war es schön in Chicago? Warum hast du den Kameramann nicht niedergeschlagen? Mit seinem Mädchen will jeder allein sein.«

Des langen und breiten stand der Zwischenfall mit dem Photographen im »Daily Mirror«. Doch das war nicht alles: es hieß, Lily Damita sei in Gesellschaft eines reichen kalifornischen Sportsmannes gereist, den sie zu heiraten beabsichtige.

Im Herbst 1932 kam mein jüngster Bruder, Friedrich, zu den Olympischen Spielen in Los Angeles. Ich durfte ihn in New York am Schiff abholen und mit meinem neuen V 8 umherfahren. Wir suchten Poultney Bigelow auf, der wieder mit Roosevelt telephonierte. Roosevelt war inzwischen als Präsidentschaftskandidat nominiert worden, und das Ergebnis von Bigelows Anruf war wie immer eine Verabredung.

Wir trafen die Roosevelts beim ersten Frühstück. Sie bestanden darauf, daß wir ihnen dabei Gesellschaft leisteten. »Ich kenne doch Poultneys Spartanertum«, lachte Roosevelt, »er gibt seinen Gästen nicht einmal zu essen, sagt man. Und bis Detroit ist es noch weit, Sie sollen nicht halbverhungert bei Henry Ford ankommen.«

Es war eine lebhafte Unterhaltung. Ich erzählte, daß ich die Nominierungsrede im Wagen zwischen Detroit und Chicago über das Radio gehört hätte. Roosevelt sah mich an, dann sagte er lachend: »Mir scheint, als Sie vor drei Jahren das erste Mal hier waren, haben Sie noch nicht mit diesem Mittelwest-Akzent gesprochen.«

»Wenn Sie ›Ford-Akzent‹ meinen, will ich's gelten lassen,« erwiderte ich.

Wir gingen in das Wohnzimmer mit seinen breiten Ledersesseln hinüber, und plötzlich fragte Roosevelt, ob wir beide uns mit ihm photographieren lassen wollten; auf dem Höhepunkt des Wahlfeldzuges werde ohnedies immerfort und überall photographiert.

»Aber mit dem künftigen Präsidenten . . .?«

»Daran gewöhnt man sich.«

Er bildete eine ganz unformelle Gruppe mit seinem Sohne Jimmy, meinem Bruder Friedrich und mir. Die Photographen erschienen, und für kurze Minuten war das Zimmer erfüllt vom Blitzlicht und dem klickenden Laut der Kameras.

»Ich kann leider bei Ford nichts für Sie tun«, meinte Roosevelt, als wir schieden. »Ich glaube, er mag mich nicht.«

»Wenn Sie mir einen Fordwagen abkauften, würde er vielleicht seine Meinung ändern«, gab ich zurück. — Sechs Jahre später fuhr Präsident Roosevelt in der Tat Kira und mich in einem Fordwagen auf seiner Besitzung Hyde Park spazieren.

Mein Bruder schwärmte auf unserem Wege nach Detroit von der herzlichen Aufnahme, die wir in Roosevelts Hause gefunden hatten. Am anderen Morgen brachten die Zeitungen unser Bild mit dem Präsidentschaftskandidaten. Die Kameraden in der Fabrik empfingen mich: »Da kommt Louis, der neue Demokrat! Was wird Henry, der Republikaner, jetzt von dir denken! Wahrscheinlich wird er dich rausschmeißen.«

Viele Ford-Arbeiter hatten am Rockaufschlag die Hoover-Plakette befestigt, aber sie sagten mir heimlich: »Wir tragen das verdammte Ding nur, weil der Vorarbeiter es so haben will. Stimmen tun wir alle für Ihren

Freund Roosevelt.« Ich hatte Mühe, ihnen begreiflich zu machen, daß ich mit der amerikanischen Politik nichts zu tun hätte und meine Beziehungen zu dem demokratischen Kandidaten rein gesellschaftlicher Natur seien.

Indessen kündigte Ford mir nicht, er erwähnte auch mit keinem einzigen Wort das »historische« Bild. Einige meiner Freunde, die strenge Republikaner waren, ließen durchblicken, Roosevelt habe wohl mit diesem Bild in den Kreisen der deutschstämmigen Amerikaner Stimmen fangen wollen. »Wenn es Erfolg hätte, könnte ich nur stolz sein«, entgegnete ich. Drei Monate später, als wir vor der Heimkehr meines Bruders abermals bei Roosevelt zu einer Teestunde in Hyde Park waren, berichtete ich ihm davon. Bis zum Wahltage waren es nur noch drei Wochen, und es herrschte eine angeregte Stimmung. »Möglicherweise befanden sich die Leute, die das sagten, nicht so weit neben der Wahrheit«, meinte Roosevelt. »Wenn ich gewählt werde, machen wir noch ein Bild. Sie werden keinen Botschafter benötigen, um ins Weiße Haus eingeführt zu werden, und Poultney kann sich seinen Artikel sparen.«

Ich verstand seine Anspielung auf Prittwitz und den diplomatischen Zwischenfall bei meinem beabsichtigten Besuch beim Präsidenten Hoover. Roosevelts Mutter trat zu uns, eine prächtige alte Dame, noch immer aufrecht, lebensvoll und funkelnden Geistes. Sie sprach fließend Deutsch.

»Wenn Sie mich herausfordern, rezitiere ich Ihnen den ganzen ›Faust‹ auswendig«, scherzte sie. Ich fragte, ob sie glaube, daß ihr Sohn gewählt werde. »Ich weiß nicht einmal, ob ich es wünsche«, erwiderte sie. »Aber ich bin gewiß, daß er ein idealer Präsident sein wird, falls ihm seine Gesundheit nicht einen Streich spielt.«

Am 8. November 1932 wurde Franklin D. Roosevelt mit überwältigender Mehrheit zum Präsidenten gewählt. Es war der Vorabend meines Geburtstages, und ich saß mit meinen Freunden zusammen, um meinen Geburtstag zugleich mit der Wahl zu feiern. Wir hörten uns die Radiomeldungen an: von Anfang an war Roosevelt in Führung, und um Mitternacht stand sein Sieg fest. Wir stießen nach deutscher Sitte mit den gefüllten Sektgläsern an — schließlich bedeutete Roosevelts Wahl ja auch das Ende der Prohibition.

Nach alledem kehrte ich nur widerstrebend an meinen Arbeitsplatz zurück. Die Krisis hatte sich verschärft; das neu herausgebrachte Modell schien einen technischen Fehler zu haben. Auch die Büros der Angestellten mit Monatsgehalt, die einen Stern auf ihrer Ford-Plakette hatten, leerten sich. In diesen Tagen war es, daß ich Ford niedergeschlagen sagen hörte: »Ich glaube, kein Mensch will mehr meine Autos.«

Daher versäumte ich nicht allzuviel — und das sagte mir auch der Arzt —, als ich mich mit einer Grippe krank melden mußte. Ich hatte Fieber und lag zu Bett. Plötzlich läutete das Telephon. »Wer ist denn da?« fragte ich unwillig, denn ich hatte Anweisung gegeben, daß ich nicht durch Anrufe behelligt werden wollte. Fast flüsternd kam es zurück: »Hier ist Henry Ford.« Ich dachte, das sei ein Produkt meiner Fieberphantasie; unterdessen fuhr die Stimme fort: »Mrs. Ford möchte mit Ihnen reden. Hier ist sie.«

Niemals zuvor war es geschehen, daß Ford mich angeläutet hatte. Aber da war schon die kräftige Stimme seiner Gattin: »Prinz Louis«, sagte sie, »ich habe eine Freundin Ihrer Stiefgroßmutter hier. Sie kommt gerade aus Deutschland. Sie sagt, daß sie Moni heißt. Moni wollte, daß ich Sie anrufe. Sie will Sie sehen. Also ich gebe ihr jetzt den Hörer. Wiedersehen.«

Moni entpuppte sich als eine mir kaum bekannte schlesische Gräfin; ich machte ihr klar, daß ich leider krank und im Bett sei. »Ach«, rief sie, »das macht gar nichts. Ich komme morgen mit Mr. Buchman zu Ihnen. Er ist gerade mit seinen Leuten in Detroit.«

Bevor ich mich erkundigen konnte, wer dieser Mr. Buchman sei — aber es interessierte mich in meinem Zustand gar nicht —, hatte sie aufgelegt. Ohne weiter darüber nachzudenken, griff ich, mehr zum Zeitvertreib zu den Zeitungen. Da stand etwas über die »Oxford-Gruppe Frank Buchmans«. Heute ist daraus bekanntlich die »Moralische Aufrüstung« geworden, deren Zentrum Caux am Genfer See ist.

Als die Telephonistin mich wissen ließ, daß eine Gräfin Moni und ein Mr. Buchman da seien, fragte ich vorsichtig, ob die beiden allein seien. »O nein, Doktor Ferdinand, da sind noch so etwa neun oder zehn außerdem. Wie viele soll ich hinaufschicken?« fragte sie teilnahmsvoll. Ich entschied: »Alle auf einmal. Wenn Sie nichts mehr von mir hören sollten, vergessen Sie nicht, einen Sterbefall zu melden.«

Sie kamen. Mr. Buchman und Moni setzten sich an mein Bett, die anderen wurden ins Nebenzimmer dirigiert. Alle schienen sich ganz zu Hause zu fühlen. Sie blieben mehrere Stunden, frühstückten und erzählten mir von der Oxfordbewegung, die alle sozialen Schichten und politischen Parteien umfasse. Von dem vielen Gerede wurde ich noch kränker. Aber Buchman schickte mir einen seiner Detroiter Anhänger, der den Vorteil hatte, ein vernünftiger Arzt aus dem Ford-Krankenhaus zu sein. Er riet mir dringend, in der Arbeit eine Pause zu machen. »Wenn Sie nicht wissen, wie Sie es anstellen sollen, überlassen Sie es mir, mit Mr. Ford zu sprechen. Er ist gerade mein Patient. Blinddarmoperation — kam ganz schnell.«

Ford hatte nichts gegen einen Weihnachtsurlaub für mich einzuwenden, er wollte mich jedoch noch sprechen. Er empfing mich in dem kahlen Krankenzimmer, auf dem Bettrand sitzend. Ich erkundigte mich besorgt nach seinem Befinden. Ein Gerücht wollte von einem Anschlag auf ihn anläßlich einer Arbeitslosendemonstration wissen, die hauptsächlich von Arbeitern anderer Fabriken angezettelt und nur mit wenig Fordleuten untermischt war.

Bei dem Tumult war Harry Bennett, der Werkspolizeichef, ernstlich verletzt worden. Er war hinausgegangen, als die Demonstranten das Tor stürmen wollten, und er hatte gerade angefangen, sie zur Umkehr zu überreden und ihnen Vernunft zu predigen, als einige auf ihn zusprangen und ihn niederschlagen wollten. Aber er war ein besserer Boxer. Plötzlich schoß jemand auf ihn. Schwer getroffen, sank er um und mußte bewußtlos vom Platze getragen werden. Länger als eine Woche hatten die Ärzte ihn nahezu aufgegeben, dann siegte seine kräftige Konstitution. Sonderbarerweise war fast gleichzeitig gemeldet worden, daß Henry Ford sich einer Blinddarmoperation unterziehen müsse.

»Ach, die kleine Operation, die hat nichts zu bedeuten«, sagte er jetzt mit seiner flüsternden Stimme zu mir. »Nehmen Sie Platz. Da ist ein Stuhl.«

»Mr. Ford«, sagte ich, »wie steht es mit meiner Übernahme in die Verkaufsabteilung?«

»Das wollen wir sehen, wenn Sie mit Ihrem Großvater gesprochen haben«, war seine Antwort.

Ich überlegte, ob wohl eine unterirdische Verbindung zwischen Detroit und Doorn bestünde, von der ich nicht das geringste wüßte.

13. Kapitel

ZUR KUR IN DOORN

Weihnachten stand vor der Tür, als ich nach stürmischer Überfahrt mit der »Berlin« in Bremerhaven eintraf. Ich beschloß, mich zunächst nach Potsdam zu begeben und dann meinem Großvater zu seinem vierundsiebzigsten Geburtstag, am 27. Januar 1933, einen Besuch abzustatten.

Fords Generalsekretär Liebold hatte mir einen Brief an Staatssekretär Meissner, den er kannte, mitgegeben. Ich rief Meissner, den Chef des Büros des Reichspräsidenten, an, und er bat mich, ihn in der Reichskanzlei aufzusuchen. Dort residierte der Reichspräsident, während das Präsidentenpalais, das früher das Königliche Hausministerium beherbergt hatte, renoviert wurde.

Als ich mich nach kurzem Besuch von Dr. Meissner verabschieden wollte, fragte er plötzlich: »Wollen Sie nicht den Reichspräsidenten sehen? Er sitzt nebenan.« Ich meinte, ich sei nicht darauf vorbereitet und auch nicht entsprechend angezogen. »Hat nichts zu sagen«, versetzte er. »Der alte Herr würde mir schwere Vorwürfe machen, wenn er erführe, daß Sie hier waren, und ich hätte Sie nicht zu ihm geführt. Um diese Zeit« — es war die Mittagsstunde — »empfängt er im allgemeinen niemand. Trotzdem ...«

Dieser Aufforderung konnte ich mich nicht widersetzen. Meissner meldete mich an und kam zurück mit der Mitteilung, der Reichspräsident würde sich freuen, mich zu empfangen.

Hindenburg saß am Schreibtisch, mit dem Rücken zu uns, als wir eintraten. Das Zimmer war mittelgroß und ziemlich dunkel; es hatte ein einziges Fenster, das auf den Garten hinausging. Der Schreibtisch war derselbe, an dem einst Bismarck die Geschicke Deutschlands gelenkt hatte.

Beim Geräusch unserer Schritte erhob sich Hindenburg, der einen sein würdiges Aussehen steigernden schwarzen Gehrock trug, von seinem einfachen Sessel. Er ergriff meine Hand und hielt sie eine ganze Weile in seinen beiden Händen. Dann mußte ich ihm gegenüber Platz nehmen.

»Zu meinem großen Leidwesen«, begann er mit seiner tiefen, leicht vibrierenden Stimme, »werfen mir viele Deutsche vor, daß ich illoyal an Ihrem Großvater und Ihrer Familie gehandelt hätte. Glauben Sie mir, ich bin Monarchist und weiß, was ich Ihrem Hause schuldig bin. Zugleich aber fühle ich mich dem deutschen Volke verpflichtet, das mir schon zweimal sein Vertrauen geschenkt hat.«

Er wollte mir damit nicht eine Liebenswürdigkeit sagen, sondern er meinte es wirklich so, wie sich später in seinem politischen Testament zeigte: darin empfahl er die Wiederherstellung der Hohenzollern-Monarchie. Dieser Teil des Testaments wurde von Hitler allerdings unterdrückt; er ist nie veröffentlicht, aber glaubwürdig bezeugt worden.

Aus persönlicher Erfahrung konnte ich Hindenburg berichten, daß er nicht nur bei den Deutschen in Amerika, sondern auf dem amerikanischen Kontinent überhaupt in hoher Achtung stehe. Es schien ihm große Genugtuung zu bereiten. Dies war das einzige Mal, daß ich mit ihm, während er Reichspräsident war, gesprochen habe. —

Selbst einem oberflächlichen Betrachter hätte die sich überall spiegelnde politische Unruhe nicht verborgen bleiben können. Die Polizei war in stetigem Alarmzustand. Als wir am 26. Januar aus dem Bahnhof Friedrichstraße fuhren, stand ich neben meinem Vater am Fenster. Wir blickten auf das massive Reichstagsgebäude, und ich fragte meinen Vater, ob er glaube, daß der Reichskanzler, General von Schleicher, lange aushalte. »Es sollte mich wundern«, erwiderte er düster. Fünf Tage danach hatte Hitler seinen Platz eingenommen.

Ich habe oft darüber nachgedacht, was Hindenburg veranlaßt haben kann, Schleicher zu entlassen und diesen Hitler zu berufen, den er verabscheute. Natürlich sind die politischen Hintergründe bekannt geworden, aber was in der Brust des alten Feldmarschalls wirklich vorging, ist ein tiefes Geheimnis geblieben. Er muß gewußt haben, daß für diesen verhängnisvollen Entschluß keine Notwendigkeit bestand. Ist es richtig, was behauptet wurde, daß Schleicher einen Staatsstreich beabsichtigte und Hindenburgs Ratgeber ihm zuvorkommen wollten? Glaubte Schleicher, daß der Reichspräsident in seinem patriarchalischen Alter der Lage, die man nur mit einem Pulverfaß vergleichen konnte, nicht Herr würde? Wenn man das vermutet, bleibt die Frage, warum Schleicher nicht handelte. Deutsche Generale sind freilich keine geborenen Revolutionäre. Es wird von einem Wettlauf zwischen Hindenburg und Schleicher erzählt, der mit der Einsetzung des Generals von Blomberg als Wehrminister und folglich mit einer Niederlage Schleichers endete, der Reichskanzler und Wehrminister in einem gewesen war. Was immer man davon hält — in jenen Tagen hing nach meiner Meinung die Zukunft Deutschlands wieder einmal, wie 1918, an einem Faden, und wie 1918 wäre es einer klugen und entschlossenen Persönlichkeit durchaus möglich gewesen, das Verhängnis abzuwenden.

Alle Familienmitglieder waren am Vorabend des Geburtstages des Kaisers in Doorn um ihn versammelt. Er saß wie gewöhnlich nach dem Abendessen lesend in der Bibliothek. Zum allgemeinen Entsetzen begrüßte ich das ehrwürdige Familienoberhaupt mit einem Schulterschlag und mit »Hallo, old boy! — Hallo, alter Junge!« Darauf setzte ich mich ihm auf den Schoß und gab ihm einen tüchtigen Kuß. Der einzige von allen Anwesenden, der gegen meinen Import einer neuen Hofetikette aus den Fordwerken nichts einzuwenden hatte, war das Opfer meiner Aufführung. »Ach, da ist ja mein kleiner Amerikaner!« rief der Kaiser fröhlich. Seit dieser »historischen Szene« gebrauchte er meist die Anrede »mein kleiner Amerikaner« für mich und weidete sich an den fassungslosen Gesichtern ehemaliger Generale oder sonstiger steifer Besucher.

Am 30. Januar 1933 wohnte ich in Vertretung meines Großvaters der Hochzeit der Prinzessin Marianne von Preußen und des Prinzen Wilhelm von Hessen in Tabarz bei. Diese Hochzeit ist hier wegen des ominösen Datums zu erwähnen. Prinzessin Marianne war eine entfernte Kusine von mir, Tochter des verstorbenen Prinzen Friedrich Wilhelm von Preußen, der als Schüler von Joseph Joachim ein hervorragender Violinist war.

Auf der Hochzeit spielten zwei Musikkapellen, die eine vom Stahlhelm, zu dem meine preußischen Verwandten gute Beziehungen unterhielten, die andere von der SA, der Braunhemdenorganisation der Nationalsozialisten, auf deren Seite sich mein Onkel August Wilhelm, des Kaisers vierter Sohn, »Auwi« genannt, geschlagen hatte, und zu denen auch der hessische Bräutigam gehörte. Gerade hatten wir nach altem Familienbrauch auf das Wohl meines Großvaters getrunken, als die Nachricht von der Ernennung Hitlers zum Reichskanzler kam.

Mit dieser plötzlichen Entwicklung hatte niemand gerechnet. Wir waren alle bestürzt, nur die Braunhemden draußen brachen in wilde Heil-Rufe aus. Am Abend hielt Hitler seine Rundfunkrede: »Gebt mir vier Jahre Zeit, und ihr werdet Deutschland nicht wiedererkennen.« Ich gestehe, daß nach meinen amerikanischen Lehrjahren seine Erklärung, man könne Klassenunterschiede nicht leugnen, aber die Klassen müßten zusammenarbeiten und sich vermischen, ein gewisses Verständnis bei mir fand. Im ganzen freilich war mir sein Programm zu wenig originell.

Ich halte es weder für gerecht noch für nützlich, jene Millionen Deutsche, die durch ihre Stimme Hitler an die Macht gebracht haben, allein deswegen zu verurteilen. So viel ist sicher, daß viele Leute in Deutschland aus genau den gleichen Gründen für Hitler stimmten, aus denen viele Amerikaner Roosevelt wählten. Das Unglück lag in unserem Falle nur darin, daß wir einen Hitler und keinen Roosevelt bekamen und daß das deutsche Volk in einer ähnlichen, aber ungleich kritischeren Situation auf diesen Abenteurer hereinfiel, der wie ein Retter auftauchte und sich dann als größenwahnsinniger Tyrann entpuppte. Natürlich spielte ein gewisser Mangel an politischem Instinkt dabei mit. Das Hauptunglück war aber nach meiner Meinung, daß dieser Mann unter den Auspizien des verdienten und allseitig verehrten Hindenburg an die Macht kam, der nicht mehr fähig war, Hitler vor dem Volke als einen geschickten, doch billigen Scharlatan zu entlarven. Wenn Mangel an Voraussicht und politische Torheit ein strafwürdiges Verbrechen wären, müßten wohl neunundneunzig Prozent aller Erdbewohner als Verbrecher betrachtet werden!

Nach Berlin zurückgekehrt, ließ ich mich im Stubenrauch-Krankenhaus von unserem alten Hausarzt Dr. Friedrich Wilhelm Schulze untersuchen. Er fand mich kerngesund, nur im Augenblick erholungsbedürftig. »Eine regelmäßige Lebensweise ist das, was Sie jetzt brauchen. Dafür wäre Doorn ideal«, sagte er lächelnd. Er schrieb an meinen Großvater und erhielt umgehend telegraphisch Antwort: »Werde mich gern des Patienten annehmen. Soll sofort kommen. Spezialbehandlung zugesichert.«

In den vierzehn Tagen, die ich in Berlin blieb, wurde ich von Ribbentrop, der von meiner Rückkehr gehört hatte, in sein Dahlemer Haus eingeladen. Aus meiner Studentenzeit hatte ich von ihm noch das Bild eines kultivierten Weltmannes im Gedächtnis. Jetzt stand sein Ehrgeiz im Vordergrund. Er war eifrig bestrebt, mich für »die Sache« zu gewinnen, und er sprach mit solcher Sympathie von England und Amerika und der Notwendigkeit für Deutschland, mit dem Westen zusammenzuarbeiten, daß wirklich kein Anlaß zum Widerspruch gegeben war.

Ribbentrop versuchte auch, Eitelkeit und politische Ambitionen in mir zu wecken. »Sie sind der Fortschrittlichste von allen Hohenzollern«, sagte er. »Mit Ihren Erfahrungen in Amerika und in anderen Ländern könnten Sie Deutschland viel nützen. Sie bedürften nur einer engeren Berührung mit dem deutschen Volke, und das ergäbe sich bei uns. Wenn Sie wie Ihr Onkel Auwi mit uns marschieren wollten, hätten Sie eine große Zukunft.« Er verstand es, seine werbenden Argumente so geschickt in ein kosmopolitisches Mäntelchen zu hüllen, daß sie mich bis zu einem gewissen Grade bestachen. Daß er jedoch das »Marschieren« erwähnt hatte, war mir gegenüber ein Fehler. Ich versprach ihm, in Doorn darüber nachzudenken. Dort tat der Einfluß meines Großvaters das übrige, um mich vor einer Versuchung — oder einer Ansteckung — zu behüten, die mich nicht nur aus meiner Bahn gerissen, sondern mich schließlich auch mir selbst entfremdet hätte. Ich schrieb Ribbentrop einen vorsichtig abgefaßten Brief, dankte ihm für sein Interesse an meiner politischen Zukunft, gab aber zu bedenken, daß ich nach meiner ganzen Art für vorbehaltloses Mitmarschieren nicht geeignet sei. Überhaupt liege mir das Marschieren gar nicht, und ich würde lieber nach Amerika zurückgehen und Ford-Autos fahren.

Nach diesem Absagebrief sah ich Ribbentrop nur noch einmal wieder. Von seinen Vorschlägen war nicht mehr die Rede. Aber ich lernte um diese Zeit noch einen anderen prominenten Nationalsozialisten kennen, Dr. Ernst Franz Sedgwick Hanfstaengl, aus der berühmten bayerischen Kunstverlegerfamilie — »Putzi«, wie er bei seinen Freunden hieß. Er war hochmusikalisch und ein ausgezeichneter, wenn auch etwas gewalttätiger Klavierspieler. Der Abstammung nach ein halber Amerikaner — er hatte in Harvard promoviert —, war er seit dem Münchener Putsch Hitlers persönlicher Vertrauter und Berater für amerikanische Angelegenheiten; außerdem spielte er bei ihm die Rolle eines Hofnarren und mußte ihn oft in einsamen Nachtstunden aufheitern.

Hanfstaengls Bohèmeleben und seine Sympathien für Amerika bildeten die Grundlage unserer Freundschaft. Er war eine liebenswürdige Persönlichkeit, obschon viele ihn für leicht verrückt hielten; jedenfalls sah er den ganzen NS-Rummel als ein großes Theater an. Alles andere als fanatisch, kam er bald dahinter, daß an »der Sache« etwas faul sei. Er war ein ebenso häufiger Gast in Cecilienhof wie in der amerikanischen Botschaft. Alljährlich am Geburtstag George Washingtons gab er in seiner Zweizimmerwohnung am Pariser Platz ein deutsch-amerikanisches Frühstück, bei dem man Leute wie den amerikanischen Botschafter, den Reichsbankpräsidenten Schacht, Louis P. Lochner und andere treffen konnte. Auch den Geistlichen der amerikanischen Kolonie in Berlin lud er dazu ein, dessen Funktion es war, vor dem Essen das Tischgebet zu sprechen. Es war schwer, ernst zu bleiben, wenn man dabei das fromme Gesicht des nicht gerade sehr religiösen Gastgebers beobachtete.

Drei Jahre später mußte dieses George-Washington-Frühstück in letzter Minute ausfallen, weil Hanfstaengl in die Schweiz geflüchtet war. Mit

Mühe und Not hatte er sich gerade noch vor der Ungnade Hitlers in Sicherheit bringen können.

Über die Lebensweise meines Großvaters in seiner dreißigjährigen Kaiserzeit wußte ich nur vom Hörensagen, weil ich damals noch ein Kind war. Jetzt hatte ich ihn für mich allein. Niemand von der Familie, nicht einmal meine Stiefgroßmutter, war anwesend.

Mein Großvater lebte nach einem täglichen Stundenplan, der nur bei außergewöhnlichen Gelegenheiten geändert wurde. Ich vermute darin das Geheimnis seiner Gesundheit, die bis zu seinem Tode fast unerschütterlich war. An sich war er körperlich durchaus keine starke Natur, und er wäre wohl kaum so alt geworden, wenn er weniger methodisch gelebt hätte.

Obwohl er mich als seinen Patienten unter seiner persönlichen Verantwortung betrachtete, überließ er mir die Entscheidung darüber, ob ich sein Tagesprogramm mitmachen wollte oder nicht. Er stand um sieben Uhr auf und begann seinen Tag mit einem Spaziergang durch den Park. Dort befanden sich in einem Holzgehäuse verschiedene meteorologische Instrumente, an denen mein Großvater nie vorüberging, ohne ihnen einen Blick zu gönnen. Meteorologie gehörte zu seinen Lieblingsinteressen. Mehrere deutsche und ausländische Wetterstationen sandten ihm regelmäßig ihre Berichte. Seine liebste Beschäftigung auf seinen Spaziergängen war aber, in den Haus Doorn umgebenden Wassergräben die wilden Enten zu füttern, deren Geschnatter die Abgeschiedenheit des Ortes weniger undurchdringlich machte. Auch bei schlechtem Wetter tat er das dreimal täglich, wenn nicht ein strenges ärztliches Verbot vorlag, das ihn nötigte, dieses Geschäft mit einigem Mißvergnügen einem Diener zu übertragen.

Kurz nach halb neun versammelte sich die Familie, soweit sie anwesend war, und die gesamte Hofhaltung in der Halle von Haus Doorn. Pünktlich um dreiviertel neun erschien der Kaiser aus seinen Privaträumen im oberen Stockwerk. Er begrüßte die Gemeinde und trat an ein kleines Predigtpult. Wochentags las er einen Psalm oder einige Bibelverse und sprach das Vaterunser. Die kurze Zeremonie endete damit, daß er für alle Anwesenden den Segen des Herrn erbat. An Sonntagen, wenn kein Pfarrer verfügbar war, las er auch oft eine Predigt vor, die sein Freund, der langjährige Hof- und Domprediger Doehring, am Sonntag zuvor im Berliner Dom gehalten hatte. Die schlichten religiösen Feiern mit dem Kaiser machten auf alle Anwesenden tiefen Eindruck. Häufig wurden zufällige Besucher aus Deutschland und sogar Fremde, die den Kaiser zu sehen wünschten, zu diesem Frühgottesdienst eingeladen.

Danach pflegte mein Großvater jedem einzelnen die Hand zu schütteln und ein paar Worte mit jedem zu wechseln. Sein religiöser Glaube war tief und aufrichtig. Er war ein überzeugter Protestant, aber nicht orthodox oder unduldsam. Weder in seiner Familie noch außerhalb hätte er je jemandem seine religiösen Überzeugungen aufnötigen wollen. Er liebte es, religiöse Fragen wissenschaftlich zu erörtern. Der Theologe Adolf von Harnack, der von vielen wegen seiner liberalen Ansichten heftig angegriffen wurde, stand bei ihm in höchsten Ehren.

Ich wohnte in der sogenannten Orangerie, die aus einem Gewächshaus durch Umbau zu einem Gästehaus geworden war. Als Patient durfte ich später aufstehen und nach Belieben frühstücken. Um halb zehn fand ich mich bei meinem Großvater ein, und wir fuhren dann in den Wald seines Freundes, des Grafen Bentinck, bei Amerongen. Dort arbeiteten wir daran, das Unterholz zu lichten. Mein Großvater gebrauchte ausschließlich seinen sehr kräftigen rechten Arm, wobei er sich eines kleinen Beils oder einer Handsäge bediente. Meist beteiligten sich noch Herr von Ilsemann und Oberst van Houten. Ilsemann, einst junger Generalstabshauptmann und dann Adjutant meines Großvaters, war dem Kaiser ins Exil gefolgt und wurde fast wie ein eigener Sohn gehalten; van Houten war ein pensionierter Oberst der holländischen Feldgendarmerie, der während der ersten Jahre im Auftrage der holländischen Regierung, die der Entente für den Herrscher des ehemals feindlichen Landes haften mußte, meinem Großvater wie ein Wachhund überallhin zu folgen hatte. Bei dieser delikaten Aufgabe wurde er von einigen im Torhaus stationierten Gendarmen, teils in Uniform, teils in Zivil, unterstützt. Das Torhaus war der einzige Neubau in Haus Doorn; alles andere waren architektonisch geschickte und geglückte Umbauten.

Van Houten bewältigte seine schwierige Aufgabe mit solchem Takt, daß sein kaiserlicher Gefangener sich nicht nur an diese Wache gewöhnte, sondern sich auch mit van Houten so anfreundete, daß der Oberst zum Hause gehörte und einfach nicht mehr wegzudenken war, auch dann nicht, als im Laufe der Zeit die diskrete Freiheitsbeschränkung aufgehoben wurde, weil der Zorn der Entente auf den Kaiser verraucht und sie nicht mehr daran interessiert war, seine Flucht zu verhindern.

Tatsächlich hätte es zur Heimkehr nach Deutschland nur der Erlaubnis der deutschen Regierung bedurft. Aber weder unter der Weimarer Republik noch unter Hitler hat mein Großvater je darum ersucht. »Ich will nicht Gast in meinem eigenen Hause sein«, erklärte er. Er wollte auch nicht den Verdacht erwecken, daß er wieder nach der Macht strebe: »Wenn die Deutschen mich wiederhaben wollen, mögen sie es sagen; bis dahin bleibe ich, wo ich bin.« Ich glaube, daß er gewisse Hoffnungen hegte, dieser Fall könne eintreten.

Nachdem jedoch Hitler zur Regierung gelangt war, gab er solche Gedanken endgültig auf. Manche Beobachter der Geschichte und politische Denker meinen mit Sicherheit sagen zu können, daß es dem Kaiser gelungen wäre, die Monarchie in Deutschland wiederherzustellen und Hitler in die Flucht zu schlagen, wenn er im Juni 1934, als die Röhm-Affäre das Volk wankend gemacht hatte und Reichswehr und Stahlhelm noch eine selbständige Macht darstellten, plötzlich in Deutschlands Grenzprovinzen erschienen wäre. Leider geht die Geschichte selten auf so logische Weise ihren Gang. Sie hängt vielmehr von vielen persönlichen Faktoren ab. Abgesehen davon, daß meinen Großvater schon die geschilderte Grundhaltung von einem so napoleonischen Entschlusse abhielt, lagen ihm überhaupt »Husarenstreiche« wenig.

Oberst van Houten wurde, auch als mein Großvater sich längst wieder frei bewegen durfte, von ihm immer wieder zur Begleitung aufgefordert. Houten und seine Frau erwiderten die Freundschaft des Kaisers auch nach der Hitler-Invasion, als manche andere der vielen Holländer, die er sich zu Freunden gemacht hatte, es nicht mehr wagten. Außer dem Oberst war es noch der Bürgermeister von Doorn, Baron Nagell, der mit seiner Familie den Bann durchbrach, den Hitlers Befehle um Haus Doorn gelegt hatten. Hitler hatte den Wehrmachtsangehörigen schließlich sogar verboten, auch nur in die Nähe des Schlosses zu gehen. So sehr fürchtete er, daß schon der bloße Anblick des Platzes Erinnerungen heraufbeschwören könne, die ihm vielleicht gefährlich würden.

Zu der kleinen Gruppe bei der Waldarbeit gesellte sich der jeweilige Leibarzt. Dieses Amt wurde von einer Anzahl deutscher Ärzte freiwillig und abwechselnd wahrgenommen. Jeder war etwa drei Monate in Doorn. In diesem Kreise befand sich sogar einer, der als Röntgenspezialist in Cincinnati lebte und in jedem Jahre seine Ferien in Doorn verbrachte. Er hieß Hübner, war im ersten Weltkrieg Fliegeroffizier gewesen und hatte dann Medizin studiert. Ihm war zu verdanken, daß es in Haus Doorn schottischen Whisky zu trinken gab. Er hatte meinem Großvater gesagt, Whisky sei eine hervorragende Medizin gegen Erkältung, und der Kaiser, der sich vor Erkältung und erkälteten Leuten hütete, nahm, obwohl er sich gar nichts aus Whisky machte, jeden Abend nach dem Essen einen Schluck davon — die Gäste natürlich mehrere.

Je nach der Jahreszeit trat an die Stelle der Waldarbeit die Arbeit im Garten. Mein Großvater hatte den sehenswertesten Rosengarten von ganz Holland geschaffen; er war vom übrigen Park abgetrennt und für das Publikum zur Besichtigung geöffnet. Außerdem gab es da eine Ecke mit seltenen Nadelhölzern, die ihm Freunde aus aller Welt geschickt hatten. Dem Kaiser war es gleichgültig, ob man sich an der Arbeit ernsthaft beteiligte oder sich mit symbolischer Mitarbeit begnügte. Im Grunde war er jedem dankbar, der ihm während dieser zwei Stunden täglichen körperlichen Trainings Gesellschaft leistete. Wenn aber jemand vorzog, zu Hause zu bleiben, vermied er jede Andeutung, daß er ihn vermißt habe. Während der Frühstückspause, die nach einer Stunde eingelegt wurde, lobte er die Fleißigen, und die Faulen mußten zur Strafe eine lustige Geschichte aus ihrem Leben erzählen. Der Kaiser nahm Förmlichkeiten nicht zu ernst, sondern liebte es, wenn man auf seine Scherze einging. Viele in seiner Umgebung verstanden sich nicht auf dieses Spiel, weil es ihnen an Humor gebrach. Immer wollten sie ihre tiefe Ergebenheit ausdrücken, obwohl sich das Objekt solcher Respektsbezeigungen sichtlich dabei langweilte.

In der Zeit, die bis zum Mittagessen blieb, studierte mein Großvater die holländischen, deutschen, französischen und englischen Zeitungen und Zeitschriften. Wichtiges wurde ausgeschnitten und aufgeklebt. Solche Ausschnitte wurden ihm auch von überallher zugesandt. Die Sammlung und Verwaltung des so entstehenden Archivs war Aufgabe Ilsemanns. Nicht wenige Kritiker des Kaisers behaupten, daß er während seiner Regierungszeit über die öffentliche Meinung nur einseitig und oberflächlich unterrichtet worden sei. Ich war damals noch ein Kind und kann also nicht das Gegenteil beweisen. Wenn es je zutraf, so hatte sich jedenfalls mein Großvater in Doorn in dieser Hinsicht entscheidend gewandelt. Er war begierig, alles zu erfahren, und sein Nachrichtensinn wirkte mitunter geradezu sensationell.

Während meiner »Kur« in Doorn fungierte als Hausarzt Dr. von Kapff, ein Magenspezialist aus Bad Kissingen. Er hatte meinem Großvater gesagt, ich müsse öfters zwischen den Mahlzeiten etwas zu mir nehmen, und er hatte mir auch Portwein zur besseren Verdauung verordnet. So fand ich in meinem Zimmer stets eine Art Vorspeise vor dem Mittagessen, ein paar Brote mit einer Karaffe Portwein, die gerade zwei Gläser enthielt.

Um viertel vor eins schlug der Gong, und jeder machte sich zum Mittagessen fertig. Niemand wartete bis zum zweiten Gongschlag um Punkt eins. Der Kaiser stand dann nämlich meist schon in der Halle im Gespräch mit seinem Gefolge. Wurden Gäste, namentlich Damen, erwartet, so empfing er sie draußen auf der Treppe zur Halle. Nach dem zweiten Gongschlag verkündete der Hofmarschall, daß das Essen serviert werde, die Türen des Speisesaals öffneten sich unmerklich, und man ging hinein, die Damen stets zuerst. Der Kaiser saß so, daß er den Blick in den Garten genießen konnte; ihm gegenüber meine Stiefgroßmutter. War sie nicht da, so zog mein Großvater vor, in dem Raum zu speisen, in dem er seine Pressestudien trieb.

Für gewöhnlich bestand die ganze Gesellschaft aus dem Leibarzt, dem Hofmarschall und dem Adjutanten. Sie alle dienten reihum jeweils drei Monate in Doorn. Es waren ältere Beamte, die von ihrer Pension lebten und hier sozusagen eine verlängerte Ferienzeit genossen. Die Freiwilligkeit all dieser Dienste verlieh dem Hofe meines Großvaters eine eigenartige Atmosphäre. Es herrschte der Eindruck des Vorübergehenden, der Sommerresidenz eines regierenden Monarchen vergleichbar. Jedermann war Gast hier. Jener junge spanische Freund aus meinen Berliner Studentenjahren, der nie mit irgendwelchen Hofsitten in Berührung gekommen war und deshalb ganz unvoreingenommen sein konnte, meinte, als er einmal zwei Wochen in Doorn verbrachte: »Es hat den Anschein, als sei dein Großvater ein sehr beschäftigter Herr, der sich für die Ferien in dieses schöne Sanssouci zurückgezogen hat.«

Daß der Kaiser sich um jede Kleinigkeit kümmerte, die zum Wohlbefinden der Gäste beizutragen vermochte, verstärkte diesen Eindruck. Vielleicht wollte er sich selbst auch nie ganz eingestehen, daß es ein Exil für immer war. Aber mit der Zeit hatte Doorn ganz von ihm Besitz ergriffen, und er hätte wohl nicht mehr anderswo leben können. Alle Pläne, in die Schweiz zu gehen, auf die Kanarischen Inseln oder sonst an einen Ort mit besserem Klima, wurden schließlich fallen gelassen. So kam es, daß es nach außen hin aussah, als habe sich der Kaiser mit allem abgefunden. Aber sein Geist, der stets nach Auseinandersetzung strebte, dürfte nicht müde geworden sein, sich mit jeder der hier zugrunde liegenden schwierigen Fragen zu beschäftigen.

Bei den Mahlzeiten saß ich immer zwischen dem Kaiser und seinem Arzt, »aus Gründen der besseren Überwachung«, wie mein Großvater scherzhaft bemerkte. Er war ein rascher Esser. Während seiner Regierungszeit war es vorgekommen, daß das Mittagessen nicht länger als zwanzig Minuten dauerte. Wer langsam aß, mußte erleben, daß sein Teller abgetragen wurde, bevor er überhaupt richtig zum Essen gekommen war. Mir gegenüber, als seinem Patienten, übte der Kaiser Geduld. Er wartete nicht nur, bis ich fertig war, sondern nötigte mich auch, immer noch zuzugreifen, was ich dann herzhaft tat. Verwandte, die zu Besuch kamen, gaben mir mit ihren Blicken zu verstehen, wie sehr sie es mißbilligten, daß ich den Kaiser am Eßtisch festhielt.

Der Arzt hatte darauf zu achten, daß ich nur die erlaubte Menge Wein trank. Es kam vor, daß mein Großvater plötzlich rief: »Lulu hat wieder die halbe Flasche allein getrunken! Ihr seid anscheinend alle mit ihm im Komplott. Ich bin der einzige hier, auf den wirklich Verlaß ist!« Mit diesen Worten goß er ein wenig funkelnden roten Asmannshäuser in ein enges Sektglas, um mir das verstattete Maß anzudeuten. Trotz seiner persönlichen Enthaltsamkeit war er zufrieden, wenn seine Gäste seinem Weinkeller Ehre antaten und die Weine lobten.

Die Unterhaltung war immer angeregt; mein Großvater wußte ausgezeichnet Konversation zu machen. Ein glänzender Geschichtenerzähler, sprach er gern, war indessen auch ein aufmerksamer Zuhörer. Mit ausländischen Gästen unterhielt er sich fließend auf englisch oder französisch, was ihm nicht die geringste Mühe machte. Oft setzte er seine Hörer in Erstaunen, indem er Ereignisse beschrieb, die sechzig oder siebzig Jahre zurücklagen, wobei er alle Einzelheiten genau behalten hatte.

Nach dem Essen zog er sich, eine seiner geliebten russischen Zigaretten mit langem Pappmundstück rauchend, an seinen Lieblingsplatz, eine Fensternische, zurück. Von dort hatte er einen Ausblick auf einen Rhododendronbusch, in dessen Mitte eine Büste meiner Großmutter stand. Den anderen Gästen wurden Zigarren, Zigaretten, Kaffee und Kognak angeboten. Danach verabschiedete sich der Kaiser mit einer allgemeinen Verbeugung und begab sich in seine Räume im zweiten Stock. Er hielt viel von einem richtigen Mittagsschlaf, ging regelrecht zu Bett und schlief anderthalb bis zwei Stunden. Wer darüber eine Bemerkung machte, dem sagte er: »Wenn Sie es mir nachtäten, brauchten Sie abends nicht zu schnarchen, während ich etwas vorlese.«

Die Zeit bis zum Abend war ihm selbst und den engsten Familienmitgliedern vorbehalten. Ich war oft sein einziger Gast, wenn er in seinem Arbeitszimmer den Tee einnahm, was er während der Abwesenheit meiner Stiefgroßmutter immer zu tun pflegte. Ich traf ihn dann auf seinem Sattelstuhl sitzend und über den hohen Schreibtisch gebeugt. Häufig war er so in seine Arbeit vertieft, daß er mich kaum bemerkte. Solche Augenblicke waren mir die liebsten, wenn ich aus einer Ecke des Zimmers sein feingeschnittenes Profil beobachten konnte. Erst beim Geräusch des Teewagens blickte er auf, über den Rand seiner Brille, die er nur beim Lesen und Schreiben gebrauchte.

In diesem Raum mit all seinen Erinnerungsstücken war er am aufgeschlossensten. Oft versuchte ich, das Gespräch auf die Vergangenheit zu lenken. Meine Hoffnung jedoch, etwas Kritisches über seinen puritanischen Erzieher Hinzpeter oder über Bismarck zu hören, erfüllte sich nie. Der Kaiser witterte die Absicht und wechselte das Thema.

In den Sommermonaten verließ er nach dem Tee zuweilen den Park durch ein Seitentor, zu dem er selber den Schlüssel hatte. Er durchschritt den Rosengarten und wandte sich der Landstraße zu, die Doorn mit Utrecht und Arnheim verbindet. Fußgänger und Radfahrer grüßten ihn, und er erwiderte die Grüße, indem er seinen Strohhut mit einer großen, ritterlichen Geste zog. Oft hielten Autos mit deutschen oder fremden Nummernschildern an, die Insassen stiegen aus und winkten dem einsamen Spaziergänger zu. Ein einziger Polizist in Zivil folgte, sein Rad schiebend, in einiger Entfernung.

Ich entsinne mich auch aus meiner Knabenzeit, daß bei Spaziergängen im Tiergarten für den Deutschen Kaiser nicht mehr Schutz nötig war als ein Kriminalpolizist oder deren zwei. Es mag Gerüchte gegeben haben, die etwas anderes behaupteten. Sie entsprachen nicht der Wahrheit. Doch selbst die wildesten Gerüchte in dieser Hinsicht müssen maßvoll gewesen sein gegenüber dem, was die Diktaturen — und nicht nur diese —, die schließlich in so manchen Ländern an die Stelle der Monarchien traten, an polizeilichem und militärischem Schutz für sich aufboten — aufbieten mußten.

Nach dem Abendessen pflegte mein Großvater in der Bibliothek seinen Gästen und den Mitgliedern der Familie laut vorzulesen. Er begann gewöhnlich mit aktuellen Zeitungsartikeln, mitunter auch mit größeren Aufsätzen aus englischen, amerikanischen oder französischen Zeitschriften. Da er wußte, daß nicht alle der älteren Herren seines kleinen Hofstaates in der Lage waren, den Sinn des Vorgelesenen zu erfassen, übersetzte er manche Stellen aus dem Stegreif ins Deutsche. Nicht selten bemerkte er zu diesem oder jenem: »Wenn Sie in Ihrer Jugend statt Latein und Griechisch nützliche moderne Sprachen gelernt hätten, hätte ich jetzt nicht diese Mühe.«

Nach den Zeitungen griff er zu einem wissenschaftlichen Buch, einem Memoirenwerk, einem Roman oder einem Schauspiel. Diese Lesungen waren faszinierend. Mein Großvater charakterisierte jede einzelne Person durch einen anderen Tonfall. Obwohl man sich also kaum einen interessanteren und lebendigeren Vorleser denken konnte, geschah es oft, daß alsbald aus einer Ecke des Raumes das Schnarchen eines Gastes ertönte, der über dem Zuhören eingeschlafen war. Mein Großvater ignorierte diese Laute, weil er wußte, daß es kein Zeichen von mangelndem Respekt, sondern von vorgeschrittenem Alter war. Bisweilen freilich nahm er auch seine kleine Rache: er fragte den aufgeschreckten Schläfer, was er eben gelesen habe, und lächelte zu den krampfhaften Versuchen, etwas vom Inhalt des Gehörten zusammenzustammeln. Gegen zehn oder halb elf stand er auf und verabschiedete sich mit einer höflichen Verbeugung. Er begab sich zu dem Aufzug, der ihn zum ersten Stock hinaufbrachte.

Viel Zeit widmete mein Großvater den Familienangelegenheiten. In regelmäßigen Abständen erschien der alte General von Dommes zum Bericht. Er war der getreue Freund und Berater der ganzen Familie und außerdem Leiter unserer Vermögensverwaltung in Berlin. Der Kaiser mischte sich wenig ein, wollte jedoch über alles genau unterrichtet werden. Dies war das letzte Reich, in dem er noch wirklich regierte, und wir taten alles, ihn in der Überzeugung zu bestärken, daß er wirklich der Chef des Hauses war.

Ohne Zweifel übte er einen großen moralischen Einfluß auf die gesamte Familie aus, obgleich manche etwas murrten, wenn sie ihn wegen verhältnismäßig unbedeutender Dinge befragen mußten. Wenn man ihm einen persönlichen Wunsch in der richtigen Weise nahebrachte, konnte er sehr großzügig sein. Nur in einem verstand er keinen Spaß: in Heiratsdingen. Er glaubte fest an die Familiengesetze und, wie nahezu alle europäischen Monarchen, an die Notwendigkeit des Prinzips der Ebenbürtigkeit.

Ich gestehe gern, daß ich während meiner Sturm-und-Drang-Jahre von Bestimmungen nicht viel hielt, die nach meiner Ansicht nur dazu da waren, Menschen unglücklich zu machen. Aber nicht zuletzt hatten mich Henry Bergman, der Restaurateur in Hollywood, und mein alter Chef Henry Ford eines anderen belehrt. Es dürfte doch vielleicht zutreffen, daß es mehr Gewähr für eine harmonische Ehe bietet, wenn der Partner aus der eigenen Sphäre stammt. Mir scheint — aber ich kann mich natürlich auch irren —, daß in einer Ehe die kleinen Alltäglichkeiten am meisten zählen. Wenn man übereinstimmt, verliert man durch sie nicht das Paradies, aber wenn man nicht übereinstimmt, erzeugen sie eine Hölle, und die Frage der inneren Gleichheit ist doch in vielen Fällen, wennschon nicht immer, auch eine Frage der äußeren Gleichheit.

Mein ältester Bruder Wilhelm hatte bereits in seinen Bonner Studententagen eine junge Dame kennengelernt, die er heiraten wollte, obwohl sie nicht ebenbürtig war. Er hatte meine Eltern und meinen Großvater loyal unterrichtet. In einer langen und freundschaftlichen Unterredung war es meinem Großvater gelungen, ihm seine Heiratspläne auszureden. Der Kaiser hatte ihm sogar zur Ablenkung eine Reise um die Welt vorgeschlagen. Die Gefahr, die nach seiner Meinung drohte, schien also abgewendet zu sein.

Eines Morgens nach der Rückkehr von der Waldarbeit empfing mich der Dorfbarbier, den ich täglich aufsuchte, und der immer lustiges Zeug in einem richtigen Sprachencocktail servierte, mit düsterer Miene. »Was ist denn heute mit Ihnen los, Herr Turell?« fragte ich. »Haben Sie gestern zuviel Genever getrunken?« — »Der arme Kaiser!« erwiderte er und überreichte mir die Lokalzeitung. Auf der Titelseite ein Bild meines Bruders mit jener jungen Dame. Dazu ein langes Interview, in dem die Verlobung verkündet wurde.

Als ich meinen Großvater beim Mittagessen traf, sah er grau und abgespannt aus. Er sprach kaum ein Wort. Erst nachmittags beim Tee, als ich mit ihm allein war, sah er mich an und sagte: »Lulu, es tut mir sehr leid, aber ich kann dich jetzt nicht mehr für immer nach Amerika lassen.« Ich begriff, was er meinte, und schwieg. Amerikanische Zeitungen sprachen zuweilen von mir als dem Lieblingsenkel des Kaisers. Es war gewiß schmeichelhaft, aber ich bezweifle, daß der Kaiser »Lieblinge« unter seinen Kindern und Enkeln hatte. Er war meinem ältesten Bruder Wilhelm aufrichtig zugetan und bedauerte sehr, daß dieser aus unbekannter Ursache ihn fast nie besuchte. Ich bin überzeugt, mein Bruder hätte eine andere Entscheidung getroffen, hätte er gewußt, wie mein Großvater ihn liebte, und welche Hoffnungen er in ihn für die Zukunft setzte. Was mir selbst die Zuneigung meines Großvaters verschaffte, war wohl insbesondere die Ähnlichkeit des romantischen Elementes in unseren Naturen, von dem ich allerdings spürte, daß es sich in mir mit realistischem Sinn gepaart hatte.

Oft genug hat man den Kaiser in der Welt als Despoten oder »Kriegsherrn« beurteilt, wobei man dem mehr technischen, den Begriff des Obersten Kriegsherrn umfassenden Ausdruck durch die englische Übersetzung

»War Lord« eine moralische Deutung unterschob. Aber falls je irgend etwas an einem solchen Bilde gestimmt haben sollte, kann ich bezeugen, daß es sich beträchtlich geändert hatte. Es war auch eine große Genugtuung für mich, daß mich in Amerika, wo ich eigentlich in allen Schichten verkehrte, nie jemand an die Existenz einer solchen Vorstellung von meinem Großvater erinnerte.

Ich weiß, daß man allerlei Satiren über ihn geschrieben und ihn unter anderem oft den »Reisekaiser« genannt hat. Aber ich glaube, es ist für ein Land von entscheidender Wichtigkeit, daß sein Herrscher möglichst viele Eindrücke an möglichst vielen Plätzen der Erde aufnimmt. Die umgekehrten Beispiele von Hitler und Stalin zeigen das zur Genüge. Sicher lich hat der Kaiser unter der Eintönigkeit seines Nachkriegsdaseins unsäglich gelitten, doch dank seines wachen Geistes und seiner tiefen Religiosität trug er sein Schicksal mit einer vorbildlichen Würde, Weisheit und Abgeklärtheit.

Wenn ich hier von meinem Großvater spreche — und wo immer ich bisher von meinem Großvater und meinem Vater, dem Kaiser und dem Kronprinzen, gesprochen habe —, geschieht und geschah es aus einer persönlichen, ich möchte fast sagen, verwandtschaftlichen Schau. Es ist bewußt mit den Augen des Sohnes und Enkels gesehen und geschildert. Über die beiden schon zu ihren Lebzeiten in die Geschichte eingegangenen Gestalten ist bereits manches ausgesagt worden; mit meinem Großvater namentlich haben sich Schriftsteller, Geschichtsschreiber und auch Dichter beschäftigt, und seit dem Heimgang meines Vaters sind unzählige »Tatsachenberichte« über den Kronprinzen erschienen. Meine Mutter, die Kronprinzessin, hat der Öffentlichkeit über ihren Lebensgefährten einen menschlich-wahren Bericht gegeben. Trotz alledem darf ich es wagen, noch einige Gedanken über diese meine beiden nächsten Vorfahren zu äußern — wenn man die sonst nur für eine fernere Vergangenheit gebräuchliche Bezeichnung um des Zusammenhangs willen gestatten will.

Sie vertraten nicht nur zwei verschiedene Zeitepochen; sie waren auch menschlich gesehen Gegensätze. Der Kaiser, von Natur spontan und impulsiv, hatte eine starke Phantasie und den Drang in die Ferne; sein Geist war unersättlich. Er befaßte sich mit fast allen Gebieten der Geisteswissenschaft und beherrschte viele von ihnen zum Erstaunen seiner Mitmenschen. Ich glaube, er war nicht nur ein Romantiker, sondern auch ein faustischer Mensch. Sein ältester Sohn, eigentlich in allem das Gegenteil, ruhig, beherrscht, ja manchmal zurückhaltend, haßte jede Art von Gefühlsüberschwang und verfügte über einen klaren und nüchternen Blick für alle Dinge des Lebens, auch die menschlichsten, und gerade diese. Allerdings glaube ich, daß er hinter dieser oft von ihm betonten Nüchternheit seine innere Gefühlswärme vor der Außenwelt verbergen wollte. Umgekehrt war beim Kaiser das immer wieder mißverstandene »Martialische« ein Ausdruck von Schüchternheit.

Der Kaiser war im Grunde seines Wesens ein typischer Deutscher mit allen seinen Vorzügen und auch Schwächen. Der Kronprinz hingegen neigte in seiner seelischen Grundsubstanz mehr zum Angelsachsen. Das Leben meines Großvaters, besonders seine Regierungszeit, liegt wie ein offenes Buch vor allen, die darin blättern wollen. Das Urteil der Geschichte, das sich im Augenblick noch auf seine Zeitgenossen gründet, hat sich schon zu seinen Lebzeiten ständig gewandelt und tat es wohl noch mehr nach seinem Tode. Bei uns Deutschen scheint sich die Ansicht immer mehr Bahn zu brechen, daß es dem deutschen Volke nie so gut ging wie in der sogenannten Wilhelminischen Epoche. In den letzten Jahren hört man es vielfach gerade aus dem Munde derer, die in der Zeit vor dem ersten Weltkriege abseits standen.

Jedenfalls kann wohl kaum noch bestritten werden, daß Deutschland in der Regierungszeit des Kaisers einen innen- und außenpolitischen Höhepunkt erreichte. Die Fehler, die gemacht wurden, stehen auf einem anderen Blatt. Sie hängen mit Entwicklungen zusammen, an denen der Kaiser, auch wenn man ganz streng richten will, gewiß nicht allein und überhaupt nicht mehr schuldig war als irgendein Mensch, der mit seinem Wesen und seinem Temperament in die Dinge verstrickt wird. Ich weiß, daß die Entgegnung auf eine solche Bemerkung heißt: desto schlimmer, daß er absolutistisch regierte. Aber diese Ansicht ist nicht gerechtfertigt.

Der deutsche Kaiser hatte als Staatsoberhaupt aufgrund der Bismarckschen Verfassung Machtvollkommenheiten, die denen des amerikanischen Präsidenten vergleichbar sind, vielleicht sogar geringere. Was die Meinungsfreiheit betrifft, so braucht man nur einen Blick in die Witzblätter der damaligen Epoche zu werfen und dann zu untersuchen, wie gering gegen die Zahl sarkastischer Karikaturen die Zahl der Majestätsbeleidigungsprozesse war, wie gelind die Strafen und wie human ihre Vollstreckung. Mancher wegen Majestätsbeleidigung Bestrafte verließ das Gefängnis mit einem Romanmanuskript, das er dort geschrieben hatte und nun zu seinem Verleger tragen konnte. Man mag damit vergleichen, was sich nachher in dieser Beziehung ereignete. —

Die Frage »Was wäre geschehen, wenn ...« ist zwar müßig; trotzdem soll sie hier gestellt werden. Auf Kaiser Friedrich bezogen, wird sie vielfach dahin beantwortet, daß sein früher Tod die eigentliche Tragödie Deutschlands gewesen sei. Auch ich neige zu dieser Auffassung, die viel Wahres enthält. Damit ist keine Kritik an meinem Großvater verbunden. Aller Wahrscheinlichkeit nach wäre es meinem Urgroßvater in einer längeren Regierungszeit gelungen, die innenpolitischen Gegensätze auszugleichen, die durch den Übergang vom Agrar- zum Industriestaat in Deutschland entstanden waren. Kraft seiner gereiften Persönlichkeit und dank seiner im Volksempfinden tief verankerten Autorität hätte er die dem sozialen Umschichtungsprozeß entspringenden Kraftströme in positive Bahnen lenken können; aus seiner liberalen Schau heraus wäre er allein befähigt gewesen, die Widerstände aus dem konservativen Lager zu überwinden, ja nötigenfalls zu brechen. Mein Großvater hätte dann bei seinem Regierungsantritt ein Deutschland vorgefunden, das in einem ähnlichen Sinne wie die nordischen und die westlichen Monarchien demokratisch regiert wurde.

Indessen möchte ich auch noch die Frage folgen lassen: was für einen Monarchen hätte der Kronprinz abgegeben, wie hätte er regiert, wenn er zur Regierung gekommen wäre? Mein Vater wurzelte wie mein Großvater im Preußentum. Das Soldatisch-Straffe hatte er durchaus nicht ungern. Bei jungen Menschen setzte er es sogar als eine Selbstverständlichkeit voraus. Dagegen hatte er selbst ein gelockertes und joviales Wesen. Jeder, auch der Fremdeste, fühlte sich in seiner Gegenwart sogleich zu Hause. Er verstand es gut, mit dem Volke umzugehen, und darauf beruhte auch seine große Popularität bei seinen Soldaten. Er war es, der den Fußballsport auf den Exerzierplatz brachte. Als er einmal vorbeifuhr, während eine Schwadron seiner Danziger Leibhusaren beim Fußballspiel war, hielt er an, bekam den gerade aus dem Feld gesprungenen Ball zu fassen und schoß ihn dem überwachenden Rittmeister, einem vor lauter Forschheit und Straffheit etwas penetranten Typ, in die Kniekehle, so daß dieser einknickte und sein Monokel ihm entfiel. Zornig ließ der Rittmeister die Schwadron antreten und drohte schreiend mit schrecklichen Dingen, wenn der »Sch—kerl, der das war«, sich nicht melde. Da fühlte er sich von hinten auf die Schulter geklopft, und der Kronprinz sagte: »Mein lieber R., der Sch—ütze war ich.« Abermals fiel das gerade wieder ungestüm eingeklemmte Monokel vom Auge, und das Geschrei brach mitten im Satz fassungslos ab.

Ich bin überzeugt, daß mein Vater ein ausgesprochener Volkskaiser geworden wäre. Jedes Pathos war ihm im Grunde seiner Seele zuwider. Er konnte gut und zu Herzen gehend reden. Von Herrschsucht gab es nicht die leiseste Spur, für Schmeichler und Höflinge nur Verachtung — so wäre er ein vorbildlicher konstitutioneller Monarch geworden. Der Grundzug seines vornehmen Charakters war die Toleranz. Er hatte für alles Verständnis und hörte jeden geduldig an. Gegenteilige Meinungen ließ er immer gelten, wenn sie sachlich vorgetragen und begründet wurden. Der Ausspruch seines großen Ahnen »Jeder kann nach seiner Fasson selig werden« war meinem Vater nicht ein Schlagwort, sondern eine Lebensregel wie auch das »Leben und leben lassen«. Für Puritanismus und Muckertum war er nicht zu haben. Ein Vergleich zwischen ihm und seinem Großvater, Kaiser Friedrich III., erscheint mir keineswegs verfehlt. Beiden hat das Schicksal verwehrt, ihrem Volke auf dem Thron dienen zu können; höchstwahrscheinlich hätten sie es kraft ihrer harmonischen und gemäßigten Charaktere zum Wohle ihres Landes und damit der ganzen Welt getan.

Im Arbeitszimmer meines Großvaters in Doorn, in diesem altmodischen, von Erinnerungen zeugenden, aber gemütlichen Raum war es, wo der Kaiser von einem seiner Söhne ein begeistertes Telegramm von dem sogenannten »Tag von Potsdam« bekam. Hitler hatte die historische Szenerie der Garnisonkirche mit dem Grabe Friedrichs des Großen dazu mißbraucht, sich von Hindenburg zum Herrscher über Deutschland machen zu lassen. Mein Großvater stampfte mit dem Fuß auf und sagte mit zornblitzenden Augen: »Diese Dummköpfe glauben, sie könnten vom Rokoko in die Epoche der Autos und Flugzeuge springen.«

14. Kapitel

MUSSOLINI UND HITLER

Am 1. Mai 1933 wurde ich aus meinem Doorner »Sanatorium« mit dem Zeugnis »völlig geheilt« entlassen. Ich hatte etwa vierzig Pfund zugenommen. Meine physische Verfassung ist wohl nie besser gewesen als nach jenen drei Monaten, die ich als Patient meines Großvaters verbracht habe.

»Deine Mutter braucht dich im Augenblick mehr als ich, obwohl ich dich noch gern dabehalten würde«, sagte er. »Was deine amerikanischen Pläne anlangt — ich will gewiß nicht, daß Mr. Ford glaubt, ein Enkel des Kaisers halte nicht Wort, aber zu meinem fünfundsiebzigsten Geburtstag mußt du zurück sein. So wie ich dich kenne, kommst du überhaupt nicht zurück, wenn wir nicht einen Termin festsetzen.«

Ich begab mich zu meinen Eltern, die sich um diese Zeit in Florenz aufhielten. Auch sie waren über den Heiratsentschluß meines Bruders Wilhelm tief betroffen. Dieser Schritt bedeutete seinen Ausfall für die Erbfolge, zumindest für die Stellung im Hause Hohenzollern. Mein Großvater hatte mir bereits zu verstehen gegeben, daß ich nun diese Stelle würde einnehmen müssen. Der Wechsel fiel meinen Eltern und mir gleichermaßen schwer. Ich war froh, als die langen und erregten Debatten durch das internationale Reitturnier um die »Coppa Mussolini« unterbrochen wurden, zu dem wir nach Rom fuhren. Die Trophäe wurde von der deutschen Mannschaft gewonnen; zufällig war es am 6. Mai, dem Geburtstage meines Vaters.

Da ich wußte, daß er immer, wenn er in Rom war, Mussolini einen Besuch abstattete, bat ich ihn, meinen Bruder Hubertus und mich zu seiner Audienz mitzunehmen. Mein Vater zögerte zuerst, weil er nicht sicher war, ob er Mussolini so viele Hohenzollern auf einmal zumuten dürfe, doch dann willigte er ein. Am frühen Nachmittag fuhren wir zum Palazzo Venezia.

Ein Diener in blauer Livree führte uns zum Arbeitszimmer des Duce im ersten Stock. Wir hatten vereinbart, daß mein Vater zuerst allein zu Mussolini hineingehen und uns dann später rufen solle. Hubertus und ich warteten also in dem mit kostbaren Gemälden, alten Rüstungen und anderen Kunstschätzen geschmückten Vorraum. Es verging fast eine halbe Stunde, bis sich die Tür öffnete und mein Vater herauskam, um uns zu holen. Wir betraten einen langen, hallenartigen Raum. Am äußersten anderen Ende stand der überdimensionale Schreibtisch, hinter dem Mussolini seine Besucher zu erwarten pflegte. Sie mußten den ganzen Raum durchqueren und hatten, wenn sie schließlich bei dem Schreibtisch anlangten, wohl oft schon ein gut Teil ihrer Selbstsicherheit eingebüßt. Bei uns machte Mussolini von diesem Einschüchterungstrick keinen Gebrauch; er erwartete uns stehend mitten im Raum. Seine äußere Erscheinung war alles andere als imposant: von Gestalt noch viel kleiner, als ich erwartet hatte, so daß sein nahezu kahler Kopf unverhältnismäßig groß wirkte, schien er sich nur auf den sprühenden Blick seiner braunen Augen zu verlassen. Er trug einen hellgrauen Anzug mit schlecht gebügelten Hosen, weißes Hemd und schwarze Krawatte; das Hemd hatte einen niedrigen Kragen mit langen Ecken, wie sie damals in Italien modern waren. Hubertus bemerkte hinterher, der Duce habe ihn an einen jener italienischen Gastwirte erinnert, wie wir sie in vielen kleinen Städten angetroffen hatten.

In gebrochenem Italienisch sagte ich ihm, daß ich mich sehr geehrt fühle, seine Bekanntschaft zu machen. Er erwiderte dieses von meiner Seite notgedrungen fadenscheinige Kompliment mit einer musikalischen, tenoralen Stimme, etwas vibrierend durch einen leicht spöttischen Unterton. Auf seine Frage, wo ich Italienisch sprechen gelernt hätte, nannte ich ihm die Fischer von Rapallo als meine Lehrer, verschwieg aber, daß ich bei ihnen nicht nur die italienische Sprache, sondern auch antifaschistische Meinungen kennengelernt hatte.

Dann ging er zu Deutsch über und befragte meinen Bruder Hubertus über die Reise, die dieser vor kurzem durch Afrika, in die ehemaligen deutschen Kolonien und zu General Smuts gemacht hatte. Hubertus mißverstand ihn, als er, nachdem gerade von den Negern die Rede gewesen war, sich erkundigte, wieviele Deutsche in Südafrika lebten; mein Bruder zählte als Antwort sämtliche afrikanischen Negerstämme auf. Mussolini sah ihn verblüfft an und wiederholte dann lächelnd, was er gemeint hatte.

Die Audienz dauerte rund zehn Minuten. Mir schien, daß Mussolini die ganze Zeit Theater spielte und uns mit Blicken und Gesten zu imponieren suchte. Ohne Zweifel war er klug und geistig beweglich. Anders als Hitler, den ich einige Wochen später erlebte, verstand er sich aufs Zuhören. Sein Deutsch war fließend und korrekt bis auf einen leichten Akzent, ebenso sein Französisch. Er mischte sogar ein paar englische Brocken ein. An Sprachkenntnissen war er seinen beiden »Kollegen« Stalin und Hitler weit überlegen. —

Lange hatten meine Eltern in Deutschland keinen Umgang mehr mit ausländischen Diplomaten gehabt. Nachdem die Beziehungen durch den Krieg abgerissen waren, erreichte unser großer Freund, der spanische Militärattaché Oberst Valdivia, nach und nach, daß das Eis brach. Ich entsinne mich noch, mit welcher Freude meine Mutter die erste Einladung des spanischen Botschafters Don Pablo Soler annahm. Sie, die ihre Jugend in Frankreich verbracht und schon durch ihre russische Mutter immer unter internationalen Aspekten gelebt hatte, vermißte mehr als jedes andere Familienmitglied die Verbindung mit ausländischen Persönlichkeiten.

Endlich, zu Beginn der dreißiger Jahre oder kurz vorher, waren die Botschafter von England, Frankreich, Belgien und den Vereinigten Staaten regelmäßige Hausgäste bei uns geworden. Mit Anbruch der nationalsozialistischen Herrschaft intensivierte sich dieser Verkehr, und die Diplomaten legten zum Ärger Hitlers besonderen Wert auf unsere Einladungen.

Sein Ärger machte sich eines Tages Luft, indem er meinen Eltern drohte, weil sie am 19. Mai 1938 den britischen Botschafter Sir Nevile Henderson zu Gast gehabt hatten. Es war der Vorabend von meiner und Kiras Hochzeitsreise. Mein Vater lag mit einer schweren Erkältung zu Bett und sah nicht einmal etwas von unserem englischen Gast. An der Seite meiner Mutter verlebten wir einen anregenden Abend; ich weiß nur noch, daß mich der Genuß der vorzüglichen Erdbeerbowle dazu brachte, mehrmals aus dem Glase des Botschafters Seiner Majestät zu trinken, was ihn, den unformellsten Diplomaten, den ich je gesehen habe — er erschien mit Vorliebe zu offiziellen Essen in Sakko und blauem Pullover —, zu der Beschwerde veranlaßte, er bekomme nicht den ihm zustehenden Anteil an der Bowle. Ich erinnere mich weiter, daß ich ihn am anderen Morgen um acht, zu einer für das Haupt einer diplomatischen Mission ganz undiplomatischen Stunde, wegen irgendwelcher Visa anrief, worauf er mir liebenswürdigerweise noch einen Empfehlungsbrief an seinen Freund Lord Linlithgow, den Vizekönig von Indien, schrieb.

Das war aber auch alles, was sich an gefährlichen Dingen zutrug. Die Aufpasser von der Gestapo machten in einem Bericht an Hitler daraus so etwas wie eine Verschwörung gegen die Sicherheit des »Tausendjährigen Reiches«, weil wir — nichtsahnend — den britischen Botschafter gerade in dem Augenblick bei uns in Cecilienhof gehabt hatten, in dem Hitler darüber brütete, mit welchem seiner üblichen Mittel er die Tschechen-Krise lösen solle. —

Ich selber bin über eine einzige Begegnung mit Hitler nicht hinausgekommen. Es war im Sommer 1933, als »Putzi« Hanfstaengl mich anrief und mir mitteilte, er habe für mich eine Audienz bei dem »Braunauer« arrangiert, wie er ihn zu nennen pflegte. So ging ich denn in die Reichskanzlei, jenen von Hitler alsbald nicht mehr großartig genug befundenen Bau neben dem alten Reichskanzlerpalais, in dem damals noch Hindenburg residierte. Ohne Umstände wurde ich hinaufgeführt, mußte aber in einem kleinen, mit bequemen Möbeln im Hotelstil ausgestatteten Vorzimmer warten. Nach einer Viertelstunde erschien »Putzi« mit zwei amerikanischen Geschäftsleuten, die von ihrem Interview mit Hitler einen starken Eindruck zu haben schienen. Dann öffneten sich mir die Türen zu Hitlers Arbeitszimmer.

Auf den ersten Blick war deutlich, daß hier ein Schüler Mussolinis residierte. Obwohl das Zimmer nur halb so groß war wie das des Duce, war die Szenerie ganz die gleiche, nur vielleicht damals noch weniger pathetisch, da die Erbschaft der weimar-republikanischen Klubsessel die Hitler gewiß verhaßte Atmosphäre von Gemütlichkeit einstweilen noch behauptete. Der »Führer« saß hinter einem großen Mahagonischreibtisch, der nicht halb so gewaltig war wie der marmorne Mussolinis. Immerhin mußten wir den halben Raum durchschreiten. Dann erhob er sich, wohl um anzudeuten, daß er seinen Besuchern auf halbem Wege entgegenkommen wolle. Nach einer kurzen Vorstellung bat er uns mit einer einladenden Handbewegung, in einer Sitzecke Platz zu nehmen.

Auch er war in Zivil wie sein südlicher Kollege, aber seine Aufmachung war weniger salopp: marineblauer zweireihiger Anzug, weißes Hemd, steifer Kragen, dunkelblauer Schlips, schwarze Halbschuhe. Auf seinem Kragen war ein kleiner Blutfleck, wahrscheinlich vom Rasieren. Sein Benehmen war höflich und von österreichischer Leichtigkeit, entschieden weniger theatralisch als das Mussolinis, sein Gesicht blaß, die Haut etwas schlaff, seine Gestalt mittelgroß und voll, noch ohne den leichten Bauchansatz, den er in späteren Jahren entwickelte. Er sprach mit etwas heiserer Stimme und einem österreichischen Akzent, dem er ohne großen Erfolg eine norddeutsche oder preußische Härte zu geben trachtete. Aus hellblauen Augen blickte er mit einem beinahe verloren romantischen Ausdruck mehr in die Weite als auf seinen Gesprächspartner. Anfangs war er bescheiden und fast scheu. Er redete mich einfach mit »Prinz« an. Ich fühlte mich versucht, seine Eitelkeit auf die Probe zu stellen, und titulierte ihn »Eure Exzellenz«. Von da an nannte er mich »Eure Königliche Hoheit«. Eine richtige Unterhaltung kam nicht zustande. Nachdem ich ihm erzählt hatte, daß ich nach Detroit zurückginge, holte er zu einem gewaltigen Monolog aus, der fast vierzig Minuten währte.

»Sagen Sie Herrn Ford, daß ich ihn bewundere. Ich werde alles tun, seine Ideen auch in Deutschland in die Praxis umzusetzen, wo die Motorisierung noch weit zurück ist. Ich bin zu der Überzeugung gekommen, daß man mit dem Auto nicht die sozialen Unterschiede verschärft, sondern sie im Gegenteil überwinden kann, wie es Herr Ford in Amerika fertiggebracht hat.« Anfänglich sprach er in normalem Ton, doch allmählich klang seine Stimme höher und gereizter, und schließlich brüllte er, als habe er nicht mich, sondern eine Sportpalastversammlung zum Publikum. Immerhin war ich überrascht, wie gründlich er das Problem der Motorisierung studiert hatte. Er schien sich nicht nur in der Produktion auszukennen, er beherrschte auch alle Fragen, die mit der Motorisierung und dem modernen Straßenverkehr zusammenhingen. Seine Ansichten darüber klangen vernünftig. Wenn sie nur auf anderen Gebieten auch so gewesen wären!

Es wäre nicht aufrichtig, wollte ich nicht zugeben, daß ich von dieser ersten und einzigen, wenn auch recht einseitigen »Unterredung« keinen ganz ungünstigen Eindruck mitnahm. Ich verstehe durchaus, daß so viele Leute und sogar Ausländer ihm verfielen, und daß eine gewisse magnetische Wirkung von ihm auf sie ausging. Allerdings war er damals als Diktator noch in den Kinderschuhen. Er war erst vier Monate im Amt und konnte sich noch nicht als Alleinherrscher betrachten, denn Hindenburg war noch Reichspräsident. Erzählungen von Leuten, die Hitler erst später kennenlernten, haben bestätigt, daß er, gemessen an seinem nachmaligen Größenwahn, damals noch einigermaßen anspruchslos genannt werden konnte.

15. Kapitel

KREUZ UND QUER DURCH DIE USA

Bevor ich Deutschland wieder verließ, unternahm ich eine Besuchsreise durch die deutschen Autofabriken: Horch in Chemnitz, Bayrische Motorenwerke in München, Mercedes bei Stuttgart, Adler in Frankfurt, Opel in Rüsselsheim. Mir schien, daß dieser preußische Prinz in den Diensten von Henry Ford den Herren Direktoren etwas unheimlich war. Trotz freundlicher Aufnahme allenthalben gaben sie mir in verschiedenen Schattierungen zu verstehen, daß sie meine Position und die Firma, die ich vertrat, nicht allzu ernst nahmen, wofür ich mich mit einem Hinweis auf ihre mir ziemlich veraltet vorkommenden Fabrikationsmethoden rächte, Opel ausgenommen, der von General Motors übernommen worden war.

Dann sagte ich meinem Großvater in Doorn Lebewohl. Dort war gerade der englische General Waters, vormals englischer Militärattaché in Berlin, zu Besuch. Er riet dem Kaiser, mich in London von meinem »einseitigen Amerikanismus« heilen zu lassen. Mein Großvater billigte das. Waters war es, der mich an den Journalisten Bruce Lockhart empfahl: »Der kennt alles, was kennenswert ist, vom Prinzen von Wales bis zur Platzanweiserin im Kino.«

Ich habe schon geschildert, wie ich durch Bruce Lockhart meine alte Gouvernante, Miß Brimble, wiederfand. Auch meine aufschlußreichen Begegnungen mit Lloyd George und Lord Beaverbrook habe ich bereits erwähnt. Aber ich traf in London auch mit meinem Vetter Edward, dem Prinzen von Wales, zusammen; wir unterhielten uns auf spanisch. Bei irgendeiner Gelegenheit bezahlte ich das Taxi für H. G. Wells, weil er gerade kein Kleingeld hatte, erhielt von ihm dafür seine gesammelten Werke mit einer persönlichen Widmung geschenkt, und schließlich aß ich mit Winston Churchill zu Mittag, der sich allerdings damals am tiefsten Punkt seiner politischen Laufbahn befand und nach allgemeiner Ansicht seine Rolle endgültig ausgespielt hatte. In dem kleinen Landhaus von General Waters bei Southampton verlebte ich noch einige geruhsame Tage, ehe ich mich von dort auf der »Bremen« nach New York einschiffte.

Henry Ford hatte mich zu einer Art »Allround«-Reisevertreter ausersehen. Nur der oberste Leiter der Verkaufsabteilung durfte sich sonst mit solcher Freizügigkeit bewegen. Ich war nicht verpflichtet, Aufträge hereinzuholen; niemand hatte das auch nur mit einem Worte angedeutet. Man nutzte mich nicht für die Zwecke der Firma aus, was, wenn man es getan hätte, schließlich durchaus verständlich gewesen wäre. Der eigentliche Sinn dieses Reiseplanes war — und dies interessierte mich —, daß ich, nachdem ich bisher mit den Leuten beschäftigt gewesen war, die das Fordprodukt herstellten, mich jetzt mit denen beschäftigen sollte, die es kauften oder — nicht kauften.

Dennoch konnte ich hie und da der Versuchung nicht widerstehen, mich als ein richtiger Verkäufer zu betätigen. Ich wußte, daß insbesondere bei den Bierbrauern Ford der meistgehaßte Mann der Welt war, weil die von dem Autokönig gestützte Prohibition ihnen einen so schweren Schlag zugefügt hatte. Freilich war es ihnen allen gelungen, über die »trockenen« Jahre hinwegzukommen.

In Milwaukee, wo jeder mit jedem verwandt zu sein schien, nahm mich Bill Brumder in seinem schönen Hause auf, und damit befand ich mich im Schoße der Bierbrauerdynastie, die von den untereinander verschwägerten Familien Brumder, Uehlein und Pabst gebildet wurde. Vergebens mühte ich mich ab, die Verwandtschaftsgrade zu entwirren. Der örtliche Fordfilialleiter, der sich persönlich mit den Bierbrauerfamilien gut stand, hatte mich gewarnt: »Reizende Leute, aber versuchen Sie bloß nicht, ihnen einen Fordwagen anzudrehen. Da würden Sie gegen eine Mauer reden.«

Nach einer der vielen Brauereibesichtigungen führten meine Gastgeber mich in ein Bierlokal, das sich nach dem Eigentümer »Maxl« nannte. Dieser, ein Falstaff, wog fast drei Zentner. Außer durch Körperfülle und Trinkfestigkeit war er durch die athletische Kunst berühmt, mit ausgestrecktem Arm in jeder Hand eine Unzahl voller Bierkrüge zu halten. Der Redakteur Maxwell Murphy, der uns als Freund der Brumders begleitete, regte an, ein Photo von Maxl und mir zu machen, wobei jeder eine Batterie von Bierkrügen in den Händen haben sollte. »Wenn Henry Ford das sieht, verlieren Sie Ihre Stellung«, meinte jemand.

In diesem Augenblick fiel mir ein, was mir der Besitzer des Bismarck-Hotels in Chicago, Otto Eitel, in seiner »Bayerischen Bierstube« verraten hatte: daß ich vielleicht der richtige Mann sei, die Bierbrauer zum Fordwagen zu bekehren. Deshalb sagte ich jetzt: »Wir wollen Henry Ford nun gerade ein Bild schicken; er würde mich als Heuchler verdammen, wenn ich Ihr Bier nicht zu schätzen wüßte, denn schließlich bin ich ja Deutscher.«

Am nächsten Morgen erschien das Photo auf der ersten Seite von Murphys Zeitung. Damit war der langjährige Krieg zwischen den Bierbrauern von Milwaukee und dem Teetrinker von Detroit entschieden. Er endete damit, daß die Bierbrauer eine Reihe von Fordwagen bestellten, und im Grunde war das vielleicht nur dem Mißgeschick zu verdanken, das mich bei meiner Ankunft in Milwaukee spätabends das Hotel, in dem ein Zimmer reserviert sein sollte, besetzt finden ließ. Dadurch nämlich geschah es, daß Bill Brumder, ein Freund von Otto Eitel, sich um mich kümmerte. Nebenbei behauptete er, das Hotelzimmer sei frei gewesen, und das Personal habe sich nur geirrt, weil es in dem Prinzen von Preußen eine Art Maharadscha statt eines Fordmechanikers vermutet habe.

Nach diesem Erfolg beschloß ich, meine Bekehrung der Bierbrauer fortzusetzen. In St. Louis im Staate Missouri, einem weiteren Zentrum der amerikanischen Brauindustrie, herrschte die Familie Busch. Der alte Adolphus Busch hatte in den Jahren vor dem Weltkriege herzliche Beziehungen zu meinem Großvater und unserer Familie unterhalten. Eine Tochter von ihm war mit einem deutschen Industriellen, Herrn von Gontard, verheiratet, dessen Bruder wiederum als Erzieher meines Vaters und meiner Onkel eine einflußreiche Stellung bei Hofe innegehabt hatte. Die Buschs kamen regelmäßig nach Deutschland, wo sie viele Besitzungen hatten.

An diese Familienbande dachte ich nun auch als »Fordman«, aber Adolphus Busch sagte: »Als Enkel des hochverehrten Kaisers Wilhelm sind Sie mir und meiner Familie willkommen, doch bitte kommen Sie mir nicht mit Henry Ford. Er hat uns als fanatischer Prohibitionist enorm geschadet. Wir betrachten ihn als unseren schlimmsten Feind.« Nach zwei Wochen indessen, in denen ich die Gastfreundschaft der Buschs genossen und die jüngere Generation nicht ganz so unversöhnlich gefunden hatte, meinte der alte Herr, bevor ich abreiste: »Wir würden Ihrem Chef verzeihen und vielleicht sogar ein paar Wagen von ihm kaufen, wenn Sie ihn zu einer öffentlichen Erklärung veranlassen könnten, in der er seine einseitige Haltung in dieser Frage revidiert.«

Abermals wiederholte ich, daß Henry Ford nur für seine Person Prohibitionist sei und nicht das geringste dagegen habe, wenn andere Leute ein Glas Bier zu schätzen wüßten. »Eine solche Erklärung freilich, die ihn vor der ganzen Welt lächerlich machen würde, können Sie von ihm nicht verlangen«, fügte ich hinzu. Ich war recht niedergeschlagen, denn ich war überzeugt, daß ich hier die Schlacht für meinen Chef verloren hatte.

Als ich wenige Wochen darauf in Los Angeles war, traf ein Telegramm des Fordfilialleiters von St. Louis für mich ein. Es lautete: »Heute zum lunch bei adolphus busch gewesen stop reichlich mit alkohol bewirtet worden stop mehrere aufträge bekommen stop dreifaches hurra stop petersen.«

Während ich so unterwegs war, erreichte mich ein Telegramm von Poultney Bigelow, daß eine Einladung des Präsidenten Roosevelt nach Hyde Park vorliege. Ich nahm den Nachtzug nach Albany und fand dort frühmorgens vor dem Bahnhof einen netten jungen Mann, der mich fragte, ob ich »Dr. Ferdinand« sei; er habe Anweisung, mir während dieser Tage zur Verfügung zu stehen. Er fuhr eine schöne neue Limousine. Als ich eingestiegen war, sagte er: »Sind Sie eines von den großen Tieren, die manchmal von Europa herüberkommen, und die wir dann auch ein bißchen im Lande herumfahren müssen?«

Ich klärte ihn auf, worauf er meinte, da müsse »Henry« wohl einen neuen Job erfunden haben. Als ich ihm erzählte, daß ich am Nachmittag nach Hyde Park müsse, bemerkte er nur: »Die Burschen in Detroit wollen wohl beim Präsidenten Eindruck schinden.«

Bigelow, bei dem wir etwa um acht Uhr eintrafen, besah sich die Limousine. »Was soll das heißen, daß Sie wie ein Fürst kommen?« sagte er mit gespieltem Groll. Ich erwiderte, daß ich von mir aus zu Fuß gekommen wäre, doch Henry Fords Befehl sei eben Befehl. »Ich will noch nicht von ihm hinausgefeuert werden, mein Gehalt ist gerade auf zweihundertfünfzig Dollar erhöht worden.« Er lachte: »Ihre Chancen, Millionär zu werden, will ich Ihnen nicht verderben.«

So fuhren wir denn nachmittags durch das Parktor von Hyde Park, und der einzige Unterschied gegen früher war, daß wir dieses Mal von einem der Sekretäre des Präsidenten empfangen wurden. Als wir den als Wohnzimmer dienenden Wintergarten betraten, rief Roosevelt mir entgegen: »Gratuliere, Louis, zur Beförderung vom Mechaniker zum Verkäufer!« Ich stand nicht an, im Scherz zu erwidern: »Darf ich ehrerbietigst zur Beförderung vom Gouverneur des Staates New York zum Präsidenten der Vereinigten Staaten gratulieren!« In diesem Augenblick hörte ich hinter mir Bigelows tiefe, spaßhaft-ernstlich mahnende Stimme: »Haben Sie mir nicht mal weit hergeholte Vergleiche vorgeworfen?«

Ich bemerkte, daß außer dem Präsidenten und Mrs. Roosevelt zwei Herren anwesend waren; sie wurden mir als Montagu Norman, Präsident der Bank von England, und Henry Morgenthau, Finanzminister der Vereinigten Staaten, vorgestellt. Wir setzten uns alle, und ich mußte von meinem Leben seit der letzten Begegnung erzählen. Der Präsident hörte geduldig zu. Ich glaubte zu sehen, daß Norman sich von seinem Gastgeber vernachlässigt fühlte und ein ziemlich finsteres Gesicht machte. Als ich am nächsten Tage in Chicago die Zeitung aufschlug, sah ich eine Überschrift: »President stalls talks with Montagu Norman by inviting German Prince« — »Der Präsident weicht dem Gespräch mit Norman aus, indem er einen deutschen Prinzen einlädt.« Das war die Erklärung für Normans schlechte Laune: ich hatte unwissentlich eine Rolle in dem großen politischen Spiel des Herrn von Hyde Park gespielt.

Beim Abschied hatte ich Roosevelt versprechen müssen, ihn nach Beendigung meiner Reise durch die Staaten wieder zu besuchen. Das geschah auch, doch bei dieser Gelegenheit sollte ich meine Rolle selber wählen, und zwar, wenn auch versehentlich, eine Hauptrolle, indem ich einigen Tumult vor der Tür des Büros des Präsidenten hervorrief. Ich hatte in New York meine Heimfahrt auf der »Europa« gebucht und wohnte dort bei Freunden. Da ich nicht recht den Mut hatte, selbst den Präsidenten anzurufen, bat ich meine Gastgeber um die Gefälligkeit.

Roosevelt bat mich zum folgenden Nachmittag nach Washington. Ich fuhr gleich hin, übernachtete im Willard Hotel und besuchte, da ich Zeit hatte, unter anderen Bekannten auch den deutschen Botschafter. Das war zu jener Zeit Dr. Hans Luther, der ehemalige Reichskanzler und Reichsbankpräsident. Den diplomatischen Posten in Washington hatte er erst im März jenes Jahres übernommen, und seine Stellung als Vertreter des Dritten Reiches war in jeder Beziehung heikel und schwierig. Er trat dann auch kurz nach Hindenburgs Tod zurück.

So verging der Tag rascher, als ich gedacht hatte, und es waren nur noch wenige Minuten bis fünf, als ich in einer Taxe vor dem Haupteingang zum Weißen Haus anlangte.

Eine Menge Leute ging durch das Tor, was mich einigermaßen befremdete. Einem befrackten Diener, der sich nach meinen Wünschen erkundigte, verkündete ich voll Stolz, daß der Präsident mich erwarte. »Dann sind Sie hier falsch«, sagte der Mann. »Diese Leute gehen zum Empfang bei Frau Roosevelt. Sie müssen zum Nebengebäude, der Präsident hat dort sein Büro. Ich bin sicher, daß Sie ihn noch antreffen.«

Er gab mir eine höfliche Auskunft über den Weg dorthin. Ich fürchtete jetzt schon, unpünktlich zu sein und wurde etwas nervös. Jedenfalls verirrte ich mich und mußte irgendwo über einen Zaun springen. In Schweiß gebadet, erreichte ich endlich etwas, was so aussah wie das von dem Diener Beschriebene. Ich öffnete die nächste Tür und stieß mit einem würdevoll blickenden farbigen Pförtner zusammen.

»Bitte, zeigen Sie mir den Weg zum Präsidenten. Ich bin verabredet und schon mehrere Minuten zu spät.«

Falls er mich daraufhin etwa für einen Irren hielt, gelang es ihm jedenfalls vollständig, seine Gedanken zu verbergen. »Nehmen Sie hier einen Augenblick Platz«, sagte er ermutigend freundlich. Der Raum, den er meinte, enthielt einen Schreibtisch, ein einladend bequemes rotes Ledersofa und ein paar Stühle. »Dieser Herr will zum Präsidenten«, erklärte er sodann einem Herrn hinter dem Schreibtisch. Ich stellte mich vor, und der Herr sagte: »Ich bin Steve Early, Sekretär des Präsidenten. Ich glaube, wir haben uns schon in Hyde Park gesehen. Irgend etwas stimmt hier nicht. Warten Sie bitte, ich frage den Präsidenten.«

Nach einer Minute, die mir wie eine Ewigkeit vorkam, erschien Mr. Early wieder und sagte lächelnd: »Bitte, kommen Sie.« Ich folgte ihm in ein Zimmer, das nur von einer auf einem großen Tisch aus Mahagoni stehenden Lampe erhellt war. Hinter dem Tisch saß der Präsident Franklin Delano Roosevelt.

»Sie wollen wohl feststellen, ob ich meine Arbeitszeit einhalte«, lachte er. »Meine Frau hat Sie drüben bei ihrer Gesellschaft erwartet, und ich wollte später dazukommen. Aber setzen Sie sich jetzt hierher, ich habe dann eine gute Entschuldigung, wenn ich nicht hinübergehe.«

Mr. Early hatte uns verlassen, wir waren allein. Der Präsident sagte: »Ich habe in der Zeitung gelesen, Sie seien ein Rooseveltianer geworden. Wollen Sie etwa wirklich eine neue Partei gründen?«

Ich wußte, was er meinte. Ein Journalist hatte mich in Texas, in San Antonio, gefragt, ob ich Republikaner oder Demokrat sei, und ich hatte erwidert, daß ich als Ausländer weder das eine noch das andere sein könne, jedenfalls aber sei ich ein Rooseveltianer.

Als das Gespräch auf Ford kam, äußerte der Präsident: »Henry Ford hält mich für den großen bösen Wolf. Es wäre nett, wenn er oder sein Sohn Edsel mich einmal besuchte, wir könnten eine Menge Mißverständnisse ausräumen. Ich weiß, bei anderen Leuten brauchte er nur den Telephonhörer aufzunehmen, und sie taten alles, was er wollte. Das kann ich nun für niemand tun, denn ich muß die ganze Nation im Auge behalten. Aber sonst habe ich nicht die mindesten Einwände gegen Ford.«

Ich bedankte mich für sein Vertrauen, und er wünschte mir eine gute Heimreise. Seine Gesetzgebung stand erst am Anfang, denn er hatte sein Amt praktisch erst im März angetreten — wie Hitler. Das war ein sonderbarer, beunruhigender Gedanke: diese beiden Hauptakteure des Weltgeschehens, gleich geladen mit Energien, der eine zum Menschlichen hin, der andere zum Teuflischen.

In Milwaukee besuchte ich den Gouverneur Kohler und seinen Vorgänger und politischen Gegner, Phil La Follette, samt seinem Bruder, dem Senator Bob La Follette. Den beiden Brüdern war ich schon im Hause von Mrs. Fairbanks begegnet, einer einflußreichen Dame der Chicagoer Gesellschaft, die ein schönes Landhaus an einem See ihr eigen nannte und mit meinem russischen Vetter Rostislaw und seiner Frau Natascha gut befreundet war. Phil La Follette wollte mich auf einer Wahlkampagne in den nördlichen Teil von Wisconsin mitnehmen. Ich erzählte Maxwell Murphy davon, der es für selbstverständlich hielt, daß er, der Pressemann, dem Exgouverneur von Wisconsin als Begleiter willkommen sei. Als wir aber Phil La Follette gemeinsam zu der Fahrt abholen wollten, wurde er beim Anblick von Maxwell Murphy wütend; er schob mich in seinen Wagen und schlug dem Journalisten die Tür vor der Nase zu.

Den Ort der Wahlversammlung hatte er geheimgehalten. Wir fuhren vier Stunden bis nach Eau Claire. La Follette sprach in einer Scheune vor den Farmern, die schwer unter der Wirtschaftsdepression litten — die vernachlässigten Häuser und die verrosteten Erntemaschinen auf den Höfen zeugten davon — und alle ihre Hoffnungen auf Roosevelt setzten. La Follette war ein guter Redner und wußte Zwischenrufern und Kritikern geschickt und schlagfertig zu antworten. Als wir abends zurückkehrten, erwartete uns Maxwell Murphy vor La Follettes Haus.

»Was zum Teufel spionieren Sie hier herum?« fuhr La Follette ihn an.

»Mr. Exgovernor«, versetzte Murphy ruhig, »jemand muß ja wohl Ihren Freund, den Prinzen, nach Hause bringen, nicht wahr? Übrigens eine ganz schöne Rede, die Sie da heute in Eau Claire gehalten haben.«

Phil La Follette blickte ihn entgeistert an: »Woher wissen Sie denn das?«

»Ich habe in der letzten Reihe gesessen.«

Am nächsten Morgen war im »Milwaukee Journal« eine lange Story unter der Überschrift »Exgovernor kidnaps German Prince and tries to evade Press« zu lesen — »Exgouverneur entführt deutschen Prinzen und versucht Flucht vor der Presse«. Ich wurde den Verdacht nicht los, daß die

Sache ein abgekartetes Spiel zwischen den beiden war; aber keinen fand ich bereit, es einzugestehen.

Unterdessen hatte ich selbst Gelegenheit zu reden gehabt. Ein gewisser Professor Todd hatte mich zu einem Vortrag über Erziehungsfragen in Deutschland ans Mikrophon geholt, und daraufhin wurde ich gebeten, vor den Schülern der Roosevelt High School in Saint Louis, Missouri, einen Vortrag zu halten. Mein jugendliches Auditorium klatschte Beifall, indes die Lehrer düstere Gesichter machten; wahrscheinlich war mein Fabrikjargon daran schuld.

Auf der Fahrt nach Kansas City machte ich in Jefferson, der Hauptstadt von Missouri, Station. Der dortige Fordvertreter wollte mich mit dem Gouverneur bekannt machen, mit dem er befreundet war. Wir kamen spätabends am Hause des Gouverneurs an. Er ließ uns durch einen Bedienten sagen, er werde uns gern empfangen, nur werde die Unterhaltung etwas einseitig sein, denn ihm seien gerade sämtliche Zähne gezogen worden. So wurde aus dieser Bekanntschaft nichts.

Statt dessen erneuerte ich Freundschaften mit Zeitungsleuten in Kansas City, wo Dr. Henry J. Haskell, Besitzer und Chefredakteur des berühmten »Kansas City Star«, gerade von einer Weltreise zurückgekehrt war, und in Emporia, wo mir Mr. William White die alte Rotationsmaschine zeigte, auf der noch immer die »Emporia Gazette« zur Zufriedenheit von Herausgeber und Lesern gedruckt wurde. In dem Indianerdorf in Taos berichtigte ich die idealistisch-romantischen Vorstellungen, die ich von Amerikas Ureinwohnern aus Coopers »Lederstrumpf« und aus Karl May empfangen hatte. — In Raton übernachtete ich im »Swastika-Hotel«. Ich fragte den Besitzer, ob er ein Anhänger Hitlers sei. Er war entrüstet. Swastika sei ein altes Symbol, sagte er, und einige tausend Jahre vor Hitlers Hakenkreuz dagewesen. Am Abend hörte ich im Radio eine Kaminplauderei von Roosevelt; kurz darauf wurde die Nachricht durchgegeben, daß Deutschland aus dem Völkerbund ausgetreten sei. Genau fünf Jahre später übernachtete ich auf meiner Hochzeitsreise in demselben Hotel. Es hieß nach wie vor »Swastika-Hotel«; überall in den Zimmern und auf den Möbeln sah man das Hakenkreuz.

Santa Fé im Staate Neu-Mexiko ist mir von dieser Reise in besonderer Erinnerung, weil der Charakter der Landschaft und die ganze Atmosphäre an Spanien denken lassen. Senator Bronson Cutting lud mich einige Male in sein wunderschönes Haus vor der Stadt. Äußerst kultiviert, vertrat er den besten Typ amerikanischer Aristokratie. Er wurde von der ärmeren, meist mexikanischen Bevölkerung verehrt und tat bis zu seinem frühen, allgemein betrauerten Tode bei einem Flugzeugunglück alles, um ihr schweres Los zu bessern.

Auf einem Maultier machte ich einen dreitägigen Ritt zur Sohle des Grand Cañon, dessen bedrückende Gewalt wie ein plötzlicher Blick in die Ewigkeit ist und mit der unmenschlichen Schroffheit, der fahlen Ausgewaschenheit der Felsen und der beinahe erdfernen Tiefe der Schlucht als ein Torso des göttlichen Schöpfers von grausamer Größe und Großartigkeit anmutet, je nach dem Stande der Sonne oder der Ballung der Wolken vom düsteren Grau der Asche bis zum Brandrot eines Vulkans wechselnd.

Von da fuhr ich nach San Francisco, wo ich das Ende der Prohibition erlebte. Es war der 7. November 1933, als in einem der Staaten — ich glaube es war Utah — für die Abschaffung des Gesetzes gestimmt wurde und die notwendige Mehrheit für die Aufhebung des achtzehnten Amendments der Verfassung zustande kam. In sicherer Erwartung dieses Ergebnisses war die Stadt schon mehrere Tage außer Rand und Band. Am Abend des entscheidenden Tages machte ich mit Bob Low, einem Reporter des »San Francisco Examiner«, eine Rundfahrt, die auf einem der Hügel im Mark Hopkins Hotel endete, von dessen Turmstockwerk — »Top of the Mark« — man einen unvergleichlichen, ich möchte sagen atemberaubenden Rundblick auf die Bucht hat. Kein Wunder, daß an diesem Tage hier der Sekt wirklich in Strömen floß. Gegen fünf Uhr früh begleitete ich Bob Low auf seine Redaktion und war durch nichts davon abzuhalten, ein langes Glückwunschtelegramm an Präsident Roosevelt zur Befreiung des Landes von der Tyrannei der Prohibition zu verfassen. Als ich später am Tage Bob Low wiedertraf, gestand er mir, daß er das Telegramm ein wenig umredigiert habe.

Dem Fordvertreter in San Francisco danke ich das persönliche Erleben eines Querschnitts durch die gesamte Bevölkerung. Während ich überall so unauffällig wie möglich aufzutreten suchte, empfingen mich die Leute meist wie einen alten Bekannten. Die Erklärung, die man mir schließlich dafür gab, war allerdings einfach: sie war der neuesten Nummer des »Ford Dealer« zu entnehmen. Darin las man meine ganze Lebensgeschichte, natürlich zweckvoll aufgemacht und illustriert.

So fuhr ich denn, im voraus durch diese Biographie vorgestellt, mit dem Leiter der Fordfiliale nach Sacramento, wo der Gouverneur Rolph mich herzlich empfing. Man hatte mir erzählt, daß er zwanzig Jahre lang einer der erfolgreichsten Bürgermeister von San Francisco gewesen sei. Seine Besonderheit war es, Verbrecher mit Bewährungsfrist auf freien Fuß zu setzen, ohne Rücksicht darauf, ob sie vielleicht von einer wütenden Volksmenge gelyncht würden. Gerade um die Zeit meines Aufenthaltes hatte sich ein schwerer Fall von Kindesentführung ereignet; die Leiche des Opfers war kurz darauf an Land gespült worden. Es gab einen Aufruhr in der Bevölkerung, die Kidnapper wurden aus dem Gefängnis »befreit« und am nächsten Baum aufgehängt. Der alte Gouverneur gab seiner Genugtuung über diese Volksjustiz Ausdruck. Ich konnte dazu nichts sagen, weil mir vielleicht schon zu klar geworden war, was dawider und dafür zu sagen ist. Auch weiterhin haben sich Zuchthausrevolten ereignet, die dem unseligen Kreislauf zwischen einem spezialisierten Verbrechertum und den Experimenten eines Strafvollzugs entstammen, der zwischen humanitärem Bestreben und den Eigenarten eines der gefährlichsten Schwerverbrechertypen eine praktisch mögliche Mitte sucht. Erfolge wechseln hier unvermeidlich mit Mißerfolgen, und es ist nicht immer leicht zu erkennen, ob die Erfolge unbedingt für und die Mißerfolge unbedingt gegen die Versuche sprechen.

San Simeon ist der Ort des märchenhaften Schlosses, in dem der bald gepriesene, bald verlästerte William Randolph Hearst wohnte. Das einzigartige Besitztum des inzwischen verstorbenen Pressekönigs ist schon so oft beschrieben worden, daß ich auf Einzelheiten verzichten kann. Zehn Tage genoß ich Hearsts überwältigende Gastfreundschaft wie ein Traumland. Er achtete die europäische Kultur so hoch, daß sein Schloß wie ein Museum wirkte, so viele Dinge hatte er darin zusammengetragen. Während der Mahlzeiten wurden alle alkoholischen Getränke gereicht; die Diener hatten Anweisung, keine leeren Gläser zu dulden. Außerhalb der Mahlzeiten jedoch durfte nichts dergleichen angeboten werden. Für viele waren William Randolph Hearsts Getränke indessen zu verführerisch, und stets konnte man seltsame Bilder sehen, wenn irgendwelche Gäste an einem heimlichen Ort weitertranken. Ich fragte einmal den Butler, ob der Hausherr von dieser Verletzung der Hausregeln Kenntnis habe. »Höchstwahrscheinlich«, erwiderte er. »Aber Mr. Hearst drückt entweder aus Weitherzigkeit oder aus Verachtung für diese Schwächlinge beide Augen zu.«

Das Seltsamste war, daß einige seiner Gäste seine Gastfreundschaft mit wesentlich anderen Gefühlen über sich ergehen ließen: die Chefredakteure seiner verschiedenen Zeitungen nämlich, die von überallher aus den Staaten kamen, um sich neue Instruktionen zu holen. Viele von ihnen waren am Rande der Verzweiflung, weil sie wochenlang auf eine Gelegenheit warten mußten, ihren Chef zu sprechen. Hearst hatte keine regelmäßigen Bürostunden; er ließ sich nach dem Lunch sprechen, wenn die meisten Gäste Mittagsschlaf hielten.

Es war nahezu tragikomisch, wenn man diese Zeitungsleute, deren jeder schon ein kleiner König für sich war, beobachtete, wie sie in der großen Halle vor dem kirchenähnlichen Speisesaal im Hinterhalt lagen, ängstlich besorgt, ihre Chance nicht zu verpassen, weil das meist eine weitere Woche Aufenthalt und Zeitverlust bedeutete. Dick Berlin, der gerade auch da war und ebenso wie alle anderen in diesem luxuriösen Gefängnis herumlungerte, riet mir, nach der gleichen Methode vorzugehen, wenn ich ein Interview mit Hearst haben wolle. Schließlich glückte es mir. Hearst spendete mir eine volle Stunde im Gespräch. Ich erfuhr zu meiner Freude, daß er meinem Vaterlande, meiner Familie und vor allem dem Vorkriegsdeutschland freundlich gesinnt war. Auf die Franzosen hingegen war er nicht gut zu sprechen. Seine Reporter hatten einmal ein Staatsgeheimnis ohne Erlaubnis der französischen Regierung veröffentlicht, und danach hatte man sie in Frankreich kaltgestellt. Ich begriff nach dieser Unterhaltung, daß dem Antichambrieren der Zeitungsleute in seinem Hause eine Idee zugrunde lag: er wollte ihnen unverhoffte Ferien verschaffen. Nach dem, was ich sah, schienen sie nicht sehr erholsam für sie zu sein.

Wovon sollten die Humoristen leben, wenn es keine Menschen mit Marotten gäbe, dachte ich, während ich nach Hollywood zu Will Rogers flog. Ich erlag ja selbst gelegentlich einem Vorschlag, der nicht weit davon entfernt war. So hatte ich mich diesmal von einem jungen, mit einer reichen Amerikanerin verheirateten Deutschen zu einem Fluge in seinem Privatflugzeug überreden lassen; wir hatten Gegenwind und kamen viel zu spät an. Will Rogers nahm mir die Unpünktlichkeit nicht übel und lud mich über das Wochenende zu sich ein.

Freilich ging das nicht so nüchtern vor sich, wie es sich hier anhört. Ich hatte Rogers vor seinem Hause zu Pferde und mit einem Lasso vorgefunden. Er zielte damit auf einen anderen Reiter in einiger Entfernung, der sich als Elliot Roosevelt entpuppte. Rogers verfehlte sein Ziel nicht ein einziges Mal. »So habe ich früher mein Geld verdient«, bemerkte er trocken. Sein Haus war mit großer Einfachheit, aber mit ebensoviel Geschmack eingerichtet. Allenthalben merkte man, daß hier ein Pferdeliebhaber wohnte. »Seien Sie nicht böse, wenn ich heute nachmittag noch ein Polo-Match mitspielen muß«, sagte er, »wenn Sie Lust haben, können Sie zusehen.« Ich erzählte ihm, mein Vater sei ein begeisterter Polospieler, ich selbst von Kind auf mit Pferden groß geworden. Das veranlaßte ihn dazu, mir ein Pferd zu leihen und mich zu bitten, am Morgen mit seiner Frau auszureiten. Nach dem Polospiel zog er mich in seinen kleinen Arbeitsraum neben seinem Schlafzimmer. Während er sich umkleidete, sprach er von seiner Arbeit.

»Wann schreiben Sie denn nun eigentlich bei all Ihren vielen Nebenbeschäftigungen?« fragte ich ihn.

»Oh, ganz einfach: beim Frühstück lese ich die Morgenzeitung. Da finde ich immer das Thema, das gerade an diesem Tage die Leute am meisten interessiert. Ich suche die humoristischen Seiten des Lebens auf, ohne irgend jemand in seinen Gefühlen zu verletzen. Von zynischen Witzen«, fügte er hinzu, »halte ich nichts.«

Will Rogers beherrschte die Kunst, sich ständig auch über sich selbst lustig zu machen. Zudem hatte er ein tiefes Verantwortungsgefühl gegenüber der Menschheit. Über amerikanische Lebensfragen wie über Weltprobleme wußte er genau Bescheid. Alsbald konnte ich im »Examiner« eine Plauderei über einen »outlaw« entdecken, und dieser »Ausgestoßene« war ich, der Hohenzoller. »Er schneite übers Wochenende bei mir herein«, schrieb Will Rogers. »Wir hatten ein paar nette Stunden miteinander. Er hat mir nicht die Kehle durchgeschnitten und verlangte auch zu meiner großen Überraschung kein Baby zum Frühstück zu verzehren.« Auf solche Weise pflegte er seinen Landsleuten einen mild ironischen Ausweg aus den Sackgassen der Scham über historische Irrtümer, Legenden und Greuelgeschichten zu weisen. Ich glaube, sein früher Tod war ein Verlust nicht nur für sein eigenes Land.

Der Senator Bronson Cutting in Santa Fé hatte mich zu einem Abstecher nach Mexiko angeregt. Ich konnte nicht lange bleiben, weil die Zeit zu drängen begann. Um nichts versäumen zu müssen, entschloß ich mich, von jetzt an das Flugzeug zu benutzen. So befand ich mich eines schönen Dezembertages in Mexiko City, wo ich das Ehepaar wiedertraf, das in Buenos Aires mein bester Freund gewesen war. Es war ebenso wie der Fordfilialleiter La Joux im ganzen diplomatischen Korps so zu Hause, daß ich mehr ausländische Diplomaten als eingeborene Mexikaner kennenlernte, darunter auch den amerikanischen Botschafter Daniels und seine Frau. Die beiden luden mich zu einem Essen ein, bei dem nur Limonade gereicht wurde. So uneinig Mr. Daniels und ich in der Prohibitionsfrage waren, so einig waren wir in der Bewunderung Roosevelts.

Die Diplomaten in Mexiko City schienen eine einzige Familie zu bilden. Ich erlebte auch die Ankunft des neuen deutschen Gesandten mit, des

Herrn Rüdt von Collenberg, der vorher Generalkonsul in Schanghai gewesen war. Bei dem Empfang ihm zu Ehren im Deutschen Club zeigte man mir ein etwas zweideutig aussehendes Individuum. »Der Vertreter der NSDAP«, erklärte man mir, »ein obskurer kaufmännischer Angestellter, aber leider der wahre offizielle Repräsentant unseres Landes.« Die Deutschen in Mexiko waren darüber verzweifelt, konnten aber nichts tun. Es war überall das gleiche: die deutschen Diplomaten, hochgebildete und in ihrem Berufe erfahrene Männer, sahen sich machtlos diesen dunklen Existenzen ausgeliefert, die sich »Landesgruppenleiter« nannten und jeden Deutschen, der in dem betreffenden Lande lebte, bespitzelten und terrorisierten.

Etwa neunzig Kilometer südlich der Hauptstadt lag Cuerna Vaca, wo sich das Spielkasino von Señor Fuentes befand, der nach Jahren auf geheimnisvolle Weise ermordet wurde. Damals war er unser Gastgeber, und wir wohnten einem Bankett zu Ehren des chilenischen Pianisten Claudio Arrau bei, den ich von Berlin her kannte. Zwischen Mexiko City und Cuerna Vaca war eine Verbindung durch eine moderne, der Räuberbanden wegen von Polizeipatrouillen auf amerikanischen Motorrädern bewachte Autostraße. Bissige Spötter sagten, es sei mitunter schwierig, die Räuber von den Hütern des Gesetzes zu unterscheiden. Aber das war einigermaßen übertrieben, wie diejenigen gern bezeugten, die den Räubern in die Hände gefallen waren und so über den Unterschied ziemlich Bescheid wußten.

Das einzige, was das Land zu einen schien, war der Patriotismus. Unter den mexikanischen Intellektuellen konnte ich nur wenig Sympathie für das große Nachbarland im Norden feststellen. Die eher feindseligen Gefühle wurden durch eine Art von Nationalbolschewismus genährt, der seinen Ursprung bei den indianischen Bevölkerungselementen Mexikos hatte und mehr und mehr in einen allgemeinen Fremdenhaß ausartete.

Die alte Aristokratie der Grundbesitzer, die das spanische Element repräsentierte und unter Porfirio Diaz das Land beherrscht hatte, lebte in großer Armut. Ich besuchte einige solcher Familien auf dem Lande. Alles dort war in einem verwahrlosten Zustand; einen großen Teil des Grundbesitzes hatte man ihnen weggenommen, nur den Stolz und die spanische Grandezza hatte man ihnen nicht rauben können. In einem dieser Häuser entdeckte ich Porträts von meinem Urgroßvater, dem Kaiser Friedrich, und von meinem Großvater. »Wir alten Mexikaner sind immer Bewunderer Ihres Landes und Ihrer Familie gewesen«, sagten die Besitzer.

Obwohl das Land äußerlich ruhig war, brodelte es unter der Oberfläche. Man zeigte mir palastähnliche Häuser: »Sie gehören mexikanischen Generalen. Ihre Truppen leben bei ihnen auf ihrem Grund und Boden; es sind richtige Festungen. Jeder dieser Generale besitzt eine kleine Armee für sich.«

Immer, wenn ich an dem schönen Unabhängigkeitsdenkmal vorbeikam, bemerkte ich, daß ein neuer Kranz niedergelegt war und ein oder zwei Personen, meist Zivilisten, dabei Wache standen. Man erläuterte mir dieses ungeschriebene Gesetz, wonach jeden Tag ein mexikanischer Bürger oder ein Ausländer sich zur Wache am Nationaldenkmal meldete, das das Gedächtnis an die Verteidiger des Chapultepec-Palastes bewahrt, junge Kadetten, die den Tod der Gefangenschaft vorzogen. Gern folgte ich der Anregung, hier einmal auf Wache zu ziehen. Ich begab mich mit einem großen, mit der alten kaiserlichen Flagge umwundenen Kranz um neun Uhr früh zu dem Denkmal, wo mich ein Vertreter der Stadt empfing und mit mir die Wache bezog. Aufgrund dieser Erkenntnis habe ich später zu verstehen vermocht, welch großen Eindruck es auf die Mexikaner machte, als Präsident Truman sich persönlich zu dieser ritterlichen Geste herbeiließ.

Dem Botschafter Daniels hatte ich erzählt, daß ich ein begeisterter Amateurflieger sei und schon viel von der Fliegerschule der amerikanischen Luftwaffe in Randolph Field gehört hätte. Diese Andeutung hatte dem liebenswürdigen Manne genügt, entsprechende Schritte zu unternehmen, die sogar den Präsidenten Roosevelt einbezogen. Das Ergebnis war eine Einladung von General Danforth nach Randolph Field.

Als ich in Brownsville aus dem mexikanischen Verkehrsflugzeug stieg, wurde ich von zwei amerikanischen Offizieren empfangen. Der ältere, sehr freundlich und jovial, trat auf mich zu: »Sind Sie zufällig der deutsche Prinz, den ich auf Weisung des Präsidenten hier empfangen soll?« Verlegen bejahte ich. »Ich bin General Danforth«, sagte er, »und dies ist mein Adjutant, Captain Douglas. Auf einen so jugendlichen Gast hatte ich mich allerdings nicht gefaßt gemacht.« — Ich war damals sechsundzwanzig Jahre alt. — Der General fuhr fort: »Na, in einer Stunde oder so wird Captain Douglas Sie im Hotel abholen, dann fahren wir nach Matamoros.«

Durch den plötzlichen Klimawechsel, den Höhenunterschied oder aus irgendeinem anderen Grunde fühlte ich mich nicht besonders wohl, und ich sagte es Captain Douglas, nachdem ich vergebens versucht hatte, die

Stunde im Hotel zu ruhen. Doch der Captain erwiderte: »Das macht nichts. Viele Leute, die von Mexiko City im Flugzeug kommen, haben diese Art von Fieber. Wir werden Sie schon kurieren. Texas ist immer noch ›trocken‹, Mexiko nicht. Darum also fort von hier.«

Der General saß unten in der Halle; er war jetzt in Zivil. Wir kletterten in ein Taxi, passierten die mexikanische Grenze und hielten an einer Fonda, einer kleinen Schenke. An einem einfachen Holztisch wurde uns ein Abendessen serviert, das offenbar schon vorbereitet war. Dazu tranken wir mexikanischen Rotwein. Am nächsten Morgen wachte ich mit einem Kater auf, aber das Fieber war weg.

Nach San Antonio mußte ich mit dem General in seinem offenen Zweisitzer fliegen, den er selbst steuerte. Es war das einzige Mal in meinem Leben, daß ich mit einem General als Piloten flog. An den folgenden Tagen führte mich General Danforth durch alle Einrichtungen der Fliegerschule; danach flog er mich wieder persönlich nach Kelly Field zur Bomberschule.

»Wenn Sie abends nach dem Essen etwas trinken wollen«, riet er, »gehen Sie nur hinüber zu Captain Douglas. Ich als Kommandeur muß mich an die ›trockenen‹ Vorschriften für die Armee halten, aber um das Privatleben meiner jüngeren Offiziere kümmere ich mich nicht.« Er schien mir ein großzügiger Vorgesetzter zu sein; als ich darüber eine Bemerkung machte, entgegnete er: »Wissen Sie, ich habe als Journalist begonnen und bin erst ziemlich spät in den Soldatenstand übergetreten. Daher habe ich wohl noch meine freieren Ansichten.«

Sowohl von ihm als auch von seiner Frau wurde ich gastfreundlich aufgenommen. »Das ist unser einziges Kind«, sagte Mrs. Danforth und zeigte auf einen deutschen Schäferhund. »Ja, und es heißt Pilot«, gab ich zurück. Der General sah mich erstaunt an: »Woher wissen Sie denn das?« Ich lächelte, aber dann gestand ich doch, daß ich in den Hearst-Zeitungen Arthur Brisbanes Artikel über Randolph Field gelesen hatte, in denen keine Einzelheit ausgelassen war.

In der Umgebung von San Antonio gab es zahlreiche Dörfer, die meist von Deutschen besiedelt waren. General Danforth rühmte meinen Freund Gerd von Massow, der als Major über ein Jahr zu Studienzwecken in Randolph Field zugebracht hatte. Die Danforths wollten sich später in Florida niederlassen. Das taten sie auch, und nach meiner Verheiratung schickten sie von dort das versprochene Bild von ihrem Hause — ein halbes Dutzend junger »Piloten« dabei. »Der Original-Pilot ist leider verstorben«, schrieb der General. »Dies sind lauter Abkömmlinge von ihm.«

Randolph Field sollte noch einmal eine Bedeutung in meinem Leben gewinnen. Eines Sommernachmittags 1945 begegnete ich im Büro des amerikanischen Militärgouverneurs von Bad Kissingen einem grauhaarigen General, der sofort meine Hand ergriff: »Hallo, Prinz Louis, erinnern Sie sich nicht mehr? Als Sie in Randolph Field waren, gaben Sie meinem Sohn ein Autogramm.« Es war einer der Offiziere, mit denen ich dort Freundschaft geschlossen hatte. Solange er in Kissingen war, durfte ich mit meiner Familie in unserer Wohnung bleiben.

Wenige Tage vor Weihnachten reiste ich nach New Orleans. Die Luftverkehrslinie wurde von zwei Brüdern betrieben, beide Kriegsveteranen, die die Maschinen selbst flogen. In Dallas mußte ich umsteigen. Als ich gerade in die neue, bedeutend größere und schnellere Maschine einsteigen wollte, hielt mich ein Herr fest: »Hätten Sie etwas dagegen, Ihren Flugplatz meinem kleinen Kind abzutreten? Es ist sehr krank und muß sofort nach Philadelphia zu einem Spezialisten. Es ist eine Frage von Leben und Tod.« Selbstverständlich erfüllte ich seine Bitte. Mit einer Stunde Verspätung kam ich in New Orleans an, als einziger Passagier einer Maschine, deren Pilot mir wunderbare Einblicke in die Niederungen des Mississippi verschaffte. Auf dem Flugplatz in New Orleans erwartete mich neben Mr. Cooper, dem örtlichen Ford-Direktor, eine ganze Schar von Reportern und Pressephotographen. Alle wußten von der Geschichte mit dem kranken Kinde und hatten nichts Eiligeres zu tun, als daraus eine Schlagzeilen-Story für ihre Zeitungen zu machen. Auf ihrem Wege in die deutsche Presse nahm sie die abenteuerlichsten Formen an: ich sollte der Pilot gewesen sein, der das kranke Baby durch Schneestürme nach Philadelphia geflogen hatte. Ich erhielt sogar ein Telegramm von meinen Eltern, die mich beglückwünschten. Noch ein ganzes Jahr lang fragte mich jeder in Deutschland nach diesem abenteuerlichen Flug. Ich konnte mich dann immer nur dafür entschuldigen, daß die Legende nicht der Wirklichkeit entsprach.

Mr. Cooper hatte es für richtig gehalten, mich im »Roosevelt-Hotel« einzuquartieren, wo sonst immer der Gouverneur Huey Pierce Long wohnte. Vergebens bat ich Mr. Cooper, mir eine Audienz bei diesem Gouverneur zu vermitteln, der allgemein der »Hitler von Louisiana« genannt wurde. Mr. Cooper meinte: »Das kann ich nicht riskieren. Womöglich empfängt er Sie in seinem grünen Pyjama, in dem er kürzlich den Kapitän eines deutschen Kriegsschiffes bei einem offiziellen Besuch begrüßt hat.«

In New Orleans mit seinen altfranzösischen Häusern fühlte ich mich europäischer als in jeder anderen amerikanischen Stadt. Der Silvesterabend dort war eines der ausgelassensten Feste, die ich je mitgemacht habe. Es war noch sommerlich warm. Am Neujahrsmorgen aber landete ich in New York im tiefsten Winter. Der Abschied von Ford war zugleich ein Abschied vom Leben in Freiheit und Unabhängigkeit. In Deutschland regierte Hitler, und er schien sich mehr und mehr zu entwickeln.

16. Kapitel

LUFTHANSA UND LUFTWAFFE

Soweit ich persönlich von dem Hitler-Regime berührt wurde, unterschied sich mein Leben in jenen schicksalvollen zwölf Jahren nicht wesentlich von dem so vieler anderer Deutscher. Oft bin ich von Amerikanern gefragt worden, warum ich nicht in den Vereinigten Staaten geblieben sei. Ich bekenne, daß ich unter den obwaltenden Umständen nicht allzu freiwillig nach Europa zurückgekehrt bin. Vielleicht hätte ich bei größerer Hartnäckigkeit von meinem Großvater die Erlaubnis zu einer Verlängerung meines Aufenthaltes in Amerika erreichen können, niemals jedoch die, mich für immer in Amerika niederzulassen. Manche werden sagen, daß ich durch diesen Gehorsam meiner Rolle als »Rebell« in der Familie untreu geworden sei. Damit haben sie in gewissem Grade recht.

Andererseits hätte mich schon die bloße Vorstellung gepeinigt, daß ich meinen Großvater im Stich lassen sollte. Er hatte all die Jahre hindurch zu mir gehalten, und ich durfte nicht noch den Kummer vergrößern, den ihm die unglückliche Entscheidung meines Bruders bereitet hatte. Ich bin für meinen Verzicht reich belohnt worden durch meine Heirat mit Kira und durch die sieben gesunden Kinder, die uns geschenkt wurden. Daß wir gemeinsam die dunkelsten Stunden in der Geschichte unseres Landes durchleben mußten, vermindert nicht dieses Gefühl der Dankbarkeit gegen die göttliche Macht, die das Geschick eines jeden lenkt.

Heimkehr aus der Neuen Welt in die Alte Welt bedeutete aber, das sollte ich nur zu bald merken, gar keine Heimkehr mehr. In mehr als einer Hinsicht stand ich als Fremdling im eigenen Hause. Ich hatte die Ordnung der Neuen Welt begriffen und verstand nun die Unordnung der Alten Welt nicht mehr. Was mich am meisten abstieß, war die politische Hysterie, die ganz Europa und namentlich Deutschland ergriffen hatte. Politik, so hatte ich in Amerika gelernt, ist ein faires Spiel, bei dem sich die Gegner an die gleichen Regeln halten und die gleichen Chancen haben; wenn die Entscheidung gefallen ist, einer gewonnen und einer verloren hat, setzt man sich wieder freundschaftlich zusammen und trägt einander nichts nach.

Meine Stimmung war daher nicht die beste, als ich nach Doorn fuhr, um meinem Großvater zu seinem 75. Geburtstag am 27. Januar 1934 zu gratulieren. Ich kam zeitlich gerade noch zurecht, und das hatte folgende Ursache. In Cherbourg, wo ich von Bord ging, hatte mich ein Fordwagen erwartet, um mich unmittelbar nach Doorn zu bringen. Der Fahrer verirrte sich jedoch in Holland, weil wir nicht daran gedacht hatten, daß die Fluß- und Kanalfähren nachts dort außer Betrieb sind. Indessen konnte ich aus Cherbourg meinem Großvater etwas Bewegendes berichten: der Zollinspektor war an Bord gekommen und hatte mir Grüße »à l'Empereur«, für den Kaiser, aufgetragen. Diese Haltung eines Franzosen berührte uns tief; war es daher, daß man auch in Frankreich innewurde, welche Folgen der Sturz der deutschen Monarchie hatte? Wir sprachen lange darüber. Mein Großvater wünschte, daß ich mich mit der Verwaltung der Familienbesitzungen vertraut machte; er wollte mich jedoch nicht drängen, sondern mir Zeit lassen, bis ich mich zu Hause zurechtgefunden hätte.

Dieses Zurechtfinden dauerte bei mir fünf Jahre, und als ich gerade damit fertig war, brach der zweite Weltkrieg aus. Ich hatte nicht die geringste Lust, mich jetzt schon auf eine Familienbesitzung zurückzuziehen. In meiner Rolle als künftiger Thronerbe kam ich mir ziemlich fehl am Platze vor. Überdies war auch der Familie gegenüber meine Stellung nicht erfreulich. Der einzige, der mich in meiner neuen Eigenschaft rückhaltlos unterstützte, war wiederum mein Großvater. Nicht, daß ich bei der übrigen Familie unbeliebt gewesen wäre; aber es wurde ihr schwer, sich an den Gedanken zu gewöhnen, daß ein Globetrotter einmal der Chef des Hauses Hohenzollern werden könnte.

Mein Bruder Wilhelm lebte als Gutsverwalter auf einer der Familienbesitzungen. Kurz nach seiner Heirat hatte die Familie in einer Pressenotiz bekanntgegeben, daß er alle seine Rechte auf die Erbfolge verwirkt habe; mein Bruder aber hielt immer an der Auffassung fest, daß er nur hinsichtlich des Familienvermögens auf seine Erbschaft verzichtet habe. Er betrachtete sich nach wie vor als den rechtmäßigen Anwärter auf den deutschen Thron, der freilich nicht mehr existierte. Einige Familienmitglieder hofften noch auf eine gütliche Lösung, durch die mein Bruder seine alte Position in der Familienhierarchie wiedererlangen könnte. Im allgemeinen aber wich man im Familienkreise dem heiklen Problem aus; zumal wenn ich zugegen war, wurde es nie erwähnt. Im übrigen lag ja keine zwingende Notwendigkeit vor, einen Thronkandidaten zu präsentieren, obwohl die monarchische Frage als Frage nach wie vor existent war. Hitler hatte erklärt, daß sie »nicht akut« sei, und damit hatte er die Tür für Spekulationen offengelassen. Später allerdings, als er der Allgewaltige geworden war, ließ er nicht den geringsten Zweifel darüber, daß eine Monarchie für ihn nicht mehr in Betracht kam. Ganz folgerichtig war er von der Befürchtung geplagt, daß der monarchische Gedanke trotzdem nicht ausstürbe.

Wenn ich mich schließlich trotz allem in der neuen politischen Atmosphäre Berlins einlebte, so trugen der amerikanische Botschafter, Professor Dodd, und seine Familie viel dazu bei. Die Dodds brachten mir eine schier unbegrenzte Freundschaft entgegen. Ihr schönes Haus in der Tiergartenstraße stand mir jederzeit ohne Anmeldung offen.

E. Dodd, als Historiker ein Schüler von Erich Marcks, hatte in Jena promoviert. Er hegte eine tiefe Liebe zum deutschen Volke und zu seiner Kultur, und er pries die akademische Freiheit an den deutschen Universitäten. Solange die Nationalsozialisten einigen Wert auf gute Beziehungen zu den Vereinigten Staaten legten, traf man bei den Dodds viele ihrer Prominenten. Aber je länger Dodd auf seinem Posten verblieb, desto weniger konnte er seinen Jeffersonschen Liberalismus mit den totalitären Tendenzen des nationalsozialistischen Regimes in Einklang bringen. Es war erschütternd zu sehen, wie dieser bedeutende Mann mit seiner menschlichen und wissenschaftlichen Rechtschaffenheit unter der Entwicklung litt. Mit wachsendem Widerwillen erfüllte er seine Pflichten, akkreditiert bei einem Staatschef, den er verabscheute. So manchen Abend war ich sein einziger Gast. »Wenn Sie nicht vorsichtiger in Ihren Reden sind, Prinz Louis«, sagte er warnend, »wird man Sie eines Tages aufhängen. Ich werde zwar zu Ihrem Begräbnis kommen, aber ich fürchte, das wird Ihnen nichts nützen.«

Mehrmals in der Woche ging ich mit Martha Dodd, der klugen und überdurchschnittlich begabten Tochter des Botschafters, ins Theater, in Konzerte oder in ein Tanzlokal. Sie war eine ausgezeichnete Tänzerin, aber wir erregten einiges Ärgernis mit unserem amerikanischen Tanzstil, bei dem man unter leichter Ausdeutung des musikalischen Rhythmus mehr spazierengeht — was darauf hinweist, daß für die Amerikaner das Tanzen etwas so Natürliches ist wie für andere Leute Essen und Trinken. Unsere häufigen, bis in die frühen Morgenstunden ausgedehnten Diskussionen galten freilich nicht gerade diesem Problem oder den Warnungen wohlmeinender Freunde, die mir empfahlen, meine amerikanischen Angewohnheiten abzulegen. Martha Dodd war zweimal in Rußland gewesen. Ich teilte ihre Sympathie für das russische Volk, aber nicht die für das Sowjetsystem; sie wirkte auch eher als Affektiertheit bei ihr. In ihrem

Buch »Through Embassy Eyes« hat sie unsere Freundschaft erwähnt. Ich bedauere, daß sie keine objektiveren Worte für meine Eltern gefunden hat, die ihr von Anfang an Zuneigung entgegenbrachten.

Da es private Fliegerschulen nicht mehr gab, trat ich in die Deutsche Verkehrsfliegerschule ein, um mir die einzigartige Chance für eine Verkehrsfliegererlaubnis zu sichern. Ich erlangte sie im Frühjahr 1935. Von Anfang an hatte ich zu verstehen gegeben, daß es mir nicht darum zu tun sei, aktiver Pilot in der künftigen Luftwaffe zu werden. Das wurde nur widerstrebend hingenommen; die meisten meiner Mitschüler mußten eine Verpflichtung unterzeichnen, daß sie in die deutsche Luftwaffe eintreten würden, sobald sie geschaffen sei. Andere entzogen sich dem; sie schlossen Verträge mit der Deutschen Lufthansa ab und nahmen dort gut bezahlte Stellungen an.

Nach einem weiteren Kursus im Blindfliegen entschied ich mich für eine Tätigkeit in der Auslandsabteilung der Lufthansa, deren Chef, Hans Karl von Winterfeld, ich bei einem diplomatischen Empfang kennengelernt hatte. Ich konnte mich auf meine fliegerischen und sonstigen Erfahrungen in Lateinamerika stützen. Bald wurde ich die Unkenntnis gewahr, die hinsichtlich der südamerikanischen Verhältnisse, ja der einfachsten geographischen und politischen Tatsachen bei uns herrschte.

Ich schätze, daß kaum ein Prozent der sogenannten Gebildeten fähig war, die Namen der Hauptstädte der südamerikanischen Staaten fehlerlos aufzuzählen. Die meisten wußten gar nicht, daß in Brasilien Portugiesisch, sonst aber in Südamerika Spanisch gesprochen wird. Bei einem Frühstück, das im Jahre 1937 der deutsche Chef der zivilen Luftfahrt seinem argentinischen Kollegen Mendez Gonzalvez gab — der dafür bekannt war, daß er mehr zu England und Amerika als zu Deutschland neigte, zumal nach Hitlers Machtergreifung —, stand der Gastgeber nach der Suppe auf und hielt eine lange Willkommensansprache auf deutsch. Hätte er französisch gesprochen, was er recht gut konnte, wäre alles in Ordnung gewesen. Das Deutsche aber mußte übersetzt werden, und es wurde nicht ins Spanische, sondern ins Portugiesische übersetzt. Etwa zwanzig Personen waren anwesend, darunter der argentinische Botschafter Labougle und sein Militärattaché, Oberst Espindola. Vom unteren Ende des Tisches, wo bei solchen Anlässen gewöhnlich mein Platz war, konnte ich beobachten, wie die beiden Diplomaten vor Entrüstung weiß im Gesicht wurden. Sie gaben mir verzweifelte Zeichen, ich möchte doch an die Stelle des Dolmetschers treten. Ich mußte verzichten, denn das Essen war Sache des Ministeriums, nicht der Lufthansa. Gonzalvez antwortete nun ironisch auf französisch, für dessen Übersetzung keine Vorbereitungen getroffen waren. Nachher bekam ich den verantwortlichen Ministerialdirektor in einer Ecke des Saales zu fassen, und ich erläuterte ihm, daß man einen Argentinier nicht ärger beleidigen kann, als wenn man ihn portugiesisch anredet. »Wußten Sie denn nicht, daß man in Argentinien spanisch spricht?« fragte ich. Er antwortete selbstgefällig und unerschüttert: »Ach — ja? Ist denn da ein Unterschied?«

Bevor ich meinen Posten in der Lufthansa übernahm, hatte ich meine Militärverhältnisse zu regeln. Die allgemeine Wehrpflicht war wieder eingeführt worden. Ich meldete mich freiwillig und sah mich nach der mir sympathischsten Lösung um. Eine solche schien mir der Rang eines Reserveoffiziers in der Luftwaffe zu sein, der mir meine Freiheit als privater Bürger lassen würde. Ich teilte dem Personalamt der Luftwaffe mit, daß mir an meinem zehnten Geburtstage vom Kaiser persönlich der Rang eines Königlich preußischen Leutnants verliehen worden sei; man bedeutete mir, daß ich damit theoretisch im Recht sei, mir jedoch Scherereien ersparen würde, wenn ich nicht auf diesem Recht bestünde. Tatsächlich war ich ja ein Ignorant in militärischen Dingen. Obwohl mir jede Verlängerung der Ausbildungszeit durch Dienst von der Pike auf zuwider war, fügte ich mich schließlich; hernach fand ich aber auch von meinem Standpunkt einen Gewinn darin.

Viele Deutsche sagen und haben immer gesagt, daß sie ihre Militärzeit nicht missen möchten. Ob ich so weit gehen würde, dessen bin ich nicht ganz sicher, jedenfalls nicht im Hinblick auf meine infanteristische Ausbildung. Fliegerkameradschaft und Pilotenleben dagegen werden immer zu meinen schönsten Erinnerungen zählen. Im ganzen muß ich gestehen, daß ich froh über meine Erfahrungen war, denn sie verwiesen das, was auch ich als Inbegriff des preußischen Militarismus betrachtet hatte, in das Reich der Fabel. Der Hauptvorwurf gegen den sogenannten preußischen Militarismus lautete, daß er darauf aus sei, die Individualität zu zerbrechen. Aber was ich befürchtet hatte, trat gar nicht ein. Indem ich mich der Disziplin unterwarf, fühlte ich mich nicht erniedrigt oder unterdrückt. Später, als Kompaniechef, konnte ich mich davon überzeugen, daß die Vorgesetzten ihren Untergebenen gegenüber an sehr genaue Vorschriften gebunden waren. Diese Vorschriften, von mehreren Generationen meiner Vorfahren geschaffen und durch die Jahrhunderte wie ein Heiligtum überliefert, wagten anfänglich sogar die Nationalsozialisten nicht anzutasten; erst später überantworteten sie die Wehrmacht gewissenlosen politischen Kommissaren.

Natürlich werden in einer auf unbedingtem Gehorsam beruhenden Institution gewisse Naturen sich leicht zum Mißbrauch der Befehlsgewalt verführen lassen. Doch gerade gegen solche Naturen, die ja auch im Zivilleben nicht die besten sind, war »der unbekannte Soldat« durch das alte preußische Reglement geschützt, wenn er sich dessen nur richtig bewußt war. Unter Hitler kam noch ein entscheidendes Moment, das zugunsten der Wehrmacht sprach, hinzu. Sie galt als ein Zufluchtsort, als ein letztes Reservat des »anderen« Deutschland, das noch nicht alle Bande des Anstandes und der Gesittung gelöst hatte und auch willens war, sie nicht zu lösen. Viele, die aus politischen Gründen für ihre Sicherheit fürchteten, ließen sich zur Wehrmacht einziehen, um so der Verfolgung durch die Gestapo und andere Parteigliederungen zu entgehen. Hitler wußte das offenbar und traute deshalb der Armee nie. Leider ist es den für den guten Ruf dieser Armee Verantwortlichen nicht gelungen, Hitlers brutalen Angriff auf Geist und Charakter einer geheiligten Institution abzuwehren: das alte Offizierkorps war fast vollzählig auf den Schlachtfeldern geblieben, und die wenigen Überlebenden wurden ohne Schwierigkeit beiseite geschoben.

Wenn auch die Grundausbildung in der Luftwaffe nicht so wichtig genommen wurde wie beispielsweise in der Infanterie, so war sie doch grundsätzlich die gleiche für alle Waffengattungen. Ich durchlief alle Dienstgrade mit Ausnahme des eines Gefreiten. Ein vielleicht nicht ganz unbeabsichtigtes Mißverständnis einer Dienststelle, das meinen Doktortitel betraf, bewirkte, daß ich in einen Ausbildungskursus für Reserveärzte der Luftwaffe in Trollenhagen bei Neubrandenburg, dem nachmaligen Standort des Hindenburg-Geschwaders, eingereiht wurde. Wir waren etwa sechzig Mann, die meisten über dreißig Jahre alt, und eine einmotorige Sportmaschine bildete unsere gesamte fliegerische Ausrüstung. Zum Glück war ich der einzige Pilot; oft, wenn die anderen auf dem Exerzierplatz schwitzten, wurde ich abkommandiert, um einen der Offiziere durch die Luft zu kutschieren. Die ausbildenden Unteroffiziere waren meist Berufssoldaten aus der Reichswehr, etliche wesentlich jünger als wir und manche voll der üblichen demonstrativen Verachtung für Intellektuelle. Glücklicherweise hatten wir einen verständnisvollen, altgedienten Feldwebel. Wir waren zu je vier in einer Stube untergebracht, und da meine Kameraden alle Mediziner waren, mußte ich mir von ihnen beim Abendessen durch die greulichsten Geschichten und den vulgärsten Wortschatz aus ihrer ärztlichen Praxis den Appetit verderben lassen. Ich rächte mich, indem ich ihnen meine schmutzigen Strümpfe auf den Tisch warf, wenn sie zu essen anfangen wollten; so viel hatte ich schon beim Kommiß gelernt, daß man bei den Vorgesetzten nicht auffallen durfte und bei den Kameraden mit gleichen Trümpfen spielen mußte.

Übrigens wiederholten sich diese abendlichen Szenen nicht oft, denn manche hatten ebenso wie ich ihr eigenes Auto mitgebracht, und obgleich es nicht ganz den Vorschriften entsprach, fuhren wir gern die paar Kilometer nach Neubrandenburg, um dort in der »Goldenen Kugel« zu Abend zu essen. Ich wurde in dieser mecklenburgischen Landschaft ganz heimatlich angerührt. Ich dachte an meine Kindheit zurück, an meine Großmutter mütterlicherseits, die Großherzogin Anastasie, die ich so geliebt habe und von deren Blut ich so viel in mir fühle.

Den Fliegerhorst Trollenhagen sah ich in den folgenden Jahren öfters zu mehrwöchigen Übungen wieder. Ich stieg vom Unteroffizier zum Feldwebel auf und wurde zwei argentinischen Fliegeroffizieren beigegeben, die einen Gastkursus bei der Luftwaffe absolvierten; da ich meinen ersten Flugunterricht in Argentinien gehabt hatte, war ich erfreut, nun selbst Instrukteur dieser beiden sein zu dürfen. Sie scherzten allerdings über mein wenig schneidiges militärisches Äußeres, das auch Major Schöneich, meinen äußerst großzügigen und verständnisvollen Staffelkapitän, manchmal zur Verzweiflung brachte. Auf seinen Befehl wurde ich besonders gedrillt, damit ich endlich richtig kommandieren lernte. Mein Ausbilder wurde Leutnant Schlecht, ein prächtiger Vorgesetzter und Kamerad. Er war früher Polizeioffizier gewesen und ist im Kriege gefallen.

Leutnant Schlecht wußte diese Exerzierstunden zu zweit gemütlich zu machen. Ein- oder zweimal in der Woche fuhren wir in meinem Ford zu einem einsamen Plätzchen in der äußersten Ecke des Flugfeldes, wo ich dann eine Stunde lang aus Leibeskräften Kommandos brüllen und Griffe kloppen mußte. Von dieser Anstrengung pflegten wir uns in der Kantine bei einigen Schnäpsen zu erholen. Der Kantinenwirt hieß Lorek und war ein ehemaliger Wachtmeister der Potsdamer Gardehusaren. Diese Kantine war nur für die Mannschaftsdienstgrade bestimmt, doch fühlte ich mich dort in der Gesellschaft meiner Kameraden so wohl, daß ich sie auch später als Reserveleutnant noch regelmäßig aufsuchte. Eines Tages wurde ich zum Gruppenkommandeur befohlen, demselben Major Schöneich, der zuvor mein Staffelkapitän gewesen war.

»Leutnant Prinz von Preußen«, begann er, »es ist eine scharfe Beschwerde des Geschwaderkommodore gegen Sie eingegangen, daß Sie die Disziplin des Fliegerhorsts untergraben. Es ist dem Kommodore zu Ohren gekommen, daß Sie als Offizier weiterhin mit den Mannschaften und Unteroffizieren verkehren. Das ist gegen die Würde eines Offiziers der Luftwaffe.« Darauf, nachdem er sich dieses Tadels von oben entledigt hatte, wechselte er unter einem kleinen Lächeln den Ton. »Ich habe Verständnis dafür, daß Sie Ihre alten kameradschaftlichen Beziehungen pflegen wollen«, meinte er, »aber bitte ersparen Sie uns weiteren Ärger und benutzen Sie lieber das kleine Hinterzimmerchen in der Kantine.«

Zum Dienstplan gehörte die Erweiterung des Gesichtskreises durch Vorträge und dergleichen. So mußte auch ich einige Vorträge über meine beruflichen Erkenntnisse halten; ich sprach über die Lufthansa, über den internationalen Luftverkehr und über meine Erfahrungen in den Vereinigten Staaten. Möglichst unauffällig suchte ich meinen Zuhörern beizubringen, daß es auch in den demokratischen Ländern Tapferkeit und Mut gibt, und ich ließ warnend durchblicken, daß die Stärke der Vereinigten Staaten gerade auf dem Gebiete der Luftwaffe nicht zu unterschätzen sei. Meine Zuhörer zeigten sich interessiert und stellten viele Fragen. Major Schöneich flüsterte mir zu: »Ich kann nur hoffen, daß wir beide nicht verhaftet werden, jedenfalls war Ihr Vortrag mal etwas ganz anderes.«

Als ich im Herbst 1937 als Reserveleutnant wiederum einige Wochen beim Hindenburg-Geschwader verbrachte, flog ich während der Luftmanöver zu Ehren des Deutschland besuchenden Mussolini an der Spitze einer Staffel, die zum »Angriff« auf Hamburg angesetzt war. Plötzlich fiel einer unserer beiden Motoren aus, und wir mußten eine Notlandung auf dem Hamburger Flugplatz, also auf »feindlichem« Gebiet, machen. Dieser Zwischenfall fiel auf, weil eine Reihe hoher Luftwaffenoffiziere und ausländischer Militärattachés das Manöver von Fuhlsbüttel aus beobachtete. Unmittelbar nach unserer Landung fuhr ein Wagen vor; ihm entstieg General Stumpff, der Chef der Personalabteilung. Überrascht, mich als Piloten der »feindlichen Maschine« vorzufinden, erkundigte er sich nach den Gründen meiner Notlandung. »So«, sagte er lächelnd, »Sie und Ihre Mannschaft sind jetzt natürlich meine Gefangenen. Folgen Sie mir ins Restaurant, damit wir einen Schnaps darauf trinken, daß die Sache nicht schlimmer abgelaufen ist.«

Ich fand die Art des Generals, eine peinliche Situation zu retten, sympathisch elegant. Es ist eigentlich merkwürdig, wie ungern man anerkennt, daß auch Generale Menschen sind und als solche ein Recht auf charakterliche Verschiedenheit haben.

Als es so weit war, daß ich meine Stellung in der Auslandsabteilung der Lufthansa antreten konnte, berichtete ich meinem Großvater von dieser neuen Wendung. »Wie gewöhnlich hast Du meine Absichten durchkreuzt«, schrieb er zurück. »Ich hoffe nur, daß diese Arbeit Dich befriedigt.« Vielleicht ahnte er schon, was ich erst nach drei Jahren merkte: daß ich in eine Sackgasse geriet. Die Lufthansa war nämlich nicht im entferntesten das, was ich mir unter einer internationalen Luftverkehrsgesellschaft vorgestellt hatte. Die dauernde Beaufsichtigung durch die Regierungsämter bewirkte eine Atmosphäre der Kleinlichkeit und auch der unangebrachten Sparsamkeit. Hiergegen bildete der technische Direktor, Freiherr von Gablenz, als »dynamischer« Charakter insofern ein Gegengewicht, als er selbst ein ausgezeichneter Pilot war und sich bemühte, dem fliegenden Personal der Lufthansa mit gutem Beispiel voranzugehen. Oft war er abwesend auf einer Expedition; auf einem Fluge über das Pamirgebirge einmal mehrere Wochen verschollen, tauchte er plötzlich wieder auf und wurde von aller Welt als ein Held gefeiert. Man hatte ihn nach einer Notlandung irgendwo in Tibet festgehalten, jedoch auf Intervention eines mysteriösen Diplomaten, wahrscheinlich eines Sowjetagenten, freigelassen.

Winterfelds Abteilung, in der ich arbeitete, unterstand indessen nicht ihm, sondern dem Direktor Martin Wronsky, der oft den Vorsitz auf internationalen Tagungen führte. In meinem Chef Winterfeld selbst entdeckte ich eine hochbegabte, etwas exzentrische Natur. Er führte das Leben eines typischen Junggesellen und verbrachte seine Abende in Restaurants und Bars. Ich hatte ihm den Spitznamen »Höllenhund« gegeben, weil er mich nicht selten mitten in der Nacht aus einem seiner Stammlokale anrief und mich ersuchte, mich ihm anzuschließen. Sträubte ich mich gegen eine solche nächtliche Einladung, wurde er böse. Ich war es ebenfalls, denn auch ohne Nachtausflüge ließen mir die beruflichen Verpflichtungen nicht viel Zeit zum Schlafen. Unserer Abteilung oblag die Pflege der Beziehungen zum Ausland, und wir mußten uns allen ausländischen Besuchern ausgiebig widmen.

Immerhin war unsere Abteilung die unbürokratischste und unabhängigste. Hans Karl von Winterfeld hatte eine souveräne Auffassung von seinem Beruf, den er mehr als Sport und weniger als Broterwerb ausübte. Winterfeld war aktiver Offizier gewesen. Nach 1918 machte er eine entbehrungsreiche Zeit in Argentinien durch. Danach lebte er unter besseren Bedingungen in Frankreich, das er achtete und liebte. Sein Haupteinkommen bezog er aus einem kleinen, von einem alten Onkel geerbten Gut etwas über hundert Kilometer nordwestlich von Berlin, mit dem halbverfallenen mittelalterlichen Schloß Freyenstein, das in eine Gastwirtschaft umgewandelt worden war. Sein Onkel und er selbst hatten ein paar Räume behalten, und in dieser romantischen Sphäre kam sich mein Chef wie ein alter Raubritter vor.

So manchen Abend mußte ich mit ihm zwischen dem alten Gerümpel gewaltige Mengen Burgunder trinken. In solchen Stunden waren wir darüber einig, daß die Deutsche Lufthansa mehr einer Möbelwagenfirma glich als einer internationalen Luftverkehrsgesellschaft. Die Direktion umfaßte rund siebenhundert Angestellte, dazu noch ungefähr zweitausend in den Zweigbüros. Diese Wasserkopf-Organisation wiederum war auf alle Weise gehemmt, weil sie bei jeder Entscheidung die Zustimmung der zivilen Luftfahrtabteilung der Reichsregierung einholen mußte, von der die Lufthansa finanziell abhängig war. Es war eine Katastrophe, wenn wir bei Einladungen irgendeinen Vertreter der vielen für uns zuständigen Regierungsämter, des Luftfahrtministeriums, des Postministeriums, des Verkehrsministeriums, übergangen hatten. Diese Leute und noch mehr ihre Frauen waren äußerst empfindlich und durch jede Kleinigkeit beleidigt. Manchmal machten wir uns den Spaß, bei einem Essen Leute nebeneinanderzusetzen, von denen wir wußten, daß sie sich nicht leiden konnten. Im übrigen entwickelte Winterfeld eine solche Geschicklichkeit, daß er als Protokollchef jedem Außenministerium Ehre gemacht hätte. In heiklen Fragen wurde er tatsächlich vom Protokollchef des Auswärtigen Amtes konsultiert.

Die Lufthansa unterhielt damals eine erfolgreiche Flugverbindung nach Südamerika und wollte eine ebensolche mit den Vereinigten Staaten herstellen. Es wurden viele Tischreden gehalten und Trinksprüche ausgebracht, aber wegen der gespannter werdenden politischen Atmosphäre blieb das Projekt im Anfangsstadium stecken. Zu den Gästen aus Amerika, die uns in diesem Zusammenhang besuchten, gehörten Eddie Rickenbacker und Charles Lindbergh. Rickenbacker, der eine Rundreise zum Studium der europäischen Zivilluftfahrt machte, regte mich zu einer gleichen Studienreise in die Vereinigten Staaten an. Damit hatte es dann eine merkwürdige Bewandtnis: im Frühjahr 1936 lud mich Geheimrat Dr. Albert, der Aufsichtsratsvorsitzende der Ford-Werke in Deutschland und zugleich deren juristischer Berater, ein, ihn nach Detroit zu begleiten. Von offizieller Seite wurde ein scharfer Druck auf Ford ausgeübt, einen Teil der Produktion von Köln nach Berlin zu verlegen. Dr. Albert hatte sich so lange wie möglich dagegen gesträubt; jetzt aber hatten die »Anregungen« von oben einen Punkt erreicht, an dem er nicht mehr umhinkonnte, die Sache in Detroit vorzutragen. Er glaubte, daß meine Verbundenheit mit Ford ihm bei seinen Verhandlungen nützlich sein könne; ich nahm die Einladung gern an, weil man auf andere Weise als deutscher Privatbürger kaum noch ins Ausland reisen konnte, ließ mir einen vierwöchigen Urlaub geben und fuhr mit Dr. Albert nach Detroit.

Wir hatten wenig Glück mit unserer Mission. Alles, was wir erreichten, war, daß Charlie Sorenson, der Produktionsleiter, versprach, die Frage auf seiner nächsten Europareise selbst zu prüfen. Henry Ford präsidierte bei einem Essen an einer langen Tafel, an der ich der einzige »Unabhängige« war; alle anderen waren Fordleute, darunter meine besten Bekannten. Die Rede kam auf Hitler und Diktatoren überhaupt. Da ich nichts dazu bemerkte, forderte Ford mich auf, meine Meinung hören zu lassen. »Ich teile die Ansichten, die hier geäußert wurden«, sagte ich, »aber frei heraus, Mr. Ford, eigentlich sind auch Sie in Ihrer Organisation ein Diktator.«

Alle Gesichter erstarrten, als hätte ich eine Art Gotteslästerung begangen. Nur mein Tischnachbar, der Werkspolizeichef Bennett, stieß mich mit dem Daumen in die Seite und flüsterte mir zu: »Los, Louis, sag' den Burschen hier, was du über sie denkst.« Aber Ford blickte mich bloß ungläubig an und erwiderte ohne eine Spur von Ärger oder Vorwurf: »Ich kann wohl kein Diktator sein, weil ich den Leuten zuhöre, wenn sie mir etwas zu sagen haben. Natürlich sagen sie häufig nur das, wovon sie glauben, daß man es gern hört, aber das widerfährt allen Führernaturen. Es fragt sich nur, wie schnell die Leute wirklich merken, was man gern hört. Ich zweifle nicht, Louis, daß Sie das hinsichtlich meiner Person längst herausgefunden haben. Na, und in diesem Fall« — da war dieses bekannte Licht in seinem Auge — »möchte ich nicht entscheiden, ob Sie recht oder unrecht haben.«

Dr. Albert fuhr auf der »Bremen« nach Europa zurück. Als auch ich schon meine Rückreise gebucht hatte, tauchte Eddie Rickenbacker wie ein Gott aus den Wolken auf und lud mich zum Autorennen in Indianapolis ein. Das war aber erst in vier Wochen, und wovon sollte ich bis dahin leben? Überdies ging mein Urlaub zu Ende. Eddie lachte. »Ich habe ein wenig Schicksal für Sie gespielt. Ich habe Ihren Direktoren vorgeschlagen, daß Sie zum Studium auf verschiedenen amerikanischen Luftlinien fliegen. Man hat zugestimmt und Ihren Urlaub um sechs Wochen verlängert.

Mir konnte man das nicht gut abschlagen, außerdem kostet es die Lufthansa keinen Pfennig.«

Er hatte schon einen Reiseplan entworfen. Ich durfte mich nach Belieben neben den Piloten setzen und Flugtechnik und Navigation selbst studieren. Man gab mir jede gewünschte Information. Ich lernte nicht nur viele technische Neuerungen kennen, sondern auch den großzügigen Kundendienst für das Wohlbefinden der Passagiere und die im europäischen Luftverkehr damals noch ganz unbekannte Einrichtung der Stewardessen.

In Kansas City besichtigte ich einen ganzen Tag lang die Reparaturwerkstätten und die Bodenorganisation; der Direktor des Flughafens war ein Sohn des ehemaligen Präsidenten Hoover. In Hollywood empfing mich Tom Hamilton, der Erfinder des Hamilton-Propellers, ein alter Freund von Eddie Rickenbacker; auch ich kannte ihn schon aus meiner früheren Zeit in den Vereinigten Staaten. Er zeigte mir verschiedene Flugzeugfabriken in der Umgebung von Hollywood und Los Angeles. Eines Abends, als ich in seinem Hause zu Gast war, erschien der Filmgewaltige Bill Hays, der gerade auf einer seiner vielen Reisen in Hollywood war. Ich hatte in diesen Tagen eine Einladung von Lily Damita erhalten, die mittlerweile Mrs. Flynn geworden war. Bill Hays bewahrte mich davor, die Einladung anzunehmen. Ich kam mir unhöflich vor, folgte aber seinem Rat. »Sagen Sie ihr nur, ich hätte Ihnen empfohlen abzusagen, dann wird sie's schon verstehen«, lächelte Hays.

In Lakehurst erlebte ich die Ankunft des auf der Zeppelinwerft in Friedrichshafen erbauten Luftschiffs »Hindenburg« nach seiner Jungfernfahrt über den Atlantik. Sie wurde zu einem persönlichen Triumph für den alten Dr. Eckener, von dem man gehört hatte, daß er beim »Führer« in Ungnade sei, weil er sich geweigert habe, das Luftschiff auf den Namen »Adolf Hitler« zu taufen. Infolgedessen fuhr der bewährte Luftkapitän nur als Passagier mit. Das Kommando im Luftschiff hatte Kapitän Prust. Ich wollte in Lakehurst vor allem meinen Freund Louis Lochner treffen, der die Fahrt als Leiter der Associated Press in Deutschland mitmachte und mit Eckener eng befreundet war. Am Vorabend dieses Ereignisses, zu dem sich zahlreiche Pressephotographen und Reporter eingefunden hatten, lernte ich auch Commander Rosendal kennen, den amerikanischen Eckener, eine sehr sympathische Persönlichkeit.

Die »Hindenburg« hatte einige Stunden Verspätung, da sie noch nach Einbruch der Dunkelheit über der City von New York gekreuzt hatte. Nach der Landung war Eckener sofort von Presseleuten umringt, die ihn über sein gespanntes Verhältnis zu Hitler ausfragen wollten. Ich vermute, daß ihm die spontane Demonstration seiner Popularität nicht gerade unangenehm war; die Presse hatte ihn sogar als »Kolumbus der Luft« begrüßt. Bei dem Abendessen, das die Stadt New York der Mannschaft und den Passagieren der »Hindenburg« im Waldorf Astoria gab, spielte Grover Whalen, der Empfangschef und Zeremonienmeister der City von New York, taktvoll und witzig auf die delikate Situation Dr. Eckeners an, und dieser antwortete mit meisterhafter Geschicklichkeit. Ich saß neben Pater Schulte, dem sogenannten »Fliegenden Priester«. Er war zu einer gewissen Berühmtheit gelangt, weil er Trauungen im Flugzeug zu vollziehen pflegte. Pater Schulte hatte die Reise der »Hindenburg« mitgemacht und auf dem Flug jeden Morgen die Messe zelebriert. Er sah im übrigen eher wie ein Pilot als wie ein Priester aus.

Meine Route ging weiter über Miami nach Havanna. Dort begegnete ich dem Schriftsteller Ernest Hemingway, der mit seiner Frau auf seinem Fischkutter von Key West herübergekommen war. Beide waren so unbefangen und ungezwungen, daß es fast verwunderlich war, wenn sie nicht sogar zum Abendessen im Badeanzug erschienen, um, was Hemingway gern tat, die gute Gesellschaft zu schockieren. Zuweilen saß ich mit ihnen vor einer kleinen Vorstadtkneipe, und wir sahen dem Gewimmel in den Straßen zu, das Hemingway liebte. Er hatte viel Verständnis für die Lateinamerikaner und besonders die Kubaner; das Regime Batistá, das die zehn Jahre währende Präsidentschaft Machados abgelöst hatte, war hier noch nicht lange, aber jedenfalls mit viel Flaggenschwenken und Säbelrasseln an der Macht.

Durch Jack Mason, den Abteilungsleiter der Panamerican Airways im Gebiete des Karibischen Meeres, und seine gastfreundliche Frau wurde ich mit Billie Makarow bekannt, einem lebhaften und unterhaltsamen Russen, Sohn jenes Admirals und Geschwaderchefs Makarow, dessen Flaggschiff »Petropawlowsk« im russisch-japanischen Kriege auf eine Mine gelaufen und gesunken war. An Bord der »Petropawlowsk« hatte sich der Großfürst Kirill befunden, der mit ganz wenigen Besatzungsmitgliedern nach stundenlangem Treiben im eiskalten Wasser gerettet werden konnte. Großfürst Kirill wurde, was ich damals freilich noch nicht ahnte, mein künftiger Schwiegervater.

Eddie Rickenbacker holte mich rechtzeitig zu dem Autorennen in Indianapolis ab. Die Rennleitung begrüßte uns, und anderen Tages sahen wir Bilder in den Zeitungen mit der Unterschrift »Der berühmte amerikanische Kriegsflieger und der preußische Prinz«. Bei einem der Empfänge wurde ich dem Gouverneur MacNutt vorgestellt, der dann einige Jahre später in Manila mein Gastgeber sein sollte. Ein Geistlicher, Reverend Daries, lud mich zu einem Gottesdienst in die lutherische Kirche. Der Gottesdienst wurde zweimal gehalten, erst in Englisch, darauf in Deutsch. Schließlich stellte mich der liebenswürdige Pfarrer seiner ganzen Gemeinde vor, und ich mußte jedem einzelnen die Hand schütteln.

So endete diese von Rickenbacker fast verschwörerisch inszenierte Reise. In dem Bericht, den ich für meine Chefs von der Lufthansa schrieb, ließ ich keinen Zweifel darüber, daß die amerikanische Zivilluftfahrt der unseren in vielem voraus sei, besonders im Hinblick auf den allgemeinen Komfort und die zuvorkommende Behandlung der Passagiere. Ich legte besonderen Nachdruck auf die Feststellung, daß die Fluglinien in den Vereinigten Staaten meist von jüngeren befähigten und unternehmungslustigen Leuten geleitet würden und nicht von alten Bürokraten.

Bevor ich nach Berlin zurückkehrte, verlebte ich einige Tage in London. Ich besuchte Queen Mary und wurde von ihr herzlich empfangen. Sie entsann sich noch genau der Hochzeit meiner Tante Viktoria Luise, bei der mein Bruder Wilhelm und ich als Kinder an der Spitze des Hochzeitszuges marschiert waren. Ich mußte mich in ein Familienalbum eintragen, das zugleich ihr Geburtstagskalender war. Als sie die Seite mit dem Datum des 9. November für mich aufschlug, sagte sie mit einem feinen Lächeln: »Da befindest du dich in guter Gesellschaft.« Der einzige Name auf dieser Seite war bisher Edward VII. »Das war mein Patenonkel«, sagte ich stolz.

Eine Unterredung mit meinem Onkel David, der inzwischen Edward VIII. geworden war, kam nicht zustande. Das Simpson-Drama ging damals gerade seinem Höhepunkt entgegen, und der König war kaum für irgend jemanden zu sprechen, nicht einmal für seinen Premierminister. Schließlich gab ich es auf, länger zu warten. Vor meinem Abflug nach Berlin hörte ich noch im Unterhaus eine Rede von Anthony Eden über die Außenpolitik. Nicht ahnend, daß man meinem Besuch im Unterhaus eine besondere Bedeutung beimessen könnte, mußte ich dann in einer Londoner Zeitung lesen, ich hätte dieser Unterhaussitzung auf Anordnung Hitlers als Beobachter beigewohnt. Diese aus der Luft gegriffene Behauptung im Augenblick meiner Rückkehr nach Hitler-Deutschland zeigte mir, daß auch ich mich als Bürger des »Dritten Reiches« kaum noch bewegen konnte, ohne auf Schritt und Tritt Mißdeutungen ausgesetzt zu sein.

Um etwas Abwechslung in mein Bürodasein zu bringen, bat ich Gablenz um die Erlaubnis, als zweiter Pilot auf Auslandsflügen mitzufliegen. So kam ich etliche Male nach Paris, London und Stockholm. Im

Dezember 1936 begleitete ich Winterfeld nach Griechenland, um die neue Fluglinie der Lufthansa zwischen Berlin und Athen zu eröffnen. Winterfeld hatte mit großer Energie und in langwierigen Verhandlungen die Konzession der verschiedenen Länder erlangt, die die neue Fluglinie miteinander verbinden sollte; ich hatte ihn dabei in Berlin zu unterstützen und focht in seinem Namen so manchen Kampf gegen Kurzsichtigkeit und diplomatische Ungeschicklichkeit. Ich hatte Winterfeld auch einen Empfehlungsbrief an meinen Onkel Paul, den damaligen Kronprinzen und späteren König von Griechenland, mitgegeben. Dieser hatte selbst fliegen gelernt, obschon heimlich, denn die griechische Regierung sah es nicht gern, daß ein Mitglied des Königshauses einen so »gefährlichen Sport« ausübte. Winterfeld schilderte offenherzig die Schwierigkeiten, die er bei den Bemühungen, die griechische Regierung seinen Plänen geneigt zu machen, hatte. Kronprinz Paul war erschrocken zu hören, daß es nicht an Bestechung gefehlt hatte. Sowohl er als auch sein Bruder, der König, mißbilligten diese Methoden.

Als ich dann, nachdem die Arbeit doch von Erfolg gekrönt worden war, in jenen Dezembertagen mit Winterfeld in Athen weilte, wo uns insbesondere die Luftverkehrsgesellschaft »Air Hellénique« durch eine festliche Aufnahme auszeichnete, luden mich meine königlichen Onkel ein. Ich entsinne mich, daß ich ihnen neben anderem auch eine genaue Beschreibung der Nachtlokale von Athen geben mußte, die sie in ihrer exponierten Stellung selbst nicht besuchen durften.

Zur nicht geringen Verlegenheit unserer offiziellen Gastgeber hatte ich eines Abends zwei vermeintliche Fremde an unseren Tisch gebeten. Sie hatten den ganzen Abend vor leeren Gläsern gesessen und sich bemüht, gleichgültig auszusehen, mich aber in Wahrheit scharf beobachtet. Warum sollen sie nicht auch ein Glas Sekt trinken, dachte ich. Sie taten es dankbar. Am nächsten Abend wurden die beiden Polizisten — denn das waren sie — wesentlich unauffälliger in einer entfernten Ecke des Lokals postiert.

Beinahe wäre ich der Anlaß zu einer internationalen Verwicklung geworden. Die leitenden Herren im Luftfahrtministerium brannten darauf, einen griechischen Orden zu bekommen. Die griechische Gesandtschaft verhielt sich gemäß der Hofetikette: der höchste Orden müsse mir als dem Neffen ihres Königs verliehen werden. Mit großer Mühe konnte ich den mir befreundeten griechischen Gesandten Rizo Rangabé bewegen, meinen Namen ganz von der Ordensliste zu streichen. Die Herren empfingen daraufhin ihre griechischen Auszeichnungen. —

Am Matthäikirchplatz im Tiergartenviertel hatte ich eine kleine möblierte Wohnung gemietet, die, da die Vorbesitzer Leute mit Geschmack waren und ich der Wohnung durch einige charakteristische Stücke und einen alten Steinway-Flügel eine persönliche Note gegeben hatte, recht anheimelnd war. Abends lud ich meine engsten Freunde ein, hin und wieder auch einen deutschen oder ausländischen Pianisten, der nach seinem Konzert in diesem privaten Kreise für uns musizierte. Durch meinen Klavierlehrer Rudi Hauschild, dessen Frau eine geborene Polin war, kam ich mit polnischen Musikern in Berührung. Sie ließen sich gern herbei, etwas von Chopin für uns zu spielen. Chopin ist mein Lieblingskomponist, zumindest für das Klavier, und ich glaube, die Polen wissen ihn von allen Nationen am besten zu spielen. Bei diesen musikalischen Abenden war auch der polnische Botschafter Lipski ein häufiger Gast, und Martha Dodd, die Tochter des amerikanischen Botschafters, übernahm charmant und sorglich die Rolle der Hausfrau.

Als Musikenthusiast fehlte nie mein Freund Louis P. Lochner, an den ich mich in jenen Jahren immer enger anschloß. In mancher Hinsicht bedeutete er in meinem Leben nun das, was einst Valdivia bedeutet hatte. Er war mein Freund und Beichtvater, ein glanzvoller Geist mit dem Herzen eines Heiligen; ich wüßte niemand, auf den das Wort »ein guter Mensch« so zugetroffen hätte wie auf ihn. Ihm vertraute ich mich rückhaltlos an, und seine Ansichten und Meinungen waren für mich maßgebend. Mit einer Deutschen verheiratet, lebte er mit seiner Frau, seinen Kindern und seinen Schwiegereltern in einer vollkommenen Harmonie. Er war ja auch selbst deutscher Abstammung und darauf ebenso stolz wie darauf, amerikanischer Bürger zu sein. Seine Zuneigung zu Deutschland war aufrichtig, wenn auch nicht kritiklos.

Man kann ohne Übertreibung sagen, daß er einer der beliebtesten Ausländer in Berlin war. Alle maßgebenden Leute der Weimarer Republik hatte er gekannt und einige prominente Nationalsozialisten kannte er von ihren bescheidensten Anfängen her. Er hatte Freunde in der alten Aristokratie, unter den Industriellen, den Militärs, den Intellektuellen bis zum linken Flügel der Sozialisten. Seine Objektivität und seine Redlichkeit waren über allen Verdacht erhaben. In seinen Berichten verschmähte er jede Sensation und bemühte sich um äußerste Korrektheit. Im »Dritten Reich« verfügte er über viele unterirdische Informationsquellen; er war, glaube ich, der einzige ausländische Korrespondent, der später von den Männern des 20. Juli ins Vertrauen gezogen wurde. Ein Bewunderer Vorkriegsdeutschlands und seiner alten Tradition, aber auch der Weimarer

Republik in den besten Jahren ihres Aufschwungs, schätzte er namentlich Stresemann und Brüning. Mit Brüning, der von den Nationalsozialisten seit seinem Rücktritt verfolgt wurde, bis er schließlich nach Amerika entkam, hatte ich damals eine heimliche Zusammenkunft in Lochners Haus.

Ein- oder zweimal in der Woche traf ich mich mit Lochner zum Mittagessen im Zentrum Berlins, entweder in seinem Stammlokal, bei Kempinski, oder in meinem, im Pschorr-Bräu. Er unterrichtete mich über die innen- und außenpolitische Situation. Durch seine Verbindung zu allen Regierungsstellen und durch das, was er nebenbei erfuhr, wußte er natürlich weit mehr als ich. Seine ständige Rede war: »Je länger dieser Hitlerrummel dauert, desto weniger wird man im Ausland zwischen den Nationalsozialisten und dem deutschen Volke unterscheiden.« Es war erschütternd, seine Verzweiflung von Mal zu Mal wachsen zu sehen. Eher als irgendwer sonst hatte er Grausamkeit, Gewissenlosigkeit, Verworfenheit der neuen herrschenden Schicht in Deutschland durchschaut. Die Freundschaft mit diesem wundervollen Manne, die alle Schrecken des Kriegsendes überdauert hat, ist eine meiner kostbarsten Lebenserfahrungen.

17. Kapitel

KIRA

Das Jahr 1937 wäre ziemlich ereignislos verlaufen, wenn ich mich nicht in den letzten Tagen, genauer unter dem Weihnachtsbaum, plötzlich und unerwartet verlobt hätte.

Schon im Sommer 1935 hatte ich einen zunächst vergeblichen Versuch gemacht, eine Frau für mich zu finden, oder genauer gesagt: der Versuch wurde mit mir angestellt. Frau von Mumm, die Gattin des Sekt-Fabrikanten, selbst russischer Abstammung, lud mich zu einem Wochenende zusammen mit Großfürstin Kira von Rußland, einer Nichte des letzten russischen Zaren, in ihr Haus nach Johannisberg am Rhein. Wir begegneten uns hier nicht das erste Mal. Zehn Jahre vorher, 1925, hatte Kira uns in Cecilienhof besucht und dabei zum ersten Male ihre Tante Cecilie, ihre künftige Schwiegermutter, gesehen. Sie hatten sich gut verstanden und russisch miteinander gesprochen. Meine Mutter war begierig gewesen, von ihrer Nichte Näheres über das Schicksal der Zarenfamilie zu erfahren.

Ich will nicht die verwandtschaftlichen Beziehungen zwischen dem Hause Hohenzollern und dem Hause Romanow hier bis ins einzelne entwirren. Am besten läßt sich, was Kira und mich betrifft, diese Verwandtschaft auf die Königin Victoria von England zurückführen, die meine Ururgroßmutter und zugleich Kiras Urgroßmutter gewesen ist. Insofern wäre also meine Frau meine Tante, was uns aber nie gestört hat. Andererseits, und um die Verwirrung voll zu machen, sind meine Mutter und Kiras Vater Vetter und Kusine, und demnach waren meine Frau und ich Vetter und Kusine zweiten Grades.

Kiras Lebensweg war abenteuerlich genug. Ihre Mutter war in erster Ehe mit dem Großherzog Ernst Ludwig von Hessen vermählt gewesen. Als sie nach ihrer Scheidung ihren Vetter, den Großfürsten Kirill, heiraten wollte, konnte das nur gegen den Willen des Zaren und gegen die strengen Vorschriften der orthodoxen Kirche geschehen, die sowohl eine Heirat zwischen Vetter und Kusine als auch die Heirat mit einer geschiedenen Frau verbot. Die Ehe wurde heimlich in Deutschland geschlossen, und Kiras Eltern durften nicht nach Rußland und an den Zarenhof zurückkehren. Es dauerte lange Jahre, bis es dem Einfluß wohlmeinender Verwandter gelang, den Zaren umzustimmen, so daß er nachträglich seine Einwilligung zu dieser Ehe gab. Kira wuchs also damals schon eine

Zeitlang im Exil auf. Das zweite Exil, nach der russischen Revolution von 1917, war allerdings ungleich gefährlicher. Drei schwere Jahre hindurch hatte die Familie sich in Finnland verborgen gehalten, in der ständigen Angst, doch noch von den bolschewistischen Schergen aufgespürt zu werden und das grausige Schicksal der übrigen Zarenfamilie teilen zu müssen.

Als Kira in Potsdam meiner Mutter ihre Erlebnisse erzählte, war sie sechzehn Jahre alt. Wilhelm und ich waren neunzehn und achtzehn Jahre, und von dieser ersten Begegnung behielten wir keinen Eindruck zurück. Diesmal, bei Frau von Mumm in Johannisberg, war das anders oder zumindest anders beabsichtigt. Frau von Mumm hatte schon viele Ehen gestiftet, und sie hatte bereits die Geneigtheit der beiderseitigen Elternpaare zu ihrem Plane erkundet. Nach dem ersten Frühstück im Garten — Kira war schon am Abend zuvor angekommen — schickte sie uns beide auf einen Spaziergang. Es war ein heißer Tag, und wir kamen nicht weit. Wir setzten uns an einem schattigen Platz auf eine Bank und versuchten miteinander bekannt zu werden. Ich war allenfalls bereit, zu dem, was man mit mir vorhatte, gute Miene zu machen: wir waren zufällig beide über das Wochenende im gleichen Hause zu Gaste, nichts weiter. Kira war wohl ein wenig neugierig auf mich, denn Frau von Mumm hatte ihr offenbar von meinen angeblichen Fähigkeiten und guten Eigenschaften geschwärmt. Aber auch als wir von der Bank aufstanden, schien die Unverbindlichkeit zwischen uns garantiert zu sein. Am Nachmittag gingen wir mit einem Sohn des Hauses, der mit Kira von früher her befreundet war und den sie wahrscheinlich an diesem Nachmittag auch anziehender fand als mich, zum Baden. Meine mäßigen Schwimmkünste konnten Kira nicht imponieren; sie schwamm viel besser, und ich legte gar keinen Wert darauf, mich in dieser Beziehung hervorzutun, da es mir seit je an sportlichem Ehrgeiz gefehlt hat. Mit Vorliebe erzählte Kira später, daß sie nach dem Bade mit ihrem lang herabwallenden Haar auf mich Eindruck zu machen versuchte: umsonst, denn ich fand bei Frauen kurzes Haar schöner.

Am folgenden Tage besuchten wir in Amorbach im Odenwald Kiras Schwester Maria, in der Familie Maschka genannt, die Erbprinzessin von Leiningen, deren unkonventionelle Art und slawisches Temperament mir bedeutend besser zusagten. Kira behauptete, bei einer Heirat zwischen Maschka und mir hätte es wegen der allzu großen Ähnlichkeit unserer Temperamente Mord und Totschlag gegeben.

Diese Gefahr drohte indessen nicht, weil Maschka eben schon verheiratet war und in einer jungen, überaus glücklichen Ehe lebte. Sie gab sich im Gegenteil alle Mühe, Kira und mich einander näherzubringen; wir wurden sogar nach dem Essen, als die übrigen Gäste sich zurückzogen, in leicht durchschaubarer Absicht allein gelassen. Abends fuhren wir im Auto nach Frankfurt, um von dort, jeder für sich, heimwärts zu reisen. Hier im dunklen Auto besprachen wir möglichst nüchtern die Frage, ob wir füreinander geschaffen seien oder nicht. Wir beschlossen, die Frage für unbestimmte Zeit offenzulassen, uns inzwischen nicht zu schreiben und uns in jeder Weise frei zu fühlen. Zu guter Letzt war aber doch eine kleine Zuneigung zwischen uns aufgeblitzt. Wir schieden mit einem zwar verwandtschaftlichen, jedoch nicht mehr nur verwandtschaftlichen Kuß. Kira meinte, meine Empfindungen seien damals wohl gewesen: alles in allem ist sie vielleicht doch nicht so schlecht. Da sie mich mittlerweile durch und durch kannte, mußte sie es unbedingt am besten wissen.

Wir fuhren in verschiedenen Richtungen, Kira nach Paris und ich nach Berlin.

Drei Jahre sollten vergehen, bis wir uns wiedersahen.

Auch diesmal waren wohlmeinende Dritte daran beteiligt, doch nicht auf mich hatten sie es dabei abgesehen, sondern auf meinen jüngeren Bruder Hubertus. Fritzi, mein jüngster Bruder, lebte in London, wo im Winter 1937 sich auch Kira mit ihrem Vater, ihrem Bruder und ihrer Patentante, der Infantin Beatriz von Spanien, aufhielt. Fritzi traf Kira mehrmals, einmal auch bei einem Empfang bei Hofe, und er beschloß, eine Begegnung zwischen ihr und seinem Bruder Hubertus zu vermitteln — ein Gedanke, den auch Kiras Patentante hegte. Da Hubertus nicht nach London kommen konnte, schlug Fritzi unserer Mutter vor, Kira und ihren Bruder Wladimir zum Weihnachtsfest nach Cecilienhof einzuladen. Ich bekam die Gäste erst zwei Tage vor Weihnachten zu Gesicht. Begreiflicherweise war zwischen Kira und mir zunächst eine leichte Verlegenheit. Aber wir betrachteten einander diesmal mit anderen Augen und mit einem neuen Interesse. Wir hatten viele Themen, die uns gemeinsam am Herzen lagen, und gerieten darüber sogar in Diskussionen, weil wir teilweise verschiedener Ansicht waren.

Am Vorabend des 24. Dezember vereinigte sich die Familie nach altem Brauch zum Christbaumschmücken. Für Kira und Wladimir war diese Atmosphäre mit den liebevollen häuslichen Vorbereitungen für das Weihnachtsfest etwas Vertrautes. Sie fühlte sich dabei seltsam angeheimelt und kam sich wie in einem Märchen vor. Jede Einzelheit ist ihr im Gedächtnis geblieben: der hohe Baum in der Halle, das Auspacken der Kartons mit den silbernen und bunten Kugeln und allem, was sonst noch zum Schmükken eines richtigen deutschen Weihnachtsbaums gehört. Für die unternehmungslustigeren Helfer stand eine Trittleiter bereit. Das Geschäft des Baumschmückens blieb vorwiegend den Frauen überlassen, während wir Männer, mein Vater, meine Brüder und ich — auch das war so Brauch —, uns zu einem Glase Punsch zurückzogen und unten sitzend unsere kritischen Anmerkungen machten.

Als Kira gerade oben auf der Leiter stand und zu uns herabsah, fing sie einen Blick von mir auf. Es war nicht so dramatisch, daß sie wankte und von der Leiter fiel, um in meinen ausgebreiteten Armen zu landen; aber dieser Blick, den wir tauschten, war doch wohl entscheidend gewesen. Auch war es nicht nur eine ritterliche Geste, sondern schon von tieferer Bedeutung, als ich nach vollendetem Werk mit einem Glase Punsch auf Kira zuging, um sie für ihren Eifer zu belohnen. Als der Abend sich seinem Ende zuneigte, brachte ich unsere Gäste zu ihren Zimmern. Dieser Flügel des Schlosses hieß bei uns die Mecklenburger Wohnung, weil dort immer die mecklenburgischen Verwandten meiner Mutter wohnten, wenn sie uns besuchten. Wladimir, Kiras Bruder, ließ uns zu einem Plauderstündchen allein. Wir saßen auf einem kleinen steifen Sofa, und hier war es denn auch, wo wir den Bund fürs Leben schlossen, wie man so sagt. Kira hat immer gehofft, dieses Sofa einmal in ihren Besitz zu bekommen, um den Kindern die Geschichte zu illustrieren, wie ihr Vater und ihre Mutter sich am Heiligabend verlobten. Sie bewahrte auch noch das Kleid, das sie damals trug und das — es ist fast unglaublich — aus zertrümmerten Häusern und in hastigen Fluchtstunden immer wieder gerettet wurde.

Trotz der späten — oder frühen — Stunde, denn es war nach Mitternacht, holten wir Wladimir, marschierten zusammen vor meinen Vater und darauf an das Bett meiner Mutter, die schon schlafen gegangen war. Alle waren glücklich. »Bißchen plötzlich, aber diesmal wenigstens vernünftig«, meinte mein Vater, und meine Mutter lachte und weinte. Der nächste, der noch in derselben Nacht die Neuigkeit durch Telephonanruf erfuhr, war Louis Lochner. Er sagte ungläubig: »Du mußt betrunken oder toll sein — geh zu Bett.«

Acht Jahre später sollte Cecilienhof der Schauplatz der weltbewegenden Potsdamer Konferenz werden. Es ist also nicht ausgeschlossen, daß Stalin auf diesem selben schmalen Sofa gesessen hat; eine Vorstellung, die für eine Nichte des letzten Zaren nicht einer gewissen tragischen Ironie entbehrt.

18. Kapitel

DIE HOCHZEITSREISE UM DIE WELT

Freiherr von Gablenz von der Lufthansa erklärte mir offen, daß meine Aufstiegsmöglichkeiten gering seien, und zwar lediglich darum, weil ich ein Hohenzoller sei. Die NSDAP war mißtrauisch, wenn nicht gar feindselig gegen uns. Gablenz war nicht in der Partei und hatte sich geweigert einzutreten, was in seiner Stellung von bemerkenswertem Mut zeugte. Es versprach keinerlei Erfolg, wenn er sich persönlich für mich einsetzen würde. Unter diesen Umständen wollte ich die Stellung aufgeben. Um die Plötzlichkeit zu mildern, kamen wir überein, daß ich zunächst für ein Jahr beurlaubt werden solle.

Ich schrieb meinem Großvater und bat ihn, mir als Hochzeitsgeschenk eine Weltreise zu stiften. Er zögerte. Nicht, weil er zur Finanzierung in seine Tasche greifen mußte, sondern weil er fürchtete, meine Braut könne im Fernen Osten mit den Sowjets in politische Schwierigkeiten geraten. Gablenz half mir, diese Besorgnisse zu zerstreuen. Er informierte den deutschen Vertreter der Lufthansa in Tokio, Dr. Gottfried Kaumann, und dieser telegraphierte zurück, daß unser Besuch den guten Beziehungen zwischen der deutschen und der japanischen Zivilluftfahrt förderlich wäre. Als der Kaiser dieses Telegramm sah, war er für den Plan gewonnen.

Aber nun erhob sich ein anderer Widerstand aus einer Ecke, aus der ich gar nichts dergleichen erwartet hatte. Mein Vater nämlich zeigte sich besorgt, daß so ausgedehnte Flitterwochen unter den Ausnahmebedingungen einer Weltreise für das eheliche Einvernehmen verhängnisvoll sein könnten. Das war vielleicht an sich nicht unbegründet, denn Herren vom Norddeutschen Lloyd erzählten mir, daß in der Tat so lange Reisen bei Neuvermählten schon oft eine Katastrophe herbeigeführt hätten. Aber Louis Lochner, auf den meine Eltern große Stücke hielten, trat als mein Fürsprecher auf. Eines Abends in Cecilienhof, als wir mit meinem Vater allein waren, gelang es ihm nach vielem Reden, die Bedenken meines Vaters zu zerstreuen. Sein entscheidendes Argument war ebenso originell wie wirksam: »Da Lulu Ihr Sohn ist, möchte ich glauben, daß die Hochzeitsreise durch den natürlichen Lauf der Dinge ohnehin abgekürzt wird.« »Arme Kira«, seufzte mein Vater. »Aber wenn Sie, lieber Herr Lochner, solches Vertrauen in die Fähigkeiten meines Sohnes zur Gründung einer

Familie setzen, will ich meinen väterlichen Segen geben.« Lochners Prophezeiung erfüllte sich: nach genau sechs Monaten waren wir schon wieder zu Hause. Was Kira und mich betraf, so hätte unsere Hochzeitsreise ohne Gefahr noch weitere sechs Monate dauern können, doch was Lochner den »natürlichen Lauf der Dinge« genannt hatte, verwirklichte sich in unserem Erstgeborenen, und natürlich mußte mein Freund die Patenschaft übernehmen.

Noch in späteren Jahren, wenn die Rede auf unsere Hochzeit kam, trumpften wir damit auf, daß wir dreifach verheiratet waren: standesamtlich, orthodox und evangelisch. Der Kaiser hatte den begreiflichen Wunsch, daß unsere Hochzeit bei ihm in Doorn gefeiert würde, und nichts war uns lieber als das. Aber Haus Doorn bot für die vielen Gäste, die wir unbedingt einladen mußten, nicht genügend Raum. Es war unvermeidlich, daß wir auch in Potsdam, im Cecilienhof, irgendeine Hochzeitsfeier veranstalteten. Man kann nun nicht gut Hochzeitsgäste einladen, ohne ihnen das erbauliche Schauspiel einer Trauung zu bieten. Aus dieser Schwierigkeit gab es einen einfachen und alle Teile befriedigenden Ausweg: da Kira zur russisch-orthodoxen Kirche gehörte und natürlich auch gern nach diesem Ritus getraut werden wollte, wurde eine erste, russische, Hochzeit mit allem Pomp in Potsdam und zwei Tage später in Doorn die evangelische Trauung beschlossen. Für das Brautpaar bedeutete das zwei regelrechte und vollständige Hochzeiten mit allem Drum und Dran der Kleidung und der Etikette, mithin neben aller erhebenden Feierlichkeit eine rechte Strapaze. Die Einladungslisten allein erforderten wochenlange Beratungen.

Die russische Trauung fand am 2. Mai 1938 in der großen Halle von Cecilienhof statt. Unmittelbar vorher wurden wir in Potsdam standesamtlich getraut. Obwohl der Leiter des Standesamtes ein nationalsozialistischer Beamter war, gab er sich alle erdenkliche Mühe um Feierlichkeit, und nur seine Nervosität, namentlich am Schluß, als er uns nach Hitlers Vorschrift ein Exemplar von »Mein Kampf« überreichte, brachte ihn ein wenig um die Wirkung. Kiras Brautkleid, ein kostbares Gewand aus schwerem Silberbrokat, wie man es einst am Zarenhofe getragen hatte, stammte von ihrer Großmutter, der Großfürstin Marie von Rußland, Herzogin von Edinburgh. Auf dem Kopf trug sie ein kleines kostbares Diadem und einen feinen alten Spitzenschleier, beides aus dem Besitz meiner Mutter. Ich selbst hatte die Luftwaffen-Uniform angelegt.

Wer je einer Hochzeit nach russisch-orthodoxem Ritus beigewohnt hat, weiß, daß es eine langwierige, tief ergreifende Zeremonie ist. Der

Trauungsgottesdienst wurde von Pater Adamantow zelebriert; er war seit langen Jahren russischer Priester in Wiesbaden und mit Kiras Familie eng befreundet. Ihm assistierten zahlreiche Priester von der russischen Kirche in Berlin — wie viele, haben wir nie genau herausgefunden: vor und nach der Zeremonie tauchten immer neue Gestalten dieser Art an allen Orten des Hauses auf. Die herrliche Hochzeitsliturgie wurde von dem Chor der russischen Kirche in Berlin gesungen.

Noch am gleichen Abend fuhren wir und die engeren Familienmitglieder mit der Bahn nach Doorn. Wir waren eine so große Gesellschaft, daß wir einen eigenen Schlafwagen brauchten. Kira und ich waren sorgsam getrennt untergebracht, denn noch fehlte uns der Segen der evangelischen Kirche. Bis dahin hatten wir auch, nach der russischen Zeremonie, zu der sie als Requisiten benötigt worden waren, die Trauringe wieder vom Finger nehmen müssen. Am 4. Mai traute uns in Doorn der Hof- und Domprediger Bruno Doehring in derselben Halle, in der ich so manches Mal Zeuge gewesen war, wie mein Großvater seinen Tag mit der Morgenandacht zum Lobe seines Schöpfers begann. Ein Widerhall von Doehrings bewegender Predigt blieb in unseren Herzen, ein Widerhall auch der Maipracht von Flieder und Rhododendron im Garten des Schlosses. Professor Doehring hat später alle unsere Kinder, mit Ausnahme der beiden jüngsten, getauft. Mit diesem wundervollen Gottesmann und seiner treuen Lebensgefährtin verband uns bis zu ihrem Tode echte und tiefe Freundschaft.

Wir verließen Doorn nach einem kurzen Zwischenaufenthalt in Berlin Ende Mai 1938 und langten dort Ende November wieder an, nachdem wir die Erde von Osten nach Westen, also mit dem Lauf der Sonne, umfahren hatten. Der vorgesehene Reiseweg war: Vereinigte Staaten, Honolulu, Japan, Mandschurei, China, Philippinen, Südindien. Abgesehen von kleineren Unzuträglichkeiten wie verpaßten Zügen und Schiffen oder Geldverlegenheiten, gab es keinen einzigen unangenehmen Zwischenfall. In jedem Lande der Erde und in jeder Weltecke leben Menschen, deren Bekanntschaft sich lohnt; überall findet man Leute, die auf den ersten Blick fesseln und bei denen sich sofort eine Atmosphäre gegenseitigen Verständnisses einstellt. Jeder respektierte den »Glücksegoismus« eines Paares auf der Hochzeitsreise, und auch die Presse suchte nicht nach anderen Hintergründen und Zusammenhängen.

Es wäre sinnlos, alles aufzuzählen, was wir gesehen haben, alle zu nennen, die wir trafen oder wiedertrafen, alles zu schildern, was wir an

Herzlichkeit und Gastfreundschaft erfuhren. Aber es wäre ebenso ungerecht, von einigem nicht ausführlich zu sprechen, und dazu gehört natürlich unser Aufenthalt bei meinem alten Freunde Poultney Bigelow, der uns seine höchste Gunst dadurch erwies, daß er uns nicht nötigte, seinen merkwürdigen Lebensstil mitzumachen. Wir brauchten also nicht um fünf Uhr früh aufzustehen und mit ihm ein Bad im Hudson zu nehmen, aber er betonte, daß er sich zu diesem bedeutenden Zugeständnis nur Kira zuliebe bereit finde. Das Gastbett, in dem wir schlafen mußten, war ein altes, im sechzehnten Jahrhundert aus England in die Vereinigten Staaten gekommenes Erbstück der Familie Bigelow. Gleich am ersten Morgen beim Frühstück wartete uns Poultney Bigelow mit der Nachricht auf, daß wir von der Familie Roosevelt über das Wochenende nach Hyde Park eingeladen seien.

Roosevelt saß in seinem niedrigen Sessel gegenüber dem offenen Fenster mit dem Blick in den Garten. Er sah so kräftig, gesund und gebräunt aus, daß man sein körperliches Leiden fast vergaß. Kira mußte sich an seine Seite setzen; er erkundigte sich nach dem Befinden des Kaisers und nach Kiras und meiner Familie Ergehen. Nach dem Tee, bei dem sich eine angeregte Unterhaltung um die Probleme Neuvermählter drehte, führte uns Roosevelts Mutter in unsere Zimmer.

Erst beim Abendessen, zu dem unter einigen anderen Gästen Mr. Steinway von der Pianofirma geladen war, trafen wir Mrs. Eleanor Roosevelt, die vorher eine Repräsentationsverpflichtung hatte wahrnehmen müssen. Der Präsident sprach von dem Deutschland seiner Jugendzeit, von seinem geliebten Heidelberg, von vielen hübschen Erinnerungen an Land und Leute, und wie er es auf einer Radtour in Süddeutschland fertiggebracht hätte, sechsmal wegen Verstoßes gegen Polizeiverordnungen verhaftet zu werden. Plötzlich aber begann er, Kira, die wiederum den Ehrenplatz neben ihm hatte, nach den Gegenwartszuständen in Deutschland zu fragen. Das war nicht leicht für sie, denn sie hatte erst zu kurz unter Hitler gelebt, um die Methoden dieses Regimes schon ganz zu durchschauen. Als sie die Schattenseiten der nationalsozialistischen Herrschaft durch einen Vergleich mit dem Sowjetsystem und mit Stalin illustrierte, kam die Rede auf Rußland, auf die Vorkriegsbeziehungen zwischen Rußland und Deutschland, auf den ersten Weltkrieg und seine Folgen. Der Präsident hörte aufmerksam zu. Er lenkte das Gespräch nur durch Zwischenbemerkungen und dann und wann durch eine Frage, wenn er einer Sache auf den Grund gehen wollte.

Am nächsten Morgen, dem Sonntag, fuhren wir alle zum Gottesdienst in einer nahen Kirche. Danach wurden wir vor dem Kirchenportal mit der Familie Roosevelt photographiert; viele Leute hatten sich eingefunden, um ein Lächeln des Präsidenten zu erhaschen und ihm bei der Abfahrt zuzuwinken. Nachmittags fuhr er uns persönlich in seinem eigens für ihn konstruierten Fordwagen durch seine Besitzung. Er entwickelte uns Pläne für Straßenbau und Aufforstung und zeigte uns an einem kleinen Hügel den Platz, den er für den Bau eines Blockhauses ausersehen hatte. »Es soll mein Ruhesitz sein, wenn ich mit der Präsidentschaft fertig bin«, meinte er lächelnd. Er wurde nie damit fertig, der Tod entriß sie ihm. Die friedlichen Tage in seinen Amtsjahren verlebte er im »Little White House«, das er in den Wäldern von Warm Springs, seinem alten Kurort, erbaut hatte.

Wir dachten nicht, daß wir den Präsidenten jetzt noch einmal in Washington sehen würden. Wir hatten gar nicht nach Washington fahren wollen, um den deutschen Botschafter nicht in Verlegenheit zu bringen, aber nun war er es selbst, der, nachdem er von unserem Besuche in Hyde Park und von verschiedenen New Yorker Veranstaltungen uns zu Ehren gehört hatte, urplötzlich eine geradezu dringliche Einladung schickte. Botschafter war damals Heinz Dieckhoff. Er gab uns ein offizielles Frühstück mit dem gesamten Stab der Botschaft und prominenten Gästen.

Mitten in dieses Frühstück hinein platzte ein Anruf aus dem Weißen Haus: der Präsident werde sich freuen, uns um zwei Uhr bei sich zu sehen. Dieser Beweis unserer freundschaftlich-unformellen Beziehungen zum Präsidenten Roosevelt verursachte fassungsloses Staunen. Unsere Gastgeber, deren sorglich arrangierte Gesellschaft wir so unhöflich sprengen mußten, benahmen sich reizend; sie bestellten sogleich den Wagen, und schon waren wir unterwegs zum Weißen Hause, wo Roosevelt uns in seinem Arbeitszimmer empfing. Nach einer Weile — Louis Lochner hat diese Geschichte über Associated Press verbreitet — machte er mir den Vorschlag, ich möchte doch einmal vorsichtig und ganz persönlich bei Ribbentrop erkunden, wie man ein Treffen des amerikanischen Präsidenten, des Führers, des Duce und des britischen Premiers, etwa auf den Azoren, beurteile; Ribbentrop würde dann wohl mit Hitler sprechen, und je nachdem sehe man, ob es zweckmäßig sei, den Plan auf dem üblichen diplomatischen Wege vorzubringen.

Dementsprechend verfaßte ich nach meiner Rückkehr ein Memorandum für Ribbentrop. Ich erhielt nicht einmal eine Empfangsbestätigung.

Wochen vergingen, während deren ich durch verschiedene Mittelsmänner auf eine Antwort drang. Ich bekam sie schließlich mittelbar und aus unerwarteter Richtung. Zu Weihnachten sandten Kira und ich Grüße an Roosevelt; bald darauf meldete sich ein Offizier aus dem Luftfahrtministerium bei mir. Göring ließ persönlich fragen, wie ich dazu komme, an den »ärgsten Feind des Führers« ein Glückwunschtelegramm zu richten. »Wenn Sie keine befriedigende Erklärung geben können, werden Sie aus der Luftwaffe ausgestoßen, und es kann auch andere Folgen für Sie haben.« Was mich rettete, war, daß wir nicht nur an Roosevelt telegraphiert hatten, sondern auch an andere Staatsmänner in anderen Ländern, deren Gastlichkeit wir genossen hatten. Infolgedessen entfiel der Verdacht, ich hätte durch den Weihnachts- und Neujahrsgruß für Roosevelt dem »Führer« einen Tort antun wollen. Aber ich brauchte mich nun nicht weiter bei Ribbentrop zu bemühen, denn die Tiefe der Kluft zwischen Hitler und dem amerikanischen Präsidenten war offenkundig.

Jimmy Roosevelt, des Präsidenten ältester Sohn, zeigte uns im Kapitol beide Häuser des Kongresses. Senator Pittman empfing uns und ließ uns einen Blick in das Amtszimmer des Vizepräsidenten tun, wo, wie er bemerkte, »für gewöhnlich nicht gearbeitet« wird. Pittman war zu jener Zeit Vorsitzender des Außenpolitischen Ausschusses, dessen Sitzungsraum wir ebenfalls sahen. So manches Mal wandern meine Gedanken dahin zurück, wo die Beschlüsse gefaßt werden, von denen seit geraumer Weile das Schicksal der Welt abhängt. — Der Senat war versammelt; Pittman erklärte uns auf der Galerie leise die Einzelheiten der Sitzung und der Tagesordnung. Als ich unten Bob La Follette wiedererkannte, ließ er ihn zu uns heraufbitten.

Bald waren wir von Presseleuten umringt, die nach unserem Eindruck forschten. Sie versagten sich auch nicht eine Anspielung auf das Hitlerregime und kleideten sie in die Frage: »Was halten Sie vom parlamentarischen System und seiner Wirksamkeit?« Ich erwiderte behutsam: »Es ist ausgezeichnet, und — bei Ihnen gewiß auch wirksam.« Sie ließen es dabei bewenden. Ich erinnerte mich an meine Enttäuschung im Reichstag der Weimarer Republik. Hier nun sah ich ein Parlament an der Arbeit, das mir sozusagen meinen Glauben zurückgab: durch die Ruhe und Sachlichkeit, mit der gesprochen, durch die Aufmerksamkeit und Achtung, mit der zugehört wurde. Mit Scham vollends dachte ich an den dirigierten Reichstag Hitlers, der im Volksmund »der teuerste Gesangverein der Welt« hieß, weil seine Mitglieder hohe Gehälter dafür bezogen, daß sie ein- oder zweimal im Jahre sich versammelten, einem Monolog des »Führers« lauschten und das Horst-Wessel-Lied sangen.

Da wir erst am Nachmittag von Washington abfuhren, konnten wir am gleichen Tage Detroit nicht mehr erreichen. Wir unterbrachen unsere Fahrt in einem verlockend aussehenden Städtchen namens Cadiz, wo Clark Gable geboren sein soll, schrieben uns im Hotel als Mr. und Mrs. Ferdinand ein und gingen dann ins nächste Restaurant zum Abendessen. Kaum saßen wir, als ein gewichtiger Mann mit Gefolge das Restaurant betrat und an unseren Tisch kam.

»Sind Sie der junge Mann, der Sie angeblich sein sollen?« fragte er nicht unfreundlich.

»Wer soll ich denn sein?« fragte ich zurück.

»Nun, dieser Prinz Louis, der gerade geheiratet hat.«

»Dann bin ich Ihr Mann, und dies ist meine Frau.«

»Großartig. Ich bin der Sheriff, und hier sind meine Leute. Wir werden Ihnen eine kleine Ehrenwache stellen. — Nebenbei«, fügte er mit einem geringschätzigen Blick auf eine Flasche Limonade, die auf unserem Tisch stand, hinzu, »wenn Sie etwas Ordentliches trinken wollen, kann ich Ihnen dazu verhelfen — aber außerhalb der Stadt, denn diese Stadt bleibt leider trocken.«

Wir dankten lachend, und als wir gegessen hatten, gingen wir ins Kino. Nach der Vorstellung präsentierte der Sheriff uns der Menge, die sich vor dem Theater angesammelt hatte, mit den Worten: »Folks, meet the Prince and his wife« — »Das, Leute, ist der Prinz und seine Frau!« Anderen Tages konnten wir diese Geschichte natürlich in der Zeitung lesen, und als wir zwei Wochen später in dem kalifornischen Städtchen Monterey in ein kleines Lokal traten, um ein deutsches Beefsteak zu essen, kam der Wirt mit einem vielsagenden Lächeln herbei: »How does it feel to be married?« — »Na, wie fühlt man sich denn, wenn man so jung verheiratet ist?« Das war die Wirkung der wohlwollenden amerikanischen Publizität, die uns überallhin folgte. Auch bei Ford wurden wir auf Schritt und Tritt photographiert. Ben Donaldson, der seinerzeit der erste Fordmann gewesen war, den ich zu Gesicht bekommen hatte, meinte zu meinem sanften Protest: »Bedauere, Louis, nichts zu machen. Das kommt davon, wenn man eine so hübsche Frau geheiratet hat.«

Die meisten meiner alten Arbeitskameraden arbeiteten noch an demselben Platz. Mein ehemaliger Vorarbeiter erklärte Kira alle Einzelheiten der Produktion. »Damals war ich der Boß von Louis«, lachte er, »jetzt ist die Reihe wohl an Ihnen.« Er war entzückt, weil Kira sich so für technische Dinge interessierte; als besondere Ehre durfte sie einen Wagen frisch vom Fließband auf dem Prüfungsgelände ausprobieren.

Bei einem Mittagessen mit dem Werkspolizeichef Harry Bennett erzählte ich ihm, wir wollten mit der Bahn von Chicago an die pazifische Küste, um dort das Schiff nach Honolulu zu nehmen. »So können Sie Ihrer Frau nicht unser Land zeigen«, warf er ein. Ich erklärte ihm, daß wir aus Devisengründen sparsam sein müßten. »Ich sage Ihnen, Sie werden nicht mit dem Zug fahren«, wiederholte er hartnäckig. Als wir dann in Henry Fords Haus in Dearborn eingeladen waren — die Szene war fast genau die gleiche wie vor neun Jahren, als ich ganz allein bei dem Ehepaar Ford zu Gast gewesen war, nur waren wir diesmal zu viert bei Tisch —, sagte Ford zu mir: »In Chicago werden wir einen Wagen für Sie bereithalten. Sie können ihn selbst chauffieren bis San Francisco, wenn Sie Lust haben. Ihre Frau sieht dann wenigstens etwas von der Gegend.« Da mußte ich die Allmacht von Harry Bennett begreifen, falls ich sie nicht schon früher begriffen gehabt hätte.

Selbstverständlich fehlte auch einer der Fordschen Tanzabende nicht. Ford widmete sich fast den ganzen Abend Kira, und da sie von Kind auf mit den alten Tänzen vertraut war, machte es ihr keine Schwierigkeit, mit ihm zu tanzen. Mir kam jetzt das Ganze sonderbarer und weniger einleuchtend vor als ehemals. Die synkopierten Rhythmen der modernen Tänze sind, glaube ich, so etwas wie ein Symbol unseres Jahrhunderts. Es ist ganz nutzlos, das zu leugnen. Denn wenn man es leugnet, übersieht man eine Realität, und das ist immer ein Fehler. Klassische Musik und moderne Tanzmusik sind ja auch gar keine Gegensätze; die eine erfüllt einen künstlerischen, die andere einen gesellschaftlichen Zweck. Darum haben die Komponisten solcher Tanzmusik eine große Verantwortung, weil ihre Musik unmittelbarer auf so viele Menschen wirkt, während klassische Musik einen gewissen Anspruch an Kenntnis und Bildung des Hörers stellt.

Als ich das erste Mal bei Poultney Bigelow war, besuchte ich einen Tanzabend in der Militärakademie von West Point. Die Akademie hatte einen neuen Kommandeur, Oberst Richardson. Der bisherige Kommandeur, Oberst Hodges, hatte eine ausgezeichnete Jazzkapelle gegründet. Ich lobte ihre Qualität bei seinem Nachfolger. Oberst Richardson, gerade aus Frankreich zurückgekehrt, wo er mehrere Jahre Militârattaché gewesen war, wies mein Lob energisch zurück.

»Ich verstehe nicht«, sagte er, »wie Sie als Europäer und Sproß einer solchen Familie von dieser scheußlichen Jazzmusik erbaut sein können! In der Militärakademie hat ein Jazzorchester absolut nichts zu suchen, ich werde es auflösen und den Jungen zeigen, was militärische Tradition ist!«

»Aber«, erwiderte ich, »warum wollen Sie ihnen durchaus das Vergnügen stören? Sie sind ja fast ein preußischer Militarist, Oberst!«

»Und Sie ein amerikanischer Pazifist, Prinz Louis!«

Als ich wieder einmal hinkam, war die Jazzkapelle immer noch da. Offensichtlich hatte ich Oberst Richardson ein wenig »reamerikanisiert«.

Fast hätte ich geglaubt, Kira huldige ähnlichen Gedankengängen, denn als Henry Ford sie zum Abschluß des Abends zu der üblichen Polonaise auffordern wollte, war sie plötzlich verschwunden. Es entstand eine peinliche Verlegenheit; Ford mußte eine andere Dame wählen. Aber Kira hatte sich aus einem anderen Grunde zurückgezogen: ich spürte sie in einem Vorratsraum auf, wo sie heimlich eine der bei Ford verbotenen Zigaretten rauchte. »Ich konnte es einfach nicht länger aushalten«, gestand sie.

»Werden Sie glücklich und geben Sie uns Nachricht, wenn Sie wieder gut zu Hause sind«, sagte Henry Ford mit einem herzlichen Abschiedsblick. Es war meine letzte Begegnung mit diesem großen Manne, der in meinem Leben so viel bedeutet hatte.

Der Ford hieß »Zephir«, und so schwebte er auch. In diesem Wagen machten wir von Chicago bis San Francisco wohl die schönste Autofahrt unseres Lebens. Wir sahen so viele Menschen, wurden an so vielen Plätzen bewirtet, empfingen von dem Lande, seiner Arbeit, seiner gesellschaftlichen Farbe, seinen historischen und modernen Sehenswürdigkeiten und seiner Emsigkeit noch im Müßiggang derart turbulente Eindrücke, daß wir, als wir uns in San Francisco einschifften, glaubten, es seien schon viele Monate vergangen. Auf dem Dampfer blieben wir nur noch an Deck, um die Durchfahrt durch das Golden Gate zu genießen, dann zogen wir uns vor Müdigkeit für vierundzwanzig Stunden zurück. Wir verpaßten sämtliche Mahlzeiten, aber die Stewards, die zum großen Teil von internierten deutschen Schiffen aus dem ersten Weltkriege stammten und sich in Amerika hatten naturalisieren lassen, hoben uns immer etwas auf. Der Wein-Steward war ein ehemaliger Berliner mit dem nicht alltäglichen Namen Rauhaupt, den er in Davis umgewandelt hatte. Er gab uns praktische Ratschläge zur Weinkarte, weil wir unsere Dollars sparen mußten, und bei der Ankunft in Honolulu spendierte er uns zum Abschied eine

Flasche französischen Sekt. Als wir sie nicht annehmen wollten, sagte er: »Ich komme nächstens nach Berlin, um nach zwanzig Jahren meine Heimat wiederzusehen, dann können Sie sich revanchieren, wenn Sie wollen.«

Es war ein Geschenk des Himmels, daß gleich nach der Landung Mr. Ross, der Präsident der Matson-Line, der auch das »Royal Hawaiian Hotel« gehörte, auf uns zukam mit der Mitteilung, das Hotel werde sich eine Ehre daraus machen, uns während unseres Aufenthaltes in Honolulu gratis zu beherbergen, und als dann noch der Fordvertreter sich meldete, der Weisung aus Dearborn hatte, uns wiederum einen »Lincoln Zephir« zur Verfügung zu stellen, fehlte nichts mehr zu unserem Glück. Nachmittags bestiegen wir das luxuriöse Auto, das vor unserem nicht minder luxuriösen Hotel parkte, und fuhren ein paar Häuser weiter zu einem kleinen, billigen japanischen Restaurant, wo wir, in der Sonne sitzend, eine bescheidene Mahlzeit aus amerikanischen Konservenerzeugnissen zu uns nahmen. Sie kostete für uns beide zusammen fünfzig Cent.

Ich fürchte, daß wir dem Gouverneur von Hawaii mißfallen haben. Irgendwer hatte uns weisgemacht, die Sitte von Hawaii fordere, daß wir bei diesem Besuch die prächtigen »Leis« trügen, die man uns zum Willkomm um den Hals gehängt hatte. So fuhren wir denn in diesem grotesken Aufzug gleich vom Schiff zum Amtssitz des Gouverneurs Poindexter. Der alte Herr sah uns einigermaßen befremdet an, als traue er seinen Augen nicht. Zum Glück konnten wir uns später bei ihm entschuldigen. Er lud uns in seine Privatresidenz ein, einstmals Palast des Königs Kalakaua, und man zeigte uns das Schlafzimmer der Königin Liliukulani, der Komponistin des Songs »Aloha Oe«, das seit der Absetzung des Königspaares unangetastet geblieben war. Wir machten zahlreiche Ausflüge, sahen hawaiische Feste und Zeremonien, aber mit wirklichen Eingeborenen kamen wir kaum zusammen. Auch ohne dies empfand man bald die Tragödie, die der Sturz des eingeborenen Herrschergeschlechts für die ganze Bevölkerung bedeutete. Die geschäftstüchtige Fremdenindustrie, die sich mit dem Zustrom der Touristen überall auf Hawaii entwickelt hatte, machte das Bild nicht anziehender. Als die »Empress of Canada« uns langsam von dem gastlichen Gestade entführte, senkten wir mit unseren Blumenkränzen unsere dankbaren Wünsche für diese märchenhaften Eilande in die Gewässer von Honolulu.

Zuvor hatte ich einen Artikel über meinen Großvater geschrieben, den ich einem Zeitungssyndikat in New York versprochen hatte; es war mir lieb, auf diese Weise meinem Großvater zu seinem bevorstehenden achtzigsten Geburtstag zeigen zu können, daß seine Enkel ihn auch in der Ferne nicht vergaßen. Zu dieser moralischen Genugtuung kam aber, wie ich gestehen muß, auch die materielle: die zweihundertfünfzig Dollar Honorar würden uns irgendwann nützlich sein.

Yokohama bescherte uns einen Zustrom von japanischen Reportern und Pressephotographen, der fast Amerika übertraf. Sie wollten uns zu einer Meinungsäußerung über den Krieg mit China bewegen, doch wir antworteten ausweichend und gaben nur andeutungsweise zu verstehen, daß wir von diesem Kriegsabenteuer nicht allzuviel hielten. Als ein indiskreter Mitpassagier ihnen verriet, ein Arzt in Honolulu habe festgestellt, daß bei uns ein kleiner Hohenzoller unterwegs sei, ergingen sie sich in allen möglichen Spekulationen. Wohin wir auch in Japan kamen, überall wurden wir nach dem Baby gefragt, als wenn es schon morgen und hier zur Welt kommen sollte. Es war für die Japaner selbstverständlich, daß unser Erstgeborener ein Sohn sein werde; hernach, als das freudige Ereignis wirklich eintrat, schickten uns unsere neugewonnenen japanischen Freunde viele Glückwünsche.

Meine Vorstellungen von Japan datierten weit zurück. Während unserer Schulzeit hatten wir englische Konversationsstunden bei Dr. Trautz, der sich vor dem Kriege mehrere Jahre in England und in den britischen Kolonien aufgehalten hatte und auch ein guter Kenner Japans war. Später leitete er das Deutsche Institut an der Kaiserlichen Universität in Kioto, beliebt und geachtet bei seinen Kollegen, bis er schließlich den Intrigen der nationalsozialistischen Auslandsorganisation weichen mußte.

Zunächst waren wir Gäste des deutschen Botschafters General Ott. Er hatte sich wohl in Washington bei seinem Kollegen Dieckhoff Rat geholt. Auch die japanische Regierung behandelte uns als inoffizielle Ehrengäste. Kurz nach unserer Ankunft besuchte uns Graf Mushakoyi in der deutschen Botschaft. Wir kannten ihn noch von seiner Zeit als Botschafter in Berlin; jetzt hatte er eine einflußreiche Stellung am japanischen Kaiserhof. Da er zu den japanischen Diplomaten alter Schule gehörte und nur wenig Sympathien für das Hitlerregime hatte, war er auf seinem Botschafterposten in Berlin von seinem Militärattaché General Oshima torpediert worden. Wir fragten ihn, ob wir nicht einen Höflichkeitsbesuch bei der kaiserlichen Familie machen sollten — Kira kannte den Prinzen Chichibu persönlich —, aber Mushakoyi riet uns wegen unseres inoffiziellen Status davon ab; jedes eigenmächtige Abweichen von der Etikette könne in Berlin falsch ausgelegt werden. Etwas bitter und ironisch meinte er: »Von

Tokio nach Berlin ist die Entfernung heutzutage wesentlich kürzer als nach Washington.«

Auf diese Ablehnung der japanischen »Achsenpolitik« stießen wir auch bei vielen seiner Kollegen und sogar großenteils bei der japanischen Presse. In der »Japan Times«, einer dem japanischen Außenministerium nahestehenden Zeitung, fand ich einen sehr abfälligen Artikel über Göring und andere führende Nationalsozialisten. Ich fragte den Botschafter Ott, ob er den Artikel gelesen habe. »Ja«, sagte er, »doch ich werde mich hüten, ihn nach Berlin zu schicken.« Es war eine recht bezeichnende Bemerkung. Der ehemalige japanische Presseattaché in Berlin, dem ich am gleichen Tage begegnete, meinte: »In Japan gibt es eben immer noch so etwas wie Pressefreiheit.«

Auch der Besitzer der zwei größten japanischen Zeitungen, »Tokio Nichi Nichi« und »Osaka Mainichi«, Mr. Shingoro Takaichi, hielt sich nicht an die Weisungen der Regierung, nicht viel Aufhebens von unserem Besuche zu machen. In einem der ersten Klubs gab er uns einen Empfang, zu dem er die Spitzen der Behörden und viele andere hervorragende Persönlichkeiten des japanischen öffentlichen Lebens einlud. Die Regierung war durch den alten General Araki, den Erziehungsminister, vertreten. Er war während des ersten Weltkrieges Militärattaché am Zarenhof, und er sprach Russisch als einzige Fremdsprache.

Aber Shingoro Takaichi tat uns außerdem die höchste Ehre an, die ein Japaner überhaupt einem Ausländer zu bieten hat: er lud uns in sein Haus in Osaka ein, damit wir im engsten Kreise seiner Familie ein Wochenende ganz im japanischen Stil verbrächten. Wir durften sogar ein Bad nehmen nach japanischer Sitte, wobei die männlichen Badegäste von den Dienstmägden mit Wasser übergossen werden. Als wir es unseren deutschen Gastgebern in Tokio erzählten, wollten sie es kaum glauben. »Man kann ein ganzes Leben in Japan verbringen«, meinten die alten Hasen von der Botschaft, »ohne daß man je von einem Japaner in sein Privathaus eingeladen wird, ganz zu schweigen von der besonderen Gunst eines japanischen Bades, wie sie Ihnen erwiesen worden ist.« — Takaichi erwies sich als ein universell gebildeter Weltbürger, der seine ernste Besorgnis über die Entwicklung der internationalen Politik aussprach und die aggressive Abenteurerlinie seiner zur Zeit führenden Landsleute ebenso verurteilte wie ich diejenige der meinen.

Es war überall augenfällig, daß die Anpassung an die westliche Zivilisation das die Japaner bedrängende Problem war. Zu Hause fühlten sie sich nur in ihren heimischen Gewohnheiten, und in diesem Rahmen hatten auch die Frauen den Reiz der Zartheit. Trotzdem führte, gemessen an europäischen oder amerikanischen Begriffen, die japanische Hausfrau das Leben einer Sklavin. Auf einer unserer Eisenbahnfahrten kamen wir mit einem europäisch gekleideten Japaner ins Gespräch; er war mit seinen beiden jungen Töchtern aus Amerika herübergereist, um den in Kalifornien geborenen Mädchen zum ersten Male sein Vaterland zu zeigen. Sie erzählten mit Abscheu von der unwürdigen Rolle, die nach ihrer Ansicht der Frau in Japan aufgezwungen war. Späterhin begegneten wir zwischen Kioto und Mukden einem japanischen General, der mit Frau, Sohn und drei Töchtern reiste: er und sein Sohn erster Klasse, der weibliche Teil der Familie in der dritten eingepfercht. Dennoch sagten uns erfahrene Japankenner, daß die japanische Frau nur oberflächlich betrachtet in solcher Unterdrückung lebe, in Wahrheit beherrsche sie das gesamte Hauswesen und übe einen starken Einfluß aus, der so weit gehe, daß sie sogar die Rechnungen für die Geisha-Parties ihres Ehemannes bezahle.

Unsere eigentlichen »Ciceroni« in Japan waren Herr und Frau Kaumann. Dr. Kaumann war Vertreter der Lufthansa und des Reichsverbandes der deutschen Luftfahrtindustrie. Seinem Telegramm aus Tokio verdankte ich ja bis zu einem gewissen Grade diese Weltreise, weil er die Bedenken meines Großvaters gegen einen Aufenthalt im Fernen Osten überwunden hatte. Er kannte Japan so gut, wie man es als Ausländer vielleicht überhaupt kennenlernen kann, und er hatte eine witzig pointierte Art, über die Schwierigkeiten dieses Kennenlernens zu sprechen. So pflegte er zu sagen, die Japaner brächten den größten Teil ihres Lebens damit zu, ihre Schriftbilder lesen und schreiben zu lernen, und man verstehe auch ihre Sprache schwer, weil man mitunter »Lokomotive« höre, wenn es sich um ein Taschentuch handle. Mit den Kaumanns wohnten wir mehreren offiziellen Essen in Geisha-Häusern bei, aber an die japanische Art zu kochen — oder nicht zu kochen, je nachdem, wie man es bezeichnen will — konnten wir uns nie gewöhnen. Bei diesen Gesellschaften hatte man uns zu Ehren die Geisha Kiharu San engagiert, die wohl als einzige ihres Standes perfekt Englisch sprach. Ihre Kolleginnen beschränkten sich auf ein stereotypes Lächeln und füllten schweigend unsere Gläser immer wieder mit Reiswein, während unsere japanischen Gastgeber sich an Whisky hielten, der ihnen die Zunge löste.

Von allem jedoch, was in Japan merkwürdig war, ergriff uns am meisten das Religiöse, die schlichte Andacht des Volkes in seinen Tempelstätten unter freiem Himmel und das schwer zu begreifende kultische

Verhältnis der Untertanen zu ihrem Kaiser, dem Tenno. Seine eigentliche Macht war in der Tat wohl viel weniger eine politische als eine religiöse und moralische. Man erzählte uns von dem einzigen Versuch des Kaisers Hirohito — er hatte als junger Prinz Amerika und Europa bereist —, die ihn umgebende Mauer zu durchbrechen. Bald nach seiner Thronbesteigung hatte er ein Schwimmbad eröffnet, indem er zuerst ins Wasser sprang, ein in der japanischen Geschichte unerhörter Vorfall, der gefährliche Reaktionen bei den mittelalterlichen Gruppen des Landes hervorrief. Ferner hörten wir von einem der wenigen Fälle, in denen der Kaiser von seiner gottähnlichen Machtvollkommenheit Gebrauch gemacht hatte: als vor seinem Palast aufständische Patrioten demonstrierten, die den Premierminister und die meisten seiner Kollegen ermordet hatten, ließ er einen Ballon mit Schriftbändern aufsteigen, die seine Mißbilligung der revolutionären Taten ausdrückten. Die Wirkung war, daß alle an der Rebellion Beteiligten Harakiri begingen.

Kaumann meinte, viele Japaner wünschten, daß der Tenno seinen politischen Einfluß stärker gegen die kriegslüsternen Militärs geltend mache, die das Land in das chinesische Abenteuer gestürzt und den Namen des Kaisers, der sich mehr für die Tiefseefischerei als für Weltpolitik interessierte, mißbraucht hatten. Es hieß übrigens auch, der Kaiser sei von der Achsenfreundschaft nicht sehr erbaut, obwohl er nichts dagegen unternahm. Jedenfalls scheinen die Japaner auch heute noch zu ihrem Kaiser zu stehen, der sie in schweren Zeiten zusammenhält. General MacArthur und seine Ratgeber haben, glaube ich, politisch einsichtig gehandelt, indem sie die Institution des japanischen Kaisertums benutzten, statt sie abzuschaffen. Vielleicht ist Kaiser Hirohito den Eroberern sogar dankbar dafür, daß sie ihn von seinem Halbgottwesen befreit und in Berührung mit seinem Volke gebracht haben.

Ein kleines Erlebnis in der Mandschurei scheint mir für die Art charakteristisch zu sein, wie man sich in Ostasien aus der Affäre zieht. Wir hatten von Mukden einen mehrtägigen Ausflug nach Singking, der mandschurischen Hauptstadt, gemacht. Das Gepäck hatten wir im »Yamato-Hotel« in Mukden zurückgelassen mit der Weisung, es an einem bestimmten Tage, an dem wir, von Singking zurückkehrend, in Mukden gleich Anschluß hatten, an den Nachtzug nach Peking zu bringen. Von den japanischen Behörden war uns versichert worden, die Reise sei trotz der chinesischen Guerillatätigkeit gefahrlos. Als wir in Mukden nach Peking einsteigen wollten, war weit und breit kein Gepäck zu sehen. So fuhr der Zug ohne uns ab. Auf die Beschwerde im Hotel hatte man nur das mit dem beliebten »Das tut uns aber leid, very, very sorry« ausgedrückte Bedauern: der Auftrag sei vergessen worden. Wir mußten nun den Tageszug nach Peking benutzen. Dort hörten wir, daß der Nachtzug, mit dem wir hatten fahren wollen, nie angekommen war. Die japanischen Behörden waren wohl gewarnt worden, hatten aber uns gegenüber ihre Befürchtungen nicht zugeben wollen; lieber hatte man »versäumt«, unser Gepäck rechtzeitig zum Bahnhof zu schaffen.

In Peking wohnten wir in der deutschen Botschaft nahe am Bahnhof. Nach dem Lärm dort zu schließen, mußte der Verkehr riesenhaft sein. Als wir uns danach erkundigten, sagte man uns, daß nicht ein einziger Zug ein- oder auslaufe, weil die Guerillas die Strecken unterbrochen hätten. »Aber sie lassen andauernd die beiden Lokomotiven pfeifen, die im Bahnhof stehen, damit es sich anhört, als sei alles in Ordnung.« Unter den Ausländern in Peking stritten sich diejenigen, die für Japan eintraten, mit denjenigen, die für China eintraten. Man konnte die beiderseitigen Gründe auf sich beruhen lassen, aber die japanische Besetzung von Nordchina hatte für die bei Tschiang-Kaischek akkreditierten ausländischen Diplomaten eine merkwürdige Situation geschaffen. Die Chefs der diplomatischen Missionen mußten sich wohl oder übel nach Tschungking begeben, während ihr Stab in Peking bleiben und sich dort gute Tage machen konnte. Manche dieser Chefs beeilten sich denn auch keineswegs, mit ihren Beglaubigungsschreiben die Fahrt nach Tschungking anzutreten, und manche sind, glaube ich, nie dort angelangt. Die Tätigkeit erstreckte sich meistenteils einzig auf das Gesellschaftliche.

Es war ganz kurz vor der Münchener Konferenz, und der politische Horizont verdüsterte sich zusehends. Bei einem Essen in der britischen Botschaft anläßlich des Besuches Sir Percy Nobels, des Kommandeurs der britischen Fernostflotte, war Kira Sir Percys Tischnachbarin. Er meinte, wenn ein Krieg zwischen England und Deutschland ausbräche, würde Japan an Deutschlands Seite kämpfen, und er könne dann mit seinen wenigen Schiffen nur einen ehrenvollen Tod sterben.

Da die Japaner bloß einen kleinen Landstrich um Peking unter ihrer Kontrolle hatten, konnten wir zwar den Sommerpalast besichtigen, nicht aber die Ming-Gräber, die im Guerilla-Gebiet lagen. Im ganzen war Peking und besonders die »Verbotene Stadt« unser stärkster Eindruck im Fernen Osten. Es ist ein anziehender Gedanke, daß »der Sohn des Himmels« sein Opfer dem Universum darbringt, mit dem er in Sein und Handeln im Einklang steht. Schneller als man denkt, lernt man die asiatischen

Gesichter unterscheiden, und man erkennt, daß zum Beispiel der Unterschied zwischen einem Japaner und einem Chinesen weit größer ist, als man anfänglich hätte zugeben mögen.

Wegen der Kriegslage brauchten wir von Peking nach Schanghai über eine Woche. Wir mußten zu Schiff von Tientsin nach Dairen und ebenso von Dairen nach Schanghai, weil die Eisenbahn Peking—Schanghai unterbrochen war. Obendrein verpaßten wir in Dairen das Schiff und mußten zwei Tage auf das nächste warten. Dadurch hatten wir Zeit zu einem Ausflug nach Port Arthur und konnten von dem blutgetränkten »Telegraphen-Hügel« einen Blick auf die Stadt und die Küste werfen, wo mein Schwiegervater zu Beginn des russisch-japanischen Krieges gedient hatte.

Unser Schiff nach Schanghai, die »Tientsin Maru«, legte für zwölf Stunden in Tsingtau an. Nach einigen Verhandlungen mit den Hafenbehörden wurde mir erlaubt, an Land zu gehen; mit einem deutschen Reisegefährten, der sich in der Stadt auskannte, machte ich eine ausgedehnte Rundfahrt. Wir besichtigten die ehemaligen deutschen Befestigungen und saßen schließlich in einem deutschen Restaurant bei einem Glase Bier. Mit ihren festen, steinernen Häusern erinnerte mich die Stadt ein wenig an Swinemünde oder einen anderen deutschen Ostseehafen, doch wirkte sie jetzt recht trostlos. Unser chinesischer Taxifahrer sprach fließend Deutsch; er war vor dem ersten Weltkriege Ordonnanz bei mehreren deutschen Offizieren gewesen und schwelgte in Erinnerungen an diese guten alten Zeiten. Die gegenwärtigen Herren Chinas bedachte er mit Kraftausdrücken, die sich auf jedem deutschen Exerzierplatz hätten hören lassen können.

Nicht weit von unserem Schiff ankerte ein großer japanischer Verwundetentransportdampfer. Offenbar wollten die Japaner den Passagieren unseres Schiffes diesen Anblick vorenthalten; das war auch der Grund, weshalb sonst niemand an Land gehen durfte. Kira war an Bord geblieben, weil sie sich nicht ganz wohl fühlte. Nichtsdestoweniger hatte sich die »weißrussische« Kolonie von Tsingtau auf dem Kai versammelt, um womöglich einen Blick ihrer Großfürstin zu erhaschen. Überall seit unserer Ankunft in Yokohama hatten die »Weißrussen«, die in Japan oder auf dem asiatischen Festland lebten, in der rührendsten Weise ihre Anhänglichkeit an Kira und das russische Zarenhaus bewiesen; sie hatten uns eingeladen und uns Geschenke aufgenötigt. Die Japaner waren gegen diese Demonstrationen nicht eingeschritten, ja es schien uns, daß sie sie in gewissem Grade begünstigten. Hier in Tsingtau aber wurde niemand an

Bord gelassen, und der Geistliche, der niemals fehlte, mußte vom Lande aus seinen Segen erteilen, als unser Schiff den Hafen verließ.

Kurz vor der Abfahrt war ich von einem Offizier des japanischen Geheimdienstes über meine Eindrücke in Tsingtau ausgefragt worden. Ich sagte ihm, es sei schade, daß diese hübsche kleine Hafenstadt, früher einmal von den Deutschen so gepflegt, von den Japanern vernachlässigt würde. Mit dieser Antwort war seine Neugier bei weitem nicht befriedigt; er wollte unsere Reisepläne wissen, mit allen Einzelheiten, bis nach Berlin. Ich antwortete etwas ungehalten, sein Interesse für meine nächsten Schritte sei zwar schmeichelhaft, aber ich glaubte nicht, daß Japan so viel Macht habe, daß es uns auch außerhalb der japanischen Einflußsphäre noch schützen könne. Darauf wußte er nichts zu erwidern, und ich wurde ihn endlich los.

Abends im Speisesaal saß an unserem Nebentisch ein japanischer General. Er trug Reithosen, jedoch nach japanischer Sitte keine Stiefel. Da er von allen mit großer Achtung behandelt wurde, fragten wir den Zahlmeister, der leidlich Englisch sprach, nach ihm. Es war General Doihara, »der Lawrence des Ostens« genannt, einer der fähigsten Militärs im japanischen Geheimdienst. Man sagte, daß er sich in den verzwickten Verhältnissen der chinesischen Innenpolitik und der Technik des Bürgerkrieges besser auskenne als irgendwer sonst. Auf meine Bitte hin wurde in der Kapitänskajüte eine Zusammenkunft arrangiert, bei der der Zahlmeister dolmetschte; der General sprach angeblich nur Japanisch, aber ich bin sicher, daß er jedes meiner Worte verstand. Ich stellte ihm die freilich etwas taktlose Frage, ob er es gewesen sei, der sich des ehemaligen Kaisers von China, Pu Yi, des späteren Kaisers von Mandschukuo, bemächtigt und ihn nach Singking entführt habe. Man hatte mir nämlich gesagt, daß Doihara einer der verantwortlichen Männer für die Restauration der alten Mandschu-Dynastie sei. Höflich lächelnd erwiderte er, das Wort »Entführen« sei wohl ein bißchen zu stark, wenngleich nicht ganz ungerechtfertigt. »Wollen Sie ihn nach Peking schaffen?« fragte ich. »Das weiß ich noch nicht so genau«, war seine Antwort, »aber Pu Yi würde kaum etwas dagegen haben.«

Noch vor unserer Ankunft in Schanghai erhielten wir durch Funkspruch eine Einladung des Oberkommissars der Philippinen, Paul V. MacNutts, und eine weitere von Präsident Manuel Quezón. Beide wollten offizielle Gesellschaften für uns geben. Wir nahmen in der Hoffnung an, daß wir in Schanghai die »Victoria« erreichen würden, die am Tag nach unserer Ankunft nach Manila in See gehen sollte. Die Hoffnung erfüllte sich diesmal. In Schanghai tauchte wieder die »weißrussische« Kolonie in Scharen zu Kiras Begrüßung auf. Sie waren schon mehrmals vergeblich am Pier gewesen, weil man uns viel früher erwartete. Im »Cathay Hotel«, wo man uns Wohnung angeboten hatte, war von ihnen ein großer Empfang vorbereitet. Leider mußten wir sie enttäuschen, weil Kira infolge ihrer Unpäßlichkeit nicht daran teilnehmen konnte, aber es war bewegend zu sehen, wie immer wieder Gruppen dieser loyalen russischen Emigranten bis in ihr Zimmer vordrangen, wo Kira, auf der Couch liegend, sie empfangen mußte. — Die allgemeine Stimmung in Schanghai war unruhig und nervös, denn die Stadt wimmelte von Emigranten, unter denen Russen und Deutsche, Flüchtlinge vor dem Bolschewismus und vor dem Nationalsozialismus, bei weitem in der Mehrzahl waren.

Die »Victoria«, mit der wir nach Manila ausliefen, war ein Schiff des »Lloyd Triestino«. Ich mußte die unerfreuliche Entdeckung machen, daß dieser Teil der Seereise nicht im voraus bezahlt worden war, weil die italienische Schiffahrtsgesellschaft kein deutsches Geld annahm. »Das ist also die Achsenfreundschaft«, bemerkte ich bissig. Der Italiener im Büro zuckte bedauernd die Schultern. Zum Glück hatte ich in Tokio die 250 Dollar für meinen Zeitungsartikel kassieren können. Sie waren jetzt, wie sich bald herausstellte, nicht schlecht angelegt. Von allen Schiffen, auf denen wir bisher gefahren waren — etwa elf aus fünf Nationen —, war dieser italienische Dampfer einer der saubersten und elegantesten. Er hatte nur dreizehntausend Tonnen, nahm keine Fracht mit und glich mehr einer Privatjacht; Speisesaal und Kabinen waren luftgekühlt. Wir aßen mit dem rauh-jovialen Kapitän und dem Schiffsgeistlichen, der den Spitznamen »Don Giovanni« führte. Ein paar Gespräche ergaben, daß sie entschiedene Gegner Mussolinis und Hitlers waren; auch bei dem größten Teil der Besatzung konnte ich diese Feststellung machen. Es war ein seltsames Gefühl, nach zwei unter Asiaten verbrachten Monaten plötzlich wieder unter lauter Europäern zu sein.

Obwohl wir in Manila schon um sechs Uhr früh vor Anker gingen, waren Vertreter des Oberkommissars und des Präsidenten, ferner der deutsche Konsul, Herr Sakowski, am Schiff. Dieser lud uns ein, bei ihm zu wohnen. Wir hatten bereits gehört, daß er einen schweren Stand in der deutschen Kolonie in Manila hatte, die vom Nationalsozialismus nichts wissen wollte und sich weigerte, die Hakenkreuzflagge zu hissen. Sakowski, der selbst alles andere als ein Nationalsozialist war, geriet schließlich als Diplomat in eine so peinliche Lage, daß er seinen Abschied einreichen mußte. Mit dem Konsul besuchte ich den amerikanischen Oberkommissar MacNutt und danach den Präsidenten Quezón, wie es die Etikette forderte. MacNutt und ich konnten unsere Bekanntschaft aus Indianapolis erneuern. Präsident Quezón, der im Malacañan-Palast residierte, schien besonders erfreut zu sein, daß ich ihn auf spanisch anredete. Bei den folgenden Empfängen begegneten wir auch General MacArthur, der damals militärischer Berater der philippinischen Regierung war; ich lernte seinen Weitblick und seine Urteilsfähigkeit schätzen, die sich nicht nur auf militärische Dinge, sondern auch auf die gesamten politischen Zusammenhänge erstreckte.

Als Gäste der durch Zahl wie Reichtum bedeutenden spanischen Kolonie in Manila konnten wir feststellen, daß diese Spanier überwiegend Monarchisten waren und mit ihren politischen Sympathien auf seiten Francos standen. Die wenigen, aber einflußreichen Filipinos, die wir trafen, waren offensichtlich keine Anhänger Quezóns, vielmehr erschien ihnen Quezóns und seiner Partei Streben nach staatlicher Unabhängigkeit verhängnisvoll. »Die Japaner warten nur darauf, um dann sogleich über uns herzufallen«, meinten sie. Überraschend zu sehen, wie entschieden sich die Filipinos der westlichen Zivilisation zugehörig empfanden; eine jahrhundertealte spanische Kolonisierung und der Einfluß der modernen amerikanischen Zivilisation hatten dieses im Fernen Osten einzigartige Phänomen hervorgebracht.

Alle Zeitungen waren voll von Nachrichten, die auf eine unmittelbare Kriegsdrohung schließen ließen. Von Manila bis Ceylon stand unsere Reise im Zeichen dieser Aufregung. Als wir in Singapur ankamen, sah es so aus, als sollte der Krieg zwischen Deutschland und den Westmächten jede Minute ausbrechen. Die britischen Passagiere verließen die »Scharnhorst«, der deutsche Generalkonsul Windecker war wütend, daß »dieser Verrückte«, wie er sagte, nun wirklich einen neuen Krieg entfesseln wollte. Er holte vom britischen Gouverneur die Versicherung, daß Kira und ich im Kriegsfalle nach Sumatra fahren dürften. Der Hafen von Belawang, den wir nach etwa sechzehnstündiger Fahrt von Singapur erreichten, war mit deutschen Schiffen überfüllt, die offenbar insgeheim in diesen neutralen Hafen beordert worden waren. Der örtliche Fordvertreter hatte bei den holländischen Behörden für uns als einzige die Erlaubnis zum Verlassen des Schiffes erwirkt.

Zwischen Sumatra und Ceylon verschlechterten sich die Nachrichten tatsächlich so, daß wir kaum noch damit rechneten, den Rest unseres

Reiseplanes verwirklichen zu können. Im Gegensatz zu der bisherigen Panikstimmung indessen machte sich in Ceylon plötzlich ein ebenso wilder Optimismus bemerkbar, nachdem die Meldungen von der Münchener Konferenz die friedliche Lösung der Sudetenkrise verkündet hatten. Der deutsche Konsul, Baron Plessen, bei dem wir wohnten, bewahrte vorher wie nachher seine Ruhe.

Freilich waren diese Besorgnisse nicht die einzigen gewesen, die unsere Reise verdüsterten. Von Japan an hatten sich die Nachrichten gemehrt, daß Kiras Vater in Paris ernstlich erkrankt war. Ein Telephongespräch mit dem Krankenhaus, in dem er lag, endete damit, daß der Arzt zu einem raschen Flug riet, falls Kira ihren Vater noch einmal sehen wolle. Angesichts des Gesundheitszustandes Kiras war der Flug ein Risiko. Im Konflikt zwischen Tochter- und künftigen Mutterpflichten entschied sie sich zu bleiben. Als dann die Nachricht vom Tode ihres Vaters eintraf, war sie so darauf vorbereitet, daß sie sie mit bewunderungswürdiger Selbstbeherrschung aufnahm.

Cochin war unsere erste Station auf dem indischen Festland, dann folgten Mysore und Travancore. Unser Gastgeber, Mr. Skrine, ein Schotte, der viele Jahre im britischen Kolonialdienst gestanden hatte und jetzt der Regierungsvertreter für Cochin und Travancore war, sprach skeptisch über die Zustände in Cochin; der Maharadscha interessierte sich mehr für seine heiligen Elefanten als für die Wohlfahrt seiner Untertanen. Der Maharadscha von Mysore hingegen, der uns in seinem Sommerpalast in Ootocamund, einem prachtvoll gelegenen Gebirgsort, empfing, stand bei seinem Volke in hohem Ansehen; er wurde wegen seiner Frömmigkeit fast als ein Heiliger betrachtet. Über die politische Zukunft Indiens äußerte er sich pessimistisch. Sein jüngerer Bruder, der Juwaradscha, ganz weltlich, hatte mehrere Jahre in Europa gelebt und liebte die Jazzmusik. Während eines Essens ließ er ein modern ausgerüstetes Orchester die neuesten amerikanischen Schlager spielen und danach dasselbe Orchester dieselben Schlager auf alten einheimischen Instrumenten. Auf diese Leistung war er außerordentlich stolz, aber ich fürchte, nur indische Ohren konnten noch eine entfernte Ähnlichkeit mit der ursprünglichen Komposition heraushören.

Am Hofe von Mysore hatte ein schon hochbetagter Deutscher bedeutenden Einfluß; leider habe ich vergessen, wie er hieß, doch an seine Geschichte erinnere ich mich genau. Er war in jungen Jahren aus Dresden oder Leipzig hierher verschlagen worden und sprach noch immer ein un-

Zu Gast auf der Burg Hohenzollern: Professor Niehans mit Gemahlin, Frau Münchinger und Prinzessin Kira von Preußen

Prinz Louis Ferdinand im Gespräch mit Bundespräsident Theodor Heuss anläßlich der 10jährigen Wiederkehr des 20. Juli 1944

SKH mit dem Nato-Generalsekretär Dr. Luns in Bremen (links oben)

... mit Axel Springer und seinem Sohn Prinz Christian Sigismund von Preußen (links unten)

... mit dem König von Dänemark anläßlich der Beisetzung von Königin Alexandrine (rechts oben)

... mit Prinz Charles und dem Regierenden Bürgermeister von Berlin, Klaus Schütz, bei einem Empfang im Schloß Charlottenburg

Silberhochzeit 1963 auf der Burg Hohenzollern:

Prinz und Prinzessin Louis Ferdinand umrahmt von: Prinzessin Xenia, Prinzessin Marie Cécile, Prinz Michael, Prinz Louis Ferdinand, Prinz Christian Sigismund, Prinz Friedrich Wilhelm und Prinzessin Kira (von links)

Wilhelm Kempff anläßlich eines Konzerts der Prinzessin-Kira-von-Preußen-Stiftung

Der Komponist Prinz Louis Ferdinand in seinem Heim in Berlin

Konzert im

Pilar Lorengar

Hermann Prey und Leonard Hokanson (links Mitte)

Edda Moser (links unten)

Hause Hohenzollern

Giuseppe di Stefano

Karl Münchinger

Yehudi Menuhin anläßlich der Uraufführung von Prinz Louis Ferdinands »Romantischer Suite«

Früh übt sich wer ein Meister werden will: Prinzessin Cornelie Cécile und Prinz Georg Friedrich Ferdinand

Aus glücklichen Tagen: Der Chef des Hauses mit seinem Enkel Prinz Georg Friedrich Ferdinand, Prinz Louis Ferdinand jun. und Prinzessin Donata von Preußen

Prinz Louis Ferdinand sen. und jun. vor ihrem »Preussenadler«

Beisetzung Prinz Louis Ferdinands jun. am 18. Juli 1977

SKH bei seinem morgendlichen Ausritt

. . auf einer Reise in die DDR

. . in Moskau vor der Basilius-Kathedrale. Von links: M. Kostorz, H. Schubert (halb verdeckt), Prinz Louis Ferdinand, M. Schwabe und K. P. Viebrock

. . . mit Prinz Christian Sigismund und dem Oberbürgermeister von Haifa, Arie Gurel, nach der Enthüllung des »Kaiserobelisken« am 22. März 1982

Neue Freundschaft zwischen Deutschen und Israelis: Der wiederaufgebaute »Kaiserobelisk«

Ausblick: Der Chef des Hauses auf seiner Burg Hohenzollern

Hochzeit des jüngsten Sohnes, Christian Sigismund, mit Gräfin Nina zu Reventlow, 1984

Gedenkfeier zum 200. Todestag Friedrichs des Großen. Von links L. Späth, P. Jenninger, H. Kohl, SKH und H. Kohl, 1986

Wiedersehen mit der Vaterstadt. SKH mit Dr. H.-J. Ginsberg in Sanssouci

Im Jahr 1987 sind die Restaurierungsarbeiten abgeschlossen und ein Jahr später wird der 80. Geburtstag auf der Burg nachgefeiert. (rechts oben)

Auf den Spuren Wilhelms II. SKH mit Kapitän Pedersen, 1988

Die durch ein Erdbeben 1978 schwer beschädigte Stammburg (unten)

Der Chef des Hauses mit seinem Erbenkel Georg Friedrich Ferdinand, 1989

Dr. Dr. h.c. Louis Ferdinand von Preußen nach der Verleihung der Ehrendoktorwürde der City University in Seattle, Washington, durch Präsident Dr. Michael A. Pastore

verfälschtes Sächsisch. Im Laufe der Zeit war er nicht nur zum Direktor der königlichen Paläste und Gärten aufgestiegen, sondern der Maharadscha ließ sich auch in nahezu allen Angelegenheiten von ihm beraten. Unter seiner Leitung war der große Staudamm gebaut worden, das Prunkstück von Mysore. Von den übrigen Staatsbeamten waren namentlich die jüngeren antibritisch eingestellt und Verehrer Gandhis; sie sympathisierten mit seinen Unabhängigkeitsbestrebungen.

Hie und da wurden wir Zeugen der gandhistischen Taktik der passiven Resistenz, der gewaltlosen Unbotmäßigkeit. In Travancore hielt sie die halbe Streitmacht ständig auf den Beinen, obwohl dies, soweit wir es zu beurteilen vermochten, der fortschrittlichste der drei Staaten war und der junge Maharadscha nebst seiner Mutter, der Maharani, und seinem befähigten Premierminister Ramaswami Ayer ein aufgeklärtes und fortschrittliches Regiment führte. Er hatte während der Olympischen Spiele in Berlin meinen Vater besucht und uns schon damals gebeten, einmal seinen Geburtstagsfeierlichkeiten beizuwohnen. Sie fanden gerade um diese Zeit statt und dauerten eine ganze Woche. Den Höhepunkt bildete eine religiöse Prozession. Der Maharadscha, in seiner jugendlichen Kraft prächtig anzusehen, ritt auf einem riesigen Elefanten. Voran schritten, barfuß, die Würdenträger des Staates in ihrer farbigen Tracht, geführt von Sir Ramaswami. Als Brahmane rangierte er vor seinem Herrn, dem Maharadscha, der zur zweiten, der Kriegerkaste, gehörte. Bei der eigentlichen Geburtstagszeremonie, dem sogenannten Durba, verlieh der Maharadscha Titel und Orden. Er mußte seine Untertanen auf englisch anreden, weil viele aus solchen Teilen Indiens gebürtig waren, in denen der südindische Dialekt nicht verstanden wurde.

Die Gandhisten hatten bei dieser Gelegenheit viele Anhänger von auswärts zu einer Demonstration zusammengezogen. Sie säumten die Straßen, durch die sich der Maharadscha zum »Durba« begab, und riefen »Gandhi Jee«, was uns wie ein indisches »Heil Hitler« in den Ohren klang.

In diesen Tagen ereilte uns ein Telegramm meines Großvaters. Er drängte Kiras wegen zur Heimfahrt; ein Arzt, den wir konsultierten, schloß sich an. So rissen wir uns gewaltsam von Indiens geheimnisvollem Reiz und melancholischer Schönheit los, und drei Wochen später setzte uns die »Potsdam« wohlbehalten in Rotterdam an Land. Am 9. November befanden wir uns irgendwo zwischen Port Said und Genua. Es war das Datum jener »Kristallnacht«, in der Goebbels die Synagogen anzünden ließ. Der Kapitän der »Potsdam«, Prehn, überbrachte mir die Nachricht. Er fügte hinzu: »Ich habe diesen schauerlichen Gewaltakt den Passagieren nicht bekanntgegeben. Ich habe mich zu sehr geschämt, daß so etwas in Deutschland möglich ist. Zu allem Unglück habe ich den Befehl, heute abend des Jahrestages des Münchener Bierputsches zu gedenken.«

Zufällig war ja nun auch gerade mein Geburtstag, und die Rede, die der Kapitän dann hielt, verdient als ein wahrhaft diplomatisches Meisterstück besondere Erwähnung. Er sagte das Unumgängliche, ließ aber durch kleine Nebensätze durchblicken, wie er selbst darüber dachte, und zog einen Trennungsstrich zwischen einem guten Deutschen und einem »Nazi«, ohne ein deutliches Wort zu gebrauchen. Dieser wackere Kapitän stand immer auf Kriegsfuß mit dem Ortsgruppenleiter des Schiffes, der als Steward im Teesalon bediente. Als politischer Spitzel hatte er trotz seiner untergeordneten Stellung mehr Macht als der Kapitän: einer jener unangenehmen Typen, wie sie die Nationalsozialisten mit Vorliebe für solche Zwecke aussuchten, und die auf einer Linie mit den gefürchteten Kommissaren der Sowjets standen. Sie tyrannisierten nicht nur die ganze Schiffsmannschaft, sondern maßten sich auch Eingriffe in die Navigation an. Oft mußten sich Kapitäne vor den Seemannsgerichten in Bremen und Hamburg wegen lächerlicher Beschuldigungen und Verdächtigungen verantworten. So untergruben diese Kreaturen die Solidität der deutschen Handelsmarine.

Wir stiegen nicht, wie die meisten Passagiere, in Genua aus, sondern durchfuhren, um die Seereise bis zum letzten auszukosten, die Straße von Gibraltar. Vor der Einfahrt nach Rotterdam, in Hoek van Holland, lagen wir wegen dichten Nebels, des ersten und einzigen auf unserer Weltreise, achtundvierzig Stunden vor Anker. Als wir endlich in Doorn anlangten, stand mein Großvater vor dem Torgebäude und hielt einen großen Rosenstrauß in der Hand. Er umarmte Kira mit einem herzhaften Kuß und sagte: »Ich fürchtete schon, dein globetrottender Gemahl würde dein Leben aufs Spiel setzen.« Damit führte er Kira in großväterlichem, wenn nicht schon urgroßväterlichem Stolze ins Haus.

19. Kapitel

KRIEGSJAHRE

Die ersten beiden Gäste in unserem neuen Heim in der Menzelstraße in Berlin-Grunewald waren mein Vater und Louis Lochner. Wir waren erst am Morgen aus Doorn angekommen; am Bahnhof Charlottenburg hatte uns das blaue Fordkabriolett erwartet, das Hochzeitsgeschenk Henry Fords. Unser neues Haus, unser »Nest«, wie wir es nannten, war sehr schön. Kira wandte alle ihre innenarchitektonischen Fähigkeiten auf, um es noch gemütlicher zu machen.

Unsere Freunde waren uns jederzeit willkommen, und wir fanden nichts schöner, als wenn irgendwer, ganz wie es ihm paßte, bei uns hereinschneite. Neben dieser improvisierten Geselligkeit hatten wir hin und wieder geladene Gäste zum Essen, aber nie mehr als vier. Wir wollten unser Heim soviel wie möglich genießen, denn die Wolken am politischen Horizont machten es unwahrscheinlich, daß dieses häusliche Glück von langer Dauer sein würde.

Im Nachbarhaus zu unserer Linken wohnte noch Mrs. Wilson, die Gattin des letzten amerikanischen Botschafters in Deutschland. Der Botschafter selbst war im November 1938, unmittelbar nach den Synagogen-Brandstiftungen, von Roosevelt abberufen worden. Mrs. Wilson folgte ihm bald, und das Haus wurde von dem neuen amerikanischen Marineattaché, Commander Albert Schrader, übernommen. Mit diesem Ehepaar — Frau Schrader war eine geborene Kubanerin, und sie hatten noch einen Sohn von achtzehn Jahren — schlossen wir rasch enge Freundschaft. Seit Roosevelts »Quarantäne«-Rede wurden die Amerikaner in Berlin von den Nationalsozialisten mit einem Mißtrauen beobachtet, das allmählich in unverhohlene Feindseligkeit überging. Um unseren Verkehr gegen Bespitzelung zu sichern, stellten wir in dem Zaun, der die Gärten unserer beiden Häuser trennte, einen Durchschlupf her, den wir die »Friedenstür« nannten. Sie blieb immer und für alle Fälle geöffnet. Abends, wenn der Commander von seinem Dienst in der Botschaft zurückkam, gingen wir zu den Schraders hinüber, oder sie kamen zu langen politischen Diskussionen zu uns. Ich zog die Kontakte des Radios aus der Wand und bedeckte die Telephone mit Kissen, eine Vorsichtsmaßnahme, die von den Schraders ständig belächelt wurde, mir indessen angebracht erschien.

Wir waren in allem einer Meinung, mit Ausnahme der Vorstellungen von amerikanischer Innenpolitik, denn die Schraders waren Republikaner, und vor allem Frau Schrader machte mit ihrem lebhaften Temperament kein Hehl aus ihren Gefühlen gegen »su amigo Roosevelt« — »eueren Freund Roosevelt«, wie sie ihn immer titulierte. Die Schraders hatten viele Freunde unter den deutschen Gegnern des Hitler-Regimes, als deren hervorragendster General von Hammerstein gelten durfte. Der Commander stammte aus dem amerikanischen Zweig einer alten deutschen Adelsfamilie; sein Spitzname in der amerikanischen Marine war »Von«, obwohl oder vielleicht weil seine Vorfahren bei ihrer Übersiedlung nach Amerika den Adelstitel abgelegt hatten. Er liebte die Deutschen und hatte eine hohe Meinung von der alten kaiserlichen Marine, in der es übrigens ebenfalls einen meinen Eltern in Danzig bekannten Kapitänleutnant von Schrader gegeben hatte. Obwohl der Commander noch immer auf ein Wunder hoffte, sah er einen Krieg unter Beteiligung der Vereinigten Staaten als unvermeidlich an. Aber er versprach immer, daß »weder Kriege noch Revolutionen« ihrer Zuneigung zu uns Abbruch tun würden, und er hat das gehalten: nach 1945, als der Commander in Bremen stationiert war — hernach befand er sich als Marineattaché bei der amerikanischen Botschaft in Madrid —, nahmen die Schraders wieder die Verbindung mit uns auf.

Am 27. Januar 1939 wurde mein Großvater achtzig Jahre alt; es war das letzte Mal, daß der Kaiser seine große Familie nahezu vollzählig um sich versammelt sah. Kira hatte mich allein zu der Familienfeier fahren lassen müssen: am 9. Februar, kurz vor Mitternacht, wurde unser erstes Kind geboren, ein Junge. Ich gestehe gern, daß ich vor Glück und Freude fast von Sinnen war; auch mein Großvater hatte das Ereignis mit Ungeduld erwartet. Am nächsten Tage glich unsere Wohnung mit den zahllosen Blumen fast einem Treibhaus, so viele Freunde, darunter die meisten ausländischen Diplomaten, nahmen Anteil. Zwar durfte die von Goebbels kontrollierte Presse nicht einmal den Namen unserer Familie erwähnen, doch wir umgingen das Verbot, indem wir Geburtsanzeigen in verschiedene Zeitungen, sogar in den »Völkischen Beobachter«, lancierten; daraufhin gingen zahllose Glückwünsche aus allen Teilen Deutschlands ein.

Wie es dann kam, daß unser Junge auf den Namen Friedrich Wilhelm getauft wurde, habe ich im ersten Kapitel dieses Buches schon erzählt. Die Taufe wurde, mit Louis Lochner als Pate, bei meinen Eltern in Cecilienhof gefeiert. Danach fuhren Kira und ich mit dem Baby nach Doorn; Kira blieb zwei Monate dort, während ich beim Boelcke-Geschwader in Langenhagen bei Hannover eine Übung machte. Von dort aus besuchte ich sie mehrmals über das Wochenende. Mein Großvater, trotz der natürlichen Alterserscheinungen gesund und geistig rege wie je, war um sie und den neugeborenen Urenkel mit zärtlicher Sorgfalt bemüht; aus dieser Zeit existiert noch ein Bild, auf dem mein Großvater seinen Urenkel im Arm hält.

Draußen, auf dem Schauplatz der internationalen Politik, wurde zunehmend deutlicher, daß Hitler keine friedliche Regelung wünschte. Er annektierte die Tschechoslowakei durch ein Betrugsmanöver, wies Roosevelts Vorschlag, Deutschland und Italien möchten die Grenzen ihrer Nachbarländer garantieren, vor dem Reichstag hohnvoll zurück, kündigte das Flottenabkommen mit England, und brach Zwischenfälle mit Polen vom Zaun. Ich glaube, dieser Sommer 1939 mit seinen wachsenden und wechselnden Spannungen und dem leisen Geraune von Geheimverhandlungen mit Moskau ist noch in vieler Gedächtnis. Ich beschloß, mich von nun an den Familienangelegenheiten zu widmen, mich mit Verwaltungsaufgaben und mit der Landwirtschaft vertraut zu machen und zu diesem Behuf für einige Monate nach Schildberg in der Neumark überzusiedeln, einem unserer Familiengüter, etwa hundertfünfzig Kilometer nordöstlich von Berlin.

Der Monat August neigte sich seinem Ende zu, als wir mit unserem kleinen Haushalt dorthin zogen. Wir konnten nicht hoffen, daß dieser Aufenthalt von langer Dauer sein würde. Unterwegs begegneten wir größeren Truppentransporten, die sich ostwärts zur polnischen Grenze bewegten. Nichtsdestoweniger packten wir unsere Koffer aus und richteten uns in dem alten Gutshaus ein, das wir mit dem Verwalter teilten. Da ich ohnehin noch einmal nach Berlin zurück mußte, um auf Wunsch meiner Eltern an der Beerdigung eines Generals der alten Armee teilzunehmen, wollte ich die Gelegenheit wahrnehmen und mich mit meinem guten alten Freund Valdivia treffen, der als Vertreter Spaniens zu einer Gedenkfeier am Ehrenmal von Tannenberg gekommen war.

Als ich mich gerade zu Hause für das Abendessen mit Valdivia umzog, klingelte das Telephon. Ich nahm den Hörer ab, eine geheimnisvolle Stimme sagte: »Der A-Fall ist eingetreten.« Es war der Major Goebel vom Wehrbezirkskommando, zuständig für die Reserveoffiziere der Luftwaffe in meinem Stadtteil. Er hatte mir versprochen, mich zu benachrichtigen, wenn es soweit sei. Natürlich war seine Mitteilung geheim; er meinte, ich könne ruhig nach Schildberg zurückfahren und dort das Weitere abwarten.

Es wurde ein unbehaglicher Abend mit Valdivia, der von den bevorstehenden Ereignissen nicht das mindeste ahnte, sondern allen Ernstes glaubte, er werde am nächsten Tage zu der Gedenkfeier nach Tannenberg reisen. Wir saßen im Dachgarten des Eden-Hotels. Am Nachbartisch erblickte ich den polnischen Botschafter Lipski mit mehreren Mitgliedern seines Stabes. Als ich an seinem Tisch vorüberging, flüsterte er mir zu: »Es ist alles vorbei, leben Sie wohl.« Dieser liebenswürdige und fähige Diplomat, der zur besten polnischen Aristokratie gehörte, hatte sich wie kaum einer um ein positives Verhältnis zwischen den beiden Ländern bemüht; jetzt war sein Werk zerstört. Ich habe ihn nie wiedergesehen. Später hörten wir im Radio, daß er als einfacher Soldat in die französische Armee eingetreten war.

Es folgten einige Tage in Besorgnis und Ungewißheit. Dann verkündete Hitler, daß er den Befehl zum Einmarsch in Polen gegeben habe. Alsbald wurde ich von Schildberg telephonisch nach Berlin beordert. Als Leutnant der Reserve mit der Kriegsverwendung als zweiter Pilot mußte ich mich bei einer Transportgruppe melden, die sich hauptsächlich aus Männern von der Lufthansa zusammensetzte und im Lufthafen Tempelhof stationiert war. Unser Kommandeur war Freiherr von Gablenz mit dem militärischen Rang eines Majors der Reserve; er wurde bald zum Oberst befördert. Wir flogen ein paar Truppentransporte von Westpreußen in die Slowakei und machten einige Flüge nach Polen, um eine Panzerdivision mit Treibstoff zu versorgen. Unsere letzte Aufgabe bestand darin, möglichst viel Material vom Flugplatz Brest-Litowsk abzutransportieren, damit es nicht den Sowjets in die Hände falle, die im Begriff waren, tapfer in Polen einzumarschieren, nachdem die polnische Armee von den Deutschen außer Gefecht gesetzt worden war.

Bis über Weihnachten und Neujahr hatte ich eine Ruhepause, die ich mit den Meinen in Berlin verlebte. Es waren diese dumpfen, mit Gerüchten angefüllten Monate, wie sie während des ganzen Krieges immer wieder vorkamen, wenn Hitler unentschieden über seinen nächsten Plänen brütete. In jenem Herbst 1939 muß er gefühlt haben, wie unpopulär sein Krieg war. Sogar die Nationalsozialisten im Volke hatten es, wenn sie ihren Phantasien freien Lauf ließen, mehr mit Friedens- als mit Kriegsphantasien zu tun, und die Gegner des Regimes hofften, daß der Krieg Hitler und seine Leute zu Fall bringen werde.

Zum ersten Male kam ich zu dieser Zeit mit der Widerstandsgruppe in Berührung, die eine Verschwörung gegen die Diktatur vorbereitete. Ich wußte aus meinem eigenen Kreise, daß es noch viele mutige Deutsche gab, aber nun sah ich, daß in nahezu allen Schichten des Volkes Persönlichkeiten bereit waren, ihr Leben für den Sturz der Tyrannei aufs Spiel zu setzen. Wenn sie zögerten, geschah es in dem Bewußtsein, daß ein Mißlingen weit mehr als das persönliche Leben der Verschwörer, nämlich jede Aussicht auf Wiederholung des Unternehmens zerstören würde.

Gegen Ende Januar 1940 wurde meine Einheit nach Salzwedel verlegt; jeder wußte, daß das etwas zu bedeuten hatte. Gablenz gab sein Kommando ab und wurde zum Inspekteur der Blindflugschulen ernannt. Ungefähr im März rief er mich nach Berlin, um mir seine Vermutung mitzuteilen, daß meine Einheit bei der Invasion in Holland eingesetzt werden würde. »Ich könnte mir denken«, sagte er, »daß Ihnen daran nicht besonders liegt, da sich doch die Holländer in all den Jahren so edelmütig gegen Ihren Großvater benommen haben. Sie werden mir wohl nicht böse sein, wenn ich Sie zur Blindflugschule in Rahmel bei Danzig versetze.«

Mein neues Kommando war das des Kompaniechefs einer Wirtschaftskompanie, die ich bei mir scherzhaft immer »drugstore-company« genannt habe, weil fast alle ihre Leute ältere Ladenbesitzer, Lebensmittelkaufleute oder ähnliche gesetzte Bürger waren. Auf besonderen Befehl von Gablenz machte ich einen Kursus in fortgeschrittenem Blindfliegen mit. Er gedachte, mich als Blindfluglehrer zu verwenden, weil er wußte, daß das Kommando über eine Bodenmannschaft nicht sehr nach meinem Geschmack war.

Karfreitag war in jenem Jahre am 22. März. Als ich vom Gottesdienst in der kleinen Dorfkirche kam, erhielt ich einen Anruf aus Berlin, daß die Geburt unseres zweiten Kindes unmittelbar bevorstehe. Ich rannte zum Bahnhof und nahm den Zug nach Berlin. »Es ist wieder ein Junge«, lächelte Kira. Wir wollten ihn Michael nennen, doch abermals kam Widerspruch aus Doorn. Der 22. März war auch der Geburtstag Kaiser Wilhelms I., und mein Großvater bestand darauf, daß wir unseren zweiten Sohn Wilhelm Heinrich nannten. Wir schlossen ein Kompromiß mit drei Namen. Für uns war er immer »Mikie«, nach dem Kosenamen von Kiras Neffen, dem jungen König Michael von Rumänien. Die Taufe fand am 9. Mai, an Kiras Geburtstag, statt; unser kleines Haus konnte die Gäste kaum fassen. Wir hatten die ganze Familie aus Potsdam und die meisten unserer Berliner Freunde eingeladen, die Lochners, die Schraders, den spanischen Militärattaché Graf Rocamora und den dänischen Gesandten, Kammerherrn Zahle, als Vertreter des Königs und der Königin von Dänemark, die beide die Patenschaft für unser Kind übernommen hatten. Es war ein so herrlicher, warmer Maiabend, daß unsere Gäste erst lange nach Mitternacht aufbrachen. Dies war das letzte Mal, daß wir alle unsere deutschen und ausländischen Freunde bei uns hatten. Wenige Stunden später wurde die Nachricht vom Einmarsch in Holland und Belgien verbreitet.

Bald darauf nahm Kira mit den Kindern im »Kasino-Hotel« in Zoppot Aufenthalt. Da mein Kommandeur, Oberstleutnant Starke, mir erlaubte, von Rahmel fast täglich nach Zoppot zu fahren, war ich für drei glückliche Monate abends immer bei meiner Familie. Viele der Badegäste erinnerten sich an mich noch aus meinen Kinderjahren. Eines Tages jedoch wurde ich zu Oberstleutnant Starke befohlen. Er begann sehr dienstlich: »Ich will Ihnen Ihre Beurteilung vorlesen, die ich an das Kommando der Blindflugschulen senden muß. Es ist meine Pflicht, sie Ihnen zu zeigen, weil sie nicht besonders günstig lautet und Ihnen vielleicht in Ihrer Karriere bei der Luftwaffe schaden kann.« Ich las das Dokument. Mein Kommandeur hatte eine sorgfältige Charakterstudie von mir entworfen; wahrscheinlich hielt er sich für einen großen Psychologen. Die beiden negativen Punkte waren meine »unmilitärische Haltung«, die von meinen Vorgesetzten als »zu jovial und sportlich« befunden worden war, und meine politische Weltanschauung.

»Sie scheinen kein sehr begeisterter Gefolgsmann des Dritten Reiches zu sein«, sagte der Oberstleutnant.

»Wie könnte ich das, Herr Oberstleutnant?« antwortete ich ebenso ernst.

»Nun, ich verstehe. Ich habe auch nichts anderes von Ihnen erwartet. Das ist alles. Hasta pronto.«

Mit diesem spanischen »Auf Wiedersehen« wollte er andeuten, daß der dienstliche Teil unseres Gespräches erledigt sei; er hatte viele Jahre in Venezuela gelebt, und wir sprachen außer Dienst immer spanisch miteinander. Leider wurde nun unsere Schule nach Klützow, einem Flugplatz bei Stargard, verlegt, und damit ging unser Familienidyll in Zoppot zu Ende. Ich brachte Kira und die Kinder auf das großväterliche Gut Cadinen bei Elbing. Das sogenannte Schloß von Cadinen war seit dem ersten Weltkriege nicht mehr bewohnt und mit seiner altmodischen Einrichtung als eine Art Museum dem Publikum zugänglich. Wir bezogen vorerst das Obergeschoß, während unten noch weiterhin Besucher durch die Räume geführt wurden. Nach einiger Zeit konnten wir dann vom ganzen Hause Besitz nehmen.

Mein neuer Beruf als Blindfluglehrer gefiel mir. Wir konnten mit den Schülern fliegen, wohin wir wollten; es kam nur darauf an, daß wir mit jedem Schüler die vorgeschriebenen Stunden in der Luft blieben. Ich packte meine pädagogische Aufgabe leicht an, regte mich nicht über meine Schüler auf und befolgte den akademischen Grundsatz, daß es Sache des Studenten ist, ob er etwas lernen will oder nicht. Nie benutzte ich die schwarzen Vorhänge, die den Schüler bei klarem Wetter an der Sicht hindern sollten. Es war gegen die Vorschrift, aber wegen dieser schwarzen Vorhänge hatte es bei strahlendem Sonnenschein schon oft Zusammenstöße in der Luft gegeben, weil der Fluglehrer nicht sehen konnte, was etwa auf der linken Seite los war; nicht nur darum, sondern auch aus Überanstrengung und Übermüdung kamen verschiedene meiner Kameraden ums Leben. Meine Schüler gewöhnten sich bald an meine Methoden; im allgemeinen wußten sie schon ein wenig Bescheid, sie sollten sich in der Blindfliegerei nur noch eine größere Praxis aneignen. Nicht wenige hatten Fronterfahrung, vor allem nachdem der Luftkrieg mit England begonnen hatte. Mit der Zeit indessen wurde der Prozentsatz der aktiven Luftwaffenpiloten immer kleiner; viele Schüler kamen jetzt, von der Aussicht auf Kriegseinsatz nicht im geringsten begeistert, unmittelbar aus Zivilberufen. Das Beste an der Sache war, daß ich fast an jedem Wochenende meine Familie besuchen konnte; man erlaubte dem fliegenden Personal stillschweigend Extratouren, um es bei guter Laune zu halten.

In diese Zeit fiel der Tod meines ältesten Bruders. Wilhelm war als Reserveoffizier mit dem in Königsberg stationierten Infanterieregiment 1 in den Krieg gezogen, hatte den Polenfeldzug mitgemacht, war an der Westfront eingesetzt worden und am 26. Mai 1940 in einem Feldlazarett in Nivelles den schweren Verwundungen erlegen, die er wenige Tage zuvor in einem Gefecht bei Valenciennes erlitten hatte. Hitler, der nicht mit Unrecht die große Beliebtheit meines Bruders bei den Soldaten fürchtete, hatte eifersüchtig darüber gewacht, daß Wilhelm im Heere nie eine einflußreichere und sichtbarere Stellung einnahm. Aber was meinem Bruder das Leben nicht gegönnt hatte, wurde ihm im Tode zuteil: sein Begräbnis in Potsdam war ein einzigartiger Triumph. Obwohl meine Eltern erst einen Tag vor der Beisetzung und nur im »Berliner Lokal-Anzeiger« eine kurze Todesanzeige veröffentlichen durften, erschienen rund fünfzigtausend Trauergäste aus allen Schichten der Bevölkerung, die in freiwilliger Disziplin, ohne jede Polizeiabsperrung, auf dem langen Wege von der Friedenskirche bis zum Antiken Tempel im Park von Sanssouci Spalier bildeten. Dort wurde der Sarg zu Füßen unserer Großmutter, der Kaiserin, beigesetzt.

Die stille Demonstration hatte zur Folge, daß Hitler mit sofortiger Wirkung den Fronteinsatz aller Mitglieder unseres Hauses verbot — nicht um ihr Leben zu schonen, sondern damit sie sich nicht auszeichnen oder durch den Tod auf dem Schlachtfeld die Aufmerksamkeit auf sich lenken konnten. Alsdann erließ er einen Geheimbefehl, der sich zwar dem Wortlaut nach allgemein auf Wehrmachtsangehörige mit ausländischen Verwandten bezog und solchen ein weiteres Verbleiben in der Wehrmacht untersagte. In Wahrheit war dieser Befehl auf uns und die anderen ehemals regierenden Häuser gemünzt. Als er durchsickerte, fragte ich Gablenz, was er an meiner Stelle tun würde. »Kommen Sie um Ihre Entlassung ein, bevor man Sie hinauswirft«, sagte er. Ich besprach mich mit meinem Vater; er entschloß sich, meine Freistellung zu beantragen. Als Grund gab er an, daß ich nach dem Tode seines ältesten Sohnes für die Verwaltung der Familiengüter dringend gebraucht würde. Immerhin dauerte es bis zum 30. Dezember 1941, bis dem Gesuch stattgegeben wurde. Anfangs mußte die Genehmigung alle drei Monate erneuert werden, dann kümmerte sich niemand mehr darum. Ich war wieder Zivilist und zog mich zu meiner Familie nach Cadinen zurück. Etwas Glücklicheres hätte Kira und mir nicht widerfahren können.

20. Kapitel

DER TOD DES KAISERS

Fast genau ein Jahr nach dem Tode meines Bruders starb der Kaiser in Doorn. Auf die Nachricht, daß sich sein Gesundheitszustand besorgniserregend verschlechtere, begab sich die ganze Familie an sein Krankenbett. Jeder durfte ihm einen kurzen Besuch abstatten; auch ich hatte ein letztes Gespräch mit ihm. Sein Gesicht war von auffallender Blässe, aber die Augen blitzten noch wie früher, und auch die Stimme hatte noch ihre Kraft. Er erkundigte sich nach Cadinen, nach Kira, nach unseren beiden Jungen. Voll Stolz zeigte er mir zwei Vergrößerungen von Photos, die ich ihm kurz zuvor geschickt hatte; sie standen in allernächster Nähe seines Bettes auf einer Kommode. Wohl niemand in unserer Familie hatte wie er ein derartig starkes Gefühl für den ununterbrochenen Zusammenhang unseres Geschlechts. Obgleich er seinen Zustand oder die Ursache meines so plötzlichen Besuches nicht mit einem einzigen Worte erwähnte, schien er sich doch seines nahen Endes bewußt zu sein. »Ich bin beruhigt«, sagte er, »daß ihr euere Jungen zu guten Christenmenschen erzieht. Gott segne euch.« Damit gab er mir einen Abschiedskuß und drückte meine Hand.

Überraschenderweise besserte sich sein Befinden noch einmal. Der Hausarzt meinte sogar, im Augenblick sei die Lebensgefahr geschwunden. Er hielt es für ratsam, daß die Familienmitglieder möglichst bald abreisten, damit der Patient sich nicht unnötig beunruhige. Ich blieb aber doch noch einige Tage da, um zu sehen, ob die Besserung anhalten würde. Der Kaiser konnte wieder in kleinen Mengen normale Nahrung zu sich nehmen, und ich glaubte schon das Schlimmste wieder abgewendet. Desto größer war meine Bestürzung, als ich am 3. Juni abends dringlich ins Haupthaus von Doorn gerufen wurde. Als ich in das Schlafzimmer des Kaisers trat, saß links von seinem Bett meine Stiefgroßmutter; rechts saß meine Tante Sissy, die Herzogin von Braunschweig, des Kaisers einzige Tochter. Meine Stiefgroßmutter sagte leise zu mir: »Er stirbt.« Wir wachten die ganze Nacht an seinem Bett. Der Todeskampf dauerte bis in den nächsten Vormittag hinein. Dann war es zu Ende. —

Die letztwillige Verfügung, die mein Großvater eigenhändig Weihnachten 1933 aufgesetzt hatte, lautete:

»An den Minister des Koeniglichen Hauses

Doorn, 25. 12. 1933,
am ersten Weihnachtstage

Codizill zu Meinem letzten Willen

Sollte Gottes Rathschluß mich aus dieser Welt abberufen zu einer Zeit, da in Deutschland das Kaisertum noch nicht wieder erstanden, d. h. eine nicht monarchische Staatsform noch vorhanden ist, so ist es mein fester Wille, da ich im Exil in Doorn zur ewigen Ruhe eingehe, auch in Doorn provisorisch beigesetzt zu werden.

An der Stelle dem Hause gegenüber, wo vor den Rhododendrons meine Büste steht, soll vor ihr der Sarg unter dem vom Bildhauer Betzner entworfenen, von mir genehmigten Sarkophag aufgestellt werden unter einem zum Schutz gegen das Wetter von Betzner zu entwerfenden Baldachin. Blumenbeete leuchtender Farben-Cinerarien, Salvia sollen es umgeben. Die Feier schlicht, einfach, still, würdig. Keine Deputationen von zu Hause. Keine Hakenkreuzfahnen. Keine Kränze. Dasselbe gilt für I. M. im Falle ihres Heimganges in Doorn. Sterbe ich in Potsdam, so sollen meine Gebeine in dem oben genannten Sarkophag im Mausoleum am Neuen Palais beigesetzt werden, derart, daß er zwischen den beiden Kaiserinnen zu stehen kommt. Militärische Feier, keine Hakenkreuzfahnen, keine Trauerrede. Gesang, Gebet.

gez. Wilhelm I. R.«

Diese letztwillige Verfügung war nur dem Kronprinzen und dem Generalbevollmächtigten des Kaisers, General von Dommes, bekannt. Für meinen Vater erhob sich nun die Frage, ob er diesen letzten Willen des Kaisers respektieren solle oder nicht. Die Entscheidung war nicht leicht. Meinem Vater war bekannt, daß Hitler für den Sterbefall des Kaisers ein Staatsbegräbnis in Potsdam plante; er wollte diese Gelegenheit dazu benutzen, sich hinter dem Sarge des deutschen Kaisers schreitend vor dem deutschen Volke und der Welt als dessen Nachfolger zu legitimieren. Indem er sich in einer grandiosen Pose gefiel, wollte er gleichzeitig die Hohenzollernmonarchie zu Grabe tragen. Der Kaiser, der über diese Dinge sonst mit niemandem sprach, auch mit uns Enkeln nicht, muß etwas Derartiges schon bald nach der Machtübernahme geahnt haben. Mit seinem Codizill hatte er den Plan zunichte gemacht.

Hitler wurde daher mitgeteilt, der Kaiser habe bestimmt, daß er in Doorn beigesetzt werde. Nach längeren telephonischen Verhandlungen mit der Reichskanzlei einigte man sich auf einen Kompromiß. Hitler verzichtete auf seinen Potsdamer Plan, jedoch sollte bei dem Begräbnis in Doorn die Reichsregierung durch den Reichsstatthalter von Holland, Dr. Seyß-Inquart, und durch vier Offiziere im Generalsrang vertreten sein, und zwar für das Heer Generaloberst Haase, für die Luftwaffe General Christiansen, der auch Wehrmachtsbefehlshaber in den Niederlanden war, für die Marine Admiral Densch und für das Oberkommando der Wehrmacht Admiral Canaris. Dieses Zugeständnis ließ sich mein Vater nach langen inneren Kämpfen abringen, weil er sein Haus nicht dem Zorn des Diktators aussetzen wollte. Sicherlich war die Entscheidung unter den gegebenen Umständen richtig; der eigentliche Zweck des Codizills wurde jedenfalls erfüllt. Unterdessen hatte Goebbels die deutsche Presse instruiert, so kurz wie möglich die Tatsache des Todes wiederzugeben und weiter nichts.

In den drei bis zur Beisetzung verbleibenden Tagen mußten umfangreiche Vorbereitungen getroffen werden. Das Programm mußte bis in alle Einzelheiten ausgearbeitet werden, und auch die Unterbringung der zahlreichen Familienmitglieder, die zu verschiedenen Zeiten eintrafen, war zu gewährleisten. Unter der fachkundigen Leitung des Hofmarschalls Baron Grancy vollbrachte das Hauspersonal regelrechte Wunder. Man war zwar von glücklicheren Familienanlässen an derartige Improvisationen der Haushaltungskunst in Haus Doorn gewöhnt, aber der Heimgang des von allen geliebten Hausherrn hatte seine getreuen Hausgenossen ohne Unterschied tief erschüttert, und sie mußten sich in ihrer Trauer doppelt zusammenraffen, um den Anforderungen gewachsen zu sein. Das Eßzimmer, in dem ich so viele angeregte Tafelrunden erleben durfte, war zur Trauerkapelle hergerichtet worden. Auf einem kleinen Sockel stand der mit der Kaiserstandarte bedeckte Sarg; die männlichen Mitglieder des Hauses wechselten alle zwei Stunden in der Totenwache ab.

Am Spätnachmittag vor dem Beisetzungstage fand im engsten Kreise der Familie und der Hausgemeinde ein Trauergottesdienst statt; Hofprediger Doehring würdigte ergreifend den Lebensweg des toten Kaisers, dessen unerschütterlicher Gottesglaube ihm sein schweres Schicksal in Demut hatte tragen helfen. Am Beisetzungstage selbst lief gegen neun Uhr morgens der von der Reichsregierung gestellte Sonderzug in Utrecht ein. Außer Mitgliedern unseres Hauses, darunter meine Mutter, Kira, mein Bruder Hubertus und meine Schwester Cecilie, brachte er den alten Feldmarschall Mackensen, die Vertreter der damals mit Deutschland verbündeten und auch einiger neutraler Länder, Abordnungen von Kriegervereinen und Regimentern der alten Armee. Kira erzählte mir, die Angehörigen unseres Hauses seien auf der Reise von Berlin nach Utrecht mit jeder erdenklichen Höflichkeit, ganz wie in alten Zeiten, behandelt worden. Allerdings nur für einen Tag; ich sollte es auf der Rückreise selbst erleben.

Kira und ich wußten, daß wir nicht nur den Großvater, sondern auch unseren besten Freund verloren hatten. Für Augenblicke der Selbstversunkenheit standen wir an dem Sarge des von uns beiden so innig geliebten Toten, der unser gemeinsames Leben vom ersten Augenblicke an mit so viel Wärme und Treue begleitet hatte.

Die Trauerfeier bot ein bewegendes Bild. Man sah Uniformen aus dem ersten Weltkriege, daneben farbenfreudigere Uniformen der Ungarn, Schweden und Bulgaren. Die Familienmitglieder, Vertreter der fremden Fürsten und Regierungen legten nacheinander ihre Kränze nieder. Kurz vor Beginn der Feier erschien Seyß-Inquart, gefolgt von zwei Soldaten, die einen überdimensionalen Kranz Hitlers trugen. Inzwischen hatten sich die männlichen Mitglieder des Hauses, die jüngeren in Wehrmachtsuniform, die älteren in den Uniformen der Kaiserzeit, zur Ehrenwache am Sarge aufgestellt. Die Vertreter des Hitlerreiches saßen auf der rechten Seite, getrennt von allen übrigen Gästen, die vor dem Sarge und auf der linken Seite Platz genommen hatten.

Die Trauerfeier verlief, wie es mein Großvater in seinem letzten Willen vorgeschrieben hatte. Sie dauerte eine knappe Viertelstunde; Hofprediger Doehring verlas, am Kopfende des Sarges stehend, die Bibelzitate und Liedertexte, die der Kaiser selbst für seine Totenfeier ausgesucht hatte. Dann wurde der Sarg von den Getreuen des Kaisers aufgehoben und die Stufen hinuntergetragen. Behutsam setzte man ihn auf den großen grauen Mercedes, in dem mein Großvater so manche Fahrt in Holland, begrüßt von der Bevölkerung, unternommen hatte.

Der alte Chauffeur Lange saß am Steuer. Von dem Fahnenmast des efeubekleideten Hauses Doorn wehte die schwarzweiße Preußenfahne; die Sonne strahlte von einem tiefblauen Himmel — zur Regierungszeit meines Großvaters hatte man von »Kaiserwetter« gesprochen. Auf der anderen Seite der Brücke, die Haus Doorn über die Gracht hinweg mit dem Park verband, stand das aus drei Kompanien der drei Wehrmachtsteile gebildete Ehrenbataillon in Paradeaufstellung. Der Wagen fuhr langsam über die Brücke. Auf ein Kommando schwenkte das Ehrenbataillon ein und setzte sich im Trauerparadeschritt in Bewegung. Hinter dem Sarge ging die Witwe, Kaiserin Hermine, am Arme meines Vaters.

Dann folgte als nächste meine Mutter, geführt von meinem Onkel Eitel Friedrich. Ihnen schlossen sich die übrigen Familienmitglieder mit ihren Frauen und zuletzt die offiziellen und inoffiziellen Gäste an.

Im Park hatten sich die Einwohner von Doorn versammelt; viele von ihnen schluchzten, als der Sarg des Kaisers an ihnen vorüberfuhr. Trotz des Krieges, der sie zu Feinden Deutschlands gemacht hatte, trugen sie ihre tiefe Trauer über das Hinscheiden ihres kaiserlichen Mitbewohners öffentlich zur Schau. Es schien, daß ihre Gesichter den Schmerz ehrlicher widerspiegelten, als es die Mienen der offiziellen Vertreter des Hitlerreiches taten, das sich unaufgefordert zu dieser Trauerfeier eingeladen hatte, um ihr bis zu einem gewissen Grade seinen Stempel aufzudrücken.

Nach wenigen Minuten war man an der winzigen Kapelle angelangt, die dem Kaiser bis zum Bau des von ihm geplanten Mausoleums als letzte Ruhestätte dienen sollte. Hofprediger Doehring sprach die Aussegnung und intonierte dann mit fester Stimme das Lutherlied »Ein' feste Burg ist unser Gott«. Zehn Jahre später erklang dieses Lied auf der Stammburg der Hohenzollern am offenen Grabe des Kronprinzen.

21. Kapitel

DIE VERSCHWÖRUNG DES 20. JULI

Mein Vater betraute mich mit der Verwaltung von Cadinen. Das war die natürlichste Lösung, weil meine Familie sich ohnehin schon dort häuslich eingerichtet hatte. Wir hofften damals noch, es werde nicht nur für den Rest des Krieges sein, sondern noch viele Jahre darüber hinaus. So wurde ich denn ein Gutsherr oder auch ein Junker, wenn man es so nennen will.

Landschaftlich war Cadinen ein kleines Paradies. Wälder, Hügel, Felder, das Frische Haff und die Ostsee bildeten eine so reizvolle Umgebung, wie sie kaum anderswo in Deutschland zu finden ist. Das Schloß, wie es bei den Einheimischen hieß, war nur ein Gutshaus mittlerer Größe, doch mit genügend Raum für uns alle. Nach meiner Entlassung lösten wir unseren Berliner Haushalt auf und vermieteten das Haus an Bekannte. Den größten Teil der Einrichtung schafften wir nach Cadinen; dazu kamen Möbel, die Kira aus ihrem elterlichen Hause in Coburg geerbt hatte.

Wir fühlten uns nicht im geringsten einsam. Fast täglich kam irgendein unerwarteter Besuch; wir hatten bald viele Freunde, Bürger aus Elbing und katholische Geistliche aus Frauenburg, dem Sitze des Bischofs. Am engsten freundeten wir uns mit dem Ehepaar Reuter an. Bruno Reuter war Bahnhofswirt in Elbing und außerdem ein großer Jäger. Schon deshalb kam er oft zu uns nach Cadinen, um Sikas zu schießen, eine Art japanischer Zwerghirsche, die mein Großvater als Geschenk für seine einzige Tochter aus Japan hatte kommen lassen. Die seltenen Tiere hatten sich mit der Zeit beträchtlich vermehrt. Sie hielten sich in den Waldungen von Cadinen, wahrscheinlich weil ihnen der schluchtenreiche Charakter der Landschaft zusagte.

Oft besuchte uns auch der katholische Pfarrer von Tolkemit, Propst Schröter, ein freundlicher und lebhafter Herr. Er wußte hin und wieder ein gutes Glas Wein zu schätzen und unterrichtete mich auch von der allgemeinen Stimmung in der Gegend und von dem, was über uns geredet wurde. Der Propst haßte die Nationalsozialisten und gab mir mehrmals einen wichtigen Wink. Als er im Sommer 1944 starb, herrschte überall große Trauer. Für ihn war es vielleicht gut, daß ihm erspart blieb, das grausige Schicksal seiner Heimatprovinz Ostpreußen mit ansehen zu müssen.

Mein Musiklehrer hier war Gerhard Wagner, der Leiter des Elbinger Konservatoriums, das aber von den Nationalsozialisten als unerwünscht geschlossen worden war. Indessen blieb Wagner Organist der Elbinger Marienkirche, und als solcher hatte er noch einige Schüler, darunter auch mich. Ich nahm bei ihm Orgelstunden. Domprediger Doehring, der unser regelmäßiger Sommergast war, hatte mich angeregt, die Orgel in unserer Kirche in Cadinen zu spielen. Mein Großvater hatte die Kirche, die, Privatbesitz unserer Familie, im zweiten Jahre des ersten Weltkrieges fertig geworden war, im sogenannten Ordensstil erbaut. Er hatte gehofft, daß sie seine Friedenskirche würde. Kira und ich nannten sie »unsere Westentaschen-Kathedrale«. Hier wurden unsere beiden 1942 und 1943 geborenen Töchter Marie Cécile und Kira getauft.

Im Sommer verbrachten wir meist mehrere Wochen in Kahlberg, einem kleinen Badeort auf der Frischen Nehrung. Man konnte mit der »Tolkemit« in einer halben Stunde hinüberfahren. Der Kapitän des kleinen Dampfers, Voss, wurde unser guter Freund. Mit seiner Frau und seinen zwei Kindern bewohnte er in Kahlberg ein hübsches Häuschen. Er sprach gern von seinen Tagen in der kaiserlichen Marine. Wenn sein Sohn Hans, Funker auf einem Torpedoboot in den Gewässern um Norwegen, ein prächtiger Junge und ausgezeichneter Akkordeonspieler, auf Urlaub kam, gab es eine kleine Familienfeier, zu der Kira und ich immer eingeladen wurden.

Mit den Großgrundbesitzern in Ost- und Westpreußen hatten wir kaum Berührung; sie saßen nicht in unserer unmittelbaren Nachbarschaft und waren ohne Auto — das unsere war für die Wehrmacht beschlagnahmt — schwer zu erreichen. Unser harmonisches, auf engen Umkreis beschränktes Landleben wurde leider durch meine beiden Gutsverwalter gestört, die heftige Nationalsozialisten und Amtsträger in der Partei waren. Da ich von Hause kein Landwirt war und es mir noch an Erfahrung fehlte, konnte ich ohne sie nicht gut auskommen, denn sie waren beide in ihrem Beruf sehr tüchtig. Als ich trotzdem versuchte, mich von ihnen zu trennen, schlug es fehl. Sie terrorisierten unsere Gutsarbeiter und zwangen sie, mit »Heil Hitler« zu grüßen, was diese immer unterließen, sobald die Verwalter nicht in der Nähe waren. Viele waren schon seit 1899 hier, als mein Großvater das Gut erworben hatte. Die beiden einzigen Gutsbeamten, denen ich politisch trauen konnte, waren der Direktor Wilhelm Dietrich, der unsere Majolika-Fabrik leitete, und Otto Braun,

Rendant und Bürgermeister in einer Person. Mein Großvater hatte Dietrich 1909 als Lehrling eingestellt. Er stammte aus Lichte im Thüringer Wald, einer durch ihre Glas- und Töpferwaren berühmten Gegend. Braun, ein ostpreußischer Bauernsohn, war mit Cadinen und unserem Hause mit allen Fasern seines Herzens verwachsen. An diesen beiden hatte ich eine große Stütze.

Äußerlich waren unsere Beziehungen zu den NS-Behörden korrekt. Sie betrachteten mich als einen verhältnismäßig harmlosen Bürger, der ganz in seinem Familienleben aufging und nicht nur gegen den Nationalsozialismus, sondern gegen Politik überhaupt gleichgültig war. Ein Mann, der sonntags beim Gottesdienst in seiner Kirche die Orgel spielte, erschien diesen hartgesottenen Parteifanatikern als ein Sonderling, den man am besten links liegen ließ. Dieser Beurteilung und unserer zurückgezogenen Lebensweise war es zum großen Teil zu verdanken, daß sie uns mit dem Leben davonkommen ließen. Wir wurden zwar ständig von unseren eigenen Angestellten bespitzelt, aber niemand argwöhnte, daß Gutsherr und Gutsherrin von Cadinen in die Verschwörung des 20. Juli gegen Hitler und sein Regime verstrickt waren.

Als seit Anfang Juli 1944 die militärische Lage an der Ostfront kritisch geworden, der Roten Armee der große Durchbruch bei Minsk gelungen war und nichts sich ihrem Stoß gegen Ostpreußen und die Weichsel entgegenzustellen schien, begann auch für uns die Frage brennend zu werden, wie wir uns bei einem weiteren Vordringen der Bolschewisten verhalten sollten. In Cadinen zu bleiben, wäre Selbstmord gewesen. Falls wir das damals nur geahnt und noch nicht mit Sicherheit gewußt hätten, wäre uns später durch die Tatsachen bestätigt worden, daß auch die schlimmsten Befürchtungen weit hinter der Wirklichkeit zurückbleiben mußten. Wir hegten gewiß nicht die geringste Abneigung gegen das russische Volk, wir waren sogar stets um eine objektive Meinung über das Sowjetsystem bemüht gewesen; daß sich aber die Sowjets gegen uns ebenso verhalten würden, wäre wohl eine vermessene Annahme gewesen.

Ich wollte indessen endgültige Entschlüsse nicht ohne einen militärischen Fachmann fassen; deshalb gedachte ich Feldmarschall von Küchler in Königsberg zu besuchen, um von ihm zu hören, wie er die Lage beurteile. Die Küchlers waren gute Bekannte und oft bei uns in Cadinen gewesen. Der Feldmarschall, ein geborener Hesse und preußischer Offizier vom besten alten Typ, lebte seit seiner Pensionierung in Königsberg. Er hatte frühzeitig erkannt, wie die militärischen Tugenden und Traditionen unter Hitler korrumpiert wurden. Solange er noch aktiv war, verhielt er sich still; nach seiner Entlassung jedoch hatte er mir öfters seine kritischen Bedenken und Befürchtungen ausgesprochen. Seine kluge und temperamentvolle Frau war im Gegensatz zu ihm gar nicht zurückhaltend und in ihren drastischen Bemerkungen über Hitler und die Nationalsozialisten alles andere als sparsam. Ich weiß, daß in jenen Jahren von vielen Leuten immer wieder erörtert worden ist, ob Umsicht und Besonnenheit in der äußeren Haltung schon ein Teil von Furchtsamkeit sei. Das wird wohl nur bei genauer Kenntnis der jeweiligen Charaktere beantwortet werden können; umgekehrt jedoch erscheint mir gewiß, daß Unbedachtheiten weder ein Kriterium für Mut noch überhaupt zweckvoll waren.

Wir hatten meinen Besuch in Königsberg durchaus zufällig für den 20. Juli verabredet. Am Tage zuvor mußte ich noch einige der landwirtschaftlichen Sachverständigen empfangen, die oft zu Besichtigungen nach Cadinen kamen. Am frühen Morgen des 20. Juli nahm ich den Zug nach Königsberg und kam dort gegen 10 Uhr an. Der Bahnhof bot ein beunruhigendes Bild: die Bahnsteige waren überfüllt mit bewaffneten Zivilisten, offenbar einer Art von Landsturm-Aufgebot; unter ihnen zahlreiche ausländische Arbeiter, mit den lächerlichsten Gerätschaften bewaffnet, von braun uniformierten Funktionären herumkommandiert und angebrüllt. Es sah auch bei diesen nicht gerade nach Entschlossenheit und Zuversicht aus.

Feldmarschall von Küchler erklärte mir, daß die Lage sehr ernst sei. Die Bolschewisten hätten die deutsche Grenze erreicht und schickten sich an, in Ostpreußen einzumarschieren. Die ganze Heeresgruppe Nord, die einst Küchler unterstanden hatte, war im Baltikum abgeschnitten. Küchler hatte Hitler mehrmals gewarnt und ihm vorausgesagt, daß es so kommen werde, wenn man die Front nicht verkürze, aber das militärische Genie des »Führers« hatte, wie auch in anderen Fällen, davon nichts wissen wollen.

Nach Küchlers Ansicht waren keine Reserven mehr da, die Ostpreußen verteidigen konnten. Sein Rat lautete: »Schaffen Sie Ihre Familie so bald wie möglich fort.« Ich sah, wie schwer es ihm wurde, mir das zu sagen. Auch mir war das Herz schwer: ich hatte noch gegen alle Vernunft gehofft, eine bessere Auskunft zu bekommen, denn wir hingen an Cadinen und betrachteten es als unseren wirklichen Heimatort. Küchler riet zu einem Zufluchtsort möglichst westlich der Oder, jedenfalls aber westlich der Weichsel; ich dachte sogleich an Golzow, einen Familienbesitz in der Neumark.

Weil sie meine Niedergeschlagenheit sahen, überredeten die Küchlers mich, über Nacht bei ihnen zu bleiben. Am Vormittag statteten wir dem Schloß einen kurzen Besuch ab. Ich war noch nie dort gewesen. Ein ehemaliger Unteroffizier der alten Armee führte uns in die Schloßkapelle, in der mein Vorfahr Friedrich I. zum preußischen König gekrönt worden war: an der Wand auf kleinen weißen Marmortafeln die Namen aller Träger des Schwarzen Adlerordens, die letzte Tafel mit einem schmalen Trauerflor, auf ihr der Name meines gefallenen Bruders Wilhelm. Wir besichtigten auch den sogenannten Moskowitersaal, in dem Friedrich Wilhelm I. eine ganze Woche lang seinen Ehrengast Peter den Großen von Rußland bewirtet hatte. Ich bin froh, das alles noch gesehen zu haben, denn einige Monate später wurde das Königsberger Schloß durch Bomben völlig zerstört.

Als wir gegen sechs Uhr zurückkehrten, empfing uns die vierzehnjährige Tochter Sibylla von Küchler, zitternd vor Aufregung, mit der Nachricht von dem Attentat auf Hitler. Wir hatten uns am Nachmittag getrennt: Frau von Küchler hatte mit mir in der Universität eine Vorlesung des Gräzisten Professor Walter F. Otto über die griechische Tragödie gehört, während der Feldmarschall im Lazarett seinen Sohn besuchte. Er kam gleich nach uns zurück und führte ein Telephongespräch mit General Wodrich, dem Stadtkommandanten von Königsberg. Wodrich hatte aus Berlin den Befehl empfangen, den ostpreußischen Gauleiter Erich Koch zu verhaften; Hitler sei tot und eine neue Regierung gebildet. Daraufhin hatte er sich telephonisch bis zu Feldmarschall Keitel durchgesetzt und von dem gehört, Hitler sei bei dem Anschlag unverletzt geblieben; Wodrich solle keinen Befehlen aus Berlin gehorchen, er, Keitel, werde alle Generale zu Loyalitätsbotschaften an Hitler auffordern. »Ich werde jedenfalls keine Ergebenheitsadresse schicken«, sagte Küchler.

Wir befanden uns, als wir das vernommen hatten, in einem entsetzlichen Widerstreit von Hoffnung und tiefster Enttäuschung. Endlich brach Küchler das Schweigen und sagte: »Wie konnten sie so etwas machen, ohne des Erfolges sicher zu sein?« Frau Küchler und ich widersprachen. Vielleicht hatte Keitel gar nicht die Wahrheit gesagt? Doch eine Stunde später kam über den Rundfunk Hitlers Rede, in der er seine Rettung als ein sichtbares Zeichen der allmächtigen Vorsehung hinzustellen versuchte. Das war zu erwarten gewesen.

Die Frage des Feldmarschalls von Küchler ist damals oft und seitdem immer wieder gestellt worden. Aber ich bin nicht der Ansicht, daß das Mißlingen des Planes seine Beweiskraft gegen die Anklage der Welt mindert, es habe in Deutschland keinen Widerstandswillen gegeben. Auch als Mißerfolg hat der 20. Juli offenkundig gemacht, daß schon seit 1939 und in manchen Fällen vorher eine Anzahl Persönlichkeiten all ihre Intelligenz und Energie der Aufgabe widmete, das Hitlerregime zu beseitigen und, mehr als das, den Weg für ein neues, friedfertiges Deutschland zu ebnen. Selbst wenn man das späte Datum bemängelt, an dem endlich die Entscheidung gesucht wurde, bleibt in meinen Augen der Versuch verdienstvoll, in letzter Minute das Vaterland vor einem Ruin zu retten, der so total sein mußte, wie es der Krieg nach Hitlers Willen gewesen war. Ich weiß, daß der eine und andere heftige Kritiker des Zauderns, ja Zweifler an den Fähigkeiten der Verschwörer inzwischen genug Abstand von den Ereignissen gewonnen hat, um außer der menschlichen Teilnahme, die dem Schicksal der Männer des 20. Juli nie verweigert wurde, und außer der Anerkennung der Lauterkeit ihres Charakters auch mehr Gerechtigkeit in der politischen Würdigung aufzubringen. Wenn man sagt, das mißglückte Attentat habe Hitler erst recht zum hemmungslosen Amokläufer gemacht, so müßte man meines Erachtens doch auch dawider fragen, wie Deutschland moralisch ohne die Namen der Männer des 20. Juli dastünde.

Daß ich in jener Nacht keinen Schlaf finden konnte, war freilich durch andere, damals näher als diese liegende Gedanken bedingt. Ich versuchte, die möglichen Konsequenzen für mich und meine Familie ins Auge zu fassen. Ich hatte einen in Ungnade entlassenen ehemaligen Feldmarschall Hitlers genau an dem Tage des Attentats besucht. Ich glaubte zu wissen, daß Küchler nicht aktiv in die Verschwörung verwickelt war, doch hatte ich gelegentlichen Bemerkungen von ihm entnehmen können, daß er von der Existenz einer Widerstandsgruppe wußte. Ob aber, selbst wenn ich die Gestapo bei einem Verhör davon würde überzeugen können, daß mein Besuch bei den Küchlers ganz zufällig an diesem Tage stattgefunden hatte, nicht andere Verdachtsmomente blieben, das wußte ich so lange nicht mit Sicherheit, wie nicht die Namen aller Verschwörer bekannt waren. Waren meine Freunde betroffen? Wo war Otto John? Ich hatte ihn vor sechs Monaten zuletzt gesehen, als er nach Spanien zurückgehen wollte. Seitdem hatte ich nichts von ihm gehört.

Meine Gedanken schweiften zurück bis zum Jahre 1937, als ich John zum ersten Male begegnet war. Die Szene stand plötzlich wieder deutlich vor mir: John war in mein Büro bei der Lufthansa gekommen und hatte sich als der neue Rechtsberater dort vorgestellt. Wir hatten einige höfliche und gleichgültige Bemerkungen getauscht, bis John mit einer ernsteren Wendung politische Sympathien für meine Familie durchblicken ließ und meine Meinung über die Nationalsozialisten zu erforschen trachtete. Da ich ihn nach so wenigen Minuten nicht genug zu kennen glaubte, wich ich vorsichtig aus.

Zwei Wochen später fragte mich mein Klavierlehrer Rudolf Hauschild, ob ich einen gewissen Otto John kennte. Ich erzählte ihm von meiner Begegnung, worauf Hauschild sagte, John sei ein Freund eines seiner besten Freunde, Hans von Dohnanyis, und er habe sich dort recht bekümmert darüber geäußert, daß ich ihm nicht freundlicher entgegengekommen sei. Hauschild versicherte, John sei unbedingt vertrauenswürdig, und es werde für mich wichtig sein, mit ihm näher bekannt zu werden. Mich freilich mutete diese Art, eine neue Bekanntschaft durch vorherige Erkundigungen einzuleiten, ganz unsympathisch und unwürdig an. Immerhin sah ich ein, daß es in jenen Jahren des allgemeinen Mißtrauens der einfache Selbsterhaltungstrieb gebot und jeder, der solche Vorsichtsmaßnahmen außer acht ließ, ein reiner Tor war, der obendrein aus seiner Reinheit nicht den mindesten Nutzen ziehen konnte. Ich hoffe, daß meinen Kindern die menschliche Erniedrigung erspart bleiben wird, daß sie jemanden beargwöhnen müssen, der sich ihnen in bester Absicht nähert.

Einige Wochen später traf ich ihn wieder. Wir sprachen offen miteinander und stellten fest, daß wir politisch in vielem übereinstimmten. John sprach von seinen Gesinnungsfreunden, die sich alle darüber klar seien, daß Deutschland nur gerettet werden könne, wenn man sich Hitlers und seiner Leute gewaltsam entledigte; eine Bewegung mit diesem Ziele existiere, stecke jedoch noch in den Anfängen. Ich erklärte mich zur Mitwirkung unter der Voraussetzung bereit, daß diese Widerstandsgruppe eine solide Grundlage habe und ihre Mitglieder zuverlässig und verschwiegen seien. John sicherte das zu; er versprach mir, mich über alles Weitere auf dem laufenden zu halten.

Nach der Rückkunft von meiner Weltreise vertraute ich ihm meine Erfahrung an, daß Hitler-Deutschland in der Welt faktisch keine Freunde habe, nicht einmal in Japan oder in Italien. Indessen hatte Johns Widerstandsgruppe nur geringe Fortschritte gemacht. Es erschien nahezu unmöglich, Wehrmachtskreise für die Sache zu gewinnen, und doch lag hier die einzige Chance, Hitler mit Gewalt zu stürzen. Da aber der Krieg fast als unvermeidlich bevorstand, war niemand bereit, Hitler in den Arm zu fallen.

An einem Nachmittag im November 1939 suchte John mich mit seinem Kollegen Dr. Klaus Bonhoeffer auf und schlug einen gemeinsamen Spaziergang im Grunewald vor. Sie teilten mir mit, daß sich General Halder, der Chef des Generalstabes, der Widerstandsbewegung angeschlossen habe. Auf die Frage, ob ich bereit sei, noch mehrere von ihren Gesinnungsfreunden kennenzulernen, stimmte ich zu. In der Folgezeit wurde ich durch John mit Hans von Dohnanyi, Dr. Justus Delbrück und Jakob Kaiser bekannt, dem späteren Bundesminister für gesamtdeutsche Fragen, der in jenem Kreise die Gewerkschaften vertrat, ferner mit Ernst von Harnack, dem ehemaligen sozialdemokratischen Regierungspräsidenten von Merseburg, mit Klaus Bonhoeffers Bruder Dietrich, der in der internationalen Bewegung der protestantischen Kirche arbeitete, mit dem früheren hessischen Innenminister und Gewerkschaftsführer Wilhelm Leuschner sowie mit Dr. Joseph Wirmer von der alten Zentrumspartei. Sie kamen einer nach dem anderen unter diesem oder jenem Vorwand zu mir, oder wir trafen uns bei Dr. Bonhoeffer, der nur eine halbe Stunde von mir entfernt wohnte. Damit niemand Verdacht schöpfte, wurden die Zusammenkünfte immer durch einen musikalischen oder kulturellen Zweck getarnt. In Harnacks Falle war das leicht; er war der Sohn des berühmten und mit meinem Großvater befreundeten Theologieprofessors, so daß die Familienbeziehung als Vorwand dienen konnte. Zudem war er ein guter Flötist und brachte seine Flöte mit; zur Einleitung unserer Zusammenkünfte pflegte er ein Stück von Friedrich dem Großen oder sonst etwas Klassisches zu spielen. Kira begleitete ihn am Flügel. Sie war bei all diesen Gesprächen im kleineren oder größeren Kreise zugegen, und ihr gesundes Urteil kam uns oft bei den Diskussionen zustatten.

Von den Männern, die ich hier genannt habe — es sind einige Namen von vielen, denen ich in jener Zeit im Widerstandskreis begegnet bin —, haben nur Otto John und Jakob Kaiser den 20. Juli 1944 überlebt. Sie alle wußten von Anfang an, daß sie ihr Leben aufs Spiel setzten, und dessen war nach den ersten Gesprächen auch ich mir bewußt. Weil ich Umschweife nicht liebe, fragte ich sie rund heraus, warum ihnen bei ihren Plänen soviel an mir gelegen sei. Diese Frage hatten sie wohl erwartet, denn die Antwort kam prompt: man brauche ein stabiles, einigendes Element, auf das man schon vor der Aktion bauen könne, mehr noch aber für die erste Zeit nach dem Gelingen des Anschlages. Ich war überrascht, daß ihre Wahl gerade auf mich gefallen war. Sie begründeten es damit, daß ich sowohl den konservativeren Wehrmachtskreisen als auch den Gewerkschaften mit ihren fortschrittlicheren Tendenzen genehm sei. Jakob Kaiser und seine Leute argumentierten namentlich mit meinen Erfahrungen als Fordarbeiter und mit meiner freundschaftlichen Beziehung zu Roosevelt; bei der Wehrmacht hingegen legte man das Hauptgewicht darauf, daß ich der legitime Kronprätendent sei. Ich erklärte, daß ich ihnen gern helfen und als Privatmann in jeder Weise zur Verfügung stehen wolle, aber was die Kronprätendentschaft angehe, so könnten sie nicht damit rechnen, daß ich mich gegen meinen Großvater oder meinen Vater, die damals beide noch lebten, unkorrekt verhalten würde.

Im März 1940 ließ ich durch Herrn von Dohnanyi General Beck um eine Unterredung ersuchen. Becks Antwort erhielt ich durch Otto John: Er teile meine Auffassung der Dinge, halte aber im Augenblick ein persönliches Zusammentreffen nicht für ratsam, weil er von der Gestapo überwacht werde. Hitlers Einfall in Frankreich, Belgien und die Niederlande sei beschlossene Sache und nicht mehr zu verhindern, man könne nur die weitere Entwicklung aufmerksam verfolgen, und deshalb werde er durch John mit mir in Verbindung bleiben. Inzwischen möge ich mich im Hintergrund halten und durch nichts die Aufmerksamkeit oder gar den Argwohn Hitlers und seiner Leute auf mich lenken.

Ich schrieb ein längeres Memorandum, in dem ich meinen Standpunkt darlegte. Es war vor allem für meine Kinder gedacht, falls mir als einem Piloten der Luftwaffe oder sonstwie etwas zustieße. John und ich behielten jeder eine Abschrift des Memorandums, entschlossen uns jedoch zwei Jahre später, es zu verbrennen, weil die Aufbewahrung von schriftlichem Beweismaterial in unserer Lage nicht gerade zweckdienlich war. Nach Hitlers militärischem Siege in Frankreich schien unsere Sache nahezu verloren zu sein, und erst als er sich mit den Sowjets, seinen ehemaligen Verbündeten gegen Polen, in einen Krieg einließ, schöpften wir neue Hoffnung.

Louis Lochner, der als einziger amerikanischer Pressevertreter an der Beisetzung meines Großvaters in Doorn teilgenommen hatte, besuchte mich wenige Wochen danach, im Juli 1941, gemeinsam mit John in Schildberg. Von John war die Anregung ausgegangen, Lochner solle ein substantielles Interview über meine Beziehungen zum Präsidenten Roosevelt verfassen, weil er es für nützlich hielt, wenn ein solches Interview mit Lochner, dessen Ansehen in Deutschland, gestützt auf seine Integrität und auf seinen Ruf als einer der objektivsten Journalisten, unbestritten war, unter den kommandierenden Generalen des Heeres zirkulierte. Wir saßen einen ganzen Nachmittag über dieser Arbeit, dann kehrten die beiden nach Berlin zurück. Ich sah dann meinen Freund Lochner nur noch einmal an dem Tage, als Hitler den Vereinigten Staaten den Krieg erklärte.

Bald nach den ersten Rückschlägen an der Ostfront rief John mich zu einem geheimen Treffen mit Generaloberst von Hammerstein nach Berlin. Ich kannte Hammerstein schon von 1933, als er noch Chef der Heeresleitung unter Brüning, Papen und Schleicher war; hernach war ich ihm bei den Schraders, unseren Nachbarn im Grunewald, begegnet. John dachte durch Hammersteins Freundschaft mit General Beck einen Druck auf die Generalität ausüben zu können.

Um nicht aufzufallen, gingen wir erst nach Einbruch der Dunkelheit zu Hammerstein, der damals in Dahlem wohnte. Er empfing uns herzlich, machte allerdings den Eindruck eines enttäuschten und schwerkranken Mannes. Ich sagte ihm, nach unserer Überzeugung sei es höchste Zeit zu einer Aktion der Wehrmacht gegen Hitler, und wenn ein Wort von mir zur Ermutigung beitragen könne, sei ich dazu bereit. Unterstützt von John, sprach ich mit großer Wärme und Leidenschaft. Hammerstein erwiderte, er verstehe unsere Gefühle, und die Aktion könne in der Tat nur von der Wehrmacht ausgehen. »Aber«, so schloß er seine klar formulierten Ausführungen, »sie werden es nicht wagen. Es fehlt ihnen eben an Zivilcourage. Das deutsche Heer wird sich schlagen, bis es ganz und gar besiegt ist, und erst dann wird Hitler stürzen.«

Dieser Pessimismus war ein schwerer Schlag für uns, um so mehr, als wir ahnten, daß er im Grunde recht hatte. Die Philosophie der preußischen Armee, die sich weder unter der Weimarer Republik noch unter Hindenburg und auch nicht unter dem ehemaligen Gefreiten als oberstem Kriegsherrn geändert hatte, lief darauf hinaus, daß die Armee ein scharfes Schwert sei, das von jedem, der das Land regiere, gebraucht werden könne, nur nicht von ihr selbst. Eine derartige Maxime war unter den gegenwärtigen Umständen ein freiwilliges Todesurteil. Über diese Frage hatte ich schon 1938 mit dem Kommandeur eines bekannten Infanterieregiments in Potsdam eine Kontroverse gehabt. Wir stimmten darin überein, daß der blinde Gehorsam des Heeres unter einer wirklich verantwortlichen Regierung die beste Stütze der Staatsautorität sei. Darauf begehrte ich von ihm zu wissen, ob er glaube, daß die deutsche Wehrmacht auch Stalin loyal dienen würde, wenn er in Deutschland regierte. »Vermutlich ja«, antwortete er. »Dann ist die deutsche Wehrmacht in meinen Augen nichts wert«, erklärte ich. Die anderen anwesenden Offiziere, im Grunde ihrer Seele alle Monarchisten, machten steinerne Gesichter. Keiner von ihnen sagte ein Wort.

Obwohl Otto John und ich von der Unterredung mit General von Hammerstein niedergeschlagen zurückkehrten, trösteten wir uns ein wenig damit, daß sein Pessimismus zum Teil wohl von seiner Krankheit herrühre. Er starb auch bald darauf. John meinte, die Zusammenkunft sei nicht ganz vergeblich gewesen, da Hammerstein zweifellos General Beck darüber berichtet habe. Dann teilte er mir mit, Dr. Goerdeler habe den Wunsch nach einer Begegnung mit mir geäußert. Goerdelers Rücktritt vom Posten des Oberbürgermeisters von Leipzig — wegen der Entfernung der Büste von Felix von Mendelssohn-Bartholdy aus dem Gewandhaus — war seinerzeit eine Sensation gewesen. Bei Kriegsausbruch hatten die Nationalsozialisten ihn zum Preiskommissar berufen, doch auch auf diesem Posten war er als ein Mann, der mutig seine eigenen Ansichten vertrat, für Hitler untragbar. Seitdem arbeitete er, getarnt durch eine Tätigkeit in der Privatwirtschaft, für Hitlers Sturz. Er vertrat weite Kreise des Bürgertums und der Industrie, die von Hitler nichts wissen wollten, als ihr Verbindungsmann zu den Militärs. Mit General Beck war er persönlich befreundet.

John sollte, so verabredeten wir, mit Dr. Goerdeler zu mir nach Cadinen kommen. Es schien der gegebene Ort zu sein, weil die Familie Goerdeler in Rauschen, also unweit von Königsberg, ein kleines Sommerhaus besaß; Goerdeler war ja in Ostpreußen geboren und eine Zeitlang Oberbürgermeister von Königsberg gewesen, wo sein Bruder noch den Posten des Stadtkämmerers bekleidete. Ich hatte viel Gutes über ihn gehört, auch von meiner Mutter, die ihn von ihren Besuchen der Leipziger Gewandhaus-Konzerte kannte. So wuchs meine Spannung, ihn zu sehen.

Eines Tages im Juli 1942 nun kam John in Cadinen an, und wir fuhren mit der Haff-Uferbahn nach Braunsberg, um Goerdeler abzuholen, der aus dem Zuge von Königsberg stieg. Im Abteil der Haff-Uferbahn waren wir nicht allein; daher beschränkten wir uns in unserer Unterhaltung auf Familienerinnerungen und die Schönheiten der Landschaft. Goerdeler trug einen dunkelgrauen Anzug mit weißem Hemd und schwarzer Krawatte und am Arm einen Trauerflor. Er war sonnenverbrannt, und seine lebhaften grauen Augen funkelten vor Energie. Voll Ingrimm sagte er mir, daß vor kurzem sein zweiter Sohn an der Ostfront gefallen sei, aber er war nicht ein vom Schicksal gebeugter Mann, sondern, obwohl schon weit über sechzig, auf der Höhe seiner physischen und geistigen Kraft. Vom ersten Augenblick an erkannte ich, daß er das beste Preußentum mit fortschrittlichen und international gefärbten Ansichten verband. Er schien viele Freunde im Ausland zu haben, besonders in England, sprach fließend Englisch und war auch oft in den Vereinigten Staaten gewesen.

Um zu vermeiden, daß wir in Cadinen die Aufmerksamkeit der Dorfbevölkerung erregten, fragte ich Dr. Goerdeler, ob er etwas dagegen habe, wenn wir die anderthalb Kilometer vom Bahnhof bis zu unserem Hause zu Fuß gingen; sonst pflegten wir nämlich unsere Gäste mit Pferd und Wagen abzuholen. Goerdeler lachte über meine Vorsicht, hatte jedoch Verständnis dafür. Er war unter seinen Freunden als »leichtsinnig« bekannt und wußte nichts von irgendwelcher Furcht um seine eigene Person. Meine Vorsicht erreichte, daß Goerdelers Besuch sogar auf meinem Gut unbemerkt blieb; wenn wir nicht allein im Zimmer waren, redeten wir ihn mit einem anderen Namen an.

In großen Zügen kannte ich Goerdelers Ideen aus zwei Memoranden, die John mir vorher zu lesen gegeben hatte. Das eine war ein allgemeiner Essay über die nationalsozialistische Ideologie, die er in Bausch und Bogen ablehnte; das zweite, eine sorgfältige Analyse der wirtschaftlichen Situation in den von Deutschland besetzten europäischen Ländern, versuchte nachzuweisen, daß der Krieg wegen der katastrophalen Ernährungslage spätestens im Winter 1943/44 verloren sein würde.

Gleich zu Beginn erkundigte sich Dr. Goerdeler nach meinen Beziehungen zur Wehrmacht und ihrer Führung. Ich konnte ihm fast nur Namen von Offizieren nennen, die schon kaltgestellt waren, darunter Feldmarschall von Bock und Generaloberst Hoepner, der sogar das Recht zum Tragen der Uniform eingebüßt hatte, weil er sich mit seiner Panzerarmee vor Moskau, um einer Einkreisung durch die Rotarmisten zu entgehen, ohne Hitlers Erlaubnis zurückgezogen hatte. Goerdeler erklärte, die Aussichten für annehmbare Friedensbedingungen würden von Tag zu Tag schlechter, ein Friede sei überhaupt nur ohne Hitler möglich, andererseits wäre allein die Wehrmacht in der Lage, Hitler zu stürzen. Gleichwohl wollte er vermeiden, den Diktator zu töten; es war gegen seine christlichen Grundsätze, und er hielt es nicht für unbedingt notwendig. In den nächsten Wochen wollte er einige Armeeführer in ihrem Hauptquartier an der Front sprechen und sie zu einer Aktion überreden.

Im ganzen zeigte er sich nicht so pessimistisch wie General von Hammerstein. Wenn erst einmal von einigen ein Anfang gemacht und das Signal gegeben sei, meinte er, würden andere folgen. Was er sprach, klang logisch und überzeugend. Er ließ uns in hoffnungsvoller Stimmung und unter dem Eindruck einer starken und überlegenen Persönlichkeit zurück, die dem Posten eines künftigen Reichskanzlers voll gewachsen sei.

Hiervon und von der Zusammensetzung einer künftigen deutschen Regierung war jedoch bei unserem Gespräch nicht die Rede gewesen. Wir hatten lediglich unsere Übereinstimmung in den wichtigsten Punkten festgestellt, vielleicht mit dem einzigen Unterschied, daß ich etwas internationaler dachte als Goerdeler.

Gegen acht Uhr, als es schon dunkelte, brachten wir ihn im Wagen zur Bahnstation. Er fuhr allein über Braunsberg zurück.

Weder Kira noch ich werden diesen Besuch je vergessen. Ich traf Goerdeler nur noch ein einziges Mal, neun Monate später in Berlin. Im März 1943 bat mich Otto John unter einem geschäftlichen Vorwand dringend, nach Berlin zu kommen. Die Situation der Verschwörer wurde immer schwieriger, je länger sie zögerten oder zögern mußten; Hitlers und Himmlers Mißtrauen wuchs sozusagen täglich.

Diesmal trafen wir uns nun im Hause des Vaters der beiden Brüder Bonhoeffer, des bekannten Psychiaters, der aber abwesend war. Außer Jakob Kaiser und Rechtsanwalt Dr. Wirmer war Ewald von Kleist anwesend, den ich bis dahin nicht kannte. Besonders er drang auf baldiges Handeln; die Frontgenerale schienen nicht den Mut zu einer Aktion zu haben, darum müsse man es mit dem Ersatzheer versuchen. Mit großem Nachdruck appellierten alle an mein vaterländisches Pflichtgefühl: ich solle als rechtmäßiger Kronprätendent das Signal für die jetzt noch unentschlossen zögernden Armeeführer und Generale geben. Ich erklärte mich zu einem solchen Schritt bereit, falls die Situation ihn nötig mache, hielt es aber für falsch, meinen Vater zu übergehen. Es war unmöglich aus Gründen der Legitimität und zum anderen unklug, weil General Beck dem Kronprinzen sehr ergeben war.

Bevor wir auseinandergingen, hatte ich in einem Nebenzimmer mit Jakob Kaiser eine Unterredung unter vier Augen. Jakob Kaiser zeigte ein tiefes Verständnis für meinen Gewissenskonflikt zwischen den Pflichten gegen mein Vaterland und der Loyalität gegenüber meinem Vater. Wir beschlossen, daß ich unverzüglich die Meinung des Kronprinzen erkunden solle. Während Herr von Kleist sich zu General Olbricht, dem stellvertretenden Kommandeur des Ersatzheeres, begab, fuhr ich zu meinem Vater nach Cecilienhof hinaus. Wir waren beim Abendessen miteinander allein. Mein Vater bemerkte mein ernstes und bekümmertes Gesicht und forschte nach, ob ich etwas auf dem Herzen hätte. Ich fragte ihn in behutsamer und verschleierter Form, ob er sein Ansehen und seine Popularität, die er von früher her bei den höheren und höchsten Offizieren der Wehrmacht besitze, in den Dienst des Vaterlandes stellen wolle, wenn dieses nur noch durch eine Aktion gegen Hitler gerettet werden könne. Die Frage mußte meinem Vater überraschend kommen; wir hatten uns seit Kriegsbeginn nicht allzuoft gesehen und noch weniger politische Gespräche geführt. Jetzt hörte mir mein Vater — das war einer seiner großen Vorzüge — geduldig und aufmerksam zu. Dann antwortete er, er habe sich allen derartigen Bewegungen ferngehalten, wolle auch in Zukunft nichts damit zu tun haben und rate mir, mich nicht auf solche Dinge einzulassen. Wußte er, daß sein Sohn schon tief in eben diese Dinge verstrickt war? Vielleicht ahnte er etwas und warnte mich deshalb mit solchem Nachdruck.

Am folgenden Nachmittag berichtete ich Otto John von der Unterredung. Kurz darauf kam auch Dr. Goerdeler dazu, er war recht niedergeschlagen: er hatte mit General Olbricht gesprochen, und dieser hatte ihm kategorisch erklärt, daß er im Augenblick nicht die geringste Möglichkeit für eine Aktion sehe. Unter diesen Umständen war jede autoritative Geste von meiner Seite sinnlos. Goerdeler war nach vielen Abenteuern — wobei er einmal auch in einen Partisanenangriff geraten war — tatsächlich an die Ostfront, bis zu Feldmarschall von Kluge, dem Kommandeur der Heeresgruppe Mitte, vorgedrungen und hatte mit ihm ein sehr offenes Gespräch gehabt. Kluge, durchaus einsichtig, sah sich nicht imstande, selbst die Initiative zu ergreifen; jedoch hatte er zugesichert, daß er nicht intervenieren werde, wenn dem »Führer« bei einem seiner Besuche in Kluges Hauptquartier irgend etwas widerfahre. So hatte man denn mit Kluges stillschweigender Duldung einen Anschlag auf Hitler vorbereitet; eine Bombe sollte in dem Raum explodieren, in dem er vermutlich übernachten würde. Hitler erschien auch an dem vorgesehenen Tage, reiste aber vor Anbruch der Nacht wieder in sein eigenes Hauptquartier ab.

Ich fuhr nach Cadinen zurück mit dem sicheren Gefühl, daß es fast zu spät sei, Deutschland zu retten. Aber etliche Monate danach, es war Mitte Juli 1943, rief mich Otto John abermals telephonisch nach Berlin. Zu meiner Überraschung traf ich bei ihm jenen alten spanischen Studiengenossen von der Berliner Universität, den ich seit acht Jahren nicht mehr gesehen hatte. Er arbeitete jetzt im spanischen Außenministerium in der Abteilung, die zwischen den Interessen der kriegführenden Staaten zu vermitteln hatte. Persönlich erfuhr ich durch ihn, daß die Familie Lochner nach ihrer fünfmonatigen Internierung in Bad Nauheim gesund in die Vereinigten Staaten gelangt war; allgemein hatte er unserer Sache wichtige Dienste als Verbindungsmann zwischen Otto John und den westlichen Alliierten leisten können. Er war überzeugt, daß ohne Hitler und die Nationalsozialisten Friedensgespräche möglich seien; sogar bei einer bedingungslosen Kapitulation würde Deutschland vor weiteren Zerstörungen bewahrt bleiben. John selbst hatte in Spanien mit Mitgliedern der amerikanischen und der britischen Botschaft konferiert.

An dieser Unterredung nahmen noch sein Bruder, Dr. Hans John, und Dr. Albrecht Haushofer teil, die beide nach dem 20. Juli 1944 hingerichtet wurden. Wir sprachen über den mißlungenen Anschlag auf Hitler in Kluges Hauptquartier und über geplante neue Versuche, deren Einzelheiten ich hier nicht wiederzugeben brauche, weil sie inzwischen genügend historisch dokumentiert sind. Ich habe so manches Mal an meine südamerikanischen Erfahrungen denken müssen. In Südamerika wäre bestimmt der erste Versuch gelungen, während hier eine Zufälligkeit nach der anderen dem Diktator und keine einzige seinen Gegnern zugute kam — vielleicht weil eben alles so sorgfältig und zu methodisch vorbereitet war und jeder Ausfall irgendeines Gliedes der Berechnung die ganze Berechnung über den Haufen warf.

Alle diese Begegnungen und Gespräche wurden mir in jener schlaflosen Nacht nach dem 20. Juli 1944 wieder lebhaft gegenwärtig. Es war ein trauriger Abschied, als Frau von Küchler mich am nächsten Mittag zum Bahnhof brachte. Wir wußten, daß wir einer dunklen Zukunft entgegengingen und es schon viel sein würde, wenn wir das bittere Ende dieses Krieges überlebten. Mit solchen trüben Gedanken stieg ich in den überfüllten Zug und blickte zurück auf die Stadt, die sich so stolz Königsberg in Preußen nannte. Ich wußte, daß ich sie so bald nicht wiedersehen würde, und in diesem unversehrten Zustande niemals.

Heute befindet sich Königsberg, seines Namens wie seiner Würde beraubt, in sowjetischer Hand, und Preußen wird, nachdem es lange geschmäht worden war, aus opportunistischen Gründen von den Sowjets als Heimat und Hort der Befreiungshelden gefeiert — in einer widerlichen Verfälschung, die der Geschichte, dem Geiste und der Moral gleichermaßen Gewalt antut. Aber wie immer sie Preußens Andenken dadurch beflecken, sogar sie müssen damit indirekt zugeben, daß die preußische Geschichte sich nicht auslöschen läßt. Sie mögen sie annektieren, wie sie das Land annektiert haben; aber sie lebt und wird alles überleben, Verfolgung, Rachsucht und Gleichgültigkeit.

Ich war nur zwei Tage in Königsberg gewesen, doch gemessen an dem, was sich inzwischen an Erinnerungen, Gedanken, Ahnungen und Befürchtungen in meiner Brust gewälzt hatte, kehrte ich wie von einer langen und weiten Reise zurück, als ich am Abend des 21. Juli 1944 wieder bei den Meinen in Cadinen anlangte. Ein neues Unglück schien mich treffen zu wollen: Mikie, unser zweiter Sohn, war gefährlich erkrankt. Nach dem Ergebnis der ärztlichen Untersuchung schien es eine Gehirnhautentzündung zu sein. Dr. Joost, unser Hausarzt, gebürtiger Kölner, frommer Katholik und unbeugsamer Hitlergegner, hatte eine wunderbar ruhige und tröstliche Art, mit seinen Patienten umzugehen. Wie überall in Elbing und in der ganzen Umgebung, so genoß er auch bei uns volles Vertrauen. Der arme kleine Mikie lag bewußtlos und mit seltsam verdrehten Augen in seinem Bettchen und erkannte niemand, nicht einmal uns. Ein herzzerreißender Anblick. Kira, die sich bis dahin beherrscht hatte, konnte ihre Tränen nicht länger zurückhalten.

Aus dem Osten drohte die russische Invasion; wir mußten beide in Zusammenhang mit dem 20. Juli auf das Schlimmste gefaßt sein, und dazu nun noch dieser entsetzliche Schlag. Ich glaubte mich am tiefsten Punkte meines Schicksals, eines Schicksals, das es bisher mit Kira und mir und unserer kleinen Familie so gut gemeint hatte. Trotzdem mußten wir uns zusammennehmen. Kira hörte ruhig und gefaßt meinen Bericht an: daß sie und die Kinder so bald wie möglich von Cadinen fort müßten und stündlich mit einem Besuche der Gestapo in unserem Hause zu rechnen sei.

Niemals habe ich Kira so bewundert wie in diesen schweren Augenblicken. Zum dritten Male in ihrem Leben sollte sie ihr Heim und alles, was ihr teuer war, aufgeben, um ihr und unserer Kinder Leben vor einem fürchterlichen Tode zu retten. Wir überlegten, was zu tun sei. Erst mußten wir Klarheit über Mikies Krankheit haben. Dann wollte ich nach Golzow fahren, um die Übersiedlung meiner Familie nach dort vorzubereiten; unterdessen sollte Kira das Notwendigste für die Reise zusammenpacken. Die Nacht, in der wir diese Entschlüsse fassen mußten, wird uns unvergeßlich sein. Kira, die aufopferungsvolle Kinderschwester Ella Hardt und die treue Diakonisse Alwine Radtke hielten abwechselnd Wache an Mikies Bett. Unser Kind wand sich in Krämpfen, und selbst die sonst so gelassene Alwine Radtke drängte uns beunruhigt, einen Gehirnspezialisten aus Königsberg kommen zu lassen. Aber wie sollten wir das mitten in der Nacht machen? Dreimal riefen wir Dr. Joost an. Er sagte, es sei keine unmittelbare Gefahr, und riet uns, geduldig zu warten. Er behielt recht. Am nächsten Tage kehrte Mikies Bewußtsein langsam zurück; wir dankten Gott in unbeschreiblicher Freude.

Ich fuhr nach Golzow und sprach mit unserem dortigen Administrator, Herrn Durnio. Als einer unserer fähigsten Verwalter hatte er, seit 1938 in Golzow, durch seine Tüchtigkeit die Produktion des zweitausend Morgen großen Gutes um mehr als das Doppelte gesteigert. Das Ehepaar Durnio, uns in treuer Freundschaft zugetan, versprach, die Übersiedlung meiner Familie zu erleichtern. Nun konsultierten wir Dr. Romeick, den Geburtshelfer, mit dessen Assistenz unsere beiden Töchter zur Welt gekommen waren. Er sagte uns, das Baby, das Kira erwartete, werde spätestens in einem Monat da sein, und wenn Kira nicht noch in dieser Woche nach Golzow fahre, könne er die ärztliche Verantwortung nicht mehr übernehmen. Es mußte also gehandelt werden. Obwohl es so aussah, als seien wir nun ganz von einem blind waltenden Schicksal abhängig, war es unsere Pflicht, die Fäden selbst in der Hand zu behalten.

Zwar war der sowjetische Vormarsch ein wenig zum Stehen gekommen, doch blieb die Lage an der Front kritisch. Die zivilen Behörden hielten indessen die Bevölkerung möglichst im unklaren und erlaubten bis zum letzten Augenblick keine Umsiedlungen. Es waren Atteste von Dr. Romeick und Dr. Joost nötig, damit ich für Kira und die Kinder eine Reiseerlaubnis erlangen konnte. Die Abreise wurde für den 4. August festgesetzt.

Zwei Tage vorher fuhr ich wegen der Fahrkarten, und um das größere Gepäck zu expedieren, nach Elbing. Einen ganzen Tag lang rannte ich von einer Stelle zur anderen. Überall herrschte ein gewaltiger Andrang, denn Tausende wollten sich trotz der strengen Reisebestimmungen in Sicherheit bringen. Da die Reichsbahn diesen plötzlichen Ansturm nicht bewältigen konnte, fand ich allenthalben Chaos und Panik vor. Nur der Unterstützung meiner Elbinger Freunde, besonders Bruno Reuters, des Bahnhofswirtes, und des Herrn Ligowski, des Inhabers einer alten Elbinger Bäckerei, verdankte ich, daß ich schließlich alles zuwege brachte. Da es in Strömen regnete, als ich wieder in Cadinen eintraf, rief ich von der Station aus auf dem Gut an, um mir den Wagen zu bestellen. Bei dieser Gelegenheit erfuhr ich von meinem Rendanten Otto Braun, daß zwei Herren von der Gestapo in seinem Büro auf mich warteten.

Auf der Fahrt zum Gut wurde ich vom Regen durchnäßt. Nichtsdestoweniger begab ich mich sogleich in das Verwaltungsbüro und begrüßte die Herren von der Gestapo ohne weitere Umstände. Ich bat sie, mich noch erst umziehen zu dürfen, dann stünde ich zu ihrer Verfügung. Sie gestatteten das sehr höflich und meinten, ich solle mir Zeit nehmen, sie hätten keine Eile. Ob die Unterredung lange dauern werde, fragte ich. »Das kommt darauf an«, sagten sie, wenig Gutes erwarten lassend. Ich lief zum Gutshaus hinüber, fand Kira mit dem Packen der letzten Koffer beschäftigt und berichtete ihr von den beiden ungebetenen Gästen. Die einzige Vorsichtsmaßnahme, zu der wir noch Zeit fanden, war, das Photo von Präsident Roosevelt, das er mir 1934 mit Unterschrift gewidmet hatte, aus dem Rahmen zu nehmen und in einem Buch zu verbergen. Da ich nie irgendwelche politische Korrespondenz geführt hatte, konnten wir im übrigen einer Haussuchung ruhig entgegensehen.

Ich zog mich um, aß einen Bissen und ging dann hinunter in mein Arbeitszimmer. Es war ehemals der Raum meines Großvaters gewesen; an einer der Wände hing ein großes Bild des Kaisers in Feldmarschalluniform. Nationalsozialistische Funktionäre, wenn sie mich aufsuchten, pflegte ich immer so zu setzen, daß sie dieses Bild die ganze Zeit vor Augen hatten. Sie machten nie unfreundliche Bemerkungen über das Bild, manche bewunderten es sogar. Diesmal stellte ich auch einige Gläser, eine Flasche Süßwein und einige starke Zigarren bereit; und erst nach diesen Vorbereitungen ließ ich die Herren von der Gestapo endlich herüberkommen.

Vom Fenster aus beobachtete ich sie. Mein Rendant kam nicht mit; statt seiner folgte eine Stenotypistin mit einer Schreibmaschine. Das stimmte mich bedenklich. Ich ging zur Tür und holte sie herein. Sie stellten sich vor: der eine war Hohenberg aus Elbing, der andere Stieberitz aus Danzig. Die junge Dame, deren Namen ich vergessen habe, machte hinter ihrer Schreibmaschine einen wohlerzogenen Eindruck. Ich nötigte die Herren in die tiefen Klubsessel gegenüber dem Bilde meines Großvaters, während ich die Stenotypistin auf eine niedrige Couch placierte, auf der man es eigentlich nur im Liegen bequem hatte. Dann setzte ich mich auf die andere Seite des Tisches, das Bild meines Großvaters im Rücken — es war mir ein Trost, seinen Blick in dieser kritischen Stunde über mir zu wissen —, und begann die Unterredung mit der etwas ironischen, aber leicht hingeworfenen Frage, was mir die Ehre dieses Besuches verschaffe.

Herr Hohenberg sprach als erster. Ich kannte ihn wenigstens vom Sehen. Er war Chef der Gestapo von Elbing. Ursprünglich hatte er Goralski geheißen, aber diesen polnischen Namen, wie viele NS-Funktionäre, mit einem deutsch klingenden vertauscht. Er hatte mehrere Jahre bei der deutschen Schutztruppe in Südwestafrika gedient und war einer jener alten Unteroffiziere, aus denen sich einst die deutsche Polizei rekrutierte. Er redete mich mit meinem vollen Titel an: »Eure Königliche Hoheit!

Mein Kamerad Stieberitz und ich sind hergekommen, um Ihnen einige Fragen in Zusammenhang mit den Ereignissen des 20. Juli zu stellen.« — Da wären wir denn also beim Thema, dachte ich. — »Wir haben eine Stenotypistin mitgebracht«, fuhr er ein wenig mühsam fort, »weil wir ein Protokoll aufnehmen müssen.«

Wie wenn mich eine völlige Unbefangenheit beschwinge, antwortete ich lachend: »Meine Herren, sind Sie etwa hergekommen, um herauszukriegen, ob ich die Bombe für das Attentat gelegt habe?«

Sie quittierten meinen Scherz mit einem höflichen Lächeln. Dann fragte mich der »Kamerad Stieberitz«: »Können Sie uns sagen, wo Sie gewesen sind, und haben Sie überhaupt in den letzten Wochen Reisen gemacht?«

Ich sagte ihnen, ich käme soeben aus Golzow, wo ich für meine Familie Quartier gemacht hätte.

»War das Ihre einzige Reise in letzter Zeit?«

Ich überlegte einige Sekunden, dann dachte ich: mit der einfachen Wahrheit, die mitunter einer Überrumpelung gleicht, kommt man am weitesten. Ich sagte: »Ich habe Feldmarschall von Küchler in Königsberg besucht, und das war zufällig am 20. Juli«. Ich mußte ihnen genau den Verlauf jenes Tages beschreiben. Hohenberg fragte mich, ob ich Beziehungen zu Wehrmachtskreisen oder zu Akademikern und Intellektuellen unterhielte. Ich verneinte beides.

Dann fragte ich möglichst unschuldig: »Glauben Sie, daß Feldmarschall von Küchler irgend etwas mit dem 20. Juli zu tun hat?« Beide lächelten und antworteten: »Nein, er nicht. Soviel wir wissen, ist er in Ordnung«.

Jetzt wollten sie hören, welche Gäste ich zuletzt bei mir in Cadinen gehabt hätte. Während ich Auskunft gab, geschah es mir, daß ich Hohenberg mehrmals mit Hohental anredete, was sehr peinlich war, denn ich hätte mir damit leicht sein Wohlwollen verscherzen können, nicht bloß aus seiner Verstimmung über verletzte Eitelkeit, sondern auch, wenn der Sachverhalt — was leicht möglich war, falls diese Namensverwechslung ins Protokoll geriet — herausgekommen wäre: Hohental war nämlich der Name des letzten amerikanischen Militärattachés in Berlin. Zu dieser Zeit befand er sich in Madrid und traf sich mit Otto John, dem ich aufgetragen hatte, Grüße an Präsident Roosevelt übermitteln zu lassen.

»Mein Leben in Cadinen liegt vor Ihnen wie ein offenes Buch«, schloß ich. »Sie kennen die meisten meiner Elbinger Freunde, die zur Jagd kommen oder zu einem guten Trunk, soweit ich noch etwas im Keller habe, oder sie bringen selbst eine Flasche mit. Wir sind recht vergnügt miteinander«.

»Das ist bekannt«, sagte Hohenberg.

»Wollen Sie noch mehr wissen?«

»Nein, das ist alles«, antworteten sie.

»Kamerad Stieberitz«, den ich während des Verhörs immer »Herr Kommissar« genannt hatte, erhob sich und begann das Protokoll zu diktieren. Offensichtlich kam er damit nicht zurecht. So erbot ich mich denn, setzte mich an meinen Schreibtisch, holte meine Schreibmaschine hervor und sagte, ich würde die Sätze entwerfen, und sie könnten beliebig intervenieren. In der Tat gab es viele Unterbrechungen. Gleich nach dem Verhör hatte ich die Gläser mit dem schweren süßen Marsala gefüllt, und zwischen den Zeilen des entstehenden Protokolls trank ich ein paarmal auf die Gesundheit meiner Gäste. Hohenberg hielt kräftig mit, während Stieberitz anfangs etwas Reserve bewahrte. Nach einiger Zeit jedoch überwand er seine Schüchternheit, und auch die Stenotypistin, die ich sozusagen arbeitslos gemacht hatte, nippte öfters an ihrem Glase. Zigarren und Zigaretten machten die Runde. Als das Protokoll fertig war, enthielt es nur die Fragen, die man mir gestellt hatte, und meine Antworten, weiter nichts.

Mittlerweile war auch Kira heruntergekommen und hatte Herrn Stieberitz in eine lebhafte Unterhaltung über Familienangelegenheiten, Kinder, Klima und Erkältungskrankheiten (sie war gerade erkältet) verwickelt. Herr Stieberitz zeigte Mitgefühl, zumal er selbst anfällig für Erkältungen zu sein behauptete. Hohenberg erzählte von den guten alten Tagen in der kaiserlichen Schutztruppe.

Um zwei Uhr morgens verließen uns die Herren von der Gestapo hochbefriedigt und in bester Stimmung. Freilich konnte das nicht über ein paar Bedenklichkeiten hinwegtäuschen, die doch nebenbei im Gespräch unterlaufen waren. Ich kann mich nicht mehr an alles erinnern, was während dieser siebenstündigen Sitzung geredet wurde. Ich weiß aber noch genau, daß mir Hohenberg sagte, jeder unserer Schritte werde überwacht, und ich hätte daher gut daran getan, ihnen die volle Wahrheit zu sagen. Im Tone eines Geständnisses setzte er hinzu, der Hauptgrund für ihr Verhör sei gewesen, mich zu schützen und von jedem möglichen Verdacht zu reinigen. Aber selbst wenn er log, und selbst wenn das Protokoll nicht geeignet gewesen wäre, die höheren Instanzen der Gestapo von meiner Unschuld und Harmlosigkeit zu überzeugen, bot es ihnen zumindest keine Handhabe gegen mich. Das Wahrscheinlichste aber ist, daß meine Freunde vom 20. Juli trotz aller Folterung meinen Namen nicht preisgegeben haben, und daß ich meine Rettung dieser Freundestreue bis in den Tod verdanke.

Obwohl ich das Gestapoverhör so gut überstanden hatte, wird man mir glauben, daß ich mich in den nächsten Wochen und Monaten wie jemand fühlte, der schon den Strick um den Hals trägt. Die Namen fast aller meiner Mitverschworenen und noch vieler anderer erschienen auf der Anklageliste, und ich hatte noch keinerlei Nachricht von meinem Freunde Otto John. Lange hatten wir gehofft, daß wenigstens Dr. Goerdeler ins neutrale Ausland entkommen sei. Doch vergeblich.

Mittlerweile hatte ich Kira und die Kinder in Golzow untergebracht. Obwohl das Haus des Administrators Durnio klein war, hatten er und seine Frau alles getan, den Meinen den Aufenthalt so angenehm wie möglich zu machen. Es hat mich später tief betrübt, daß die Durnios den Sowjets nicht entgingen. Durnio selbst wurde von einem Rotarmisten bloß deshalb erschossen, weil seine stattliche Gestalt ihm kapitalistisch vorkam. Frau Durnio flüchtete nach grauenhaften Erlebnissen in die britische Zone. Sie hatte sich hart durchzukämpfen, doch blieb sie an Leib und Seele ungebrochen. Dieses Ehepaares, das sich in der düstersten Periode unseres Lebens in so echter Freundschaft bewährte, werde ich immer mit Wehmut, aber auch mit einer unsäglich beglückenden Empfindung gedenken.

Als ich allein von Golzow nach Cadinen zurückkehrte, war man dort überrascht, mich lebend wiederzusehen. Es hatte sich das Gerücht verbreitet, ich sei verhaftet und wahrscheinlich schon hingerichtet worden. Auf meinem Schreibtisch fand ich eine kurze Mitteilung des Wehrbezirkskommandos Berlin, datiert 21. Juli 1944: gemäß Geheimbefehl sei ich aus dem Reserveoffizierkorps der Luftwaffe entlassen. Das Datum sollte sich indessen als ein reiner Zufall herausstellen. Von einem Offizier des Wehrbezirkskommandos war ein Privatbrief an mich abgegangen, der den Geheimbefehl erklären sollte. Der Brief war jedoch nicht angekommen. Drei Jahre später erfuhr ich von Dr. Kohler, dem letzten Polizeipräsidenten von Elbing, der trotz seiner Dienststellung ein Gegner der Nationalsozialisten gewesen war, daß die Gestapo von meiner Verbindung mit den Verschwörern des 20. Juli wirklich keine Ahnung gehabt hatte; der Verdacht hatte sich ganz allgemein auf meine internationalen Verbindungen gegründet. Der Polizeipräsident, der im Herbst 1944 seine Familie zum Schutz vor den Luftangriffen nach Cadinen gebracht hatte, sagte jetzt, er habe es getan, um den Verdacht gegen mich zu zerstreuen.

22. Kapitel

FLÜCHTLING UND HEIMATLOS

Am 25. August erhielt ich ein Telegramm von Kira: »lulu heute geboren, alles in bester ordnung«. Das war eine gute Nachricht in all der Spannung. Unser dritter Sohn war ein gesundes Kind von sieben Pfund, und diesmal erhob niemand Einspruch dagegen, daß wir ihn Louis Ferdinand nannten. Er wurde am 23. Oktober, wiederum von Domprediger Doehring, getauft. Meine Mutter und einige wenige Verwandte waren in Golzow erschienen. Die Taufe fand in Durnios Eßzimmer statt, das wir in eine kleine Kapelle umgewandelt hatten. Trotz der drohenden Katastrophe, die nur noch eine Frage der Zeit sein konnte, versuchten wir unsere Besorgnis für ein paar Stunden im Geplauder mit unseren Gästen zu vergessen.

Nach der Taufe fuhr Kira mit mir nach Cadinen, um einige Wintersachen zu holen, die sie bei der überstürzten Umsiedlung im August zurückgelassen hatte. Die Stille vor dem Sturm an der östlichen Front hielt an. Bis Königsberg war der Zugverkehr normal. Es klingt seltsam, aber mitten in dieser allgemeinen Auflösung hatten wir noch drei friedliche Wochen miteinander. Nur die Stummheit des Hauses, ohne den frohen Lärm unserer Kinder, war bedrückend.

Wir gingen noch einmal zu allen unseren Lieblingsplätzen in der Umgebung, insbesondere zum sogenannten Kirchblick, einer kleinen Jagdhütte in den Wäldern, von wo man das Gut, die Kirche und das Haff überblicken konnte, und besuchten unsere Freunde in Elbing. Der Abschied von diesem schönen Fleckchen Erde, das wir beide so liebgewonnen hatten, wurde Kira sehr schwer. Wir ahnten, daß es ein Abschied für lange Zeit sein werde, wenn nicht für immer.

Weihnachten und Neujahr verbrachte ich bei der Familie in Golzow, dann kehrte ich ein letztes Mal nach Cadinen zurück. Dieses »Ausharren auf meinem Posten« war praktisch wertlos, aber als Vertreter des Eigentümers von Cadinen mußte ich bleiben und jeden Eindruck vermeiden, als ob ich mich aus dem Staube machte und alles im Stich ließe. Meine beiden Verwalter wollten von der Möglichkeit einer Evakuierung überhaupt nichts wissen. Ich weiß nicht, ob sie immer noch an den Endsieg glaubten, jedenfalls taten sie nach wie vor so. Wer eigenmächtig sein Haus, sein Gut oder seinen Bauernhof verließ, war mit schwerer Strafe, sogar mit dem

Tode bedroht. Der Gauleiter von Westpreußen, Forster, hatte bekanntgemacht, er werde selbst den Evakuierungsbefehl geben, aber »erst, wenn es nötig« sei.

Meine letzten vierzehn Tage in Cadinen, im Januar 1945, verliefen in fast grotesker Weise normal. Jeder wußte, daß das Unheil bald hereinbrechen werde; zugleich aber breitete sich jener Fatalismus aus, der für solche Situationen typisch ist.

Wie alljährlich hielt ich als Gutsherr von Cadinen die Wintertreibjagd ab. Ich unternahm noch eine Pirschfahrt im Schlitten mit dem Direktor unserer Majolikafabrik, meinem Freunde Wilhelm Dietrich. Bei der Rückkehr fand ich den Oberlandforstmeister Nicolai mit seiner Frau und einem U-Bootkommandanten bei mir zu Hause vor. Nicolai hatte in dem staatlichen Nachbarrevier Stellinen gepirscht und machte mir einen seiner nachbarlichen Besuche. Mit der Familie Nicolai verband uns eine jahrelange Freundschaft. Der alte Herr war nicht nur ein begeisterter Jäger, sondern schätzte auch außerordentlich das gesellige und trinkfreudige Drum und Dran einer Jagd. Diesmal freilich machte er keinen sehr fröhlichen Eindruck.

»Lieber Prinz«, meinte er mit einem traurigen Lächeln, »ich glaube, wir haben heute beide unsere letzten Sikas geschossen.«

Während er es sich in meinem Arbeitszimmer bequem machte, führte ich Frau Nicolai mit dem Marineoffizier in unsere Kirche, wo ich ihnen auf der Orgel vorspielen mußte. Ich hatte alle Kerzen auf dem Altar angezündet, sonst lag die Kirche im Halbdunkel. Es war für uns alle drei eine stille Stunde ergriffenen Abschiednehmens. Auf diesem Altar haben seitdem weder Kerzen mehr gebrannt, noch ist ein Orgelton in der Kirche erklungen. Die Sowjets haben die Orgel zerstört, den Altar aber nicht angetastet. Nicolais sind, wie ich später von ihnen selbst vernahm, aus dem schon eingeschlossenen Danzig auf dem U-Boot des Oberleutnants Medtner über die Ostsee entkommen. Nachdem dieser hilfsbereite U-Bootkommandant seine Passagiere in Sicherheit gebracht hatte, wurde er noch in der allerletzten Phase des Krieges mit seinem Boot versenkt. Unsere Kirche wurde dem Erdboden gleichgemacht.

Kaum hatten mich die Nicolais verlassen, da erschien mein Cadiner Oberinspektor bei mir: er sei zum Räumungskommissar ernannt und habe die Anweisung, in Cadinen alles für die Evakuierung vorzubereiten. Einstweilen sei es aber noch nicht so weit, vielmehr gelte noch die Parole des Gauleiters Forster: »Westpreußen ist der sicherste Platz im Reich!« Wenn man bedenkt, daß die Leute in Elbing, wie ich bestimmt weiß, in jenen Tagen noch ins Kino gingen, könnte man beinahe annehmen, daß auch sie von dieser Parole überzeugt waren. Der Gutsverwalter ließ kundtun, daß ohne seinen ausdrücklichen Räumungsbefehl niemand Cadinen verlassen dürfe, er habe alles bis ins kleinste organisiert.

Doch am gleichen Abend erschienen die ersten Wehrmachtskolonnen mit allen Anzeichen der militärischen Auflösung. Ein ununterbrochener Strom von Autos, Pferden und Menschen ergoß sich durch das sonst so stille Dorf. Alle hatten nur das eine Ziel: die rettende Nehrung. Aus den wirren Berichten konnten wir uns ein Bild von der hoffnungslosen Lage machen. Die Telephonverbindung mit Elbing funktionierte nicht mehr; die Haff Uferbahn hatte ihren Dienst eingestellt; sowjetische Panzer waren in Elbing eingedrungen und hatten sämtliche Ausfallstraßen besetzt, auch unseren vorgesehenen Fluchtweg. Als einzige Möglichkeit für ein Entkommen blieb das zugefrorene Haff, und auch das war nicht vollständig sicher.

Es war absurd, daß auf dem Haff deutsche Eisbrecher hin und her fuhren, um eine Fahrrinne offenzuhalten. Man hatte die unsinnige Idee, die Elbinger Bevölkerung auf dem Wasserwege zu evakuieren. Zu unserem Glück herrschte eine derartige Kälte, daß die Fahrrinne immer wieder zufror. So brachen wir mit unseren Pferdeschlitten auf. Von einem Räumungsbefehl oder überhaupt einer geordneten Evakuierung war plötzlich keine Rede mehr. Die Parole hieß allein: rette sich, wer kann!

Nun zeigten sich die Zähigkeit und die Heimatverbundenheit meiner Cadiner. Es standen noch genügend Pferde und Schlitten zur Verfügung — doch der größte Teil unserer Dorfbewohner weigerte sich, die Heimat aufzugeben und die Häuschen zu verlassen, die einst mein Großvater für sie gebaut hatte. Sie meinten, es sei gleich, ob sie den Sowjets in die Hände fielen oder auf der Flucht an Hunger und Kälte stürben. »Und wo sollen wir auch hin?« sagten sie. Sogar mein Leibkutscher Gabel wurde geradezu aufsässig, als ich ihn inständig bat, mit seiner Familie und mir zu fliehen. Nicht anders verhielt sich unser Gutsrendant Braun, der gleichzeitig das Amt des Bürgermeisters versah. Er wollte bis zum letzten Augenblick seine Pflicht erfüllen. »Fahren Sie mit Gott«, sagte er beim Abschied, »ich muß auf meinem Posten bleiben.« Er wurde von den Sowjets verschleppt und ist auf dem Transport zum Weißen Meer umgekommen, und so erging es auch den meisten anderen.

Als wir am 25. Januar mit unseren Pferdeschlitten über das Haff fuhren — es war bitter kalt, jedoch strahlender Sonnenschein —, mußte ich bei mir einen trüben Vergleich mit meinem Vorfahren, dem Großen Kurfürsten, ziehen, der vor ein paar Jahrhunderten ebenfalls im tiefen Winter auf Schlitten über das Kurische Haff gegangen war, jedoch als Sieger, nicht als Flüchtling.

Ich war mit dem letzten Treck weggekommen. Eine halbe Stunde später waren die Sowjets am Haff. Wir schlugen uns bis Danzig durch, wo sich unser Schlittentreck auflöste. Jeder versuchte so gut weiterzukommen, wie er konnte. Mich begleitete der fünfundsiebzigjährige Bäckermeister Ligowski aus Elbing, ein unerschütterlicher Monarchist. Er konnte es im Zuge von Danzig nach Stargard, wo wir in einem überfüllten Abteil auch mit einigen SS-Männern zusammengepfercht waren, nicht unterlassen, jedem auf die Nase zu binden, wer ich sei. Es war obendrein der 27. Januar — der merkwürdigste Kaisersgeburtstag, den ich je erlebt habe.

In Stargard kletterte ich um vier Uhr morgens durch das Fenster aus dem Zuge. Alle meine Gedanken waren darauf gerichtet, wieder zu meiner Familie zu stoßen, die über mein Schicksal in qualvoller Ungewißheit sein mußte. Noch heute bewahre ich ein Flugblatt auf mit dem Titel »Nachrichten für die Truppe«, datiert vom 20. Februar 1945. Darin wird unter der Überschrift »Prinzenpaar bleibt verschollen« gemeldet, daß wir vermißt seien und »Nachforschungen auf diplomatischem Wege« zu keinem Ergebnis geführt hätten. Im letzten Absatz dieser ausführlichen Meldung heißt es: »Es ist nicht bekannt, ob Prinz Louis Ferdinand rechtzeitig fortgekommen ist oder sich jetzt bei den Sowjets befindet. Prinzessin Kira, eine russische Großfürstin, würde das erste Mitglied der früheren Zarenfamilie sein, das den Sowjets seit 1917 in die Hände fällt.« Heute liest sich diese glücklicherweise unzutreffende Meldung wie ein Kuriosum aus letzten Tagen, aber sie vermag doch zu illustrieren, was gerade für uns damals auf dem Spiele stand.

Schon im Begriffe, nach Golzow weiterzufahren, hörte ich in Pyritz auf dem Bahnhof von einem Freunde, den ich zufällig traf, daß Kira mit den Kindern von Golzow auf einem Lastwagen nach Potsdam abgefahren sei. Die Sowjets standen vor Küstrin; mit ihrem Anmarsch auf Pyritz mußte stündlich gerechnet werden. So fuhr ich weiter nach Berlin, wo ich in der folgenden Nacht anlangte. Der letzte S-Bahn-Zug nach Potsdam war weg. Ich entschloß mich zu einer Fußwanderung durch die nächtliche, vom Kriege so schwer betroffene und noch schwerer bedrohte Stadt. Am Niederländischen Palais Unter den Linden, dem Sitze der Verwaltung unseres Hauses, von wo ich nach Potsdam telephonieren wollte, saß unser alter Nachtportier, als herrschten ganz normale Verhältnisse, und machte seinen Dienst wie seit vierzig Jahren.

Im Laufe des Vormittags traf ich endlich bei den Meinen in Potsdam ein. Es dauerte lange, bis wir, überwältigt von dem Glück, uns wiederzuhaben, an einen Austausch unserer Erlebnisse denken konnten. Kira hatte entsetzlich schwere Tage in Golzow durchgemacht und alle Entscheidungen allein treffen müssen. Abgesehen von der Sorge um mich, war sie selbst mit den Kindern bei der Schnelligkeit und Stetigkeit des sowjetischen Vormarsches schon in tödlicher Gefahr. Aber dann hatte meine Mutter in Potsdam einen Lastkraftwagen aufgetrieben und nach Golzow gesandt; nur so war meine Familie gerettet worden.

Es war freilich sinnlos, in Potsdam zu bleiben. Kira hatte schon ihre Entschlüsse gefaßt. Herr von Müldner, der ehemalige Adjutant meines Vaters, hatte ihr empfohlen, nach Kissingen zu gehen, und dort bei seinem alten Freunde Dr. Sotier, der zeitweilig als Hausarzt bei meinem Großvater in Doorn gewesen war, notdürftig für uns Quartier gemacht.

Die vierundzwanzigstündige Fahrt von Potsdam nach Kissingen in einem bis zum äußersten mit Menschen und Gepäck vollgepfropften Zuge war eine Qual, an die wohl alle, die in jenen Tagen so reisen und fliehen mußten, ihr Leben lang zurückdenken, auch wenn sie sich bewußt sind, daß Tausende und aber Tausende, die auf den Landstraßen wandern mußten, viel darum gegeben hätten, wenn sie keine größeren Qualen zu ertragen gehabt hätten. Wir hatten immerhin noch das Glück, daß wir wußten, am Bestimmungsort werde uns jemand aufnehmen; und die Sotiers taten es mit Herzlichkeit. Sie entschuldigten sich, daß sie in ihrem überfüllten Hause nur zwei kleine Dachkammern hatten frei machen können. Wir entschuldigten uns unsererseits für unser gewaltsames Eindringen bei ihnen. Abends beim Essen trafen wir die übrigen Insassen des Hauses. Sie alle waren Flüchtlinge und heimatlos wie wir. Eine Leidensgeschichte löste die andere ab.

Über das Chaos in unseren beiden Zimmerchen — mit der Kinderschwester Ella drei Erwachsene und fünf Kinder — will ich schweigen. Wir lebten aus unseren Koffern, denn irgend etwas auszupacken, war unmöglich. Kira sagte ruhig: »Wir wollen dem Himmel danken, daß wir alle beisammen und am Leben sind. Wie viele sind es nicht!« Ich begab mich auf die Jagd nach Aufenthaltsbescheinigungen, Lebensmittelkarten und sonstigen Formularen, die zu unserer Existenzberechtigung nötig waren. Die Behörden waren hilfsbereit und so höflich, wie man es damals kaum noch erwarten konnte. Neue Probleme tauchten auf, als meine Mutter — mein Vater befand sich in Mittelberg — und mein Bruder Hubertus mit seiner Frau in Kissingen eintrafen.

Eines Tages, nach vielen Wochen, erschien wie vom Himmel gefallen Fräulein Heck, unsere Wirtschafterin aus Cadinen, in Kissingen. Halbtot von den Gefahren und Abenteuern, die sie bestanden hatte, doch unerschüttert und wacker schleppte sie obendrein einen gewaltigen Koffer mit Kleidungsstücken von mir mit sich. Wir hatten sie längst aufgegeben und dennoch im stillen auf ihre ungeheuere Energie vertraut. Die Geschichte ihrer Flucht würde ein neues Buch ausmachen. Von ihr empfingen wir die ersten Nachrichten vom Schicksal derer, die zurückgeblieben waren.

Ehe die Postverbindungen ganz aufhörten, kamen noch hin und wieder Berichte der »Hofkammer« mit langen Listen, die mit bürokratischer Sorgfalt »gerettete« oder »vermißte« Besitzgegenstände verzeichneten, und kurz vor Kriegsende besuchte uns Freiherr von Plettenberg, der Chef der Generalverwaltung unseres Hauses. Er kam von meinem Vater aus Mittelberg. Wir hatten Gelegenheit, mit ihm unsere Situation zu besprechen. Dann fuhr er nach Berlin zurück, weil er es für seine Pflicht hielt, dort nach dem Rechten zu sehen. Bald nach seiner Ankunft in Potsdam wurde er von der Gestapo verhaftet; ein Grund wurde nicht angegeben. Wiederum zwei Tage später ließ ein Kriminalkommissar Geheimrat Berg, den Privatsekretär meines Vaters, aus Potsdam nach Berlin kommen, um ihm mitzuteilen, Baron Plettenberg habe Selbstmord begangen, indem er sich aus einem Fenster gestürzt habe. Wie auch immer die Umstände im einzelnen gewesen sein mögen, so gab es keinen Zweifel daran, daß der plötzliche Tod Plettenbergs auf das Mordkonto der Gestapo zu setzen war.

Die letzte Phase der großen Tragödie erlebten wir in derselben Erwartung wie Millionen unserer Landsleute. Es war der Wunsch nach einem baldigen Ende. Gleichwohl: bei meiner Frau und mir mischte sich in die Resignation, in das Gefühl völliger Machtlosigkeit vor einem überwältigenden, katastrophalen Geschehen dennoch die Hoffnung. Wir wußten, daß mit den Todeskämpfen des Hitler-Regimes auch vieles, ja vielleicht sogar das meiste dahinging, was uns lieb und teuer gewesen war. Doch eines hofften wir wiederzugewinnen — die Freiheit. Unter diesem Aspekt war alles leichter zu ertragen, weil unser Leben wieder einen Sinn bekommen sollte. Es wäre falsch zu übersehen, daß wir während des sogenannten Dritten Reiches, ja sogar während des Krieges viele Momente persönlichen Glückes erlebt hatten. Indessen wurden sie immer überschattet von der dumpfen Frage, ob dies alles noch einen Zweck habe. Mit gutem Gewissen konnte man eigentlich eine reine Freude nicht mehr vor sich selbst verantworten.

Je näher das Dröhnen der Kanonen kam, desto mehr wich, so paradox es klingt, dieser dumpfe Druck. Allerdings fehlte, wie in vielen anderen Städten, auch in Kissingen nicht der SS-General, der die Stadt und die Bevölkerung durch eine Verteidigung bis zum letzten ins Unglück stürzen wollte. Die eigentliche Eroberung der Stadt vollzog sich trotzdem ganz undramatisch: die Amerikaner waren eben an einem schönen Frühlingsvormittag plötzlich einfach da.

Oft spiegeln sich große Ereignisse am charakteristischsten in ganz kleinen, banalen Szenen wider. Unsere Wirtsleute hatten im Keller ihres in ein Lazarett umgewandelten Hotels einen hervorragenden Weinbestand. Im Augenblick war es eine ihrer Hauptsorgen, den flüssigen Schatz vor den durstigen Kehlen der transatlantischen Eroberer in Sicherheit zu bringen. Wir alle stellten uns gern als freiwillige Retter zur Verfügung. Gemeinsam mit vier Nonnen arbeiteten wir Tag und Nacht an der Evakuierung dieses Schatzes. Die Hausfrau sah mit gemischten Gefühlen die von ihr so geliebten und eifersüchtig behüteten Flaschen in allen Ecken und Schlupfwinkeln des Hauses verschwinden. Um die Groteske vollständig zu machen, half bei dieser »Wein-Rettung« am hellichten Tage ein amerikanischer Soldat: mit zwei Nonnen und uns schob er einen schwerbeladenen, peinlich zugedeckten Handwagen im Schweiße seines Angesichtes die steile Straße hinauf, ohne zu ahnen, was ihm dabei entging. Der allen Amerikanern eigene Respekt vor den Nonnen hielt ihn davon ab, die Ladung mit der sonst geübten Gründlichkeit zu untersuchen.

Eines Nachmittags im Mai 1945 begab ich mich in das schöne alte Rathaus von Kissingen, in dem sich die Besatzungsbehörde eingerichtet hatte. Ich brauchte einen Passierschein nach einem Nachbarort. In dem Zimmer, in dem die Pässe ausgegeben wurden, trat ein großer grauhaariger Mann in einem blauen Anzug auf mich zu. In tadellosem Englisch, nur mit einem leichten russischen Akzent, sagte er: »Mein Name ist Pingoud; ich bin der Chefdolmetscher der Militärregierung in Bad Kissingen. Da ist ein amerikanischer Captain, der Sie sprechen möchte.«

»Wann?« fragte ich. Er antwortete: »Jederzeit.« So sagte ich denn: »Gehen wir also gleich zu ihm.«

Der Dolmetscher führte mich in einen großen Raum, der früher als Wartezimmer für die Besucher des Bürgermeisters gedient hatte. Vor einigen Monaten hatte ich darin gewartet, um von dem letzten NS-Bürgermeister dieser Stadt meine Aufenthaltsgenehmigung zu bekommen. Jetzt saß hier an seinem Schreibtisch, der Tür gegenüber, ein amerikanischer Captain. Ich konnte meine Bewegung nicht verbergen: dies war der Augenblick, dem ich in all den Jahren, seitdem ich durch den Krieg von meinen amerikanischen Freunden getrennt worden war, mit Hoffnung und Beklemmung entgegengesehen hatte.

Zum ersten Male, seitdem Hitler den Vereinigten Staaten den Krieg erklärt hatte, sollte ich wieder mit einem Amerikaner sprechen. Hier stand ich, ein heimatloser Flüchtling, Angehöriger eines Volkes, das soeben eine Niederlage erlitten hatte wie nur je ein Volk in der Geschichte der Menschheit. Dort, ein paar Schritte von mir entfernt, saß der offizielle Vertreter eines Landes, das fast meine zweite Heimat geworden war und nun so entscheidend zu der hoffnungslosen Lage meines Landes und meiner eigenen Familie beigetragen hatte. In den letzten Jahren hatte ich noch immer gehofft, ich würde mit dem ersten Amerikaner wieder auf einer Basis annähernder Gleichberechtigung zusammentreffen. Ein wahnwitziger Traum. Trotzdem mußte ich dem Schicksal dankbar sein, daß es mich gerade einem Amerikaner gegenüberstellte und nicht einem Angehörigen einer der anderen Mächte, die Deutschland besiegt hatten.

Seit dem Einmarsch der Amerikaner in Kissingen vor etwa einem Monat hatte ich jede persönliche Berührung mit ihnen vermieden. Der Gedanke, sie als feindliche Eroberer betrachten zu müssen, war mir zu schmerzlich. Ich hätte ihnen sagen können, daß wir, meine Frau und ich, sie als Befreier begrüßten, aber der psychologische Moment dafür war noch nicht gekommen. Ich hatte ihre Proklamationen und Verordnungen an den Anschlagsäulen gelesen und die zahllosen Weisungen gehört, die über den Rundfunk an die Bevölkerung des besetzten Landes gegeben wurden. Weder ich noch irgend jemand von meiner Familie war von einem amerikanischen Soldaten angesprochen worden. Doch von Anfang an hatte ich feststellen müssen, daß die Eroberer sich bei aller Korrektheit ihres Auftretens äußerst reserviert, ja geradezu abweisend verhielten. Das schien mir gar nicht zum amerikanischen Charakter zu passen. Ich konnte nicht glauben, daß das amerikanische Volk, seitdem ich ihm, zuletzt 1938, unter glücklichen und verhältnismäßig sorglosen Umständen begegnet war, seine positivste Eigenschaft, nämlich seine gänzlich natürliche Lebensart, eingebüßt haben sollte. Zum Glück wurden diese quälenden Zweifel später durch neue Maueranschläge und Rundfunkproklamationen behoben: man verkündete die neue Politik der Fraternisierung.

Ich war gespannt, wie sich der Captain verhalten würde. Würde er sich strikt an seine militärischen Weisungen halten, oder würde er sich spontan menschlich wie ein Amerikaner benehmen? Er schien sich zu letzterem zu entschließen. Er erhob sich, schüttelte mir die Hand und sagte im schönsten Amerikanisch eines Mannes aus dem Mittelwesten: »I am certainly glad to meet you, Louis. Please sit down and have a cigarette« — »Ich bin wirklich froh, Sie zu sehen, Louis, bitte setzen Sie sich und nehmen Sie eine Zigarette.« Wir setzten uns also, und er gab mir eine Zigarette. Ich steckte sie in die Tasche, indem ich ihm schamhaft erklärte, ich sei kein starker Raucher, aber meine Frau werde sich desto mehr über die Zigarette freuen.

Dieser Anfang war äußerst vertrauenerweckend. Der Händedruck, der mittelwestliche Akzent und die einfache Anrede mit Louis — das alles war wie in den guten alten Tagen in Detroit, als mich jedermann, Henry Ford inbegriffen, einfach Louis genannt hatte. Der Captain ließ nun ein wahres Schnellfeuer von Fragen auf mich los.

Es dauerte lange, bis ich zu einer Gegenfrage kam. »Sind Sie aktiver Offizier, Captain?« — »Um Himmels willen, nein«, sagte er. »Im Privatleben bin ich Pressemann.« Das ermutigte mich, ihn nach meinem Freunde Louis Lochner zu fragen. Er kannte ihn nicht persönlich, versprach mir aber, sich nach ihm zu erkundigen und mir dann zu berichten. Damit endete unsere erste Begegnung, denn der Dolmetscher meldete einen anderen Besucher an. Beim Abschied sagte der Captain: »Kommen Sie doch morgen abend nach dem Essen wieder, ich möchte gern etwas mit Ihnen plaudern. Es gibt so viel, über das man sprechen muß.«

Wieder erhob er sich und schüttelte mir die Hand. Als ich mich zum Gehen wenden wollte, sah ich, daß er zwei Päckchen Chesterfields an die Kante des Schreibtisches geschoben hatte. Er blickte weg und murmelte: »Sagten Sie nicht, daß Ihre Frau gern raucht?« Obwohl er leise gesprochen hatte, lag etwas Befehlendes in seinem Ton. »Gut denn, bis morgen abend.« — Als ich ihn am nächsten Abend besuchte, brachte er eine Flasche Whisky zum Vorschein. Unsere lebhafte Unterhaltung währte fast bis zum Morgengrauen; als wir schieden, begannen draußen die Vögel zu singen.

Mehrere solcher Abende folgten. Ich brachte meine Frau und sogar meine Mutter mit, damit sie »meinen amerikanischen Captain« kennenlernten. Wir erörterten alle Probleme, die Lage Deutschlands, Amerikas, ja der ganzen Welt. Wir schraken vor keinem Thema zurück, und wenn wir, was auch vorkam, verschiedener Ansicht waren, gab es hitzige Debatten. In einem stimmten wir überein: es ging uns immer um den Menschen, ohne Rücksicht auf Nationalität, Rasse, Hautfarbe oder Religion.

Nun kannten wir auch seinen Namen: Merle Potter. Er hat später, im Range eines Majors und schließlich als Zivilist, in Clays Militärregierung die wichtige Funktion eines Beraters in Fragen der Beziehungen zwischen Amerikanern und Deutschen gehabt und ist in dieser Eigenschaft, obwohl er seinen Amtssitz in Berlin hatte, zahlreichen Deutschen im Westen als Begründer der amerikanisch-deutschen Klubs bekanntgeworden. Wahrhaft volkstümlich jedoch, namentlich in Berlin, wurde er durch seinen berühmten »Schornsteinfeger-Club«, eine Wohltätigkeitsgemeinschaft, die in den dunklen Jahren in Amerika wie in Deutschland immer wieder durch originelle Ideen unzählige Spenden hervorlockte und in Gemeinschaft mit einer Berliner Tageszeitung vielen aus der ärgsten Not half. Bekannt wurden Potters originelle Ansprachen vor Theatervorstellungen, und geradezu ein Berliner Stadtgespräch war, wie mir einer meiner Berliner Freunde berichtet, der Tag, an dem sämtliche Berliner Schornsteinfeger in ihrer Berufskleidung zu seinem Geburtstag erschienen und Wände, Stühle und Tische seiner Wohnung schwärzten. Eine gesundheitliche Störung hat Potter veranlaßt, noch vor der Ablösung Clays in die Staaten zurückzukehren.

Er blieb einer meiner besten Freunde in den Kissinger Tagen, auch als er zum Militärgouverneur der Stadt und des ganzen Bezirks ernannt worden war. Durch mein freundschaftliches Verhältnis zu dem »Eroberer« Potter wurde ich, ohne es zu wollen, in den Augen der Kissinger trotz meines noch jugendlichen Alters zu einer Art Grauen Eminenz, deren Protektion man in allen möglichen und unmöglichen Dingen in Anspruch nehmen zu können glaubte. Das stimmte zuweilen nur heiter, aber ernst waren politische Forderungen, die an mich herantraten, und zwar gerade von Potter selbst, der eine gewaltige Aktivität entfaltete. Er forderte mich in ultimativer Form auf, mich hinter die Schreibmaschine zu setzen und die in den langen Nächten entwickelten Gedanken zu Papier zu bringen. »Wenn Sie ein ehrlicher Deutscher sein wollen«, sagte er ziemlich heftig, »haben Sie die verdammte Pflicht und Schuldigkeit, Ihre politische Meinung zur gegenwärtigen Lage öffentlich zu bekunden.« Als ich ihn darauf fragte, wie ich das anstellen solle, fuhr er fort: »Überlassen Sie das mir; ich bin ja nicht umsonst mein ganzes Leben Journalist gewesen.«

Das Exposé wurde verfaßt und Potter überreicht; danach hüllte er sich einige Zeit in geheimnisvolles Schweigen. Am Heiligen Abend erschien er jedoch in unserer Mansardenwohnung. Außer einer Menge voluminöser Pakete legte er mir die Weihnachtsnummer der amerikanischen Besatzungszeitung »The Bavarian« auf den Tisch. Zu meiner nicht geringen Überraschung las ich gleich auf der ersten Seite die große dreispaltige Überschrift »Teach Germans Meaning of Four Freedoms, Prince Urges« — »Lehrt die Deutschen, was die vier Freiheiten bedeuten, sagt der Prinz«, und darunter Wort für Wort meine Gedanken, die ich auf Potters Drängen zu Papier gebracht hatte, die freie und unabhängige Meinung eines Deutschen sieben Monate nach der bedingungslosen Kapitulation, gedruckt in der offiziösen Besatzungszeitung für Bayern. Erst viel später kamen mir das Ungewöhnliche dieses Vorgangs und die Zivilcourage, die Potter damit bewiesen hatte, zum Bewußtsein.

Ich hatte versucht, ein Programm zu entwickeln, das vor allem in der Wiederherstellung eines Rechtszustandes die Hauptaufgabe der Besetzungsmächte sah. Ich stellte die These auf, daß es hierbei darauf ankomme, die im deutschen Volke ruhenden echten Werte wieder zu aktivieren und seine Individualität möglichst nicht anzutasten. Die Schuldfrage aufzuwerfen, ganz zu schweigen von der berüchtigten Kollektivschuldfrage, erschien mir ebenso müßig wie die sogenannte »Reeducation«, die von den Besetzungsbeamten als »Umerziehung« ausgelegt wurde, obwohl sie dem Sprachsinne nach »Rückerziehung« oder »Wiedererziehung« bedeutete. Die Entwicklung der folgenden Jahre hat mir recht gegeben. Andererseits verhehle ich nicht meine Genugtuung darüber, daß, wenn auch vorläufig leider nur westlich des Eisernen Vorhangs, in Deutschland die vier Freiheiten Roosevelts, auf die ich damals meine Gedanken gegründet hatte, Geltung erlangt haben. Es ist ein Geschenk, das wir verteidigen müssen.

Man muß sich vorstellen, daß ein Military Governor im damaligen Zeitpunkt einem absoluten Landesfürsten aus dem achtzehnten Jahrhundert vergleichbar war. Dem phantasievollen Potter war diese Situation wohl auch von vornherein klar. Er gefiel sich in salomonischen Urteilen. So ließ er zum Beispiel eine etwas hysterische alte Jungfer, die das Kissinger Gemeinwesen durch ihre dauernden Zuträgereien in Atem hielt, von Gerichts wegen zur Klatschbase erklären und an den Litfaßsäulen anprangern. Trotz mancher solcher Extratouren versuchte aber Potter, der bei der Übernahme seines Postens für das deutsche Volk durchaus keine freundlichen Gefühle hegte, seine vorgefaßten Meinungen zu revidieren und ein harmonisches Verhältnis herzustellen. Die damals beginnende Entnazifizierung handhabte er nach eigenem Ermessen und milderte viele Härten.

Der dramatische Höhepunkt seiner Ära war die Gründung des »Cosmopolitan Club«. Eines Mittags ließ er meine Frau und mich durch seinen Koch zu einem kleinen Frühstück bitten; es entpuppte sich als die Gründungssitzung des Klubs. Potter war strahlender Laune. »Es ist höchste Zeit«, sagte er schmunzelnd, »daß sich die Berührung zwischen Amerikanern und Deutschen aus dem Stadium der ›Veronikas‹ zu solideren Formen entwickelt. Ich habe mich deshalb entschlossen, einen deutsch-amerikanischen Freundschaftsklub zu gründen. Wollen Sie mir dabei helfen?« Über eine Gründungsversammlung kam der Klub allerdings nicht weit hinaus. Der Korrespondent der »New York Times« hatte einen ausführlichen Bericht nach New York gekabelt, und auf der anderen Seite des Atlantik schien man anderer Ansicht zu sein. Potter wurde in unmißverständlichem Tone angewiesen, den Klub in kürzester Zeit aufzulösen, da seine Existenz nicht der Politik der Siegermächte entspreche; obendrein wurde Potter seines Postens enthoben, da man ihm die Fähigkeiten zur Bekleidung des Amtes eines Militärgouverneurs absprach.

Aber man hatte nicht mit seiner Vitalität gerechnet. Seinen Thron konnte er zwar nicht mehr retten, aber für seine Lieblingsidee war er bereit einzustehen; er verlangte sogar, vor ein Kriegsgericht gestellt zu werden. Die Affäre Potter wirbelte viel Staub auf und drang zu den Ohren von General Clay. Der ließ sich den unbotmäßigen Hüter der Besatzungsinteressen kommen und — erteilte ihm die Generalvollmacht, von der ich schon gesprochen habe. Potter war vielleicht mehr oder weniger ungewollt das Objekt einer Kräfteauseinandersetzung geworden, die sich damals bereits abzeichnete und im Grunde die beiden Alternativen der amerikanischen Politik überhaupt darstellte. Auf der einen Seite war es die durch den Namen Morgenthau zum Begriff gewordene Tendenz, das besiegte Deutschland ein für allemal auszulöschen. Für diese Richtung kam eine Harmonisierung des Verhältnisses zwischen Besetzern und Besetzten nicht in Frage, und jeder dahingehende Versuch bedeutete in ihren Augen nahezu Hochverrat. Auf der anderen Seite machte sich vom ersten Tage der Besetzung an eine Strömung bemerkbar, die dem ursprünglichen amerikanischen Empfinden entsprang und zu einer menschlich positiven Haltung drängte. Zum Glück hat sich diese Strömung schließlich als stärker erwiesen.

Es mag dahingestellt bleiben, ob die erste Gruppe bewußt mit den Sowjets Hand in Hand gearbeitet hat. Hätte sie ihre Absicht verwirklichen können, so hätte es unweigerlich die Sowjetisierung Gesamtdeutschlands zur Folge gehabt. Diese unheimlichen Kräfte machten ja den Freiheitsbegriff zur Posse. Das ganze blutige Opfer zur Brechung der Hitler-Tyrannei mußte hierdurch jeglichen Sinn verlieren — wenigstens in der Meinung des deutschen Volkes, auf die es mit der Zeit mehr ankam, als diejenigen wahrhaben wollten, die immer wähnen, es gebe Augenblicke des Stillstandes, des Verharrens in der Geschichte. Denjenigen, die sich zur westlichen Ideologie bekannten, wurde durch solchen Zynismus geradezu der Boden unter den Füßen weggezogen. Um diese Dinge, die mich damals stark bewegten und auch heute noch ihre Bedeutung haben, kreisten immer wieder die langen nächtlichen Gespräche, die wir in Kissingen mit Potter führten.

Die äußerlich mitunter ans Groteske grenzende Potter-Episode gewinnt aus dieser Sicht einen tieferen Sinn. Seine Beherztheit und seine Zivilcourage im besten Sinne des Wortes wurden belohnt. Sein Bemühen, die Liebe unter den Menschen wiederaufzurichten, war unbeirrbar. Was er Gutes gesät hat, ist aufgegangen. Für viele seiner gleichgesinnten amerikanischen Landsleute hatte er eine Bresche in die Mauer des Hasses geschlagen, durch die die Kräfte der Versöhnung einbrechen und sich ausbreiten konnten, und dieser Prozeß hat nicht zuletzt auch zur Konsolidierung von der Seite der großen Politik her beigetragen.

Unsere Freundschaft mit Potter erleichterte uns zwar manches, konnte uns jedoch nicht davor bewahren, daß wir genau wie alle anderen mit Hunger, Kälte und Wohnungsnot zu kämpfen hatten. Elf Monate wohnten wir in drangvoller Enge bei den Sotiers in der Villa Fürstenhof.

Zu Neujahr 1946, als einige von den Amerikanern beschlagnahmte Häuser freigegeben wurden, gelang es uns durch rechtzeitige Bewerbung beim Wohnungsamt, das Haus des ehemaligen NS-Kreisleiters für uns zu bekommen, eine moderne kleine Villa mit Garten, am sonnigen Staffelsberg gelegen. Es bedeutete für uns ein unbeschreibliches Glück, wieder ein Heim zu haben, noch dazu eines, das möbliert war. Wir selbst besaßen außer Kinderbetten kein Möbelstück, nur etwas Wäsche und Silber. All das zogen und schoben wir mit Hilfe eines Pferdewagens in das neue Haus. Wenig mehr als zwei Monate darauf, am 14. März 1946, wurde unser vierter Sohn, Christian Sigismund, geboren. Kurz vor seiner Geburt drohte uns eine neue Beschlagnahme dieses Hauses. Der Schreck, den Kira davontrug, beschleunigte Christians Erscheinen um einige Tage. Dennoch verlief alles gut, und im kritischen Moment fand sich ein freundlicher amerikanischer Offizier sogar bereit, Kira in seinem Auto in die Klinik zu fahren.

Die Beschlagnahme unseres Hauses war aber nur aufgeschoben. Im August war es so weit, und auch unserem Freunde Potter mißlang die Intervention. Das kleinere Haus, das uns dann zugewiesen wurde, war leer und in einem unbeschreiblich schmutzigen und verwahrlosten Zustand. Wir richteten uns mit vieler Mühe ein, so gut es ging. In dem schrecklichen Winter 1946/47 litten wir wie die meisten Deutschen schwer unter der Kälte. Mit Öfchen konnten wir ein bis zwei Zimmer heizen, meist nur das kleinste; hier mußte sich das ganze Familienleben abspielen.

Am frühen Abend saßen wir oft wegen der Stromsperre, und weil wir unsere paar Kerzenstummel sparen mußten, mit den Kindern im Dunkeln, sangen Lieder oder erzählten ihnen Märchen. Ein Rohrbruch machte die Sache nicht gerade gemütlicher. In den ungeheizten Zimmern lief das Wasser an den Wänden herunter, im Flur konnte man Schlittschuh laufen, in den Wandschränken hingen Eiszapfen. Wir legten uns halb angezogen schlafen und nahmen die Kinder mit ins Bett, um sie warm zu halten. Erstaunlicherweise blieben sie gesund und munter. Die beiden ältesten hatten ihren Spaß am Rodeln, aber das wiederum kostete unersetzbare Schuhsohlen. Friedrich trug schließlich alte Schuhe von Kira, die mit Zeitungspapier ausgestopft waren.

In dieser trostlosen Zeit trafen die ersten Pakete von Freunden aus Amerika ein, die uns nach langem Suchen ausfindig gemacht hatten. Es waren wahre Geschenke des Himmels. Aber die Richtigkeit der Behauptung, daß materielle Bedrängnis dem künstlerischen Schaffen förderlich ist, habe ich damals bis zu einem gewissen Grade am eigenen Leibe erfahren. Intensiver als je widmete ich mich der Musik.

Mein Lehrer wurde ein ungarischer Operettenkomponist, der sich vor den Sowjets nach Westdeutschland gerettet hatte. Eines Tages übergab er mir einen Text mit der Aufforderung, ihn zu vertonen. Ich erinnerte mich weder, daß es sich um Mörikes »Frühling« handelte, noch daß dieses Gedicht schon von namhaften Meistern vertont war und setzte mich unbekümmert in dem eiskalten »Salon« des Hauses an den Flügel und komponierte. Die Komposition fand die Gnade meines Lehrers. Merkwürdigerweise war sie nicht durch die kühle Atmosphäre des Entstehungsortes beeinträchtigt, was vielleicht zum Teil dem Pelzmantel zu verdanken war, den mir einst mein Großvater geschenkt hatte.

Meine folgenden Liedkompositionen erblickten jedenfalls bei angemesseneren Temperaturen das Licht der Welt. Der Geburtshelfer dabei war ein Berliner Bariton. Er und seine Schwester sangen in einem öffentlichen Konzert meine ersten drei Lieder. Das Schicksal hat meinen Lehrer und den Sänger ungleich behandelt. Der eine lebt heute in Australien und hat dort ein schönes Wirkungsfeld, der andere hat die Wiederkehr normaler Zustände nicht mehr erlebt.

Kaum war das Frühjahr gekommen, das uns nach diesem Winter wieder aufatmen ließ, da wurde auch dieses Haus erneut beschlagnahmt. Kira dachte ernstlich daran, mit den sechs Kindern auf den Stufen des Hauses einen Sitzstreik zu veranstalten. Binnen drei Tagen sollten wir aus dem Hause. Kira hatte sich kaum von einer schweren Grippe erholt; mit einem ärztlichen Attest gewannen wir einige Tage Galgenfrist. Das Wohnungsamt wußte diesmal wirklich nicht, wohin mit uns. Schließlich beschlagnahmte es vier Zimmer in einem kleinen Sanatorium. Der leitende Arzt dort wehrte sich allerdings energisch dagegen, was an sich verständlich war, da der Kurbetrieb in Kissingen gerade wieder aufgenommen worden war. Der Kampf zwischen dem Wohnungsamt und dem Arzt tobte über unsere Köpfe hinweg. Das Amt gewann, doch nur mit Gewalt. Es kam zu unglaublichen und äußerst peinlichen Szenen, und die acht Monate, die wir in diesem unglückseligen Sanatorium verbringen mußten, waren eine qualvolle Zeit endloser Schwierigkeiten und Schikanen. Aber auch hier half uns die wirkliche Güte und Freundschaft einiger Menschen, die heute noch zu unseren treuesten und liebsten Freunden zählen. Endlich, Anfang Dezember 1947, kam wie eine Erlösung die Möglichkeit, nach Bremen überzusiedeln.

Nach dem Voraufgegangenen fiel uns der Abschied nicht schwer. Er glich auch äußerlich mehr einer Flucht als einem normalen Umzug. Wir packten unsere Siebensachen nebst Kindern, einem Hund und drei Hühnern in einen Möbelwagen und quetschten uns selbst dazu, weil wir glaubten, diese Reiseart sei bei den herrschenden Verkehrsverhältnissen der strapaziösen Eisenbahnfahrt vorzuziehen. Doch das Abenteuer unterschied sich von unserer Flucht aus Potsdam nur dadurch, daß uns diesmal nicht die Sowjets auf den Fersen waren. Dafür hatten wir mit grimmiger Kälte und vereisten Straßen zu kämpfen. In der Rhön kamen wir überhaupt nur vorwärts, indem der Trecker den Möbelwagen mit Hilfe einer Winde meterweise den Berg hinaufzog. Immer bestand die Gefahr, daß das Seil riß und der Anhänger von der Straße in den Abgrund rutschte. Die Kaltblütigkeit und die beharrliche Ausdauer unserer beiden wackeren

Fahrer behielten jedoch auch in den gefährlichsten Momenten die Oberhand. Die Überwindung dieses Haupthindernisses kostete uns allerdings schon allein zwölf Stunden, und die Fahrt nach Bremen dauerte im ganzen drei Tage. Aber wir hatten, wie sich zeigen sollte, wirklich eine neue Heimat gefunden.

23. Kapitel

AUF NEUEM GRUND

Nach unserer »Flucht« aus Kissingen mußten wir noch einmal unser Domizil wechseln, ehe es uns gelang, den »Wümmehof« — so heißt unser Haus in Borgfeld — zu pachten. In diesem kleinen bäuerlichen Vorort von Bremen fühlen wir uns wohl. Von der angeblich sprichwörtlichen, wahrscheinlich mehr sagenhaften Steifheit der Bremer haben wir nicht viel bemerkt. Wir haben mühelos Kontakt mit allen Schichten gefunden, und unsere Kinder gingen, mit Ausnahme der beiden ältesten, zur Dorfschule.

Die sympathischsten Züge dieser weltoffenen Stadt sind die konziliante Höflichkeit und der demokratische Geist ihrer Bewohner. Man spürt hier etwas von jener Demokratie, wie ich sie in den Vereinigten Staaten kennengelernt habe; man führt sie nicht großsprecherisch im Munde, sondern lebt danach. Das gilt ebensosehr vom früheren Präsidenten des Senats Bürgermeister Wilhelm Kaisen — im Volksmund »Kaiser Wilhelm« genannt —, der bei uns im Dorfe in einem Siedlerhäuschen wohnt, wie von unserem bäuerlichen Nachbarn Heini Schumacher, der nun wiederum mich mit »Kaiserliche Hoheit« titulierte, im übrigen aber mich duzte, wenn wir uns in der Dorfschenke trafen.

Dennoch bedeutete die dörfliche Abgeschiedenheit für uns kein passives Beiseitestehen. Das ließen schon die vielen Besucher nicht zu, die sich fast täglich zu uns durchfragten. Unter ihnen bildeten die Journalisten das Hauptkontingent, und obwohl ich ihnen nicht mehr die Sensationen eines abenteuernden Prinzen zu bieten hatte wie einst in Hollywood, schien ihr Interesse auch für mein damaliges bürgerliches Familienleben nicht geringer geworden zu sein. Manchmal gabelte mich einer schon auf der Landstraße auf, wenn ich mit meinem Fahrrad von der Post kam.

Unser Häuschen liegt, wie schon sein Name sagt, an der Wümme, einem Nebenflüßchen der Weser, dessen Wasserstand je nach Ebbe und Flut wechselt. Zu Zeiten überschwemmt es die jenseitigen Wiesen, soweit das Auge reicht. Über die ständig wechselnde Landschaft von Weideland und Wasser blicken wir von unserem Hause gen Osten, und unsere Gedanken gehen zurück nach unserem geliebten Cadinen. Dieses Heimweh hat uns nie verlassen, und es wird uns wohl nicht verlassen, wenn wir nicht mit Gottes Hilfe dorthin zurückkehren können. In dieser Sehnsucht, aber auch in dieser Zuversicht, wissen wir uns eins mit fünfzehn Millionen Deutscher, die ebenso wie wir ihr Heimatland im Osten verloren haben.

Indessen bedeutet es nicht, daß wir gegen unsere neue Heimat undankbar wären. Wie wir unseren früheren freiwilligen oder unfreiwilligen Aufenthaltsorten jeweils durch die Geburt eines neuen Sprößlings den Stempel aufgedrückt haben, so auch hier: unsere Jüngste, Xenia, ist eine geborene Bremerin. Bei ihrer Taufe im Jahr 1949 war eine bunte und vielseitige Gesellschaft beisammen, die vom amerikanischen Konsul, der Taufpate war, über den Ortsbürgermeister, den Pfarrer, mehrere Mitglieder der Bremer Oper bis zu zwei konkurrierenden Großbrauereibesitzern und zwei seit Jahren miteinander verfeindeten Zeitungsredakteuren reichte. Unter dem Eindruck des glücklichen Ereignisses entwickelte sich alsbald eine außergewöhnliche Harmonie.

Vom beruflichen Standpunkt betrachtet wurde meine Bremer Existenz zunächst eine Enttäuschung. Mein Vater hatte sich für mich an einer Autofirma in Bremen, einer Fordvertretung, beteiligt. Aber meine Tätigkeit entwickelte sich nicht so, wie ich erhofft hatte, und die Sache zerschlug sich bald. Immerhin kam ich in diesem Zusammenhang im November 1948 zum ersten Male seit Kriegsende wieder ins Ausland, in die Vereinigten Staaten. Die Reise unterschied sich schon dadurch von meinen früheren Atlantiküberquerungen, daß ich diesmal mit einem kleinen amerikanischen Frachtdampfer, der »Cape Mohican«, fuhr.

Seit meinem letzten Besuch in Amerika waren zehn Jahre vergangen. Vor der Abreise hatte mich ein amerikanischer Freund gewarnt: »Das Amerika, das Sie kennen, werden Sie kaum wiederfinden. Die alten Tage sind vorbei.« Zwar hatte die zweiwöchige Reise auf dem verhältnismäßig kleinen Dampfer — wir waren nur sieben Passagiere, darunter fünf Deutsche — meine ersten Zweifel beseitigt, denn wir wurden nach anfänglichem Mißtrauen wohlwollend von der Besatzung in ihre Gemeinschaft aufgenommen. Ich konnte auch lange, offenherzige Gespräche mit dem Kapitän, den Offizieren und den Matrosen führen. Dennoch war ich einigermaßen beklommen wie vor dem Wiedersehen mit einem guten Freunde, den man jahrelang nicht gesehen hat. Und nun gar, wenn ein solcher Weltkrieg dazwischenliegt...

Der erste Empfang im Hafen von Baltimore war vertrauenerweckend. Es war der alte sachliche und höfliche Ton, in dem die präzisen Fragen nach Reiseziel, Zweck und Aufenthaltsdauer in den Vereinigten Staaten gestellt wurden. Dann kam der Zoll in Gestalt eines hünenhaften Beamten. Aber er war plötzlich wie weggewischt durch die forsch hereinbrechende Erscheinung eines Pressephotographen und einer Reporterin des »Baltimore Sun«.

»Na ja«, sagte der Beamte, »ich werde mich später mit Ihnen befassen.«

Die Reporterin verhörte mich. Sie war über meine Personalien mindestens ebenso gut informiert wie ich selbst. Ich zeigte ihr ein Bild meiner Kinder und mußte sämtliche Namen mit Geburtsdaten nennen, was mir gar nicht so leicht fiel. Der Pressephotograph schloß sich mit mir in meiner Kabine ein und machte einige Aufnahmen von mir in verschiedenen Posituren. Ich erinnerte ihn schüchtern an die Zollbeamten, die geduldig vor der Kabinentür warteten. »Ach, lassen Sie doch, diese Burschen, die sind in Ordnung.« Er öffnete die Tür. »So, jetzt könnt ihr euch über die Koffer hermachen.«

Meine zwei Handkoffer waren nicht sehr eindrucksvoll. Der Photograph stand dabei. Die beiden Zollbeamten und ich mußten gemeinsam einen Schuh vor seine Kamera halten. »Offenbar ein gebrauchter und damit zollfreier Gegenstand«, sagte der Hüne. »Biblisches Alter«, bemerkte ich trocken. Der Photograph war begeistert. »Großartige Zusammenarbeit«, sagte er. »Thank you.« Der Erste Offizier des Schiffes — er führte den schönen Namen Maffia — kam mit einer Kognakflasche. Wir taten jeder einen Schluck daraus, wünschten uns gegenseitig gräßlich viel Glück und verabschiedeten uns, als ob wir uns seit Jahren gekannt hätten. »Wenn Sie den Anordnungen des Photographen nicht gefolgt wären, hätten Sie eine Zollkontrolle erlebt, die sich gewaschen gehabt hätte«, meinte der Schiffsoffizier.

Meine alten Freunde aus Detroit waren mit unbeschreiblicher Gastfreundschaft und Herzlichkeit zur Stelle. Für alle waren die vergangenen zehn Jahre überhaupt nicht vorhanden. Man fing genau da an, wo man aufgehört hatte, und gegenseitige Erklärungen waren überflüssig. Ein alter Bekannter, den ich seit meinen Detroiter Tagen nicht mehr gesehen hatte, war aus seinem Heimatort Toledo, ungefähr fünfzehnhundert Kilometer westlich von Baltimore, im Flugzeug herbeigeeilt, um mich am Hafen abzuholen. Er überredete mich, die erste Nacht in Baltimore zu bleiben und am nächsten Tage mit ihm nach New York zu fahren.

Auf dieser Reise machte ich die erste neue Beobachtung. Bis Philadelphia saßen wir bequem, dann füllte sich der Zug plötzlich so, daß viele stehen mußten. Ich bot zwei Damen in unserer Nähe meinen Sitzplatz an; mein Freund folgte etwas zögernd und unwillig meinem Beispiel. Als die beiden Damen auf einer der nächsten Stationen ausgestiegen waren, sagte er: »Diese kontinentale Geste hätten Sie sich sparen können.« Ich blickte ihn verwundert an. Er fuhr fort: »Die Frauen haben jetzt die Gleichberechtigung, die sie immer erstrebten. Sie müssen auch dieselben Unannehmlichkeiten wie wir auf sich nehmen.« Ich habe darüber noch oft mit meinen amerikanischen Freunden diskutiert. Zu meinem Erstaunen fand ich bei vielen Frauen geradezu eine Genugtuung darüber, daß die Männer ihnen auf diese Weise ihren Unabhängigkeitsdrang heimzuzahlen trachten.

Indessen muß man sich vor Verallgemeinerungen hüten. In der Provinz schien mir die Stellung der Frau unverändert zu sein. Sie war mit Haushaltssorgen überlastet; man kannte so gut wie keine Dienstboten. Während meines Aufenthaltes in Detroit wohnte ich bei einem langjährigen Freunde, der einmal Anzeigenchef bei Ford gewesen war und jetzt einen ähnlichen Posten bei einer großen Firma innehatte, die Automobile, Kühlschränke und Kochgeräte herstellte. Er verdiente wohl dreißig- bis fünfzigtausend Dollar im Jahre. Trotzdem besorgte seine Frau, eine bekannte Innenarchitektin, den Haushalt fast völlig allein. Zwei- oder dreimal in der Woche kam eine Mrs. Soundso in einem eleganten Auto vorgefahren und half die Wäsche waschen und bügeln. Selbst für vierhundert Dollar im Monat war oft keine Hausgehilfin zu haben. Viele begnügten sich mit einer geringer bezahlten Arbeit im Büro oder in der Fabrik, um nach der Arbeit völlig frei zu sein. Manche reichen Leute mußten ihre großen Häuser aufgeben, da sie das nötige Personal nicht mehr bekamen.

Fragen und Antworten über diese und andere Wandlungen im amerikanischen Alltagsleben führten oft unvermittelt zu ernsten Gesprächen, die mir zeigten, wieviel selbstkritischer die Amerikaner geworden waren. Zwar ließ man sich Zeit, das Leben zu genießen — »to enjoy life« war immer noch eine beliebte Beschäftigung —, aber man machte sich Gedanken über die Lage des Landes und über das eigene Leben. An die Stelle des Denkens in Tatsachen war eine problematischere Haltung getreten. Gespräche über die »letzten Dinge« waren keine Seltenheit. Manchmal hörte ich sagen: »Unser Land verfällt dem Kollektivismus. Wir haben unseren alten Pionier- und Konkurrenzgeist verloren. Der Drang nach sozialer Sicherheit wird immer fühlbarer — und damit wächst die Gefahr eines Polizeistaates.«

Einmal entdeckte ich nach einer solchen Unterhaltung in der Garage des Hauses einen neuen Packard. »Dann kann es ja noch nicht ganz so schlimm bestellt sein«, meinte ich. »Wann haben Sie sich denn diesen schönen Wagen angeschafft?« Die Antwort war sachlich: »Der gehört nicht uns. Wir fahren nur einen Plymouth. Der Packard gehört unserer Köchin.«

Trotz aller Zweifel an sich selbst halten die Amerikaner immer noch ihre Lebensweise — »the American way of life« — für die beste der Welt, und sie wären glücklich, sie auch bei allen anderen Völkern zu sehen. Worin sie besteht, können sie allerdings selbst schwer erklären. Aber es ist ihnen unverständlich, wie jemand sich dagegen sträuben kann. Einer meiner Freunde sagte mir, er habe es sich zum Ziel gesetzt, eine gute Definition für dieses Phänomen zu finden. »Bitte schick' mir ein Telegramm nach Bremen, wenn du soweit bist«, antwortete ich. Er wollte wissen, was man denn in Deutschland darüber denke. Ich meinte, daß man sich bei uns trotz amerikanischer Zigaretten und anderer schätzenswerter Genußmittel über die tieferen Werte des »American way of life« durchaus nicht im klaren sei. Der praktische Weg sei wohl der beste; es sollten möglichst viele und immer noch mehr Deutsche Gelegenheit haben, längere Zeit in den Vereinigten Staaten zu weilen.

Die Auffassung, daß die Probleme des Lebens am besten durch den guten Willen der Menschen untereinander gelöst werden können, scheint in den Vereinigten Staaten immer mehr an Boden zu gewinnen. Hierfür ist ein christliches Grundgefühl verantwortlich, das gerade im Lande des Dollars viel von seiner Urkraft behalten hat. Auf ihm beruht auch der Begriff der »humbleness«, einer Haltung, die zwischen Bescheidenheit und Demut liegt. Der »good will« ist zweifellos eine moralische und psychologische Macht, die das Verhältnis des einzelnen Amerikaners zur übrigen Welt beeinflußt. Dazu gesellt sich ein Charakterzug, für den der Ausdruck »feeling for the underdog« geprägt wurde, was man am besten mit »Sympathie für den Verlierer« übersetzt. »Let's give him a chance« — »Wir wollen ihm doch eine Chance geben«, das ist der allgemeine Grundsatz. Diese Verlierer-Sympathie, die auch beim Sport in Amerika stark in Erscheinung tritt, hat sich dann auch auf Deutschland übertragen. Zu dem Stimmungsumschwung hat zweifellos der amerikanische Soldat einen großen Beitrag geliefert, der sich in Deutschland mehr zu Hause fühlt als irgendwo sonst in Europa. Des weiteren kann man die Rolle, die in der öffentlichen Meinung Amerikas der Mut der Berliner während der Blockade gespielt hat, gar nicht hoch genug einschätzen. In den Berliner Wahlresultaten sah man geradezu ein greifbares Ergebnis aller finanziellen Opfer: hier spürte man zum erstenmal, daß der fünfte Teil aller Steuern nicht umsonst für den Marshallplan bezahlt worden war. »Let's help the Germans help themselves« — »Den Deutschen helfen, sich selbst zu helfen«, hieß eine sinnfällige Devise. Das Zutrauen zur Arbeitskraft und Tüchtigkeit der Deutschen begann zu wachsen und hat schließlich in der großen internationalen Politik konkrete Formen angenommen.

Was das tatsächlich bedeutet, kann man wohl nur ermessen, wenn man berücksichtigt, daß die Stellung des Europäers in Amerika eigentlich schwächer geworden ist. Er ist nicht mehr so interessant wie vor zehn oder zwanzig Jahren, vielleicht eben deshalb nicht, weil dem Amerikaner die führende Rolle seines Landes in der Weltwirtschaft und in der Weltpolitik immer stärker zum Bewußtsein gekommen ist. Allerdings scheint der amerikanische Durchschnittsbürger über diese Rolle nicht übermäßig glücklich zu sein. Er nimmt sie als eine Pflicht hin, mit der er sich abfinden muß, doch so mancher Amerikaner sehnt sich nach den guten alten Zeiten zurück, in denen er auf seinem Kontinent, beschützt durch zwei Ozeane, sich ausschließlich seiner Arbeit oder seinen Geschäften widmen konnte und sich um außenpolitische Fragen überhaupt nicht zu kümmern brauchte.

Diese und andere Vorstellungen bewegten mich, als ich auf der Rückreise nach Bremen — es war eine sehr stürmische Überfahrt — in meiner Kabine an der Schreibmaschine saß, um meine neuen amerikanischen Eindrücke zu Papier zu bringen. Wenn ich versuchte, daraus Folgerungen für die Weltgeschichte zu ziehen, von deren künftigen Tendenzen die deutsche Nation in ihren Grundlagen zweifellos noch mehr berührt wird, als es in der Vergangenheit geschah, kehrten meine Gedanken immer wieder zum gleichen Punkte zurück. War es nicht die Beschwichtigungspolitik, die Politik des »Appeasement«, die es Hitler bis zum Herbst 1939 erleichterte, propagandistisch zu verbreiten, daß ihm alles »unblutig«, ohne Krieg also, glücke? War nicht den Sowjets gegenüber die Situation gefährlich ähnlich? Korea ist eine große Wende gewesen; aber immer noch hat es den Anschein, daß es lange dauert, bis sich der Westen an diese Wende gewöhnt hat und Rückfälle, von denen die Sowjets rasch und hinlänglich profitieren, ausgeschlossen sind.

Durch einige fast zufällige Begegnungen und Bekanntschaften ergab sich, was meine Kompositionen betrifft, ohne mein Zutun ein Übergang aus der privaten Sphäre in das Licht der Öffentlichkeit. Bei einem Vortrage von Carl Lange aus Danzig, einem alten Freunde von mir, wurden zwei Lieder von mir gesungen — Gedichte von Carl Lange, die ich vertont hatte. Dabei lernte ich den Kapellmeister Curt Koschnick kennen, der mich mit zwei Mitgliedern der Bremer Oper, der Kammersängerin

Liselotte Thomamüller und dem Kammersänger Caspar Broecheler, in Verbindung brachte. Ihnen sagten meine Lieder vor allem wegen ihres melodischen Charakters zu. Sie taten sich mit Kira zu einer Verschwörung zusammen, um mich zu überraschen.

Am Abend des 9. November 1950, meines dreiundvierzigsten Geburtstages, bat Kira alle unsere Gäste in unser Speisezimmer hinüber, das sie ohne mein Wissen in einen richtigen kleinen Kammermusiksaal mit Stuhlreihen umgewandelt hatte. Wir mußten alle Platz nehmen, dann öffnete sich eine andere Tür, durch die Koschnick mit den Sängern hereinkam. Er kündigte den Vortrag einiger Lieder eines unbekannten lebenden Komponisten an und bat die Gäste um ein wohlwollendes Urteil, denn es handle sich um moderne Kompositionen.

Die beiden Sänger sangen abwechselnd alle meine Lieder, von denen ich die meisten noch nie gesungen gehört hatte. Der Beifall war herzlich und aufrichtig, und offensichtlich waren unsere Gäste angenehm überrascht, weil sie statt der modernen Kompositionen im Sinne der atonalen Musik, die sie vielleicht erwartet oder befürchtet hatten, ausgesprochen romantische Lieder gehört hatten. Nun enthüllte Koschnick mit strahlendem Lächeln die Identität des Liederkomponisten mit dem Geburtstagskind. Dieses Konzert war eine der schönsten Geburtstagsüberraschungen, die ich je erlebt habe.

Auch ein weiterer Liederabend fand in einem Privathause statt, jedoch in größerem Rahmen und mit mehr Gästen. Sogar die Presse war dazu geladen. Wiederum nahm das Publikum meine Kompositionen günstig auf, während die Meinung der professionellen Musikkritiker geteilt war. Die einen begrüßten vorurteilslos und unbefangen »die aus dem Herzen kommenden und zu Herzen gehenden Lieder«; andere hingegen schrieben in ihren Kritiken von »Gefühlsmusik für den Hausgebrauch« oder von »romantischem Epigonentum«. Für solche Kritiker ist es anscheinend eine Ketzerei, wenn man wagt, vom Gemüt her Musik zu schreiben. Für sie haben Musik und Kunst überhaupt nichts mit Gefühl zu tun, und mit dieser Forderung üben sie, wie ich glaube, eine Art Terror in Kunstdingen bei uns aus. Das Publikum in seiner großen Mehrheit ist anderer Ansicht.

Bei den vielen Liederabenden, die jene Bremer Künstler in westdeutschen Städten gaben, immer ausschließlich mit Liedern von mir, hörten wir wieder und wieder Stimmen, die das bestätigten. Man ist dankbar dafür, daß meine Lieder statt Kakophonien einen melodiösen und harmonischen Charakter haben. Die schlichtesten Lieder finden den größten Anklang, so daß man versucht ist, an eine romantische Renaissance zu glauben, da man des Intellektualismus müde ist. Diese Erkenntnis hat mich ermutigt, mit den öffentlichen Konzerten für einige Jahre fortzufahren. Der Ertrag kam jeweils dem örtlichen Bunde der Heimatvertriebenen zugute, was nicht zuletzt durch die Selbstlosigkeit der mit mir befreundeten Künstler ermöglicht wurde, die sich mit der Erstattung ihrer Unkosten begnügten.

Daß einige meiner Lieder sogar in Madrid gesungen wurden, ist eine Geschichte für sich. Im Mai 1951 fuhren wir nach Spanien, um Kiras Bruder Wladimir und seine Frau Leonida zu besuchen. Der kleine deutsche Frachter »Delia«, der uns von Hamburg nach Barcelona brachte, hatte im ganzen zwölf Fahrgäste an Bord. Als wir in Barcelona das Landemanöver von der Brücke beobachteten, bemerkten wir voller Staunen, daß die »Delia« sich anschickte, an dem offiziellen Pier anzulegen, der den Kriegsschiffen vorbehalten ist. Unser Kapitän war wohl selbst erstaunt, denn er stellte den Lotsen wegen seiner vermeintlichen Eigenmächtigkeit zur Rede. Der Lotse entgegnete, er habe seine besonderen Weisungen. Während des Anlegemanövers erblickten wir an Land eine festliche Menschenansammlung, die meisten in blitzenden Uniformen.

»Ich glaube, das geht Sie an«, grinste Kapitän Buenger, »an diesem Pier kann ich meine Ladung nicht löschen.«

Offensichtlich hatte er recht. Kira und ich stürzten hinunter in unsere Kabine, um uns ein wenig zurechtzumachen. Kaum hatten wir angelegt, da ergoß sich auch schon ein Strom uniformierter Herren und eleganter Damen auf das Schiff und in unseren kleinen Salon auf dem Unterdeck, der zugleich als Speiseraum diente. Eine der Damen brachte einen riesigen Blumenstrauß, und ein würdig aussehender Herr mit den Admiralsstreifen am Ärmel redete uns in fließendem Englisch an. Es war Admiral Cervera, der rangälteste Offizier in Barcelona. Er stellte uns seine Frau und seine beiden Töchter vor und hieß uns im Namen der spanischen Regierung willkommen. Dann machte er uns mit der übrigen Gesellschaft bekannt; es waren an die sechzig Personen. Der Kapitän unseres Schiffes ließ rasch etliche Flaschen deutschen Bieres kommen, das sich bei den Spaniern großer Beliebtheit erfreut, und bald herrschte allgemein eine lebhafte Unterhaltung. Der Admiral erwies sich als unmittelbarer Nachkomme des Admirals Cervera, der im spanisch-amerikanischen Kriege mit seinem Geschwader tapfer kämpfend unterlag. Er hatte Kira schon als junges Mädchen gekannt, als sie eine Zeitlang in Spanien gewesen war. Natürlich erzählten wir dem Admiral ein wenig prahlerisch von unseren sieben Kindern. Er hörte es sich höflich an und sagte dann ganz bescheiden, er selbst habe vierzehn Kinder. Am nächsten Morgen holte er uns vom Schiff ab, zeigte uns die ganze Stadt und begleitete uns an unseren Zug nach Madrid; einen schöneren Empfang hätte ich mir bei meinem ersten Wiedersehen mit Spanien nach fünfundzwanzig Jahren nicht wünschen können.

In Madrid war am folgenden Morgen neben meinem Schwager Wladimir und seiner Frau auch mein alter Freund Valdivia am Bahnhof, nun schon gebrechlich, aber geistig so frisch und lebhaft wie einst. In den drei Wochen, die wir zu Gast bei unserem Schwager in Madrid weilten, zeigte ich Valdivia auch Photokopien meiner Lieder. Er warf einen kurzen Blick darauf und sagte: »Eine Nichte von mir, Consuelo Rubio, ist eine unserer besten Konzertsängerinnen. Sie wird Ihre Lieder hier in Madrid singen.«

Diese ebenso einfache wie kategorische Erklärung überraschte mich nicht wenig, und da uns nur noch eine Woche bis zu unserer Rückreise blieb, äußerte ich leise Zweifel an der Verwirklichung dieses Planes. »Das lassen Sie meine Sache sein«, antwortete Valdivia fast schroff. Er rief seine Nichte an, und einige Minuten später überfielen wir sie schon in ihrer Wohnung. Valdivia übergab ihr die Noten und ermahnte sie ohne Umschweife, die Lieder rasch einzustudieren, damit sie sie in wenigen Tagen in einem öffentlichen Konzert singen könne. Consuelo Rubio war nicht nur eine charmante und ausnehmend schöne, sondern auch eine bemerkenswert kluge junge Frau. Sie war mit einem Rumänen mit dem komplizierten Namen Uscatescu verheiratet.

Tatsächlich kam das Konzert in einem herrlichen alten Saale zustande. Consuelo Rubio sang in einem internationalen Programm französischer, italienischer, englischer, deutscher und spanischer Lieder sechs Lieder von mir. Obwohl sie nicht ein Wort Deutsch konnte, brachte sie es fertig, meine Lieder sprachlich und musikalisch fehlerfrei zu singen; eine prachtvolle Wiedergabe, eine großartige musikalische und geistige Leistung. Das Publikum, das sich aus fast allen Musikliebhabern Madrids, darunter auch vier bekannten spanischen Komponisten, zusammensetzte, spendete begeistert Beifall. Nicht minder glücklich als ich war Valdivia, der mit seiner Nichte dieses Konzert vor rund achthundert Hörern buchstäblich aus dem Nichts in wenigen Tagen organisiert hatte. Ich dachte bei mir, es sei doch wohl ein Irrtum, daß die Spanier schlechte Organisatoren seien. Daß man in Spanien romantische deutsche Lieder schätzt, war mir neu; ich hatte nicht erwartet, daß die Spanier ein Gefühl für diese Art von Musik aufbringen könnten.

Seitdem haben viele Konzerte in vielen deutschen Städten mit immer gleichem Erfolge stattgefunden. Nichts freilich ist vergleichbar dem Enthusiasmus, der sich in Berlin bei zwei Konzerten am 26. und 27. April 1952 entlud — in einem Konzertsaal, der keine zweihundert Meter vom sowjetischen Sektor entfernt ist.

Noch in Madrid erhielten wir die alarmierende Nachricht von einer Herzattacke meines Vaters. Die Ärzte sahen zwar noch keinen Grund zu akuter Besorgnis, doch sogleich nach unserer Ankunft in Bremen rief ich in Hechingen an. Mein Vater sagte mir, er sei noch etwas schwach, fühle sich aber schon besser. Wir wollten ihn nicht mit weiteren Fragen beunruhigen, erfuhren jedoch von meiner Mutter, daß die Herzattacke schlimmer als angenommen gewesen sei. Mein Vater hatte sich schließlich dazu bereit gefunden, sich von Dr. Dissé aus Bad Kissingen, den er seit vielen Jahren kannte, gründlich untersuchen zu lassen. Dr. Dissé konnte kein eigentliches Krankheitsübel bei ihm entdecken, nur rauche er zuviel und esse zu wenig, und ein mehrwöchiger Sanatoriumsaufenthalt sei angebracht.

Am 20. Juli um sechs Uhr morgens erschreckte uns ein Telephonanruf. Am Apparat meldete sich Graf Hardenberg, der Generalbevollmächtigte meines Vaters.

»Ich habe die traurige Pflicht, Ihnen mitzuteilen, daß der Kronprinz heute nacht um drei Uhr an einer neuen Herzattacke gestorben ist.«

Ich reiste nach Hechingen.

Meine Gedanken kreisten traurig um die letzten Lebensjahre meines Vaters. Ich glaube, daß der Kronprinz an gebrochenem Herzen gestorben ist. Er hatte nicht nur den Thron eingebüßt, für den er ausersehen war, er mußte auch zweimal in seinem Leben den Zusammenbruch Deutschlands sehen; er hatte zwei Söhne verloren und war selbst mit wenigen Dingen, die er aus dem allgemeinen Chaos gerettet hatte, in dem kleinen Haus in Hechingen gestrandet, von wo sein Blick hinauf zu der Burg ging, von welcher vor siebenhundert Jahren seine Vorfahren ihren unerhörten, glorreichen Aufstieg genommen hatten. Tiefe Betrübnis und Resignation hatten schon das Leben meines Vaters überwölkt, noch ehe der Krieg sein für Deutschland so verhängnisvolles Ende nahm. Ein letzter glücklicher Tag war ihm vergönnt, als wir in unserem Stammschloß die Hochzeit meiner Schwester Cecilie mit Clyde Kenneth Harris feiern konnten. Dann mußte er, kaum ein Jahr später, im Mai 1950, auf demselben Altar, an dem Cecilie und Clyde getraut worden waren, die Urne mit der Asche meines Bruders Hubertus niedersetzen, der fern von der Heimat, in Windhuk, an einer Operation gestorben war. Ein Jahr war vergangen, und schon stand sein eigener Sarg, bedeckt mit der Kaiserstandarte und umgeben von einem Meer von Blumen, zu Füßen des gleichen Altars in der evangelischen Kapelle der Burg Hohenzollern.

Als letzte Ruhestätte hatte sich der Kronprinz einen Platz in dem kleinen Garten auf der Michaels-Bastei erwählt, von wo man über die weite Landschaft von Schwaben bis zu den Alpen und zum Schwarzwald blicken kann. Als wir ihn hier zur letzten Ruhe betteten, war mit den zahllosen Trauergästen von überallher unsichtbar, jedoch spürbar eine andere Trauergemeinde anwesend: das deutsche Volk. Die Genugtuung und Anerkennung, die meinem Vater im Leben vorenthalten war, wurde ihm im Tode zuteil. Die Menschen fühlten plötzlich, daß ein großer und edler Mann, vielleicht der letzte Edle, für immer aus ihrer Mitte gegangen war, dahingegangen in eine andere Welt, in der mehr Raum für Edelmut und Seelengröße ist. Wegen dieser menschlichen Eigenschaften, die ihn zu einem Edelmanne im wahrsten Sinne des Wortes machten, habe ich meinen Vater bewundert und sogar ein wenig beneidet. Es war ihm stets vor allem anderen darum gegangen, menschlich zu sein, menschlich zu empfinden und menschlich zu handeln.

An diesem 20. Juli 1951 kam durch den Willen des Schicksals die Reihe an mich, das kontinuierliche Band einer fortwirkenden Tradition da aufzunehmen, wo es den Händen meines sterbenden Vaters entglitten war. Wenn ich dereinst dieses Band, das Symbol und die Mission unseres Hauses, an die nachfolgende Generation weiterreiche, hoffe ich zu Gott, daß unserer alten Welt dann eine lichtere Zeit friedlichen Glücks beschieden sein möge und unserem Volke ein ganzes, rechtliches Deutschland von den Rheinlanden bis nach Schlesien und Ostpreußen.

Die Aufgabe, die ich, nun Chef des Hauses Hohenzollern geworden, übernehmen mußte, war schwierig und vielgestaltig zugleich. Nicht wenigen mochte sie in jenen Tagen nutzlos und unsinnig geworden erscheinen. Aber ich wußte, daß es viele Menschen gab, die darauf warteten, daß dieses Haus als moralischer und politischer Faktor wieder wirksam werden möge. Ungezählte hatten meinem Vater, meiner Mutter und mir in den ersten schweren Nachkriegsjahren bezeugt, daß ihre Sympathie für unser Haus alle Wirren der Zeit unbeschadet überstanden hatte. Nicht wenige überschätzten dabei allerdings die Möglichkeiten der Stunde und auch die dem Hause Preußen verbliebenen Möglichkeiten überhaupt.

Es galt jedoch, jenen Werten Preußens, die unzerstörbar sind und bleiben, eine neue geistige Heimstatt zu schaffen und sie, wenn möglich, auch politisch wirksam werden zu lassen. Natürlich dachte ich nicht etwa, in dem nach dem Willen der Siegernationen zerstückelten Deutschland könnte Preußen durch ein Wunder oder allein durch mein Wollen als staatliche Realität wiedererstehen. Aber es galt die Tatsache zu nutzen, daß Preußen weder diesseits noch jenseits der Zonengrenze gänzlich ausgelöscht war. Sowohl in der Bundesrepublik Deutschland als auch in der mitteldeutschen Republik lebt Preußen, manchmal unerkannt, manchmal geduldet, manchmal auch gefördert, selten nur noch verketzert und bekämpft, in seinen heute kaum noch bestrittenen Tugenden fort. Es mag die Stunde kommen, in der das Preußische in beiden provisorischen deutschen Staatsgebilden zu einem Bindeglied werden kann, über das sich ein Teil der von uns allen angestrebten Annäherung und Wiedervereinigung der deutschen Staatsteile entwickeln könnte. Diese Aufgabe stellte sich 1951 ebenso, wie sie sich heute noch immer stellt. Denn zu unser aller Leidwesen müssen wir sagen, daß wir heute von der Wiedervereinigung weiter entfernt sind als damals. Das aber darf uns nicht müde werden lassen, mit Geduld und Zähigkeit das erstrebte Ziel weiter zu verfolgen. Ohne die Gegebenheiten zu verkennen, ohne auch nur einen einzigen Gedanken an eine gewaltsame Lösung in Mitteleuropa zu verschwenden, die unser aller Ende bedeuten würde, ohne die eng gezogenen Grenzen meiner Möglichkeiten zu übersehen, werde ich nicht müde werden, mein ganzes Streben auf das alle und alles vereinende Ziel der Wiederzusammenführung des geteilten Vaterlandes zu richten.

Was auf deutschem Boden zuerst von Friedrich dem Großen für Preußen verwirklicht, die Schaffung eines modernen Staatswesens, das später zum vorbildlichen Rechtsstaat entwickelt wurde, ließ sich weder durch 1933 und 1939 noch durch 1945 und 1949 auslöschen. Diese Errungenschaften dienten meinem Vorfahren Wilhelm I. und seinem Kanzler Bismarck als Grundlage bei der Reichsgründung. Der Geist, der dieses Preußen-Deutschland durch viele Generationen getragen hat, ist nicht erloschen.

Diesen Geist lebendig zu halten, schien mir nach dem Tod des Kronprinzen eine der wichtigsten Aufgaben. Wie so oft in meinem Leben war es meine Frau, die sich auch hier als meine wertvollste Mitarbeiterin erwies. Schon in den frühen fünfziger Jahren verdiente sie sich den Namen, den ihr eine große deutsche Zeitung am Tag nach ihrem Tode gab: »Das Herz Preußens«.

Potsdam war uns verschlossen. Die meisten der Berliner Stätten, die Preußen nach außen sichtbar verkörperten, lagen im Ostsektor der Reichshauptstadt. Viele waren im Krieg zerstört, andere von den neuen Herren in Ostberlin nach 1945 abgetragen worden. Unsere Stammburg, die Burg Hohenzollern, war uns jedoch erhalten geblieben. Es gelang mit Hilfe vieler Freunde, diese schwäbische Burg zu einer Stätte historischer Überlieferung und zum neuen geistigen Zentrum Preußens zu machen.

Berliner Kinder bilden alljährlich von Mai bis Oktober die fröhliche Burgbesatzung. Aus der »Prinzessin-Kira-von-Preußen-Stiftung«, die nach dem Tod meiner Frau meine Tochter Kira weiterführt, wird der Aufenthalt der Kinder bezahlt. Aber nicht nur Berliner, auch andere erholungsbedürftige Kinder und in Not geratene Heimatvertriebene werden aus der Stiftung unterstützt. Spenden und die Erlöse der inzwischen zu einer gewissen Berühmtheit gelangten Konzerte auf der Burg mit großen Künstlern aus aller Herren Ländern vereinen Gäste aus ganz Deutschland und halten die Stiftung damit gleichzeitig am Leben. —

Am 6. Mai 1954, dem Geburtstage meines Vaters, starb meine Mutter in Bad Kissingen, in demselben kleinen Zimmer der Villa Fürstenhof, in dem sie jahrelang nach dem zweiten Weltkrieg als Heimatvertriebene gewohnt hatte. Obwohl sie schon seit längerer Zeit ein eigenes Haus auf dem Frauenkopf in Stuttgart bewohnte, das mein Vater ihr noch zu seinen Lebzeiten bauen ließ, besuchte sie gerne Frau Sotier und deren Tochter Elisabeth in der Villa Fürstenhof. Mit beiden war sie eng befreundet. Außerdem lebte in Kissingen eine ihrer ältesten Freundinnen, Frau Edel Raehse — eine Cousine des Feldmarschalls v. Witzleben —, die ebenfalls von Berlin nach dorthin verschlagen worden war. Beide verband die gemeinsame leidenschaftliche Liebe zur Musik.

Meine Mutter trug ihr schweres Los mit unvergleichlicher Tapferkeit, ohne daß jemals ein Wort der Klage über ihre Lippen gekommen wäre. Trotz aller Leiden und aller Entbehrungen der ersten Nachkriegsjahre hatte sie die Freude an den schönen Dingen des Lebens nie verloren. Zwischen meiner Mutter und meiner Frau, die sich vom ersten Tage unserer Ehe herzlich zugetan waren, entstand gerade in jener schweren Nachkriegszeit ein ganz besonders enges Verhältnis, beinahe wie unter gleichaltrigen Geschwistern.

Daß ich meine Mutter unendlich geliebt und verehrt habe und daß gerade sie auf mein ganzes Leben einen entscheidenden Einfluß gehabt hat, geht aus diesem Lebensbericht hervor. In vielem waren wir uns sehr ähnlich. Beide hatten wir, wie mein Vater meinte, in unseren Charakteren eine starke russische Komponente, die er manchmal als etwas Unheimliches empfand. Dagegen war er mit dem ruhigen und stets beherrschten Wesen seiner zweiten Schwiegertochter völlig einverstanden, was er mir auch mit einer gewissen Genugtuung von Zeit zu Zeit augenzwinkernd zu verstehen gab.

Da meine Mutter eine Melomanin gewesen war — ihr ganzes Leben wäre ohne Musik gar nicht vorstellbar gewesen —, baten meine Frau und ich unseren Freund, Professor Karl Münchinger, er möge doch die Trauerfeier gemeinsam mit seinem berühmten Stuttgarter Kammerorchester verschönen. Er hatte zum ersten Male zur Feier der Überführung der beiden Preußenkönige Friedrich Wilhelms I. und Friedrichs des Großen, deren Särge bei Kriegsende auf abenteuerlichen Wegen von der Potsdamer Garnisonkirche über Marburg an der Lahn auf die Burg gelangt waren, im Grafensaale der Burg Hohenzollern konzertiert. Professor Münchinger erfüllte auch jetzt sofort unsere Bitte.

In allen folgenden Jahren hat er nun gemeinsam mit anderen weltberühmten Künstlern wie Wilhelm Kempff, Yehudi Menuhin und Pierre Fournier im Grafensaal unserer Stammburg herrliche Musik erklingen lassen. Auch nach dem Heimgang meiner Frau, die diesen wunderbaren Künstler und Menschen als lieben Freund betrachtet hatte, sollte er wieder vor seinem Orchester stehen und ihrem Andenken unsterbliche Musik weihen.

24. Kapitel

BERLIN

Das Jahr 1954 hielt für meine Frau und mich noch in anderer Weise Kummer bereit. Wenige Tage nach meiner Mutter starb während einer Tagung des »Internationalen Zeitungsinstitutes« in Wien sein Schöpfer und Vorsitzender Erik Reger, der bekannte, wenn auch von manchen angefeindete Herausgeber und Chefredakteur des Berliner »Tagesspiegel«. Wir hatten uns in den letzten Jahren sehr angefreundet. Er organisierte meine ersten Liederabende und verlegte auch in seinem Argon-Verlag die ersten Auflagen meines Buches »Als Kaiserenkel durch die Welt«.

Und nur zwei Monate später verschwand mein Freund Otto John am 20. Juli 1954, dem zehnten Jahrestag des mißglückten Putsches gegen Hitler, in Ostberlin. Für meine Frau und mich stand von Anfang an fest, daß John nicht freiwillig in den Osten gegangen war. Aber die öffentliche Meinung, im besonderen die westdeutsche Presse, waren anderer Ansicht. Sie apostrophierten den Präsidenten des Amtes für Verfassungsschutz von vornherein als Überläufer und Verräter. John war zwar ein fanatischer Antinazi, aber ein ebenso überzeugter Antikommunist. Nach seiner waghalsigen Rückführung durch den mir befreundeten dänischen Journalisten Bonde-Henriksen von »Berlingske Tidende« nach Westberlin wurde Otto John von der westdeutschen Justizbehörde sofort in Haft genommen, unter Anklage gestellt und in einem Prozeß vor dem Bundesgerichtshof in Karlsruhe zu vier Jahren Zuchthaus, ohne Aberkennung der bürgerlichen Ehrenrechte, verurteilt. Dieses bis zum heutigen Tage noch nicht revidierte Urteil hat Bonde-Henriksen als »Justizmord« bezeichnet. Der in jedem Rechtsstaat geheiligte und jedem gewöhnlichen Berufsverbrecher zugebilligte Grundsatz »in dubio pro reo« — im Zweifel für den Angeklagten — wurde im Falle Otto Johns nicht angewandt. Man verurteilte einen Mann, dessen einzige Schuld seine fahrlässige Sorglosigkeit und vielleicht auch sein Mangel an Eignung für das von ihm bekleidete Amt gewesen war. Dieses Amt erfordert einen eiskalten Charakter, den er absolut nicht besitzt. —

Mit dem allgemeinen wirtschaftlichen Aufschwung verbesserte sich auch die finanzielle Lage unseres Hauses, die in den ersten Nachkriegsjahren oft recht schwierig gewesen war. Meine Familie hatte nur das Notwendigste auf die Flucht von Ostpreußen mitnehmen können. In den späten vierziger Jahren gingen die Mitglieder des Hauses Preußen so schlecht gekleidet und waren so mangelhaft ernährt wie das Gros unserer Landsleute. Wir hatten nicht nur fast unsere ganze persönliche Habe verloren, das Haus hatte 95 Prozent seines Vermögens, darunter den gesamten Grundbesitz, eingebüßt. Von den 300 000 Morgen Grundvermögen, die uns nach dem Auseinandersetzungsvertrag mit dem preußischen Staat 1926 neben einem Teil des Barvermögens und Industrieanteilen verblieben waren, lag einzig die nur wenige Morgen umfassende Prinzeninsel im Großen Plöner See, aus der wirtschaftlicher Nutzen nicht zu ziehen ist, auf westdeutschem Gebiet. Alle Familiengüter dagegen befanden sich in der sowjetischen Besatzungszone und in den polnisch und sowjetisch besetzten Ostgebieten; sie waren sofort enteignet worden.

Jetzt konnte ich den anfänglich nur gemieteten Wümmehof als Wohnsitz erwerben. Er ist nicht mehr als ein Landhaus. Als noch alle Kinder im Haus waren, konnte es meine Familie und das wenige Hauspersonal mit knapper Not aufnehmen. Wenn Kira und die Kinder auch erst auf dem Wümmehof wieder richtig auflebten, wenn wir hier auch viele Freunde fanden, so betrachteten wir Bremen, so wohl wir uns dort immer gefühlt haben, doch nicht als unsere eigentliche Heimat. Oft hatten wir darüber gesprochen, wie es wäre, wenn wir wieder in der Reichshauptstadt leben würden. Dort war ich aufgewachsen, dort hatten wir gelebt, dort waren unsere beiden ältesten Söhne geboren worden. Dorthin gehören wir! Hinzu kam das Bewußtsein, daß viele Menschen, die sich dem Haus Preußen verbunden fühlen, nicht ohne Recht erwarten durften, daß der Chef des Hauses seinen Wohnsitz in Berlin nehme.

Zwei Männer waren es dann, die den letzten Anstoß dazu gegeben haben, daß Berlin wieder unser Hauptwohnsitz wurde: mein Freund Erik Reger, der Herausgeber des »Tagesspiegel«, und Berlins volkstümlichster Bezirksbürgermeister, Willy Kressmann, genannt der »Kaiser von Kreuzberg«, oder von Freund und Feind, je nach der Art der Zuneigung, freundlich oder bissig »Texas-Willy« tituliert. Erik Reger, dieser weitblickende liberale Mann, von Haus aus alles andere als ein Monarchist, machte mir unmißverständlich klar: »Sie gehören einfach nach Berlin!«

Schon frühzeitig hatte ich mich nach dem Krieg um ein gutes Verhältnis zu allen demokratischen Parteien bemüht. Dem verdanke ich nicht nur viele anregende und nützliche Gespräche, sondern auch die Bekanntschaft vieler vortrefflicher Frauen und Männer — manche von ihnen hatten schon in der Weimarer Republik eine Rolle gespielt —, von denen nicht wenige meine Freunde wurden. Sie kamen aus den Reihen der SPD nicht anders als aus denen der CDU oder FDP.

Meine Bekanntschaft mit Willy Kressmann, dem eigenwilligsten Sozialdemokraten Berlins, gab den allerletzten Anstoß zu unserer »Repatriierung« nach Berlin. Die Zusammenkunft mit »Texas-Willy« war für einen Sonntagvormittag im Bürgermeisterzimmer des damaligen Kreuzberger Rathauses anberaumt. Ich kam etwas zu früh und hatte Muße, die Plakate zu studieren, die vor dem Amtszimmer des Bürgermeisters aufgehängt waren; sie redeten eine eindeutige und eindringliche gesamtdeutsche Sprache. Kressmann erschien pünktlich auf den Glockenschlag. Die Begrüßung war herzlich und gänzlich ungezwungen. »Guten Tag, Prinz«, sagte er, »es ist nett, daß Sie mich besuchen kommen.«

In unserer Unterhaltung gelangten wir sehr schnell, nicht nur durch die Plakate inspiriert, auf die gesamtdeutsche Situation.

»Was halten Sie davon, daß sich die Bundesregierung in Berlin so rar macht?« fragte ich.

Die Antwort war für den Mann, der später mein Freund wurde, bezeichnend: »Warum wohnen S i e eigentlich nicht in Berlin?«

Ich, der gebürtige Potsdamer, wußte keine überzeugende Antwort auf die Frage des Urberliners Kressmann. Ehe das Schweigen, das nun eintrat, peinlich werden konnte, half »Texas-Willy« uns aus der Sackgasse. »Kommen Sie mit«, erklärte er kategorisch, »wir haben beide Hunger. Wir fahren jetzt zum Kurfürstendamm, und dann wird uns schon eine Antwort einfallen. Aber vorher muß ich noch ein paar achtzig- und neunzigjährige Geburtstagskinder besuchen. Sie begleiten mich doch?«

Ich habe später diese Geburtstagsbesuche an Sonntagvormittagen noch häufiger erlebt. Sie glichen jedesmal einer Triumphfahrt des Bürgermeisters. Die Bewohner seines Bezirkes hingen buchstäblich aus den Fenstern und feierten »ihren Willy«. Welcher sozialen Schicht und welcher politischen Richtung die Geburtstagskinder und ihre Familien auch angehören mochten, Kressmann wurde überall mit der gleichen Herzlichkeit aufgenommen. Ich habe es wie viele andere sehr bedauert, daß dieser profilierte Mann sich 1962 mit der Berliner SPD-Führung überwarf, sein Bürgermeisteramt verlor und sich ein Jahr später aus der Partei zurückzog.

Als wir an jenem Sonntag nach manchem unvermeidlichen Geburtstagsschluck und etwas mitgenommen in einem gemütlichen Lokal am Kurfürstendamm landeten, war die Entscheidung längst gefallen. Schon am nächsten Tag wurde ich wieder Bürger Berlins. Ich meldete mich beim

Polizeirevier in der Schloßstraße ganz in der Nähe des Schlosses Charlottenburg. Es war am 20. Juli 1954, daß Berlin auch amtlich wieder meine Heimat wurde.

In der Nähe des Schlosses gehörte meiner Familie die Ruine unserer alten Hofkammer, die damals noch teilweise bewohnbar war, also als Wohnsitz fungieren konnte. Später wurde sie abgerissen, das Grundstück an das Bezirksamt Charlottenburg verkauft und ein Rasenplatz darauf angelegt. Aber als das geschah, wohnten wir schon längst wieder in Berlin.

In der Reichshauptstadt hatten wir unsere junge Ehe gegründet und auch darum kehrten wir gern dorthin zurück. Zunächst mieteten wir uns eine Dreizimmerwohnung in der Riemeisterstraße in Zehlendorf. Dieser »Pied à terre« reichte zwar für meine Frau und mich völlig aus. Die Sache wurde aber schon schwieriger, als unser ältester Sohn in Berlin mit seinem Studium begann. Wenn dann noch einige unserer anderen Kinder nach Berlin kamen, mußten sie auf Matratzenlagern schlafen.

Trotz der beschränkten Zimmerzahl konnten wir am 27. Januar 1959 zum hundertsten Geburtstag meines Großvaters eine große Zahl von Verwandten stolz in unserem Berliner Appartement begrüßen und bewirten. Es herrschte allerdings eine drangvolle Fülle. Damals entstand der Wunsch nach einem eigenen Haus in Berlin. Meine Frau nahm sich dieses Gedankens mit der ihr eigenen Energie an. Wir waren beide von der Idee begeistert, für unsere Kinder und alle übrigen Familienmitglieder wieder in Berlin einen Mittelpunkt zu schaffen. Schließlich waren wir über fünfhundert Jahre in dieser Stadt ansässig und können uns mit Stolz die älteste Berliner Familie nennen.

Das Ehepaar Kressmann lud uns eines Tages zur Besichtigung seines neuen Hauses ein, das es sich in der Königsallee am Halensee baute. Als wir anschließend in einem Restaurant am Kurfürstendamm zu Mittag aßen, fragten wir eigentlich nur zum Spaß, ob das dem Kressmannschen Neubau benachbarte Ruinengrundstück in der Königsallee denn noch zu haben sei. Frau Kressmann, im Hauptberuf Architektin, stellte sofort mit einem Telefonanruf fest, daß das ganze Grundstück zum Verkauf stünde. Wir erwarben es so schnell wie möglich.

Wie sich später bei den Ankaufsverhandlungen herausstellte, gehörte es der Familie Milch. Der Sohn unseres alten Freundes, des Hof- und Dompredigers Bruno Doehring, mit den Milchs eng verwandt, hatte als Kind auf diesem Grundstück, auf dem sein Onkel eine geräumige Grunewaldvilla besaß, gespielt.

Endlich war der Kauf perfekt. Frau Kressmann fungierte als Architektin. Sie bewies ein vorbildliches Einfühlungsvermögen. Wir einigten uns auf einen ihrer zahlreichen Entwürfe, den meine Frau nach ihren eigenen Vorstellungen in nächtelanger Arbeit gänzlich umgezeichnet hatte. Beide wollten wir kein ausgesprochen modernes Haus, wie es sich die Kressmanns gebaut hatten. Es sollte ein konventionelles und traditionsgebundenes Äußeres besitzen und mußte außerdem unsere neunköpfige Familie beherbergen können, ohne einer Kaserne zu gleichen.

Nach der Fertigstellung waren wir alle glücklich und zufrieden mit der gesamten Schöpfung. Wir nannten unser neues Berliner Heim »Monbijou«, nach dem ehemaligen an der Spree gelegenen Schlößchen Friedrichs I., das während des zweiten Weltkrieges völlig zerstört wurde und nicht mehr existiert.

Die Einweihung oder das »House Warming«, wie die Amerikaner sagen, wurde mit einem Hauskonzert gefeiert, das Lisa Otto, Rudolf Schock und Professor Stauch bestritten. Alle unsere Gäste waren und sind immer wieder von dem Gegensatz des bescheidenen Äußeren und der großzügigen Dimensionen im Innern von »Monbijou« beeindruckt. Der Schnitt des geräumigen Wohnzimmers, das auf den Halensee hinausgeht, ist Frau Kressmann besonders gut gelungen.

Seit dem Einzug im Jahre 1961 haben vier unserer Kinder dieses schöne Haus beinahe ununterbrochen bewohnt. Unser jüngster Sohn Christian Sigismund hat am Rathenau-Gymnasium im März 1968 sein Abitur bestanden. Unsere Tochter Kira widmete sich in Berlin dem Studium moderner Sprachen. Aber auch die anderen Kinder, die augenblicklich nicht in Berlin wohnen, zieht es immer wieder nach »Monbijou«. Und so hat dieses Haus seinen Zweck längst erfüllt.

Meine Frau und ich hatten uns vorgenommen, nach dem Abitur unserer jüngsten Tochter Xenia, das sie im Sommer 1968 in Bremen ablegte, einen großen Teil des Jahres in Berlin zu verbringen, um das Kulturleben der Reichshauptstadt nach Kräften auszukosten, aber auch um in »Monbijou« kulturelle Geselligkeit zu pflegen. Dieser Wunsch ist nun nicht mehr in Erfüllung gegangen. Ich werde den Plan jedoch gemeinsam mit meinen Kindern zu verwirklichen trachten, die alle eine große Vorliebe für Berlin entwickelt haben. Meine Frau und ich hatten diese Entwicklung mit um so größerer Genugtuung zur Kenntnis genommen, als unsere Nachkommenschaft durch den Zwang der Nachkriegsverhältnisse außerhalb Berlins aufgewachsen war. Aber die besondere Atmosphäre der Reichshauptstadt hat eben auch meine Kinder in ihren unwiderstehlichen Bann gezogen und sie dort Wurzeln schlagen lassen. Mancher wird unsere Einstellung zur Reichshauptstadt mit einem nachsichtigen Lächeln als überromantisch abtun. Aber ganz abgesehen von der Tatsache, daß ich fast die Hälfte meines bisherigen Lebens in Berlin verbracht habe, bin ich fest davon überzeugt, daß dieser Stadt nicht nur im wiedervereinigten Deutschland, sondern erst recht im wiedervereinigten Europa eine große und wichtige Rolle zufallen könnte.

In Berlin fand auch im Dezember 1965 die erste Hochzeit eines unserer Kinder statt: Marie Cécile, die Älteste, wurde die Frau des Herzogs Friedrich August von Oldenburg. In der Kaiser-Wilhelm-Gedächtnis-Kirche wurde sie von ihrem Konfirmator, dem in Danzig-Oliva gebürtigen Bremer Domprediger Gerhard Tietze, getraut. Die Berliner Bevölkerung nahm an dieser Trauung herzlichen Anteil. Es schien für jeden einzelnen wie eine Hochzeit in der eigenen Familie zu sein. Für meine Frau und mich war es einer der schönsten und glücklichsten Tage in unserem gemeinsamen Leben.

Das eigentliche Familienfest feierten wir im Haus »Monbijou«. Die Brautserenade fand in der Eichengalerie und den anschließenden Räumen des Schlosses Charlottenburg statt. Der damalige Regierende Bürgermeister von Berlin, Willy Brandt, hatte sie auf meine Bitte hin entgegenkommenderweise dafür zur Verfügung gestellt.

Das junge Paar hatte sich bereits in früher Jugendzeit im Schloß Rastede beim Vater meines Schwiegersohnes kennengelernt. Dann trennten sich seine Wege wieder. Herzog Friedrich-August ging nach dem Abschluß seines landwirtschaftlichen Studiums als Berater nach Westafrika. Während eines Heimaturlaubs 1965 verlobte er sich mit Marie Cécile. Noch im selben Jahr fand die Hochzeit statt. Unser Schwiegersohn nahm seine junge Frau mit nach Afrika, wo sie ihm als Hausfrau und Mitarbeiterin tatkräftig zur Seite stand.

Das Jahr 1967 brachte meiner Familie dann einen Schicksalsschlag, wie wir ihn uns furchtbarer nicht denken konnten. Der 8. September jenes Jahres wird der traurigste in meinem Leben bleiben. Meine geliebte Lebensgefährtin starb in dem Lande, in dem sie geboren wurde und in der Umgebung, in der sie einen Teil ihrer Jugend verlebt hatte, in St. Briac-sur-Mer in der Bretagne, als wir dort zu Gast bei ihrem Bruder weilten, dem Chef des Hauses Romanow, dem Großfürsten Wladimir von Rußland.

An jenem Septembermorgen endete durch Gottes höheren Ratschluß eine Ehe, die nach irdischen Begriffen vollkommen gewesen war. Als meine Frau von dieser Erde abberufen wurde, nahm sie einen Teil meines eigenen Ichs mit sich in die Ewigkeit. Seitdem wird mir von Tag zu Tag klarer, was sie mir in diesen 29 Jahren gewesen ist: Die liebevolle Mutter unserer sieben Kinder, mein bester Freund, Kamerad und Ratgeber. Unsere Ehe war der Gegenbeweis für die so stark in der heutigen Jugend verbreitete Ansicht, daß man, um glücklich zu werden, möglichst seine Freundin heiraten müsse. Meine Frau sagte hierzu oft in ihrer herrlichen Natürlichkeit: »Was bleibt denn da noch zu entdecken übrig, wenn man sich schon vor der Ehe in- und auswendig kennt?«

Das große Geheimnis einer glücklichen Ehe ist ja gerade dieses tägliche gegenseitige Sich-Neuentdecken. Auch wenn man sich am Anfang vielleicht beinahe fremd gegenüber gestanden hat, wächst man im Laufe der Zeit immer mehr zusammen, bis man eine Einheit bildet. Trotzdem kann jeder Ehepartner seine Individualität nach außen hin behalten, ja noch besser entwickeln. Heute bin ich überzeugt, daß ich die zweite Hälfte meines Lebens ohne meine Frau wahrscheinlich nicht durchgestanden hätte, denn das Junggesellen-Leben mit seiner Einsamkeit war mir schon lange vor unserer Hochzeit unerträglich geworden.

Aber weit darüber hinaus war meine Frau meine Hauptstütze und mein Hauptrückhalt. Zwischen uns gab es keine Geheimnisse. Wir haben alles miteinander geteilt, die Freude und auch das Leid. Ich bin dem Schöpfer unaussprechlich dankbar, daß er mich diese einzigartige Frau finden ließ. Diese Dankbarkeit ist es auch, die mir das Leben ohne sie auf dieser Erde noch sinnvoll erscheinen läßt und mir die Kraft gibt, meine Pflichten unseren Kindern und meinen übrigen Mitmenschen gegenüber zu erfüllen.

In der Reihe der großen Frauen, die zusammen mit ihren Männern in den letzten beiden Jahrhunderten an der Spitze unseres Hauses standen, wird nun auch meine Frau ihren eigenen und besonderen Platz einnehmen; ich erwähne nur die Kurfürstin Luise Henriette, die Königin Sophie Charlotte, die Königin Luise, die Kaiserin Friedrich, die Kaiserin Auguste Viktoria und meine Mutter.

Meine Frau hatte von ihrer Mutter ein ausgesprochenes Talent für die schönen Künste geerbt. Sie malte und zeichnete mit großer Begeisterung und Hingabe, am besten Blumen und Pferde. Zeitweise modellierte sie, ebenfalls Pferde, die oft einem Island Pony oder Fjordpferd nachempfunden waren. Sie besaß eine ausgeprägte Tierliebe. Ihre Naturverbundenheit war einer ihrer wesentlichen Charakterzüge; meine Frau konnte stundenlang im Garten arbeiten und sich an jeder einzelnen Blume erfreuen. Sie beherrschte aber auch die Feder und schrieb bezaubernde Briefe und Betrachtungen. Eine große Begabung besaß sie für Innenarchitektur, die auf einer starken Vorstellungsgabe beruhte, wie sie mir zum Beispiel völlig abgeht. Den »Wümmehof« und unser Haus »Monbijou« richtete sie mit alten noch vorhandenen und neu erworbenen Möbeln warm und gemütlich ein. Die große Liebe zur Musik, die sie von ihrem Vater erbte, verband uns beide besonders stark.

Ein weiterer Charakterzug war ihre große Geduld. Sie hat mit jedem einzelnen ihrer sieben Kinder sehr intensiv die Schularbeiten erledigt. Besonders in Französisch, Englisch und auch Deutsch. Mit Engelsgeduld kümmerte sie sich auch um unsere Nachbarskinder. Zuerst war es nur der kleine Burkard, dann kamen im Laufe der Jahre seine Geschwister Elisabeth und Wolfgang hinzu. Sie nannten meine Frau Mami und mich Papi. Als ich zum ersten Male allein auf den Wümmehof zurückkehrte, sagte die sechsjährige Elisabeth zu mir: »Papi, wo Mami jetzt tot ist, hast du's nicht mehr so gut.«

Neben ihrer russischen Muttersprache — oder genauer gesagt Vatersprache — beherrschte meine Frau Französisch, Englisch und natürlich Deutsch fließend. In meiner Lieblingsfremdsprache Spanisch konnte sie sich ebenfalls geläufig unterhalten, und sie betrieb gerade in den letzten Monaten vor ihrem Heimgang intensive spanische Sprachstudien.

Daß sich die gemeinsamen Schularbeiten noch über das Grab hinaus segensreich auswirkten, erfuhr meine jüngste Tochter Xenia beim schriftlichen Abitur. Am Tage der englischen Abiturarbeit erzählte sie mir mittags ganz atemlos vor Freude, daß sie die von der Schulbehörde ausgewählte englische Nacherzählung bereits vor zwei Jahren mit ihrer Mutter als Übungsarbeit durchgenommen hätte. Xenia hatte sich noch an fast jedes Wort erinnern können.

Meine Frau war wohl jedem Konversationsthema gewachsen, konnte aber auch wundervoll schweigen und zuhören, wobei sie mir das Feld der Rhetorik gern großzügig überließ. Sie verfügte über einen ausgeprägten Humor und konnte herzlich lachen. Ihren Kummer, der ihr nicht erspart blieb, zeigte sie nur im ganz stillen Kämmerlein, auch wenn er manchmal über ihre Kräfte zu gehen schien. Ihre Selbstbeherrschung in dieser Beziehung war bewunderungswürdig. Unsere Kinder liebte meine Frau abgöttisch und versuchte immer, alle ihre Wünsche nach Möglichkeit zu erfüllen. Die Tatsache, daß Kinder langsam, aber sicher aus dem Elternhaus herauswachsen, hat meine Frau hingenommen. Aber das immer leerer werdende Haus hat sie doch traurig gestimmt. Um so dankbarer waren wir beide, daß unser Nesthäkchen Xenia, die sich besonders eng an ihre Mutter anschloß, als täglicher Sonnenschein noch bei ihren Eltern sein konnte.

Es ist nur allzu natürlich, daß meine geliebte Lebensgefährtin, mit all diesen positiven Eigenschaften ausgestattet, ganz ohne oder sogar gegen ihre Absicht zum Mittelpunkt unserer Familie geworden war.

25. Kapitel

Rußlandreise

Es war der sehnlichste Wunsch meiner Frau, einmal ihr altes russisches Vaterland zu besuchen. Trotz des kommunistischen Regimes liebte sie es mit allen Fasern ihres großen Herzens. Ich war offen gesagt zu feige, ihr diesen Herzenswunsch zu Lebzeiten zu erfüllen, obgleich ich natürlich oft mir ihr darüber gesprochen hatte. Nach dem schrecklichen Schicksal, das die Zarenfamilie und viele Mitglieder des russischen Kaiserhauses erleiden mußten, hatte ich einfach nicht den Mut, ein Visum zu beantragen. Im nachhinein scheint mir meine Angst, die ich für sie ausstand, nicht berechtigt. But one never knows. Und so empfand ich es fast wie ein Vermächtnis, daß ich nun allein versuchen sollte, das alte Vaterland meiner Frau zu besuchen. Die Gelegenheit dazu boten mir meine Hamelner Eisenbahnfreunde. Sie nahmen meinen Vorschlag, eine Gruppenreise per Bahn von Deutschland über die Tschechoslowakei nach Moskau und weiter mit der Transsibirischen Eisenbahn nach Wladiwostok zu unternehmen, sehr positiv auf. Es dauerte allerdings zwei volle Jahre, bis »Intourist« endlich grünes Licht gab. Wir waren nämlich die ersten, die einen so »verrückten« Reiseplan verwirklichen wollten. Inzwischen finden derartige Gruppenfahrten regelmäßig statt.

Bislang mußten alle Reisenden, die über Moskau hinaus nach Sibirien una dem Fernen Osten wollten, das Flugzeug benutzen. Das Argument des sowjetischen Reisebüros lautete stereotyp: »Der Flug ist viel bequemer als die Eisenbahnfahrt, und Reiseunterbrechungen sind wegen der unvollkommenen Hotelmöglichkeiten nicht erwünscht.« Unser Wunsch, die Fahrt mit der Transsibirischen Eisenbahn zu erleben, stieß bei den sowjetischen Reisebehörden anfänglich nicht auf die geringste Gegenliebe. Im März 1975 war es aber doch endlich soweit. »Intourist« in Westberlin teilte unseren Reiseleitern, Herrn Holländer und Herrn Eggers, mit, daß einer Reise Prag-Moskau-Irkutsk-Chabarowsk-Nachodka nichts mehr im Wege stünde. Die Fahrkarten und Reisevisa könnten abgeholt werden. Das sowjetrussische Visum besteht nämlich aus einem gesonderten Blatt, das beim Verlassen der Sowjetunion bei der Paßkontrolle wieder abgegeben werden muß. Deshalb bekommt man im Gegensatz zur DDR nie einen sowjetischen Paßstempel.

Meinen ersten Kontakt mit Rußland bekam ich im Schlafwagen Prag-Moskau in Gestalt der Schlafwagenschaffnerin. Ich war unvorsichtig genug, sie auf russisch zu begrüßen. Auf der Berlitzschool in Berlin hatte ich zwei

Jahre Russisch gelernt. Die einmalige Gelegenheit, bei meiner Frau – sie sprach perfekt russisch, deutsch, französisch und englisch – ihre Vatersprache gründlich zu studieren, habe ich aus einem törichten Minderwertigkeitsgefühl leider nie richtig wahrgenommen. Die jugendliche, recht resolute Russin – das Attribut »sowjet« lasse ich in Zukunft weg – legte mir die umfangreiche Zollerklärung vor, mit der Anweisung, diese als Dolmetscher für die ganze Reisegruppe auszufüllen. Dieses Papier war fast lebenswichtig, weil man ohne seine Vorlage nicht ausreisen durfte. Meine Hilflosigkeit schien sie mitleidig zu stimmen, und mit ihrer Unsterstützung konnte ich mich in dem Labyrinth der Fragen zurechtfinden. Sie gab mir den »Befehl«: »Schreiben Sie ja und nein hin, wie ich es Ihnen vorsage.« Diese simple, aber sehr wirksame Methode erinnerte mich an meine geliebte Lebensgefährtin, die mich in meiner Entschlußfreudigkeit des öfteren auf sehr ähnliche Weise zu ermuntern pflegte.

Dieser allererste Kontakt in einem russischen Schlafwagen zwischen Prag und der tschechischen Grenze nahm mir das Gefühl der Fremdheit. Schon um 7.00 Uhr morgens am nächsten Tage weckte uns unsere resolute Schaffnerin mit der Anweisung, wir sollten uns für die Paß- und Zollkontrolle bereithalten und unter gar keinen Umständen unsere Schlafwagenabteile verlassen. Wir bezogen also alle unsere »Gefechtspositionen« und harrten der Dinge, die da kommen würden. Als der Zug auf dem russischen Grenzbahnhof nach Durchfahren verschiedener Stacheldrähte einfuhr – sie trennen alle Ostblockländer voneinander –, sahen wir auf dem Bahnsteig ein ganzes Spalier von Grenzbeamten in leichten blaugrauen Uniformen. Sie stürmten sofort unseren Wagen. Die Kontrolle war zwar nicht unhöflich, aber auch nicht gerade freundlich. Der Ausdruck unbeholfen würde am besten passen. »Intourist« hatte uns gewarnt, daß die von uns gewählte Grenzstation kein international bekannter und von Ausländern nur selten frequentierter Übergang sei. Die internationale Reiseroute führt über Brest-Litowsk. Aber nach einer knappen Stunde war alles vorüber. Wir durften aussteigen und hatten fast zwei Stunden Zeit, da unsere Wagen umgespurt werden mußten. In dem geräumigen Bahnhofsgebäude, es stammte aus der k. u. k. Zeit, konnten wir Rubel einwechseln und die ersten Wodkas zu uns nehmen.

Die unserer Reisegruppe zugeteilte russische Dolmetscherin lernte ich beim Abendessen im Speisewagen kennen. Sie setzte sich einfach neben mich. Es war eine liebenswürdige Vierzigerin, die Frau eines Ingenieurs, wie sie mir im Laufe des Abends erzählte. Ihr Deutsch war nicht besonders fließend, so daß ich mich mit meinem Russisch hervorwagte. Sie stellte sich sofort darauf ein und verbesserte mich mit großer Geduld. Ich versuchte ihr zu erklären, daß es für mich ein sehr bewegender historischer Augenblick sei, das erste Mal in meinem Leben durch russische (allerdings erst seit dem Zweiten Weltkrieg, vorher polnisch und davor österreich/ungarisch) Lande zu fahren. Ich sagte ihr, ich wäre 29 Jahre mit einer Russin überaus glücklich verheiratet gewesen und schwärmte von der russischen Frau in den höchsten Tönen. Der schwere russische Rotwein von der Krim wirkte sehr beflügelnd auf die Unterhaltung und die Stimmung unserer Reisegruppe.

Am folgenden Tage trafen wir mit mehrstündiger Verspätung nachmittags in Moskau bei glühender Hitze ein. Auf dem Bahnsteig begrüßte uns unsere neue Dolmetscherin. Sie übernahm uns von ihrer Kollegin, die sich herzlich von uns verabschiedete. »Ich heiße ›Liuba‹, stellte sie sich in fließendem Deutsch mit einem ganz leichten französischen Akzent vor. Was mir fast den Atem verschlug, war ihre verblüffende Ähnlichkeit mit meiner Schwiegertochter Donata, die vor knapp einem Monat meinen Sohn Louis Ferdinand geheiratet hatte. Daß ›Liuba‹ etwas autoritär angehaucht war, merkte man an den sehr bestimmten Anordnungen, die sie einer ganzen Schar von Gepäckträgern erteilte. Im Ostblock scheint es diese im Gegensatz zur freien Welt im Überfluß zu geben. ›Liuba‹ führte uns dann auf der Fahrt ins Hotel Rossija, »dem größten Hotel der Welt«, wie sie stolz sagte, das Reiseprogramm für die nächsten vier Tage vor. Trotz einiger Proteste seitens meiner Reisegenossen verlangte sie strikte Einhaltung dieses Programms und ließ durchblicken, daß sie keine Verstöße dagegen dulden würde. Sie erwartete also von uns allen ein kollektivistisches Verhalten. Daß dieser nicht so ganz sowjetischen Vorstellungen entsprach, verriet ›Liuba‹ uns beim Abschied auf dem Dampfer ›Baikal‹, der übrigens auf einer Rostocker Werft gebaut worden war, im Hafen von Nachodka: »Ihr seid ja alle nette Menschen, aber hoffnungslose Individualisten«. Das war eigentlich das höchste Lob, das sie uns spenden konnte.

Diese reizende, hochintelligente junge Frau hat uns bei allen Exkursionen in Moskau und schließlich auch bei der Fahrt mit der Transsibirischen Eisenbahn bis zum Pazifik begleitet. Sie wurde in diesen zwei Wochen ein regelrechter Kamerad, der sich ganz auf die Eigenheiten dieser komischen Eisenbahnfreunde einstellte. Besonders beim streng verbotenen Photographieren der Bahnanlagen und Lokomotiven blickte sie verzweifelt immer in eine andere Richtung.

›Liuba‹ vermied bei ihren Erklärungen jegliche ideologische Propaganda. Über meine Herkunft schien sie genauestens informiert zu sein. Als ich sie erstaunt fragte: »Woher wissen Sie denn das alles?« antwortete sie nur schlicht: »Mein Vater ist Historiker«. Über meine russischen Verwandten fiel auf der ganzen Reise kein einziges böses Wort. ›Liuba‹ hatte allerdings unter den russischen Herrschern zwei ausgesprochene Lieblinge: Iwan den Schrecklichen und Peter den Großen. Iwan hätte die Russen von der Tartarenplage befreit, und Peter der Große hätte sein Volk in die moderne Zeit geführt. Unter den russischen Dichtern verehrte sie vor allen anderen Leo Tolstoi, nichts wissen wollte sie dagegen von Fjodor Dostojewski. Als ich ihr verriet, daß Dostojewski mein Lieblingsdichter sei, meinte ›Liuba‹ etwas herablassend: »Er hat seine Landsleute als versoffene Weichlinge dargestellt, und das sind wir ganz und gar nicht.« Auch in der Tretjakoff-Galerie führte sie uns dann, ohne ein Wort zu verschwenden, an diesem gottbegnadeten Genie der Weltliteratur vorbei. Ich ließ meine Reisekameraden vorgehen und verweilte einige Zeit in stiller Verehrung vor dem ergreifenden Bildnis des Dichters, dessen sämtliche Werke ich als junger Mensch – allerdings nur in sehr guten deutschen Übersetzungen – oft nachts unter Tränen verschlungen hatte.

Daß auch die heutigen Russen ihren Vorfahren, so wie sie Dostojewski schilderte, durchaus ähnlich sind, ist immer wieder festzustellen. Das trifft auch in puncto Alkohol zu. Der sogenannte »Reale Sozialismus« reduziert das Leben der von ihm beglückten Menschen zu einem grauen Einerlei von unerträglicher Langeweile. Da bleibt vielfach nur der Griff zur Flasche. Wildfremde Sowjetbürger tun sich auf der Straße zusammen, um sich an den vielen Alkoholkiosken eine Flasche Wodka zu kaufen, die sie sich allein nicht leisten können.

Dieses Alkoholphänomen verhalf unserer Reisegruppe in Irkutsk zu einem unverhofften Vergnügen. Wir hatten dort unsere Reise für mehrere Tage unterbrochen, um die herrliche Umgebung des Baikalsees zu genießen. Unser transsibirischer Zug, »Rossija« genannt, sollte gegen Mitternacht in Irkutsk eintreffen. ›Liuba‹ ließ unseren Bus aus einem unerfindlichen Grund vor dem Bahnhof fast eine geschlagene Stunde warten und hielt uns im Bus regelrecht gefangen. Da wir wußten, daß der Anblick eines betrunkenen Landsmannes ihren Nationalstolz zutiefst beleidigte, kündigten einige unserer vorlauten Reisegefährten jeden alkoholisierten Russen, der den Bahnhof schwankend verließ, mit lautem Gelächter an. Da die Zahl der so Angekündigten immer mehr anwuchs, beschloß ›Liuba‹ schließlich, unser temporäres Gefängnis im Bus zu öffnen. Ohne die Hilfe dieser Wodkaenthusiasten hätten wir wahrscheinlich unseren transsibirischen Zug versäumt, der inzwischen längst eingelaufen war.

An dieser Stelle zwei Episoden, die in unmittelbarem Zusammenhang mit dem Alkohol stehen. Die eine kenne ich leider nur vom Hörensagen, da ich mich aus Vorsicht zurückhielt. Einige meiner trinkfesten und besonders frohsinnigen Reisegefährten hatten sich in den späten Abendstunden in der winzigen Übertragungskabine für die Zugmusik mit dem Zugpersonal zusammengesetzt, um einen gemütlichen Abend zu verbringen. Dieser Dämmerschoppen dauerte bis in die frühen Morgenstunden. Das Ergebnis war eine totale Verbrüderung zwischen Russen und Deutschen. Ausgerechnet unsere Dolmetscherin ›Liuba‹ war dabei eine der aktivsten Teilnehmerinnen. Als ich gegen 5 Uhr morgens den Waschraum aufsuchte, erzählte mir einer meiner Eisenbahnfreunde voller Begeisterung, daß nun das Eis zwischen unseren beiden Völkern endgültig gebrochen sei. In einem höchstens drei Personen Platz bietenden Kabuff hätten mindestens ein Dutzend Deutsche und Russen sich verbrüdert. Der nötige Stoff wäre von beiden Seiten in überreichlicher Menge gestiftet worden, sogar Kaviar hätte dabei nicht gefehlt. Für die deutschen Teilnehmer war dies ein Höhepunkt dieser ganzen Reise. Schade, daß ich aus lauter Vorsicht nicht Partei war!

Wie man weiß, passierte es leider häufig; daß ausländische Diplomaten bei derartigen Festivitäten im fortgeschrittenen Stadium photographiert und sehr bald darauf in ihre Heimat zurückbeordert wurden. Obige Verbrüderungsfeier kostete auch ein Opfer: unsere liebe ›Liuba‹. Am nächsten Tage setzte sie sich nicht mehr zu uns, sondern an den Tisch der Aufseherin des Speisewagens. Für den Rest der Transsibirienreise suchte sie uns nicht ein einziges Mal mehr in unserem Schlafwagenabteil auf, sondern verkehrte nur noch dienstlich mit unseren Reiseleitern. Höchstwahrscheinlich war sie das Opfer einer Denunziation geworden und hatte von dem zuständigen Politkommissar des Zuges einen gewaltigen Rüffel bekommen.

Die zweite heitere Alkoholepisode ereignete sich im Nachtzug von Chabarowsk nach Nachodka, dem Zivilhafen von Wladiwostok. Der Kriegshafen ist für ausländische Touristen natürlich nicht zugänglich. Unser Zug war nur für ausländische Reisende zugelassen, die in Nachodka an Bord eines Schiffes gingen, das sie nach Japan bringen sollte. Die Wagen dieses »boattrains« stammten aus den zwanziger Jahren und erinnerten mit ihrer luxuriösen Inneneinrichtung an die Zarenzeit. Zwischen je zwei Schlafabteilen gab es ein regelrechtes Badezimmer mit Toilette. Die im Jugendstil gestalteten Verzierungen der zahlreichen Spiegel waren vergoldet. Während des recht opulenten Abendessens – es war ja sozusagen unsere »Henkersmahlzeit« in Rußland – sammelte mein Reisekamerad Manfred Kostorz von allen Insassen des Speisewagens – sie gehörten den verschiedensten Nationen an – die noch vorhandenen Rubel in seiner Prinz-Heinrich-Mütze ein, da jegliche Ausfuhr von Rubeln ja strengstens verboten ist. Bei dieser »Kollekte« kam ein recht netter Betrag zusammen.

Mit seiner »Beute« begab sich Kostorz zur Speisewagenaufseherin, einer freundlich dreinblickenden »Matuschka«. Sie saß vor dem in russischen Speisewagen obligaten Schrankbuffet, das die Alkoholika beherbergt. Manfred goß den Inhalt seines Spendentellers vor ihr aus, worauf sie ihm den Büffetschlüssel überreichte. Der Zweck seiner Aktion war ihr vorher erklärt worden. Unter allgemeinem Hallo nahm er sich des gesamten Inhalts des reichbestückten Schrankes an. Die Sekt-, Wein- und Wodkaflaschen wurden brüderlich unter alle Insassen des Speisewagens verteilt, das russische Speisewagen-Personal natürlich inbegriffen. Und nun hob ein interkontinentales Verbrüderungsfest an. Es dauerte bis kurz vor Ankunft des Zuges in Nachodka. Es mußte schließlich abgebrochen werden, da man den Speisewagen für das Frühstück vorbereiten wollte. Ein derartiger Vorgang wäre in einem deutschen oder westeuropäischen Speisewagen völlig unvorstellbar und würde wahrscheinlich sogar mit dem Eingreifen der Bahnpolizei enden ...

Zweifellos billigt man den Schiffsreisenden, die diesen Zug ja ausschließlich benutzen dürfen, eine gewisse Narrenfreiheit zu, damit sie eine möglichst positive Erinnerung an das Sowjetparadies mit nach Hause nehmen können. Ich glaube aber auch, daß in diesem Fall, wie in unendlich vielen anderen, die große »ruskaja Duscha« (russische Seele) die Allgegenwart des KGB einfach überrumpelt hat. Das kann sich auch auf dem Felde der großen Politik ohne Explosion ereignen. Der Kommunismus wird meines Erachtens letzten Endes eben an der Seele des russischen Volkes scheitern. Das ist genau das Gegenteil von der absurden Behauptung, die man so oft im Westen zu hören bekommt: »Der russische Charakter ist für die Sklaverei geradezu geschaffen.« Das ist natürlich völliger Unsinn.

26. Kapitel

Das Pferd ›Lubomir‹

Auf der Suche nach einem Pferd hatte ich ein Gespräch mit dem Leiter und Besitzer der Reitschule ›Onkel Toms Hütte‹ in Berlin-Dahlem, der mir freundschaftlich verbunden ist. Herr Huhn, ein gebürtiger Pommer und Freund von schnellen Entschlüssen, sagte spontan: »Fahren Sie doch mit mir nach Polen. Dort gibt es erstklassige und dazu noch viel billigere Reitpferde als in Westdeutschland, wo die Preise inzwischen ja fast unerschwinglich sind. In Posen werde ich sicher schon das richtige Pferd für Sie finden.« Ich muß gestehen, daß ich von mir aus niemals auf diese Idee verfallen wäre. »Ich verstehe und kenne ihre Einwände, die Sie jetzt machen werden. Wir sind beide Heimatvertriebene, aber ich garantiere Ihnen, Sie werden eine Polenreise nicht bereuen. Ihre Kinder können Sie ruhig mitnehmen. Ein solcher Ausflug kann sicherlich auch für sie interessant werden.«

Etwas zögernd willigte ich ein. Als ich meinen Söhnen Louis Ferdinand und Christian Sigismund meine neuesten Reisepläne eröffnete, fragte mein dritter Sohn Lulu etwas mokant: »Willst Du unbedingt Ostblockspezialist werden?« fügte aber sofort an: »Wir kommen natürlich mit. Wir haben absolut gar nichts gegen die Polen, auch wenn sie uns Cadinen gestohlen haben. Aber das verdanken wir ja in erster Linie dem ›Führer‹ – wie Du bei solchen Gelegenheiten zu sagen pflegst.«

Die Fahrt über die Autobahn nach Frankfurt/Oder verlief ohne jeden Zwischenfall. Die DDR-Zollkontrolle in Drewitz war ausgesprochen freundlich, desgleichen die polnische auf dem rechten Oder-Ufer. Die Straßen in Polen waren gut und ziemlich leer. Von Zeit zu Zeit begegneten wir Ackerwagen, mit kleinen Panjepferden bespannt. Manchmal standen zwei solcher Gespanne mitten auf der Straße. Ihre Kutscher waren gänzlich ins Gespräch vertieft und kümmerten sich überhaupt nicht um unser Hupkonzert.

In Posen waren wir im Hotel ›Orbis‹ untergebracht. Ein komfortables Haus. Bei einem opulenten Abendessen eröffnete uns Herr Huhn das Programm für den nächsten Tag. »Wir fahren zuerst zum ehemaligen Rennplatz. Dort wird man uns die von der Auktion übriggebliebenen Pferde vorführen.« Diese Besichtigung war dann etwas enttäuschend, aber der uns begleitende Direktor der staatlichen Gestüte aus Warschau meinte mit einem verschmitzten Lächeln: »Hier wollen wir keine Zeit mehr verlieren. Lassen Sie uns nach Iwno fahren, dort habe ich etwas für den Prinzen.« Herr Huhn konnte sein Erstaunen nicht verbergen, willigte aber sofort in diesen nicht vorgesehenen Plan ein.

Die Fahrt dauerte ungefähr eine Stunde. In Iwno, einem ehemaligen polnischen Rittergut, erwartete uns bereits der Gestütsdirektor mit seinem Stab. Zuerst nahmen wir die Stallungen in Augenschein. Anschließend befahl der Gestütsdirektor einem Stallburschen: »Und jetzt führen Sie mal den ›Laos‹ vor.« Wir begaben uns alle zum Reitplatz. Ein ganz junger Bereiter kam auf einem herrlichen schwarzbraunen siebenjährigen Wallach hereingeritten. Wir waren sprachlos. Als Herr Huhn völlig überrascht ausrief: »Das ist ja unglaublich. Dieses Pferd habe ich ja noch nie gesehen!« entgegnete man nur: »›Laos‹ haben wir ja auch vor Ihnen versteckt. Der ist für den Prinzen reserviert.« Während Herr Huhn sich von seiner Überraschung langsam erholte, konnten meine Söhne und ich die wunderbaren Gänge von »Laos« bewundern. Der Dollarpreis wurde diskret genannt. Herr Huhn nahm mich zur Seite. »Ich kann Ihnen nur den einen Rat geben. Schlagen Sie zu, ein solches Pferd werden Sie nie wieder so billig kaufen können.« Ich »schlug zu«, und wir beglückwünschten uns alle gegenseitig. Unsere polnischen Gastgeber meinten, daß wir dieses frohe Ereignis feiern müßten. Ein Festessen sei im Verwaltungsgebäude in der Wohnung des Gestütsdirektors schon vorbereitet, da man fest mit dem Kauf gerechnet hätte. Eine Sonderzuteilung von Wodka und Wein hätte »Animex«, die Staatliche Ausfuhrbehörde in Warschau, für diesen Zweck zur Verfügung gestellt. In einem großen gemütlichen Eßzimmer war eine Tafel für mindestens zwanzig Personen gedeckt. Die Frau des Gestütsdirektors bat zu Tisch. Mein Platz war neben ihr. Das Placement hätte bei Hofe nicht perfekter sein können. Wir erhoben alle das erste Wodkaglas auf ›Laos‹, der von Stund an ›Lubomir‹ heißen sollte. Lubomir, ein uralter slawischer Name, heißt auf deutsch ›Weltliebe‹ oder ›Friedensliebe‹.

Das Festessen dauerte bis in die Abendstunden, und ›Lubomir‹ machte seinem neuen Namen alle Ehre. Während des Abendessens fragten mich unsere Gastgeber, ob wir noch einen besonderen Wunsch hätten. Von Wodka beflügelt, entgegnete ich dem Funktionär aus Warschau – es war allem Anschein nach die ranghöchste Person –, daß ich sehr, sehr gern einmal ›Cadinen‹ wiedersehen würde, den Geburtsort meiner Töchter Marie Cécile und Kira. »Nichts leichter als das. Sie brauchen uns nur mitzuteilen, wann Sie dorthin fahren wollen. Sie können ihre ganze Familie mitnehmen. Sie können sich in Polen überall völlig frei bewegen.« Gerührt nahmen wir von unseren reizenden Gastgebern Abschied. Es war ein unvergeßlicher Tag.

Als wir, in unser Hotel zurückgekehrt, die Erlebnisse des Tages Revue passieren ließen, meinte Herr Huhn: »Das großzügige Angebot des Herrn aus Warschau können Sie ruhig annehmen. Im kommenden Herbst veranstalten wir bei uns in Dahlem ein deutsch-polnisches Reitturnier. Die Polen werden uns im Frühjahr nach Treptow (Novielice) bei Kolberg einladen. Von dort fahren wir dann über Zoppot und Danzig nach ›Cadinen‹.«

Die damals in Iwno geplante Reise nach ›Cadinen‹ fand im Juni 1973 statt. Meine Söhne Friedrich Wilhelm, Louis Ferdinand, Christian Sigismund und meine Cadiner Töchter Marie Cécile und Kira begleiteten mich auf dieser Fahrt. Manfred Kostorz fuhr meinen Mercedes und Andreas Ganschiniez den sogenannten Verwaltungswagen. Die Abfertigung in Drewitz durch die DDR-Grenzbeamten war geradezu kameradschaftlich. In »Pomellen«, dem mitteldeutsch/polnischen Grenzort, wurden wir von einem besonders freundlichen und außerordentlich gesprächigen DDR-Grenzbeamten abgefertigt.

Bei der KPM in Berlin hatte ich noch einige Porzellanschalen als Mitbringsel für unsere polnischen Gastgeber eingekauft. Wir hatten sie bereits in Drewitz deklariert. Der kontaktfreudige Pomeller Grenzbeamte ließ uns eine Geschenkpackung öffnen und sagte nach eingehender Betrachtung der hübschen aber verhältnismäßig schlichten Schale: »Dieses Geschenk ist für Sie viel zu bescheiden. Es sollte doch wenigstens aus reinem Silber sein. Aber Sie müssen ja wissen, was für Geschenke Sie nach Polen mitnehmen.« Daraufhin beendete er seine Zollkontrolle und stellte uns dann seinen polnischen Kollegen vor, die in derselben Baracke untergebracht waren. Die polnische Zoll- und Paßkontrolle dauerte ganze 5 Minuten. Nicht ein einziges Gepäckstück brauchten wir zu öffnen. Die polnischen Grenzbeamten, die fließend deutsch sprachen, wünschten uns ›gute Reise‹ – die Fahrt durch unsere alten Ostprovinzen konnte beginnen.

Die Dörfer und kleinen Städte, die wir durchfuhren, sahen alle etwas heruntergekommen aus. Einen Unterschied zur DDR konnten wir nur schwer feststellen. Im Gegensatz zu Westdeutschland waren die Dorfteiche noch voll von Enten und den berühmten »polnischen« Gänsen. Auf den Dächern nisteten viele Störche, die bei uns leider kaum noch zu sehen sind. Die Umwelt schien im Ostblock noch viel intakter zu sein als im Westen.

In Treptow (Novielice), dem Ort des Reitturniers, trafen wir dann mit Herrn Huhn zusammen. Er stellte uns einen jüngeren polnischen Herrn mit dem deutschen Namen Steinke vor. »Herr Steinke vertritt die ›Animex‹ und wird uns auf der ganzen Polenreise als Dolmetscher und Reiseleiter begleiten.« Dies war also unser »Politruk«. Im Laufe der nächsten 10 Tage freundete er sich regelrecht mit meinen Kindern, die er anscheinend in erster Linie zu »betreuen« hatte, an.

Zunächst fuhren wir nach Kolberg in unser Hotel ›Stantrop‹, wo wir ein verspätetes Mittagessen einnahmen und uns für das Festessen der Turnierteilnehmer in Treptow umzogen. Da Herr Steinke zum Ärger unserer Fahrer einen Umweg aussuchte, hatte das Abendessen bereits begonnen, als wir mit Verspätung eintrafen. In einer gewöhnlichen Dorfgastwirtschaft saßen ungefähr 60 Personen um einen großen Hufeisentisch.

Man placierte mich neben den Leiter der Gestüte von Nordwestpolen. Er sprach deutsch und russisch. Er stammte aus Weißrußland, und im Laufe der äußerst angeregten Unterhaltung stellten wir fest, daß wir unser Vertriebenenschicksal beide Josef Stalin zu verdanken hatten. Auf diese Schicksalsgemeinschaft leerten wir einige Wodkagläser. Die allgemeine Stimmung wurde immer entspannter und herzlicher. Schließlich erhob sich mein Nachbar und brachte in fließendem Deutsch ein Hoch auf die polnisch-deutsche Reiterfreundschaft aus. Wie er gehören die polnischen Gestütsdirektoren zum größten Teil der alten Oberschicht an. Man hat ihnen zwar ihre Besitze enteignet, aber in der Pferdezucht, von der sie besonders viel verstehen, hat der kommunistische Staat dieser sehr kultivierten und international eingestellten Kaste eine neue Existenzgrundlage geschaffen.

Viele unserer neuen polnischen Freunde waren vor dem Zweiten Weltkrieg in Deutschland und im übrigen westlichen Europa gewesen. Ihre alten Beziehungen kamen dem Staat in diesem sehr wichtigen Wirtschaftszweig, der polnischen Pferdezucht, zugute. Die machten übrigens aus ihren antikollektivistischen Herzen nicht die geringste Mördergrube, auch in Gegenwart anderer Leute. Auf der ganzen Reise haben wir keinen einzigen überzeugten Kommunisten kennengelernt. Auch unser »Politruk« Steinke gab sich nach einigen Tagen als Antikommunist zu erkennen und bekannte, daß er aus reinen Existenzerwägungen für eine staatliche Behörde arbeite.

Am nächsten Tag um 10.00 Uhr morgens fuhren wir gemeinsam mit dem Ehepaar Huhn über Koslin, Stolp und Neustadt nach Gedingen, wo wir im Hotel ›Baltic‹ abstiegen. Es dauerte eine Weile, bis ich der jungen Dame hinter dem Rezeptionstisch klarmachen konnte, daß ich mit fünf Kindern reise und daß wir alle den Nachnamen »Prinz von Preußen« führen. Am Nachmittag ging es nach Danzig weiter, wo wir uns zwei Stunden aufhielten. Die Langgasse ist großartig restauriert. Unser altes Haus in Langfuhr war verschwunden. Aber die alten Kasernen der Totenkopfhusaren meines Vaters stehen noch. Sie beherbergen jetzt ein Panzerregiment. Das Abendessen hatten wir im ›Grandhotel‹ in Zoppot bestellt. Früher hieß es ›Casinohotel‹. Im

Jahre 1940, als ich in der Blindflugschule Ramel bei Gedingen Dienst tat, hatte ich meine kleine Familie dorthin evakuiert. Wir wurden sehr aufmerksam bedient, und das Essen war ausgezeichnet, aber der Glanz dieses einstmals ausgesprochen eleganten Hotels war endgültig dahin.

Am nächsten Tag, kurz vor unserer Abreise nach Cadinen, kam die Putzfrau, eine mittelalterliche Frau, in mein Zimmer. In gebrochenem Deutsch bat sie mich um ein Trinkgeld in DM. Ihr Sohn wünsche sich sehnlichst ein Paar Jeans. »Die kann ich aber nie bezahlen«, sagte sie unter Tränen. Ich gab ihr DM 100,-, worauf sie mich umarmte und abküßte.

Nun begann die Fahrt nach Cadinen, dem eigentlichen Ziel unserer Reise. In Oliva, machten wir für eine Stunde halt, um uns ein herrliches Orgelkonzert auf der berühmten Barockorgel anzuhören. Vor dem Kirchenportal wartete eine unübersehbare Menschenmenge geduldig auf Einlaß. Steinke alarmierte einen Pater, der uns durch eine kleine Seitentür hineinließ. Sonst hätten wir das Konzert, das immer nur zu einer bestimmten Stunde stattfindet, niemals miterleben können. Die Andacht des Publikums, das hauptsächlich aus Polen bestand, war ergreifend. Dies war ein schöner Auftakt für das Wiedersehen mit meinem geliebten Cadinen.

Wir fuhren durch die Danziger Niederung, die einstmals zu den fruchtbarsten und wohlhabendsten Landwirtschaftsgebieten Europas gehörte. Mit 500 Morgen Land war man hier ein reicher Mann. Von Wohlstand war nichts mehr zu sehen, aber wenigstens war die Straße gut. Über die Weichsel führte eine neue Brücke. Als die alte Brücke kurz vor meiner Flucht aus Cadinen Ende Januar 1945 von den deutschen Truppen gesprengt wurde, hatte ich die Detonation in meinem Hause hören können.

Am frühen Nachmittag erreichten wir Elbing. Auf dem fast leeren Marktplatz stand noch die Nikolaikirche. In einem kleinen, aber sauberen Lokal aßen wir Hähnchen. Allerdings konnte ich keinen Bissen herunterschlucken. Meine Stimmung war zu sehr aufgewühlt. Ich war mir noch gar nicht sicher, in welcher seelischen Verfassung ich den Augenblick des Wiedersehens überstehen würde. Aber meine unbekümmerten Kinder, die meinen Zustand sehr mitfühlend bemerkt hatten, sprachen mir Mut zu. »Immer mit der Ruhe, Papi, es wird schon alles klappen – wie bisher ja auch.« Und sie sollten recht behalten.

Wir fuhren zunächst die Straße am Frischen Haff entlang und kamen in Panklau auf die Höhenstraße. Wie oft bin ich dort in der kleinen Wirtsstube des dicken und lustigen Försters Ernst aus dem Hessenlande bei einer Flasche Machandel hängengeblieben! Dann ging es in Serpentinen durch einen herrlichen Buchenwald, vom Volksmund »Heilige Hallen« genannt, nach Cadinen hinunter. Vor dem Zweiten Weltkrieg fanden auf dieser so kurvenreichen Straße internationale Motorradrennen statt. Sie waren berühmt in ganz Europa. Manfred Kostorz hatte sich übrigens als ganz junger Mensch auch daran beteiligt.

Noch eine scharfe Kurve, und dann der Anblick, über den meine Frau und ich – und nicht nur wir beide – bei jeder Rückkehr in helle Begeisterungsrufe ausgebrochen waren. Da lag das verlorene Paradies scheinbar völlig unverändert vor uns. Wir hielten an. Auch meine Kinder konnten ihre Begeisterung nicht verbergen. Marie Cécile und Kira sahen ihren Geburtsort zum ersten Mal in Wirklichkeit. Würde es das letzte Mal sein?

An der 1000jährigen Eiche vorbei ging es zum »Schloß«. Am Parktor begrüßte uns ein schlanker, hochgewachsener Herr in der eleganten polnischen Gestütsleiteruniform. Meinen Töchtern und Frau Huhn küßte er die Hand mit einer tiefen Verbeugung.

»Seien Sie willkommen«, sagte er auf deutsch mit starkem polnischen Akzent. Ich bemerkte sofort drei schöne Jagdwagen mit herrlichen Trakehnern bespannt, die zu dem staatlichen Gestüt gehörten, das die Polen in Cadinen eingerichtet haben. Herr Kiselnizki – das war der Name des Direktors – bat uns, die Wagen zu besteigen. Ich mußte mit Marie Cécile und Kira im ersten Wagen Platz nehmen. Unser polnischer Gastgeber schwang sich auf den Kutschbock und ergriff die Zügel. Steinke mußte sich neben ihn setzen. Die Pferde zogen an, und die »Gutsbesichtigung« konnte beginnen. Mit dieser geradezu genialen Geste wurde jeder Anflug von Peinlichkeit im Keim erstickt. Der rechtmäßige Gutsbesitzer war auf sein ehemaliges Gut zurückgekehrt und wurde von dem neuen Herrn auch als solcher behandelt.

Zuerst ging es in den herrlichen Wald am Grenzbach entlang. Danach fuhren wir über die Felder des Gutes Cadinen bis zum Haff. Von der schönen Backsteinkirche, der »Westentaschen-Kathedrale«, wie meine Frau und ich sie genannt hatten, war nichts mehr zu sehen. Die deutsche Marine hatte sie bei den letzten Rückzugsgefechten beschädigt, die Polen hatten die Ruine abgerissen. Während der Rundfahrt war Kiselnizki ziemlich einsilbig und zurückhaltend. Steinke mußte den Dolmetscher spielen. Auf meine Frage »Kennen Sie Deutschland?« antwortete er mit einem vielsagenden Unterton: »Ich war dort im Kriege.« Steinke flüsterte mir zu: »In einem Konzentrationslager«.

Die Rundfahrt endete bei den Stallungen, und der Direktor ließ uns einen prachtvollen Deckhengst vorführen. Während der Vorführung kam mein Sohn Christian Sigismund zu mir, um mir zu sagen, daß eine deutsche Familie mich gern kennenlernen wollte. Sie wären aus Bremen. Ein älterer Herr in

Begleitung von zwei jungen Damen stellte sich vor. »Ich bin Steuerberater, wohne in Bremen und verbringe hier mit meinen beiden Töchtern einen Reiterurlaub. Wir wohnen im Schloß und fühlen uns sehr wohl. Wir sind auf eine Annonce in der Sportzeitung St. Georg nach Cadinen gekommen.« Ich muß gestehen, daß ich mich über die Begegnung mit diesem harmlosen und völlig unschuldigen Menschen fürchterlich geärgert habe, jedenfalls viel mehr als über die neuen Besitzer. Ein Westdeutscher kann eben einfach nicht nachfühlen, wie schwer wir Vertriebenen an dem Verlust unserer geliebten Heimat tragen müssen...

Zu vorgeschrittener Zeit lud uns der Gestütsdirektor zum Kaffee in das Schloßrestaurant ein. Es befand sich in den schönen Kellergewölben, wo ich mit meinen Jagdfreunden manch frohe Stunde verbracht hatte. Zum Kaffee wurde Cognac gereicht. Ich saß neben Herrn Kiselnizki, der seine anfängliche Reserve immer mehr ablegte. »Ihre sympathischen Kinder sind in Cadinen herzlich willkommen. Unsere Pferde stehen Ihnen Tag und Nacht zur Verfügung. Ich weiß, daß Sie aus einer Reiterfamilie stammen.« Um zu demonstrieren, daß er über die früheren Besitzverhältnisse von Cadinen genau Bescheid wußte, überreichte er mir ein Cadinen-Album, das kurz vor dem Ersten Weltkrieg für einen wohltätigen Zweck im Druck erschienen war. Es enthielt in der Hauptsache Bilder meiner Großeltern und ihrer Tochter, meiner Tante Viktoria Luise. Was haben diese Polen doch für einen Herzenstakt, mußte ich die ganze Zeit bei mir denken.

Herr Huhn drängte zum Aufbruch. Wir wollten abends in Allenstein sein. Die Fahrt dauert immerhin fast zwei Stunden. Wir nahmen Abschied von unserem liebenswürdigen Gastgeber, der kaum gute Erinnerungen an Hitler-Deutschland haben konnte. Wir schieden mit Wehmut, aber ohne Groll, und versprachen wiederzukommen. Für mich verschwand endlich ein Alptraum, der mich fast jede Nacht seit meiner Flucht aus Cadinen heimgesucht hatte. Es war ein herrliches befreiendes Gefühl, das ich nun mit nach Hause nehmen konnte.

Von Allenstein aus besuchten wir das Gestüt Niski, das sich auf die Aufzucht von Mutterstuten konzentriert. Es wurde von Gestütsdirektor Dr. Pacinski geleitet. Er sprach fließend deutsch. Wir verstanden uns vom ersten Augenblick an glänzend. Vor Tisch machten wir natürlich auch eine Fahrt über die Gutsfelder und Wiesen zu den verschiedenen Stutenherden. Dabei fuhren wir ganz nahe an der neuen sowjetisch-polnischen Grenze entlang. Es gab keinen Stacheldraht und keine Grenzwächter. Meine Stimmung war viel gelockerter als in Cadinen.

Niski hatte früher einer uns befreundeten Familie Künheim gehört. Pacinski redete frisch von der Leber weg. Er erzählte mir, daß sein Vater in Dresden noch während der Kaiserzeit Forstwirtschaft studiert hätte Später hätte er als Generaldirktor die polnischen Staatsforsten verwaltet. Im Zweiten Weltkrieg wäre er in seiner Gegenwart auf dem Marktplatz von Bartenstein von der SS erschossen worden. Trotzdem schien Pacinski die Deutschen keineswegs zu hassen. »Ich reise jedes Jahr nach Westdeutschland und habe dort ausgezeichnete Geschäftsverbindungen und viele gute Freunde. Ich passe nicht in dieses System, aber man braucht mich als Fachmann«, konstatierte mein polnischer Gastgeber in aller Schlichtheit. Er stellte einfach nur eine Tatsache fest, mit der er sich abgefunden zu haben schien.

Regelmäßig empfing Pacinski viele Ostpreußen aus Bartenstein und anderen ostpreußischen Städten, die ihre alte Heimat wiedersehen wollen. Im weiteren Verlauf der besonders herzlichen Unterhaltung stimmten wir beide darin überein, daß wir die heutige Situation ausschließlich Hitler und Stalin zu verdanken hätten. Nachdem wir dieses traurige Thema beendet hatten, meinte Herr Pacinski: »Jetzt brauchen wir aber beide einen ordentlichen Wodka vor dem Mittagessen. Deshalb wollen wir erst einmal in mein Büro gehen.«

Meine Kinder und die Huhns gesellten sich zu uns. Bei dieser Gelegenheit konnten wir unsere Gastgeschenke und einige Flaschen Whisky überreichen, die wir beim polnischen Grenzübergang im sogenannten »Freeshop« eingekauft hatten. »Wollen Sie etwa, daß ich mir einen Whiskykeller zulege?« protestierte Pacinski mit einem breiten Lächeln, »und nun darf ich Sie zu Tisch bitten. Die Wodkagläser müssen Sie allerdings mitnehmen«, fügte er vielsagend hinzu. »Bitte entschuldigen Sie vorläufig meine Frau. Sie hat heute die Rolle des Küchenchefs übernommen, die sie allerdings perfekt beherrscht.« Die beiden hübschen Töchter des Hauses servierten.

Als Vorgericht gab es Kalbshirn, das ganz vorzüglich schmeckte. »Es ist die ›Specialité de la maison‹«, bemerkte Herr Pacinski in fließendem Französisch. Inzwischen hatte sich Frau Pacinski, eine sehr vornehm aussehende ältere Dame, zu ihren Gästen gesellt. Sie hielt eine bezaubernde kleine Begrüßungsrede auf Französisch, die meine Tochter Kira in meinem Auftrage in dieser eleganten Sprache erwiderte. Die gebildeten Polen sprechen nach wie vor sehr gern und sehr gut französisch. Während des Hauptgangs, einem köstlichen Wildschweinbraten, gab es rumänischen Weißwein, der wie Mosel schmeckte. Wodka und Wein flossen in Strömen. Nach dem Kompott verkündete Pacinski fröhlich: »Jetzt gibt's nichts mehr.« Der Hausherr fügte hinzu, daß er längst nicht alle Gäste zum Mittagessen einlädt. »Die Unsympathischen schicken wir zum Essen nach Bartenstein.« Es herrschte eine Atmosphäre, die man als ausgesprochen familiär bezeichnen konnte.

Dieser Tag war der menschliche Höhepunkt der ganzen Polenreise. Von der Familie Pacinski verabschiedeten wir uns schließlich nach echt slawischer Art mit Küssen und Umarmungen. Beim Abschied lud uns unser liebenswürdiger Gastgeber herzlich zur Wiederkehr ein: »Kommen Sie doch bald wieder. Ich werde versuchen, Sie alle in meinem Hause unterzubringen.« Diesen prachtvollen Menschen sollten wir nicht wiedersehen... Aber vergessen werden wir ihn nie.

Pacinski gehörte zu der polnischen Oberschicht, die Hitler und Stalin gemeinsam bis auf einen kleinen Rest ausgelöscht haben. Das polnische Volk sollte seiner hochgebildeten Führerschicht beraubt auf das Niveau eines total unwissenden Helotenvolkes heruntergedrückt werden. Dieser teuflische Versuch ist allem Anschein nach mißlungen. Die Existenz eines Johannes Paul II. und eines Lech Walesa sind ein schlagender Beweis dafür.

In beschwingter Stimmung kehrten wir nach Allenstein zurück. Meine Kinder wollten noch etwas erleben und luden die recht attraktiven Rezeptionsdamen zu einem Stadtbummel ein. Sie landeten schließlich in einer Diskothek, wo sie weitere junge Polen kennenlernten. Unser »Politruk« Steinke übernahm die unauffällige Bewachung. Er haftete schließlich für ihre Sicherheit. Etwas übernächtigt erzählten sie begeistert, daß dieser Abend zu einem echten Verbrüderungsfest ausartete und mit einer großen Polonaise seinen Abschluß fand.

Voller unvergeßlicher Erlebnisse traten wir schließlich die Heimreise an. Unter dem guten Stern meines polnischen Trakehners »Lubomir« war diese Reise in die Vergangenheit eine Reise in die Gegenwart geworden, die Versöhnung heißt.

27. Kapitel

Drei Reisen ins Heilige Land

Im März 1978 erhielt ich eine Einladung von Probst Glatte aus Jerusalem. Er teilte mir in einem sehr warmherzigen Brief mit, daß die evangelisch-lutherische »Erlöserkirche« am 31. Oktober 1978 ihr 80jähriges Jubiläum begehen würde.

»Zu dieser Feier müssen Sie unbedingt kommen. Ihr Großvater hat diese schöne Kirche im Jahre 1898 persönlich eingeweiht. Den Kirchturm hat er selbst entworfen, da ihm der gotische Turm nicht gefiel. Der vom Kaiser stammende Campanile paßt auch viel besser in die Gegend. Allerdings mußte der Architekt damals einige recht ungnädige Kommentare über sich ergehen lassen.«

Da ich noch nie in meinem bisherigen Leben im Heiligen Lande gewesen war, bot sich mir jetzt eine geradezu ideale Gelegenheit, diese Bildungsscharte auszuwetzen. Gerne sagte ich zu und bat den Probst, mich im ›American Colony Hotel‹, das im arabischen Viertel liegt, unterzubringen.

Die Paß- und Gepäckkontrolle auf dem Frankfurter Flughafen war außergewöhnlich gründlich, da man immer noch Anschläge der PLO befürchtete. Im Gegensatz dazu wurde mir eine VIP-Behandlung zuteil: auf dem israelischen Flughafen Ben Gurion, der nahe bei Tel Aviv liegt. Weder mein Paß noch mein Gepäck wurden kontrolliert. Nach einem herrlichen Flug über die Alpen, die Ägäis und das Mittelmeer landete unsere Lufthansamaschine pünktlich. Am Flughafen erwartete mich Probst Glatte. In seinem Wagen fuhren wir dann nach Jerusalem.

Ein junger Araber chauffierte uns auf der 1½ Stunden dauernden Fahrt. Der Probst, ein sehr weltgewandter evangelischer Geistlicher, kam während der Fahrt schnell auf sein Hauptproblem zu sprechen: »Unsere Kirche untersteht dem Bischof, der in Amman sitzt. Wir müssen uns deshalb auch evangelische Kirche von Jordanien nennen. Diese Tatsache macht uns beim israelischen Außenamt nicht gerade beliebt. Deshalb hat der Bürgermeister von Jerusalem, der berühmte Teddy Kollek, auch meine Einladung zum offiziellen Jubiläumsessen abgelehnt. Der größte Teil unserer Gemeinde besteht nämlich aus Arabern. Das tut mir in der Seele leid, denn ich schätze und bewundere diesen einzigartigen Mann.«

Inzwischen waren wir am ›American Colony Hotel‹ angekommen. Anstatt eines modernen Hotels stand ich vor einem arabischen Palast. Als wir mein Appartement betraten, sagte mir der Probst voller Begeisterung: »Sie werden bestimmt sehr schöne Träume haben, denn in Ihrem Zimmer haben früher – es ist noch gar nicht so lange her – die Haremsdamen gewohnt. Dieses Hotel war früher einmal der Harem eines reichen Muselmanen!« – »Und nun«, es war mittlerweile Abend geworden, »erholen Sie sich erst einmal von der Reise. Morgen früh« – es war Sonnabend – »sehen wir uns in der Kirche wieder.« Mit diesen Worten verabschiedete sich der charmante Hauptpfarrer der Erlöserkirche in Jerusalem.

Nachdem ich mich erfrischt hatte, nahm ich einen Drink ein. In der Bar wie auch später im Speisesaal konnte ich feststellen, daß das gesamte Hotelpersonal ausschließlich aus Arabern jeder Altersgruppe bestand. Alle sprachen sie fließend englisch, und wie ich bald merkte, sympathisierten sie mit der PLO. Die Hotelgäste kamen zum größten Teil aus England, Skandinavien und den USA.

Am nächsten Tag nahm ich mir nach dem Frühstück ein Taxi, das mich am Jaffa-Tor absetzte. Durch eine schmale, ziemlich dunkle Gasse mit Läden auf beiden Seiten erreichte ich zu Fuß den freien Platz, auf dem die Erlöserkirche steht. Dieses Grundstück hatte der Sultan meinem Urgroßvater geschenkt, der als Kronprinz das Heilige Land im Jahre 1869 besuchte. An dieser Stelle wurde die Kirche errichtet, die dann mein Großvater im Jahre 1898 einweihte.

In der Eingangshalle des Gemeindehauses begrüßte mich ein junger Araber, der hinter einem Empfangstisch saß: »Der Herr Propst erwartet Sie in seiner Wohnung. Ich führe Sie hinauf«, sagte er in fließendem Deutsch. Der Propst und seine Frau erwarteten mich in ihrem gemütlich eingerichteten Wohnzimmer. »Herzlich willkommen in der Kirche Ihres Großvaters, lieber Prinz«, begrüßte mich der freundliche Geistliche und umarmte mich. »Das ist hier so usus im Vorderen Orient«, meinte er lachend, als seine Frau mich ebenfalls umarmte. Nach einem kurzen Begrüßungstrunk sagte der Hausherr: »Bitte, gehen Sie jetzt mit meiner Frau in die Kirche. Ich muß noch meinen Talar anziehen.« Von der Straße aus betraten wir das Gotteshaus, das einer Kathedrale glich. Ich war überwältigt. Niemals hatte ich erwartet, eine so großartige evangelische Kirche in Jerusalem vorzufinden. Der Kaiser hatte offensichtlich mit dem Kirchenbau im Heiligen Lande ein Zeichen setzen wollen, was ihm auch gelang. Frau Glatte und ich setzten uns in die erste Reihe in der Nähe des Altars. Der Pfarrer hielt eine schöne Predigt und würdigte mit bewegten Worten das achtzigjährige Jubiläum sowie den Erbauer der Erlöserkirche. Nach dem Kanzelsegen erklang von der Orgelempore das Vaterunser von Carl Krebs. Es wurde von einer wunderschönen und warmen

Sopranstimme gesungen, die tief ans Herz griff. Da ich mit dem Rücken zur Orgel saß, konnte ich die Sängerin nicht sehen.

»Wer ist diese großartige Sängerin, die uns nach Ihrer Predigt so beglückt hat?« fragte ich den Propst nach dem Gottesdienst in seiner Wohnung. »Sie heißt Cilla Großmeyer und ist die beste Sopranistin Israels. Cilla ist gebürtige Deutsche und eine sehr liebe Freundin von meiner Frau und mir. Sie verschönt unsere Gottesdiente regelmäßig mit ihrem herrlichen Sologesang. Dabei ist sie eine tiefgläubige Israelitin. Ihr Vater ist in Auschwitz ums Leben gekommen, während Cilla mit ihrer Mutter nach Palästina entkommen konnte. Da ich wußte, daß Sie unsere große Sängerin sicherlich gern kennenlernen würden, habe ich sie auch zu einem kleinen »Kirchencocktail« – wie man bei der Kaiserlichen Marine zu Zeiten Ihres Großvaters zu sagen pflegte – im Anschluß an den Gottesdienst eingeladen.« Im selben Augenblick betrat Frau Cilla Großmeyer – Abilea zusammen mit ihrem Ehemann die Wohnung des Propstes. Die Begrüßung war überaus herzlich und völlig unkonventionell. Ich konnte meine Begeisterung über ihren Gesang nicht verhehlen, worauf sie sich mit den Worten revanchierte: »Lieber Prinz, Sie komponieren doch Lieder. Können Sie mir nicht einmal Ihre Liedkompositionen schicken? Vielleicht ist auch etwas für mich dabei.« Ich versprach, ihr meine Liedbände zu schicken.

»Wie wäre es mit einem Liederabend in unserem schönen Saal, dem ehemaligen Refektorium?« schaltete sich Propst Glatte in unsere Unterhaltung ein. Und so entstand der Plan für meine zweite Reise ins Heilige Land.

Umgehend ließ ich aus Deutschland nach meiner Rückkehr Frau Großmeyer meine Lieder schicken und erhielt von ihr folgende reizende Zeilen: »Ihre Lieder gefallen mir. Ich werde sie im Rahmen eines romantischen Programms im Konzertsaal der Erlöserkirche singen. Kommen Sie nur bald wieder nach Jerusalem. Auf Wiedersehen.«

Ein herzliches Wiedersehen gab es übrigens auch mit Botschafter Klaus Schütz und seiner charmanten Frau. In Berlin waren sie jahrelang meine »Landeseltern« gewesen. In rührender Weise nahmen sie sich jetzt meiner im Heiligen Lande an. Gemeinsam machten wir Pilgerfahrten zu den Heiligen Stätten. In aller Offenheit sprach seine Exzellenz während dieser Ausflüge auch über sein schweres neues Amt, das in mancher Weise noch komplizierter sei als sein letztes als Regierender Bürgermeister von Berlin.

In diesem Zusammenhang sagte Frau Schütz: »Wenn es Ihnen recht ist, möchten wir Sie gern mit einigen unserer jüdischen Freunde anläßlich eines Abendessens bekanntmachen. Die meisten stammen übrigens aus Deutschland.« Als wir die Anzugsfrage anschnitten, sagte mir der Botschafter lachend: »Bei Ihrem nächsten Israelbesuch können Sie Ihren Smoking ruhig zu Hause lassen. Ein dunkler Anzug ist hierzulande das allerhöchste der protokollarischen Gefühle. Hemd ohne Krawatte mit Hose gilt hier als vollkommen hoffähig. Aber vielleicht wird man Ihnen zu Ehren ein Jackett anziehen!«

Mit großer Erwartung sah ich dieser Soirée entgegen, dem Abschiedsabend meiner ersten Israelreise. Und ich muß gestehen, die lieben Exzellenzen, wie ich sie jetzt anredete, hatten eine gelungene Auswahl getroffen, unter denen sich auch der Oberbürgermeister von Tel Aviv, ein geborener Berliner, der berühmte Dichter Ephraim Kishon, ein geborener Budapester, der bekannte Schriftsteller und Religionsphilosoph Schalom Ben Chorin, ein geborener Münchener, und schließlich Professor Alex Carmel, ein geborener Berliner befanden. Mit all ihren Gästen schien mein Gastgeber eine echte Freundschaft zu verbinden. Das Tischgespräch drehte sich in der Hauptsache um die sogenannten goldenen zwanziger Jahre, die ich noch als Student in der Reichshauptstadt erleben und mit vollen Zügen genießen durfte. Da ich damals sehr häufig in jüdischen Familien eingeladen worden war, waren mir viele Namen und viele Zusammenhänge dieser Zeit dadurch geläufig. Nicht zu überhören war jedoch ein Unterton von Sehnsucht nach einem verlorenen Paradies. Kein böses Wort über das Kaiserreich und das deutsche Herrscherhaus fiel während des ganzen Abends. Aber auch das Dritte Reich und der Holocaust wurden mit keiner Silbe erwähnt. Am Ende des Abends kam ich mit Prof. Carmel ins Gespräch. Er wurde übrigens der Auslöser meiner dritten Israel-Reise, die mit der Enthüllung eines Kaiserdenkmals geradezu historische Dimensionen annehmen sollte.

Bei diesem mitternächtlichen Gespräch fiel mir besonders auf, daß der Professor ausgesprochene Sympathien für sein altes Vaterland zur Schau trug und sehr enge Kontakte zu Westdeutschland unterhielt. Ganz beiläufig erwähnte er, daß er über eine gewisse Tempelgesellschaft deutscher evangelischer Siedler im Palästina im 19. Jahrhundert promoviert habe. »Ich habe mich während der Studien für meine Doktorarbeit auch intensiv mit dem Besuch des Kaisers in Haifa beschäftigt. Dort hatte er den Boden des Heiligen Landes betreten. Zur Erinnerung an dieses Ereignis hatten die Templer Ihrem Großvater einen Prachtband mit herrlichen Aquarellen geschenkt. Ich bin seit vielen Jahren hinter diesem Erinnerungsband her und kann ihn nicht auftreiben. Mit Sicherheit liegt er irgendwo in Deutschland. Könnten Sie mir bei dieser Suche helfen?« Gerne wollte ich ihm dabei behilflich sein. »Auf Wiedersehen in Deutschland«, mit diesen Worten nahm er von mir Abschied.

Meine Suche war übrigens bald von Erfolg gekrönt. Das bewußte Prachtwerk wurde in Stuttgart, dem Ausgangsort der Templer, aufgefunden. Es befand sich im Besitz des ›Instituts für Auslandsbeziehungen‹ in Stuttgart, das es all diese Jahre hindurch als Eigentum des Kaisers in seine Obhut genommen hatten. Sofort wurde mir als dem rechtmäßigen Erben des Kaisers das schöne Werk ausgehändigt und übereignet. Die ›Stiftung Preußischer Kulturbesitz‹, die ich ansprach, hatte nichts dagegen einzuwenden.

»Ihr Buch gefunden, jetzt in meinem Besitz, jederzeit zur Besichtigung bereit. Erwarte Sie auf der Burg Hohenzollern«, lautete mein Telegramm an Professor Carmel in Haifa. »Komme mit fliegenden Fahnen«, war seine Antwort. Wir trafen uns auf der Stammburg unserer Familie. Nur schwer konnte mein jüdischer Gast seine Bewegung beherrschen, als ich den schönen Bildband vor ihm ausbreitete. »Vom heutigen Tage an soll dieses historische Buch Ihnen gehören. Bei Ihnen in Haifa ist es am besten aufgehoben. Bitte nehmen Sie es mit.« Als er sich von seiner Überraschung erholt hatte, sagte mein israelischer Freund: »Aber jetzt, lieber Prinz, habe ich auch eine Überraschung für Sie! Im Namen der Universität von Haifa und der Stadt Haifa soll ich Sie zur Enthüllung des »Kaiserobelisken« einladen. Die Templer hatten ihn zur Erinnerung an den Kaiserbesuch in Haifa an einer Stelle errichtet, von der man einen herrlichen Blick über die Stadt und das Meer hat. Der Kaiser war damals von der schönen Aussicht hell begeistert gewesen. Leider war das Denkmal bei den schweren Kämpfen zwischen Türken und Engländern im Ersten Weltkrieg fast völlig zerstört worden. Wir haben es inzwischen wieder aufgebaut. Die offiziellen Einladungen werden nach meiner Rückkehr aus Deutschland sofort abgeschickt.«

Das ganze schien mir zunächst wie ein Märchen, und völlig verwirrt konnte ich nur entgegnen: »Lieber Herr Professor, mit Begeisterung habe ich Ihnen zugehört. Aber, offen gesagt, ich kann Ihnen einfach kaum glauben.« Mit den Worten »in zwei Wochen werden Sie spätestens die Einladungen erhalten«, versuchte er meine Zweifel zu zerstreuen. Als die Einladung eintraf, sagte ich natürlich hocherfreut zu und schrieb, daß mein jüngster Sohn Christian Sigismund mich begleiten würde. Als meine isrealischen Gastgeber anfragten, welches Datum für die Denkmalseinweihung in Frage käme, schlug ich den 22. März 1982 vor. Es ist nämlich der Geburtstag meines Ur-Ur-Großvaters Kaiser Wilhelm I.

Vor diesem Zeitpunkt fand das Konzert statt, das Cilla Großmeyer im Refektorium der Erlöserkirche gab. Der Abend mit »Liedern der deutschen Romantik« wurde ein wunderschöner Erfolg. Neben Schumann, Brahms und Strauss brachte die große Künstlerin auch meine Lieder zur vollen Geltung. Kurz darauf wurden sie sogar in das Programm des israelischen Rundfunks aufgenommen.

Zur Denkmalseinweihung wurden wir auf dem Flughafen Ben Gurion von Professor Alex Carmel und seinem Sohn abgeholt. Propst Glatte konnte ich leider nicht mehr sehen, er hatte das Heilige Land verlassen, da er nach Spanien versetzt worden war.

Diese dritte Reise nach Israel vollzog sich ganz unter israelischen Auspizien, wenn auch letzten Endes vor allem im Zusammenhang mit der Pilgerfahrt meines geliebten Großvaters. Durch blühende Orangenhaine fuhren wir am Mittelmeer entlang in Richtung Haifa. »Das haben alles meine Landsleute geschaffen, denn hier wuchs früher überhaupt nichts«, erzählte mein Begleiter nicht ohne berechtigten Stolz in der Stimme. Als wir uns Haifa näherten, meinte Professor Carmel: »Zuerst fahre ich Sie zum Kaiserobelisken. Er liegt genau unterhalb Ihres Hotels.«

Wir hielten an. Auf einem ziemlich hohen Hügel war ein kleiner Park neu angelegt worden. In seiner Mitte stand der Obelisk, ein schlichtes, jedoch sehr eindrucksvolles Kunstwerk, geschmückt mit dem Relief meines Großvaters und meiner Großmutter. Darunter ist zu lesen: Wilhelm II. I. R.- Auguste Viktoria I. R. Voller Dankbarkeit standen wir, der Enkel und Urenkel, vor diesem Zeugnis historischer Pietät, eingetaucht in das milde Licht der Abendsonne, vor dem grandiosen Hintergrund des tiefblauen Mittelmeeres. Die Stimme des Professors riß uns regelrecht aus unserer Versunkenheit: »Es tut mir leid, aber ich muß Sie ganz schnell im Hotel ›Dan Carmel‹ abliefern. In einer halben Stunde kommt der Rektor Magnificus meiner Universität, Professor Schild. Er hat uns drei zum Abendessen eingeladen.«

An der Reception empfing man uns überaus freundlich, übrigens auf deutsch, das die meisten Hotelangestellten – ausschließlich Israelis – zu beherrschen schienen. Wir bezogen unsere Zimmer im 10. Stock mit herrlichem Ausblick über die ganze Stadt, den Hafen und das Meer. Mit den Worten: »Na, wie gefällt Ihnen denn unsere Stadt«, begrüßte uns Professor Schild. Als ich antwortete: »Das ist ja San Francisco im Kleinen«, meinte er: »Da haben Sie völlig recht. Haifa wird nämlich auch das San Francisco des Vorderen Orients genannt. Aber jetzt brauchen wir zuerst einen ordentlichen Drink! Sie müssen sich von der langen Reise erholen, und ich muß meine Grippe bekämpfen. Meine Frau wollte mich schon ins Bett stecken. Ich habe im Pavillon-Restaurant einen Tisch bestellt.« Da der Pavillon ein Teil des Hotels ist, hatten wir nur wenige Schritte zurückzulegen. Wir setzten uns zuerst an die riesenhafte Bar, die bereits mit vielen jungen Männern in offenen Sporthemden besetzt war. Einige Plätze waren für uns reserviert. »Das sind die Offiziere des amerikanischen Fluzeugträgers ›Eisenhower‹, der augenblicklich in Haifa zu Besuch ist«, erklärte uns der Gastgeber. Während wir unsere

Whiskies tranken, kam ein blendend aussehender, noch jugendlicher Herr an meinen Platz und stellte sich als der Kommandant des Flugzeugträgers vor. »Ich weiß, daß Sie ein Freund meines Landes sind, und deshalb möchte ich Ihnen das Abzeichen unseres Schiffes überreichen«. Es war ein kleines silbernes Schild mit dem Namen ›Eisenhower‹. Als ich mich freudig bedankte, zog er sich diskret wieder zurück.

Professor Schild, der übrigens, wie wir erfuhren, in Kopenhagen geboren wurde, war ein vorzüglicher Gastgeber. Das Diner – es gab Ente à la Sarah Bernard und einen köstlichen Rosé-Carmel – war ausgezeichnet, und wir fühlten uns in seiner Gegenwart sofort wohl. »Übrigens, Prinz, Sie sind schuld daran, daß ich an meinen Freund Alex Carmel eine Wette verloren habe. Ich habe nämlich gewettet, daß Sie unsere Einladung niemals annehmen würden. Er hat dagegen gewettet. Ich freue mich, daß Sie sofort zugesagt haben. Unsere Universität widmet sich an hervorragender Stelle der israelisch-arabischen Verständigung. Bei uns studieren fast genau so viele Araber wie an allen Universitäten Israels zusammengenommen. In unseren Bemühungen werden wir Gott sei Dank von der ganzen westlichen Welt unterstützt. Gott gebe, daß es zur Versöhnung mit unseren arabischen Vettern am Ende doch noch kommen wird.« Die Zeit verging wie im Fluge, und um Mitternacht meinte der Rektor: »Jetzt ist es aber höchste Zeit, daß ich Sie ins Bett schicke, denn morgen erwartet Sie ein Programm, das es in sich hat. Ich will es Ihnen lieber nicht verraten, sonst reisen Sie sofort wieder ab!«

Am folgenden Morgen holte uns Professor Carmel kurz vor 10.00 Uhr im Hotel ab. Wir fuhren direkt zum Rathaus. Dort erwartete uns bereits der Oberbürgermeister Arie Gurel in seinem Arbeitszimmer. »Seien Sie herzlich in Haifa willkommen. Ich hoffe, daß Sie sich hier genau so wohlfühlen wie einst Ihr Großvater, der Kaiser«, sagte er in fließendem Englisch mit leichtem amerikanischen Akzent. Wir mußten uns zu ihm an seinen Schreibtisch setzen, und dann erzählte er uns, daß er viele Jahre in Amerika als Elektroingenieur gearbeitet hätte und mindestens dreimal so viel verdient hätte wie in seiner jetzigen Position.

Als sich das nicht sehr große Zimmer allmählich gefüllt hatte und schließlich noch der neue deutsche Botschafter Dr. Niels Hansen eingetroffen war, meinte der Stadtmonarch mit einem fröhlichen Augenzwinkern: »Und nun, mein Prinz, können wir ja mit der Pressekonferenz beginnen.« Diese verlief in einer herzlichen Atmosphäre, wie die Presseberichte am nächsten Tage bewiesen. Bei schwierigen Fragen konnte ich Seiner Exzellenz, dem deutschen Botschafter, die Bälle zuspielen, der sie als perfekter Diplomat zurückwarf. Auch mein Sohn Christian war mir eine große Hilfe. Die Fragen, die unsere junge Generation betrafen, konnte er viel besser beantworten als ich. Meiner Antwort auf die Gretchenfrage nach dem Holocaust: »Unter der Regierung meines Großvaters oder meines Vaters wäre der Holocaust völlig undenkbar gewesen«, widersprach niemand.

»Auf Wiedersehen um 15.00 Uhr bei der Enthüllung des Kaiserobelisken«, rief mir der Oberbürgermeister zu, als wir uns ziemlich erleichtert am Ende der Pressekonferenz von ihm verabschiedeten. Mit Professor Carmel fuhren wir anschließend hinauf zur Universität und bewunderten den eigenwilligen Bau des berühmten deutsch-brasilianischen Architekten Niemeyer. Er besteht im wesentlichen aus einem hohen Turm, in dem fast sämtliche Vorlesungsräume untergebracht sind. »Für den Vorlesungsbetrieb ist die zwangsweise Benutzung der dauernd überfüllten Fahrstühle nicht gerade förderlich«, bemerkte Professor Schild beim gemütlichen Lunch im obersten Stockwerk. An diesem Mittagessen nahmen auch verschiedene arabische Professoren teil. Das Tischgespräch drehte sich hauptsächlich um das israelisch-arabische Verhältnis, wobei die Meinungen ziemlich hart aufeinanderprallten. Anschließend gönnten uns die liebenswürdigen Gastgeber eine kurze Ruhepause im Hotel. Kurz vor 15.00 Uhr holte uns dann Professor Carmel im Hotel ab, von dem aus wir nur wenige Schritte zum Ort der Einweihungsfeier zu gehen hatten.

Ungefähr 300 Personen hatten sich um das Denkmal versammelt. Auf den bereitgestellten Stühlen saßen einige alte Damen, die wir zuerst zu begrüßen hatten. »Eine dieser Damen hat noch als kleines Kind den Besuch Ihres Großvaters miterlebt und wurde ihm auch persönlich vorgestellt«, soufflierte Professor Carmel. »Sie und eine weitere Dame sind die letzten Siedlernachkömmlinge in Israel. Die Mitglieder der Tempelgesellschaft wurden nämlich in Toto von den Engländern nach dem Zweiten Weltkrieg ausgewiesen und nach Australien umgesiedelt.«

Die Sonne strahlte vom Himmel, und das Meer grüßte in tiefem Blau herauf, als um Punkt 15.00 Uhr der Oberbürgermeister von Haifa in Begleitung des deutschen Botschafters erschien. »Kaiserwetter«, bemerkte seine Exzellenz, als er uns die Hand drückte.

Als erster trat »His Worship the Lord Mayor of Haifa«, wie es auf dem Programm stand, an das kleine Rednerpult. »Dear Dr. Ferdinand«, begrüßte er mich mit der Anrede, die man früher in der Ford Motor Company mir gegenüber benutzt hatte. »Ich freue mich, daß Sie mit Ihrem Sohn unserer Einladung gefolgt sind, um mit mir gemeinsam den restaurierten Kaiserobelisken zu enthüllen. Wir Israelis sind ein sehr altes Volk und deshalb auch sehr geschichtsbewußt. Wir bewundern das Deutsche Kaiserreich, das Ihr Großvater bis zum Jahre 1918 regierte. Wir wollen deshalb alles vergessen, was danach passierte, und ganz von vorn anfangen.« Mein Hals war wie zugeschnürt, als ich meine Dankesrede hielt. In Erinnerung an den wegen seiner Einsilbigkeit berühmten General Rafful, dessen längste Rede 18 Sekunden gedauert haben soll, sagte ich nur: »Israel ist das einzige Land der Welt, das meinen so arg verkannten und ungerecht beurteilten Großvater ein Denkmal errichtet hat.« Mehr brachte ich nicht heraus. Dann faßten der Bürgermeister, mein Sohn Christian Sigismund und ich die Enden der blauweißen Flagge Israels behutsam an und zogen sie vom Obelisken herunter. Das einzige Denkmal des letzten deutschen Kaisers auf dieser Welt war neu enthüllt worden.

Ein langer, herzlicher Händedruck mit Haifas Stadtoberhaupt besiegelte eine neue Freundschaft zwischen Deutschen und Israelis.

28. Kapitel

SONNENSCHEIN AM »WÜMMEHOF«

Meine jüngste Schwiegertochter lernte ich anläßlich eines der alljährlichen Wohltätigkeitskonzerte auf der Burg Hohenzollern kennen. Christian hatte sie mitgebracht. Sie hatten sich bei einem Fest bei dem Baron und der Baronin Hobe-Gelting kennengelernt. Die Baronin war eine Jugendfreundin meines verstorbenen Sohnes Louis Ferdinand.

Nina gefiel mir ganz ungewöhnlich gut, schon bei unserer ersten Begrüßung. Dieser allererste Moment entscheidet nämlich darüber, ob mir jemand sympathisch ist oder nicht. Eine innere Stimme flüsterte mir zu: Das ist die richtige Frau für Deinen jüngsten Sohn. Ich sagte zu Christian: »Mir gefällt Nina über alle Maßen. Sie scheint mir eine außergewöhnliche Persönlichkeit zu sein.« Am selben Abend nach dem Konzert, noch unter dem Eindruck der schönen Musik vom Stuttgarter Kammerorchester, unter seinem weltberühmten Dirigenten Karl Münchinger und der Solistin Henriette Gärtner, verlobten sich die beiden.

Am 29. September 1984 fand die Hochzeit in Damp statt. Der mir gleichaltrige Domprediger Gerhard Tietze, ein gebürtiger Danziger aus Oliva, vollzog die Trauung im Herrenhaus von Damp, dem Familiensitz der Reventlows. Zu meiner großen Freude zogen meine Kinder in dasselbe Gartenhaus, das Christian lange als Junggeselle bewohnt hatte. Es liegt nur knapp hundert Meter von dem Haupthaus, das ich bewohne und in dem alle meine Kinder aufgewachsen sind, entfernt. Wir gründeten so eine Art Familiengemeinschaft. Zum ersten Frühstück und zum Mittagessen kommen meine Kinder zu mir, und zur Whiskytime gehe ich den kurzen Weg um 18 Uhr zu ihnen hinüber.

Am 16. Mai 1986 schenkte Nina einem strammen Sohn das Leben. Er wurde auf den Namen Christian Ludwig von Pastor Tietze in der Christuskapelle der Burg Hohenzollern getauft. Mein kleiner Enkel Christian Ludwig ist der Sonnenschein des Wümmehofs geworden. Wie seine Eltern kommt er nun zum Frühstück und zum Mittagessen zum Großpapa. Bei der Whiskytime ist er natürlich auch dabei, die Whiskyflasche neugierig im Visier.

Inzwischen hat Christian Ludwig das von seinen Eltern heißersehnte Schwesterchen bekommen. Es wurde am 4. Juli 1988 geboren. Von Domprediter Tietze wurde es am 8. Oktober 1988 in der Reventlowschen Hauskapelle im Damp auf den Namen Irina getauft. Warum dieser russische Name, wird vielleicht mancher Leser fragen. Hier eine kurze Erklärung: Die Großmutter der kleinen Irina ist Russin, meine Großmutter mütterlicherseits war eine Russin – sie hieß Anastasia – und meine geliebte Frau war eine Russin. Sie hieß Kira.

Mit meiner jüngsten Schwiegertochter verbindet mich aber noch ganz etwas anderes. Nina schreibt nämlich sehr schöne Gedichte, und ich darf sie vertonen. Vier dieser Lieder sind übrigens bereits im Druck erschienen, und die mir befreundete große Sängerin Edda Moser hat sie auf unserer Stammburg uraufgeführt.

Für diese herrliche Familienharmonie, die ich täglich erleben darf, bin ich meinem Herrgott unendlich dankbar. Was kann ich mir an meinem Lebensabend noch Schöneres vorstellen?

29. Kapitel

WIEDERSEHEN MIT POTSDAM

Seit der Flucht aus Cadinen im Jahre 1945 war ich nicht in Potsdam gewesen. Ich hatte einfach nicht den inneren Mut aufgebracht, meiner Geburtsstadt nach dem katastrophalen Kriegsausgang einen Besuch abzustatten. Der sollte auch auf eine völlig unvorhergesehene und total unerwartete Weise zustandekommen. Durch die Vermittlung des ehemaligen Kulturministers der DDR, Herrn Hans Bentzien, erhielt ich 1987 eine Einladung von Erich Honecker zum Besuch Ost-Berlins und Potsdams, anläßlich des 750jährigen Jubiläums der alten Reichshauptstadt, das in beiden Teilen der Stadt gefeiert wurde.

Nach einer Beratung mit Bundeskanzler Helmut Kohl, mit dem ich befreundet bin, entschied ich mich, nur meine Geburtsstadt Potsdam zu besuchen. Meine Entscheidung wurde ohne Widerspruch akzeptiert. Auf meine Bitte hin hatte man folgendes Besuchsprogramm für den Potsdam-Besuch festgelegt: Besuch des Schlosses Sanssouci, des Neuen Palais, der Friedenskirche mit den Sarkophagen Friedrich Wilhelms IV. und seiner Gemahlin Elisabeth, des Mausoleums meiner Urgroßeltern Kaiser Friedrichs III. und seiner Gemahlin Kaiserin Viktoria und schließlich meines Geburtshauses, des Marmorpalais'.

Gemeinsam mit Minister Bentzien und seiner Frau fuhren wir von unserem Haus in der Königsallee 9 – meine Frau und ich hatten es Monbijou getauft – nach Potsdam. Mein Sohn Christian Sigismund und mein Generalbevollmächtigter Herr von Strantz sowie mein treuer Fahrer und Reisebegleiter Manfred Kostorz bildeten unsere kleine Reisegruppe. Der Minister übernahm mit seinem Wagen die Führung. An der Grenze in Drewitz wurden wir mit ausgesuchter Höflichkeit ohne jegliche Formalitäten abgefertigt. Über Nowawes und Babelsberg ging es dann nach Potsdam. Am alten Lustgarten vorbei fuhren wir durch die Brandenburger Straße geradewegs zum Sanssouci-Park.

Die Fahrt endete am Hause des Generaldirektors der Schlösser und Gärten, Professor Mückenberger, der uns sehr herzlich mit den Worten empfing: »Ich freue mich, Sie in Ihrer Geburtsstadt begrüßen zu können. Wir wollen uns jetzt ganz in die Zeit Friedrichs des Großen zurückversetzen, was Ihnen sicherlich nicht schwerfallen wird.« An der großen Fontaine vorbei stiegen wir die Stufen zum Schloß Sanssouci empor. Es war noch alles genauso, wie ich es bei meinem letzten Besuch vor ungefähr einem halben Jahrhundert gesehen hatte. In dem Raum, in dem Friedrich der Große seine berühmte Tafelrunde abzuhalten pflegte, wurde uns ein Imbiß gereicht. Wir waren ganz unter uns. Das Schloß war an diesem Tage für den sonst gewaltigen Publikumsbesuch – der übrigens zum großen Teil aus Angehörigen der Sowjetarmee besteht – nicht zugänglich.

Mir fiel auf, daß in verschiedenen Räumen Restauratoren am Werke waren. Das Schloß war dank des Eingreifens von General Wenck, der verhinderte, daß es auf Befehl des letzten Nazi-Gauleiters von Brandenburg beim Herannahen der Russen in die Luft gesprengt werden sollte, der Nachwelt erhalten geblieben. Trotzdem hatte es unter den Kriegseinwirkungen stark gelitten. »Wir müssen noch sehr viel tun, bis dieser herrliche Bau innen und außen wieder so aussieht wie zu Zeiten Ihres großen Vorfahren«, bemerkte der Generaldirektor während des Rundgangs. »Dies gilt übrigens für alle Potsdamer Schlösser, die ich zu betreuen habe, aber leider gehen mir die Restaurierungsarbeiten viel zu langsam voran, da uns die dazu nötigen sehr erheblichen Mittel fehlen.«

Als wir wieder vor dem Schloß standen, fragte mich der Minister wie aus heiterem Himmel: »Kaiserliche Hoheit, was empfinden Sie in diesem Augenblick?« Ich konnte ihm nur antworten: »Meine Gefühle sind sehr gemischter Natur, Herr Minister.« Mehr fiel mir als Antwort auf seine völlig unerwartete Frage nicht ein. »Das kann ich gut verstehen«, bemerkte er dazu.

Anschließend ging es weiter zum Neuen Palais, wo ich an meinem 11. Geburtstag die Revolution von 1918 erlebt hatte. Wir besichtigten das zauberhafte kleine Theater, in dem ich noch nie gewesen war und den Muschelsaal, in dem ich mit meinen Großeltern einen Heiligen Abend verlebt hatte. Auch hier waren Restaurierungsarbeiten im Gange. »Wir hoffen, bis zum tausendjährigen Jubiläum der Stadt Potsdam im Jahre 1991, zu dem ich Sie schon jetzt herzlich einlade, fertig zu sein«, bemerkte der Generaldirektor.

Nach dem Besuch des Neuen Palais fuhren wir zur Friedenskirche, in der ich mit meinem Bruder von Pastor Konrad konfirmiert worden war. Am Kirchenportal wurden wir vom Superintendenten begrüßt. Nach einem kurzen Orgelkonzert gingen wir in die unter dem Altar gelegene Gruft. An den Sarkophagen König Friedrich Wilhelms IV. und seiner Gemahlin Elisabeth legte ich ein weißes Nelkenkreuz nieder, im Mausoleum meiner Urgroßeltern ebenfalls. Das Mausoleum war in einem recht guten Zustand, im völligen Gegensatz zu Gerüchten, die mir öfters zu Ohren gekommen waren.

Dann ging es zum Mittagessen, das in der obersten Etage des Interhotels serviert wurde. Es steht heute genau an der Stelle des abgerissenen Stadtschlosses. Eigentlich wollte man uns in das Schloß Cecilienhof zum Lunch einladen. Diese Einladung hatte ich aber aus verschiedenen Gründen abgelehnt, wofür meine Gastgeber volles Verständnis zeigten. Nach dem Mittagessen, das in recht gelockerter Atmosphäre verlief, fuhren wir zu meinem Geburtshaus, dem Marmorpalais, das im Neuen Garten am Heiligensee liegt. Es dient jetzt der Nationalen Volksarmee als Museum. Von dem Museumsdirektor, einem Oberst, wurden wir herzlich begrüßt. Es klang fast wie eine militärische Meldung, als er sagte: »Kaiserliche Hoheit, Sie wollen sicherlich Ihr Geburtszimmer sehen.« Obgleich ich mein Geburtshaus seit über fünfzig Jahren nicht gesehen hatte, fand ich den Weg zum Direktionszimmer ohne jegliche Führung. Auf dem Weg dorthin durchschritten wir verschiedene Museumsräume, wo wir uns allerdings nicht aufhielten. Offensichtlich waren sie der russischen Revolution von 1917 und der deutschen von 1918 gewidmet. »Dieses Museum wurde aus marxistischer Sicht errichtet«, bemerkte der Oberst sachlich. »In Zukunft soll aber die preußische Militärgeschichte und Tradition mehr zur Geltung gebracht werden.«

Nach einer kurzen Visite meines Geburtszimmers – heute das Arbeitszimmer des Direktors – lud uns der Oberst zu einer Kaffeepause ein. In unserem früheren zur Seeseite gelegenen Eßzimmer war eine Kaffeetafel gedeckt. Bei der nun einsetzenden ungezwungenen Unterhaltung stellte sich heraus, daß der Oberst aus Ostpreußen stammte. Mein geliebtes Cadinen kannte er natürlich auch. Beim Schwärmen über die gemeinsame preußische Heimat verschwanden alle ideologischen Barrieren. Plötzlich waren wir nur noch preußische Landsleute.

Nach dieser gemütlichen Kaffeepause – die Museumsbesichtigung war damit beendet – drängten wir zum Aufbruch. Mit einem verschmitzten Lächeln meinte der Minister: »So schnell lassen wir Sie nicht nach Hause fahren. Jetzt kommt noch eine kleine Überraschung.«

Dem Museumsdirektor, von dem wir uns schon verabschieden wollten, bedeutete er kategorisch: »Und Du kommst natürlich mit.« Vom Marmorpalais fuhren wir durch den Neuen Garten und die sogenannte russische Kolonie am Schloß Sanssouci vorbei zum daneben liegenden Kavaliershaus, einem Palais, das Friedrich der Große von Knobelsdorff für seine liebsten Gäste errichten hatte lassen. Es war vollständig restauriert worden.

Die Schloßverwalterin führte uns in einen bezaubernden Salon. Dort warteten bereits drei junge Sängerinnen, eine Flötistin und ein Kapellmeister der Potsdamer Oper auf uns. Nach der allgemeinen Begrüßung nahmen wir auf den bereitgestellten bequemen Sesseln Platz. »Jetzt kann unser ›Hofkonzert‹ beginnen. Wir hören Kompositionen von Friedrich dem Großen und Prinz

Louis Ferdinand dem Jüngeren«, verkündete der Minister. Die Überraschung war perfekt! Wir waren einfach sprachlos, ich mußte mich regelrecht an meinem Stuhl festhalten!

Das Konzert begann mit einer Flötensonate Friedrichs des Großen. Anschließend sangen die sehr attraktiven Damen der Potsdamer Oper je drei von meinen Liedern. Die Darbietungen waren alle erstklassig. Ich muß gestehen, daß mich dieses Konzert in seiner einmaligen Umgebung fast zu Tränen gerührt hat. Einen schöneren Abschluß meines Wiedersehens mit meiner Geburtsstadt Potsdam konnte ich mir nicht vorstellen.

Wieder in »Monbijou«, fragte ich den Minister: »Wie haben Sie diese herrliche Überraschung nur zuwege gebracht?«

»Kaiserliche Hoheit«, antwortete er, »in meinem Hauptberuf bin ich Musiklehrer ...«

30. Kapitel

DAS ERDBEBEN

Am 3. September 1978 war der Stammsitz unseres Hauses, die Burg Hohenzollern, durch ein starkes Erdbeben schwer beschädigt worden.

Im Jahr 1987 konnte unser Burgverwalter, Herr Gers, mir an meinem 80. Geburtstage in meinem Berliner Haus melden: »Die fast zehnjährigen intensiven Restaurierungsarbeiten sind mit dem heutigen Tage abgeschlossen. Es ist praktisch eine neue vierte Burg entstanden. Darf ich im Namen aller Beteiligten herzlichst gratulieren.« Diese Meldung war mein schönstes Geburtstagsgeschenk.

Unsere Stammburg war mir in all den Jahren nach dem Zweiten Weltkrieg ans Herz gewachsen. Zusammen mit meiner Frau hatte ich sie im Jahre 1943 zum ersten Mal in meinem Leben besucht. Zu meiner Schande muß ich gestehen, daß ich mich für unsere schwäbische Urheimat und die Stammburg meiner Familie in all den voraufgegangenen Jahren nicht sonderlich interessiert hatte. Meine Kindheit und Jugend verbrachte ich ja in Berlin, Potsdam und in den preußischen Ostprovinzen. Dort lag unser ganzer Landbesitz. Durch den unglücklichen Kriegsausgang hatten wir den gesamten Besitz mit Ausnahme der sogenannten Prinzeninsel bei Plön in Holstein verloren. Dazu gehörten auch alle Schlösser, die unser Haus nach der Revolution von 1918 noch behalten hatte.

Nach 1945 war die Burg Hohenzollern das einzige uns noch verbliebene Schloß. Das Schicksal hatte die preußischen Hohenzollern an ihren Anfangsort zurückgeführt, von wo sie zum »Marsch durch die Geschichte« vor vielen hundert Jahren aufgebrochen waren.

Mein Vater verbrachte seine letzten Lebensjahre in einer kleinen Hechinger Villa mit dem Blick auf die Burg seiner Väter. Dort starb er auch. Ich wurde sein Nachfolger als Chef des Hauses. »War dies ein Wink des Himmels?«, fragte ich mich, als wir meinen Vater im Offiziersgarten der Burg Hohenzollern zur ewigen Ruhe betteten. An diesem Ort mit einem herrlichen Ausblick auf die schwäbische Landschaft hatte er viele einsame Stunden verbracht und über das schwere Schicksal seines deutschen Volkes nachgedacht, dessen Kaiser er nicht hatte werden dürfen und dem bis zu seinem letzten Atemzug seine ganze Liebe gehört hatte. Nach der Beisetzung sagte ich zu meiner Frau und meinen Kindern: »Unsere Stammburg, die wir all diese Jahre vernachlässigt haben, soll aus ihrem Dornröschenschlaf erwachen und zu einem lebendigen

Mittelpunkt unseres Hauses und aller Deutschen gemacht werden. Ihr müßt mir alle dabei helfen.«

Dieser Traum ging in Erfüllung. Gemeinsam mit unseren schwäbischen Verwandten, die Miteigentümer der Burg sind, haben wir unsere Stammburg zu einem Zentrum der menschlichen Begegnung und des internationalen Tourismus' entwickelt. Unsere Besucherzahlen haben noch lange nicht den Stand von Schloß Neuschwanstein erreicht. Aber sie können sich auch sehen lassen. Die Zollernburg trug sich selbst – und dann dieses Erdbeben im Jahr 1978, der schöne Traum war um ein Haar ausgeträumt!

Auf Monate hinaus mußten wir die Burg für Besucher schließen. Der herrliche Grafensaal, die Stätte all der schönen jährlichen Konzerte mit weltberühmten Solisten, war ein einziger Trümmerhaufen. Fast das gesamte Mauerwerk der Burg hatte sich verschoben. Ein großer Teil mußte eingerüstet und verschiedene Türme völlig neu errichtet werden. Kaum einer der vielen Räume blieb unversehrt. Einzig und allein die orthodoxe Auferstehungskapelle, welche die Urne meiner Frau beherbergt, blieb völlig verschont.

Zwar gibt es in Baden-Württemberg eine Erdbebenversicherung, die in solchen Fällen einspringt, aber trotzdem mußten wir an die 10 Millionen DM für den Wiederaufbau aufwenden. Zur Deckung dieser für unser Haus sonst unerschwinglichen Unkosten mußte ich das berühmte Bild von Watteau, »Die Einschiffung zur Liebesinsel«, blutenden Herzens verkaufen. Dieser Verkauf diente in erster Linie dem Wiederaufbau der Burg Hohenzollern, die im Laufe der letzten vierzig Jahre den Rang eines Nationaldenkmals eingenommen hat und von Menschen aus der ganzen Welt besucht wird.

31. Kapitel

NORDLANDREISE

Im Februar des Jahres 1988 sollte für mich ein seit langem gehegter Wunsch in Erfüllung gehen: Eine 12tägige Schiffsreise von Bergen nach Kirkenes und zurück.

Anno 1888, also 100 Jahre zuvor, hatte mein Großvater Kaiser Wilhelm II., den sein Untertanen auch gerne den »Reisekaiser« nannten, seine erste Schiffsreise entlang der langen Küste Norwegens angetreten. Diese sogenannte »Nordlandreise« hat er bis zum Ausbruch des ersten Weltkrieges siebzehnmal unternommen.

Auf seiner letzten Nordlandreise, 1914, sollte ihn die Nachricht von der Ermordung eines seiner besten Freunde, des Thronfolgers Erzherzog Franz Ferdinand von Österreich, in Sarajewo erreichen. Nur mit Mühe und Not war der Deutsche Kaiser damals der Gefangennahme durch die englische Flotte entgangen, die vor Norwegens Küste auf der Lauer gelegen hatte. Mit Hilfe seiner norwegischen Freunde – durch Hinhalte-Manöver ihrer Flotte – war diese regelrechte Flucht gelungen. Welch ein schlagender Beweis für die angebliche Kriegsschuld meines Großvaters, der seinen Sommerurlaub, wie gewohnt, an Bord der Yacht »Hohenzollern« in den von ihm so sehr geliebten norwegischen Fjorden verbrachte!

Nach dem zweiten Weltkrieg, den der »größte Führer aller Zeiten« leichtfertig vom Zaun gebrochen hatte, waren wir Deutschen in Norwegen nicht gerade übermäßig willkommen. Besonders in diesem skandinavischen Lande hatte ein fanatischer Reichskommissar namens Terboven mit Hilfe der SS brutal geherrscht. Daß sich die an Haß grenzende Aversion der Norweger inzwischen wieder in Sympathie verwandelt hat, grenzt fast an ein Wunder.

Unzählige Deutsche sind in den letzten Jahren nach Norwegen gereist. Im Sommer kommen fast 90% der Passagiere – insbesondere der Hurtig-Linie – aus Westdeutschland. Da diese Schiffe im Sommer meistens überfüllt sind, buchte ich für mich und meine beiden Reisegefährten und Eisenbahnfreunde Manfred Kostorz und Karl Wend eine Winterreise auf der »Narvik« für Februar.

Wir waren mit Eisenbahn und Fähre über Berlin und Sassnitz nach Malmö und und von dort über Oslo nach Bergen gelangt. Gleich nach Ankunft des Zuges fuhren wir drei zum Grieg-Museum in Troldhaugen, dem langjährigen Wohnsitz des großen norwegischen Komponisten Edvard Grieg. Leider war es aber wegen der Winterzeit geschlossen.

Am 15. Februar abends gingen wir an Bord der »Narvik«. Der Empfang war ziemlich kühl. Wir mußten sogar unser Gepäck über die Gangway selbst auf das Schiff tragen. Bei der Rezeption mußten wir unsere Pässe vorzeigen, anschließend brachte uns ein Steward zu unseren Kabinen, die ziemlich eng waren.

Kurz nach der Abfahrt, gegen 21 Uhr, ging Manfred in den Speisesaal und ergatterte einen kleineren Eßtisch, an dem nur wir drei saßen und den wir während der ganzen Reise für uns behielten. Manfred ist als alter Panzerfahrer im »Organisieren« außerordentlich geschickt und immer erfolgreich. Nach dem überaus reichlichen Abendessen, das von jungen und freundlichen Stewardessen serviert wurde – sie sprachen englisch und deutsch – lernten wir den norwegischen Reiseleiter kennen.

Er präsentierte sich den ca. 50 Passagieren – ausschließlich Deutsche eines Automobilclubs – in fließendem Deutsch. Nach der allgemeinen Vorstellung luden wir Herrn Finn Arnheim, so sein Name, zu einem Drink in unsere Kabine ein. Wir hatten einige Flaschen Cognac auf der Überfahrt von Sassnitz nach Trelleborg auf der DDR-Fähre »Rügen« eingekauft, da Spirituosen in Norwegen bekanntlich fast unerschwinglich sind.

Bei dieser ersten recht freundschaftlich verlaufenen Begegnung stellte Arnheim zu seiner Überraschung fest, daß mein Großvater Kaiser Wilhelm II. war. »Sie sind also ein Enkel des Reisekaisers und großen Norwegen-Freundes. Bis auf den heutigen Tag haben wir Norweger ihn nicht vergessen. Erlauben Sie, daß ich unserem Kapitän Pedersen noch heute Meldung mache.«

Am nächsten Tag erscheint der Kapitän an unserem Tisch und begrüßte uns: »Ich freue mich sehr, Sie an Bord zu haben und wünsche Ihnen eine recht gute Reise. Auf der Brücke sind Sie und Ihre Freunde immer willkommen.«

Tags darauf sagte mir der Reiseleiter: »Der Kapitän hat angeordnet, daß Sie in die größte Kabine, die wir an Bord dieses Schiffes haben, umquartiert werden. Darf ich Ihnen beim Umzug behilflich sein? Sie werden es dort bequemer haben. Die daran anstoßende Kabine steht Ihnen und Ihren Freunden ebenfalls zur Verfügung, damit Sie für Ihre gemütlichen Abende mehr Platz haben.« Ich konnte meinen Ohren kaum trauen. Finn Arnheim bemerkte meine Verblüffung und meinte augenzwinkernd: »Das verdanken Sie alles Ihrem lieben Großpapa, den wir in Norwegen nicht vergessen können und wollen, denn wir haben ihm viel Gutes zu verdanken.« Von Stund an gehörte das Schiff sozusagen ganz uns Dreien.

Mein Großvater hatte mir in Doorn oft von seinen Nordlandreisen vorgeschwärmt, aber mit keinem Wort seine Wohltaten für das von ihm so sehr geliebte Norwegen erwähnt. Das hat Herrn Arnheim in unseren täglichen Sitzungen in meiner »Luxussuite« gründlich nachgeholt. Ich erfuhr, daß der Kaiser verschiedene zerstörte norwegische Städte, die wegen der Holzbauten total abgetrannt waren, von Grund auf wieder hat aufbauen lassen. Das herausragendste Beispiel ist die Stadt Ålesund mit ungefähr 70 000 Einwohnern. Diese wichtige Hafenstadt war durch ein Riesenfeuer vollständig vernichtet worden. Auf Befehl des Deutschen Kaisers wurde Ålesund mit Hilfe von vielen deutschen Architekten – es sollen an die 60 gewesen sein – vollständig in Stein wieder errichtet. Welch grausiger Gegensatz zu Hitler, der eine Reihe nordnorwegischer Städte wie Kirkenes, Narvik und Hammerfest beim Rückzug der deutschen Besatzungstruppen hat abbrennen lassen. Sie sollten nur noch verbrannte Erde hinterlassen.

Auf unserer Rückreise legte die »Narvik« um Mitternacht in Ålesund an, wo der Oberbürgermeister mit dem deutschen Konsul, einem Norweger, an Bord kam zu einem Begrüßungstrunk. Anschließend gingen wir an Land, um das Kaiser-Denkmal zu besichtigen. Schon bei Dunkelheit mußte ich das Denkmal für eine Presseaufnahme erklimmen. Schließlich fuhren wir durch die hellerleuchtete Kaiser-Wilhelm-Straße am Rathaus vorbei zum Schiff zurück. Welch großes Erlebnis, man glaubte, auf dem Kurfürstendamm im heimatlichen Berlin zu sein.

Auf der Fahrt von Kirkenes nach Bergen hatte der Kapitän, mit dem wir uns regelrecht angefreundet hatten, für mich eine andere Überraschung parat: Eines Abends nahm er mich beiseite und sagte: »Ich möchte Ihnen gern den Kaiserberg bei Drägermühlen zeigen. Gegen Mitternacht werden wir in den Trollfjord einfahren. In den Wintermonaten ist mir das von meiner Gesellschaft wegen der Eisgefahr eigentlich verboten. Aber für den Enkel von Kaiser Wilhelm werde ich eine Ausnahme machen. Den Bürgermeister von Drägermühlen habe ich schon telefonisch verständigt. Er wird dafür sorgen, daß der Berggipfel, den ein Kaiserobelisk schmückt, mit Fackeln beleuchtet ist. Kommen Sie mit mir auf die Brücke. Ich muß mich jetzt um die Schiffsmanöver kümmern. Die übrigen Passagiere habe ich über Bordfunk auf das Spektakel vorbereitet.«

Punkt 24 Uhr liefen wir bei völliger Dunkelheit in den Trollfjord ein. Im selben Augenblick erstrahlte der Gipfel eines hohen Berges in hellem Licht. »Dort oben, das ist der Kaiserberg«, rief der Kapitän mit bewegter Stimme, »und dort unten am Wasser grüßen Sie die Einwohner der kleinen Stadt am Fuße des Berges mit den Scheinwerfern ihrer Autos. Und jetzt muß ich aber leider dafür sorgen, daß ich mein Schiff wieder unversehrt aus dem Eis herausbringe!«

Am liebsten wäre ich dem guten Mann um den Hals gefallen, was ich aber schnell unterließ, als ich den Kapitän bei der halsbrecherischen Operation beobachtete. Der Fjord war maximal 100 Meter breit und auf beiden Seiten von hohen Felsen eingerahmt, waren wir mittlerweile fast vollständig vom Eis umschlossen. Durch wiederholte Vorwärts- und Rückwärtsbewegung im Licht der starken Schiffsscheinwerfer gelang es ihm, unsere »Narvik« langsam zu wenden und wieder die eisfreie Fahrtrinne zu erreichen.

Wir waren alle voller Bewunderung über die brillante navigatorische Leistung, und auch der Kapitän selbst war sichtlich erleichtert über die glückliche Beendigung dieses überaus riskanten Manövers, als er meinte: »So, jetzt haben wir aber alle einen Drink verdient! Kommen Sie bitte mit in meine Kajute.« Erst jetzt hatten wir Gelegenheit, unserem Kapitän zu seiner keineswegs ungefährlichen navigatorischen Glanzleistung von ganzem Herzen zu danken und gratulieren. Uns war klar geworden, er hatte bei diesem halsbrecherischen Manöver Kopf und Kragen riskiert.

Das waren für mich die Höhepunkte meiner unvergeßlichen »Nordlandreise« auf der »Narvik«. Ålesund und der Kaiserberg in Trollfjord bleiben beide untrennbar verbunden mit meinem geliebten Großvater.

In Bergen angekommen, hielten unsere neuen norwegischen Freunde eine weitere Überraschung bereit. Der Touristik-Direktor der Stadt, Herr Ola Hiis Bergh, erwartete uns mit einigen Reporterinnen am Pier. »Bis zur Abfahrt ihres Zuges nach Oslo haben wir noch einiges mit Ihnen vor«, sagte er bei seiner Begrüßung. »Der Nachtzug geht erst um Mitternacht. Wir fahren jetzt mit der Bergbahn auf den Flöien und dann zum Grieg-Museum, das ja bei Ihrer Ankunft in Bergen vor zwei Wochen geschlossen war. Für Sie und Ihre Freunde haben wir es geöffnet.«

Vom Flöien, einem ziemlich hohen Berg, hat man eine herrliche Aussicht auf die Stadt Bergen und ihren Hafen. Oben angekommen, zeigte mir der Direktor ein Bild des Kaisers mit dem damaligen König von Norwegen. »Sie sehen, Ihr Großvater war auch schon hier und hat die schöne Aussicht genossen, genauso wie Sie jetzt nach fast 100 Jahren. Aber nun auf zum Grieg-Museum. Sie werden es bestimmt nicht bereuen.« Dort wurden wir von Herrn Keiser, dem Museumsdirektor, herzlich begrüßt. »Herr Keiser ist vielleicht der größte lebende norwegische Pianist«, flüsterte mir der Touristikdirektor zu. »Er wird für Sie ein kleines Konzert mit Werken von Grieg veranstalten.« Wir gingen in einen Salon, in dem ein großer Bechstein-Flügel stand. »Diesen Flügel hat der Leipziger Musikverleger seinerzeit Edward Grieg geschenkt. Jedesmal, wenn er eine neue Komposition ablieferte, flaggte das Verlagshaus.« Mit diesen Worten setzte er sich an den Flügel und spielte fast eine Stunde lang die schönsten Werke dieses großen skandinavischen Komponisten. Mit warmen Worten bedankten wir uns bei Herrn Keiser für diese beglückende Stunde.

Wieder im Auto, sagte Herr Bergh: »Kapitän Pedersen hat mich beauftragt, Sie zum Schiff zurückzubringen. Sie sollen sich dort erst etwas ausruhen, und danach hat er ein Abschiedsessen für Sie vorbereitet.« Unsere Rührung kannte mittlerweile keine Grenzen.

An Bord herrschte Hochbetrieb, denn die neuen Passagiere waren bereits eingetroffen. Mit wurde eine kleine Innenkabine zum Ausruhen angewiesen. Unser Gepäck war in der Rezeption beim Obersteward untergestellt worden. Nach einer kurzen Kaffeepause in der Kapitänskabine, in Anwesenheit einer sehr sympathischen jungen Journalistin, gingen wir gemeinsam in den Speisesaal und mußten am Kapitänstisch Platz nehmen. Hier hatten wir Gelegenheit, uns beim Kapitän und seinen Offizieren für die so herzliche Gastfreundschaft, die wir auf dieser unvergeßlichen Norwegenreise an Bord der »Narvik« genießen durften, herzlichst zu bedanken. Dann kam der Augenblick des Abschieds. Dieses Mal trug der Kapitän höchstpersönlich unser Gepäck zum wartenden Taxi, das uns zum Bahnhof bringen sollte. Dieser Abschied fiel uns allen außerordentlich schwer. »Auf Wiedersehen, Sie sind auf diesem Schiff immer herzlich willkommen«, rief uns Kapitän Pedersen nach.

Wir gingen in den Wartesaal des Bahnhofs, unser Nachtzug nach Oslo stand schon abfahrbereit. Wir hatten noch etwas Zeit. Plötzlich erschien unser Kapitän – jetzt bereits in Zivil – mit einer großen Tüte: »Diese Erinnerungsgeschenke haben Sie vergessen. Ich bringe sie Ihnen. Leben Sie wohl und auf Wiedersehen.« Mit diesen Worten verabschiedete sich unser großartiger, neuer norwegischer Freund.

Damit ging eine Schiffsreise zu Ende, die mein Großvater als junger Mann kurz nach seiner Thronbesteigung zum ersten Mal und dann jährlich unternommen hatte. Ich machte sie fast am Ende meiner Lebensbahn, und immer hatte ich das Gefühl, daß er während der ganzen Fahrt bei mir war. Die Norweger haben ihn auch nach 100 Jahren nicht vergessen. Diese Gewißheit beglückt mich sehr!

PERSONENREGISTER

Bildnachweis

Alle Photos aus dem Privatarchiv des Autors, außer:
Joachim Bartknecht, Berlin (1), Ursula Blau (1), Herbert Deuchert, Bodelshausen (1), Claus Grage, Sielbeck (1), Thomas Grziwa, Bremen (1), F. Eberhard Kirsch, Berlin (1), Fritz P. Krueger, Berlin (1), Landesbildstelle Berlin (1), Paul Mesing, Tel Aviv (1), Harald Paulenz, Berlin (1), Pfarrer Pohl, Berlin (1), Erika Rabau, Berlin (1), A. Ritthaler, München (1), Helmut Rominger, Ebingen (5), Georg Schmidt, Bremen (2), Presse-Seeger, Ebingen (11), Oskar Tauber, Haifa (1), Ernst Wilhelm Holländer, Hameln (1), Ullstein Bilderdienst, Berlin (1), dpa (2), Gräfin Yvonne zu Dona-Schlobitten (1)

STAMMTAFEL

Paul I. v. Rußland
(1754—1801)
⚭ Sophie Dorothea v. Württemberg
(1758—1828)

Nikolaus I. v. Rußland
(1796—1855)
⚭ Charlotte v. Preußen
(1798—1860)

Alexander II. v. Rußland
(1818—1881)
⚭ Marie v. Hessen
(1824—1880)

Alexander III. v. Rußland
(1845—1894)
⚭ Dagmar v. Dänemark
(1847—1928)

Nikolaus II. v. Rußland
(1868—1918)
⚭ Alix v. Hessen
(1872—1918)

Wladimir Alexandrowitsch
(1847—1909)
⚭ Marie v. Mecklenburg-Schwerin
(1854—1920)

Kirill Wladimirowitsch
(1876—1938)
⚭ Viktoria v. Sachsen-Coburg
(1876—1936)

Maria
(1907—1951)
⚭ Karl VI. v. Leiningen
(1898—1946)

Kira
(1909—1967)

Wladimir
(1917)
⚭ Leonida
v. Bagration-Mukhrani
(1914)

Wilhelm
(1906—1940)
⚭ Dorothea
v. Salviati
(1907)

Louis
Ferdin
(1907)

⚭

Friedrich Wilhelm
(1939)

Michael
(1940)

Marie Cécile
(1942)

Georg Friedrich Fe
(1976)

Friedrich Franz I.
v. Mecklenburg-Schwerin
(1756—1837)
⚭ Luise v. Sachsen-Gotha
(1756—1808)

Friedrich Ludwig
(1778—1816)
⚭ Helene v. Rußland
(1784—1803)

Paul Friedrich
(1800—1842)
⚭ Alexandrine v. Preußen
(1803—1892)

Friedrich Franz II.
(1823—1883)
⚭ Auguste v. Reuß-Schleiz
(1822—1862)

Friedrich Franz III.
(1851—1897)
⚭ Anastasia v. Rußland
(1860—1922)

Friedrich Wilhelm III.
v. Preußen
(1770—1840)
⚭ Luise
v. Mecklenburg-Strelitz
(1776—1810)

Wilhelm I.
(1797—1888)
⚭ Augusta
v. Sachsen-Weimar
(1811—1890)

Friedrich III.
(1831—1888)
⚭ Victoria
v. Großbrit. u. Irland
(1840—1901)

Wilhelm II.
(1859—1941)
⚭ Auguste Viktoria
v. Schleswig-Holstein-
Sonderburg-Augustenburg
(1858—1921)

Wilhelm
Kronprinz
d. Deutschen Reiches
u. v. Preußen
(1882—1951)

Friedrich Franz IV.
(1882—1945)
⚭ Alexandra
zu Braunschweig-Lüneburg
(1882—1963)

⚭ Cecilie
v. Mecklenburg-Schwerin
(1886—1954)

Hubertus
(1909—1950)
⚭ Magdalena
v. Reuß
(1920)

Friedrich
(1911—1966)
⚭ Brigid
Guinness
(1920)

Alexandrine
(1915—1980)

Cecilie
(1917)
⚭ C. K. Harris
(1918—1958)

Louis Ferdinand
(1944—1977)
⚭ Donata zu Castell-Rüdenhausen
(1950)

Christian Sigismund
(1946)

Xenia
(1949)

Cornelie Cécile
(1978)